R语言计量金融分析与应用

何宗武　编著

清華大學出版社
北　京

内 容 简 介

计量金融专业兴起于 20 世纪 90 年代的西方，是专为金融市场而设的。随着中国金融业的崛起，这个专业越来越为大家所熟悉，也越来越热门。

本书编写主要侧重于用 R 来进行经济计量统计模型的运用和时间序列分析，以及计量金融中的数值分析，主要内容包括 R 的基本环境与安装、R 的 IDE 模式、数据结构和数据处理、数据存取和基本处理、探索性数据分析和可视化、回归分析方法、时间序列入门、波动分析、非定态时间序列、时间序列的结构变动、价差与计量套利、R 的金融工具箱、风险与投资组合分析和金融大数据的处理等。

如果你对计量金融感兴趣而且你已经具有一定的数学和计算机基础，那么本书就是一本引导你进入计量金融领域的参考书。书中各章均提供了丰富的范例程序，因此也可以作为大专院校计量金融专业 R 语言的上机实践教材。

图书在版编目（CIP）数据

R 语言计量金融分析与应用 / 何宗武编著. —北京：清华大学出版社，2018（2023.8重印）
ISBN 978-7-302-50286-9

Ⅰ.①R…　Ⅱ.①何…　Ⅲ.①程序语言－应用－金融－经济数学　Ⅳ.①F830

中国版本图书馆 CIP 数据核字(2018)第 112044 号

责任编辑： 夏毓彦
封面设计： 王　翔
责任校对： 闫秀华
责任印制： 丛怀宇

出版发行： 清华大学出版社
网　　址： http://www.tup.com.cn，http://www.wqbook.com
地　　址： 北京清华大学学研大厦 A 座　　**邮　　编：** 100084
社 总 机： 010-83470000　　**邮　　购：** 010-62786544
投稿与读者服务： 010-62776969，c-service@tup.tsinghua.edu.cn
质量反馈： 010-62772015，zhiliang@tup.tsinghua.edu.cn
印 装 者： 三河市人民印务有限公司
经　　销： 全国新华书店
开　　本： 190mm×260mm　　**印　张：** 19.75　　**字　数：** 506 千字
版　　次： 2018 年 8 月第 1 版　　**印　次：** 2023 年 8 月第 2 次印刷
定　　价： 79.00 元

产品编号：079297-01

推荐序

计量金融专业兴起于 20 世纪 90 年代的西方，是专为金融市场而设的。随着中国金融业的崛起，这个专业越来越为大家所熟悉，也越来越热门。这个专业综合运用了数学（含统计学）和计算机编程技术来解决金融的问题。除了具有金融理论知识，该专业的人才需要具有一定的数学和计算机专业素质。这个专业的人才培养目标导向为投资银行、商业银行、基金公司、证券金融机构、保险公司、信托公司等金融机构。

本书是面向计量金融（或金融工程）方向或专业学习 R 语言而撰写的实践教科书，并不是学习 R 语言的入门书籍，因而读者或者学习者应该具有 R 语言的基础（如语法、数据结构、数据读取、控制流等），以及具有一定的数学基础（含线性代数、微积分、概率统计和随机过程）。只有具有上述两大方面的基础知识，才能够比较透彻地学习到本书的精髓：使用 R 语言系统内建的工具和外加的软件包将统计建模运用于实际的经济计量和计量金融的数值分析与应用中。

R 语言并不是独立存在的程序设计语言，其实是 R 系统的一部分，R 系统中集统计分析、绘图语言和操作环境于一体的数值分析环境。R 系统中可以包含丰富的软件包（通过开源网站下载），将枯燥繁多的数值统计与分析工具化和可视化是它的最大特点。本书的内容主要侧重于用 R 来进行经济计量统计模型的运用和时间序列分析，以及计量金融中的数值分析（期货金融交易数据的分析、投资组合分析与回测等）。

如果你对计量金融感兴趣而且你已经具有一定的数学和计算机基础，那么本书就是一本引导你进入计量金融领域的参考书。本书各章均提供了丰富的范例程序，因而也可以作为大专院校计量金融专业 R 语言的上机实践教材。

资深架构师 赵军

2018 年 6 月

前　言

一般人都知道 R 语言是免费的开放源码（Open Source），而且功能十分强大。统计分析、统计计算和统计制图是它的强项，R 强大的功能要运用程序才能充分释放。一个上百行的程序，往往会让一般的用户不容易接纳这个好工具。因此，本书按照以应用范例程序为中心的方式来编写，让用户一开始在阅读范例中就找到自己最需要的程序进行修改，并与自己要处理的数据结合，这应该是一个理想的学习方法。有别于“面面俱到”的程序设计语言，R 语言是一门专注于数据分析的程序设计语言，R 语言和它运行的整个系统是一款专注于数据分析的软件。目前业界有关于 R 的书已经不少，有感于财经学科在学术和实践应用的需要，本书的结构分为三个部分。

- 第一部分：本书在 R 基本功能部分，添加了“如何用 R 制作文件”和“使用 R+MySQL 数据库”等主题，也强化了网络提取数据的函数，让数据提取更为方便。
- 第二部分：在经济计量方法部分涵盖了“多变量 GARCH”“阈值 VAR（Threshold VAR）和阈值单位根/协整（Threshold Unit Root/Cointegration）”等模型，也详细介绍了结构变化（Structural Changes）等方法；这些方法对于进一步的时间序列分析相当有用。
- 第三部分：计量金融专题则介绍了“期货界常用的价差和统计套利原理”，以及“投资组合分析和回测方法”。这些主题，除了学术研究之外，对于金融从业人员所需要的数据分析相当有帮助。

另外，作者在 CRAN 上开发了两个程序包 iClick 和 pdR，iClick.GARCH 可以将 8 种概率分布进行一次性的估计，本书也做了如何使用的介绍。最后，简单介绍大数据的数据加载和输出。

何宗武

目　录

第 1 章　最简单的统计分析原理 1

1.1　统计分析原理 2

1.1.1　估计原理 3

1.1.2　检验原理 4

1.2　函数原理和数据分析 5

1.3　再进一步 6

第 2 章　R 的基本环境与安装 8

2.1　R 与网络资源 8

2.2　安装系统程序 10

2.3　更改语言模式 14

第 3 章　R 的 IDE 模式 18

3.1　R Commander 18

3.2　Deducer 21

3.3　RStudio 23

3.3.1　安装 23

3.3.2　更改界面 26

3.3.3　产生文件 27

3.3.4　Mark Down 28

第 4 章　数据结构和数据处理 31

4.1　R 的数据结构 31

4.1.1　vectors 向量 32

4.1.2　matrix 矩阵 35

4.1.3　array 数组 37

4.1.4　data frame 数据框 38

4.1.5　time series 时间序列 40

4.1.6　list 列表 41

4.2　数据处理 43

4.2.1　向量处理 43

4.2.2　矩阵处理 48

4.2.3　数据框 data.frame 对象的数据处理 50

4.2.4 字符串对象的处理 53
4.2.5 从连续性质的数据定义分组因子 55

第5章 数据存取和基本处理 57

5.1 外部数据读取 57
5.1.1 载入 .csv 格式的数据 58
5.1.2 载入 .txt 格式的数据 59
5.1.3 载入 xls 和 xlsx 格式的数据 60
5.1.4 将数据存储与输出 62
5.2 数据的基本统计分析 library(fBasics) 64
5.2.1 基本统计量：basicStats() 64
5.2.2 相关性检验：correlationTest() 65
5.3 网络数据下载 68
5.4 数据库读取——MySQL 范例 73
5.5 数据表处理的函数 76
5.5.1 函数 split 对数据的分割 76
5.5.2 函数 apply()系列 77

第6章 探索性数据分析和可视化 81

6.1 数据性质的可视化分析 83
6.2 绘图函数 plot() 85
6.3 3D 立体绘图 91
6.4 Imaging Correlation 相关性影像图 94
6.5 lattice 和 Multi-way 98
6.6 其他 113
6.6.1 curve()函数曲线绘图 113
6.6.2 保存图形 114

第7章 回归分析方法 116

7.1 线性回归的基本原理——最小二乘法 116
7.2 单变量线性回归 117
7.3 连续变量线性复回归 125
7.3.1 两个解释变量相异 125
7.3.2 多项式回归——解释变量的幂次方 125
7.4 因子和交互效果 126
7.4.1 因子回归 126
7.4.2 交互效果 127
7.4.3 考虑残差异质性的鲁棒协方差 129
7.5 回归诊断检验 130
7.5.1 异质残差检验 130
7.5.2 回归函数形式判定 131

7.6 简单时间序列回归：dynlm()......133
7.7 线性重合检验......135

第 8 章 时间序列入门......137

8.1 时间序列性质......137
8.2 时间序列数据的建立与绘图......138
8.2.1 时间序列的时间格式......138
8.2.2 时间序列绘图......139
8.3 单组时间序列的性质......143
8.3.1 ACF、PACF 和序列相关检验......143
8.3.2 Linear filters，时间序列性质线性过滤和趋势预测......144
8.3.3 BDS independence test 时间序列独立同分布检验......149
8.3.4 方差比检验......151
8.4 ARMA（自回归移动平均）过程......153
8.4.1 一般 ARMA 模式......153
8.4.2 季节 ARMA......154
8.5 序列相关与检验......156
8.5.1 原理......156
8.5.2 回归修正：对原回归残差做二阶序列相关修正......157
8.6 时间序列预测......158
8.6.1 基本概念......158
8.6.2 预测表现评估......158
8.7 ARIMA 和 Seasonal ARIMA 的自动配置......161
8.8 VAR 多变量......162
8.8.1 原理......162
8.8.2 R 程序包与程序范例......163

第 9 章 波动分析......170

9.1 单变量 GARCH 原理......170
9.1.1 标准 GARCH......171
9.1.2 非对称 GARCH......172
9.2 简单单变量 GARCH 程序包 tseries......173
9.2.1 数据的 ARCH 效果检验......173
9.2.2 标准 GARCH 估计......174
9.2.3 标准 GARCH 估计程序包 fGarch......176
9.3 专业 GARCH 程序包 rugarch......181
9.3.1 rugarch 的基本结构......181
9.3.2 rugarch 的高级设置......188
9.3.3 iClick 程序包的统一处理......189
9.4 多变量 GARCH 程序包 rmgarch......190
9.4.1 多变量 GARCH 原理......190

9.4.2 R程序包 rmgarch 192

第 10 章 非定态时间序列 201

10.1 单位根检验 201

10.2 协整分析 209

10.2.1 ECM 的基本形态（Engle 和 Granger 在 1987 年提出）......209

10.2.2 Threshold VECM（阈值 VECM）......215

10.3 具有阈值的单位根过程 217

第 11 章 时间序列的结构变动 224

11.1 基本原理的认识 224

11.1.1 efp 方法 224

11.1.2 F 检验法 231

11.2 Bai-Perron 和 Zeileis *et al.*的方法 233

11.2.1 原理 233

11.2.2 R 范例程序解说 235

第 12 章 价差与计量套利 242

12.1 价差原理 242

12.1.1 典型价差交易：期货 vs. 现货 242

12.1.2 时间价差（Calendar/Terms spread）：远月 vs. 近月 242

12.1.3 规律的价格差距 243

12.1.4 商品间的趋势价差 243

12.2 风险溢价的高级应用 244

12.2.1 风险溢价的进一步认识 244

12.2.2 价差与套利的计量经济学 245

第 13 章 R 的金融工具箱 253

13.1 时间序列对象的三大程序包 253

13.1.1 基本数据处理 253

13.1.2 程序包 timeSeries 的财务函数 254

13.2 fBasics 程序包的财务时间序列性质摘要 255

13.3 fAssets 程序包的风险与报酬 256

13.4 PerformanceAnalytics 程序包的绩效指标 256

13.5 quantmod 程序包的技术分析 257

13.6 程序编写的简单技巧 259

13.6.1 循环 259

13.6.2 条件控制语句 260

13.6.3 定义函数 261

第 14 章 风险与投资组合分析 265

14.1 资产选择初步 265

14.1.1 夏普不等式原理 265
14.1.2 R Code 265
14.2 多元化投资组合与回测 267
14.2.1 原理 267
14.2.2 R Code 269

第 15 章 金融大数据的处理 278

15.1 bigmemory 278
15.2 FF 281
15.3 **bigmemory** 测试范例 283
15.4 高频率时间序列的时间格式 286
15.4.1 格式 286
15.4.2 程序包 data.table 288

附录 A 广义线性模式 GLM 290

A.1 二元变量的 Probit/Logit GLM 293
A.1.1 估计 293
A.1.2 拟合检验 295
A.1.3 优势比 296
A.1.4 超扩散和参数方差修正 296
A.2 有序选择变量的 Probit/Logit GLM 297
A.3 计数型变量的 Poisson GLM 300
A.4 多元选择 GLM——Multinomial Probit/Logit 301

第 1 章　最简单的统计分析原理

数据分析的方法一般有两种：一个是统计学，另外一个是数据挖掘。本书重点在于以统计为基础的经济计量方法。

在学习数据统计分析之前，先要具体认识数据分析的统计原则。统计学是为了分析数据，所以，先有数据的概念。本章不谈概率统计的细节，从数据的两个概念开始：样本（sample）和总体（population）。

样本和总体是统计分析的核心概念。实际所收集的数据，无论量有多大，都称为样本，一个样本内记录的数据，称为观察值（observation）。例如，一间教室，内有 50 个学生，教室是样本，学生就是观察值。这种关系，利用代数的名词，样本可以视为一个集合（set），样本内的观察值则是集合内的元素（element）。一般我们会用下面的方式表示一个集合 X：

{X|x1, x2,……}

样本从哪里来的呢？这不是一个脑筋急转弯的问题，这是一个科学研究方法论的问题。所收集的数据不管多大，终究不是“所有”的数据。所以，样本也意味着它只是部分数据。科学研究面对分析的对象，认为样本是由一个默认的总体产生而来的。总体就是种种理论上的概率分布，总体的性质，就是这些分布函数的性质。

通过对样本的研究，推导出总体的性质，这也就称为抽样（sampling）。举一个例子，某大学校园所有的学生为总体，已知总体中男生和女生的比率为 6:4。如果我们不能知道总体性别比率，要如何推导出这个比率呢？就是用抽样。

随机抽一次 100 位学生，记录男女生比率为 4:6，这个数字和总体相差太大，两者差距称为乖离率（bias，又称为偏离率）。要降低乖离率，有两个方法：

- 第 1：多抽几次，例如，100 次。
- 第 2：抽多一点观察值，例如，1000 人。

这样，计算 100 次记录的男女比率的平均数，这个平均数理论上会和总体的真实值很接近，因此，抽样乖离率（sampling bias）就会大大降低。

在上例中，已知总体男女比率其实是假设，而在统计的实际工作中是不可能的，所以，统计学的研究，提出了种种理论函数，通过假设来描述总体。概率学研究这些总体的性质，就是概率分布与随机过程；统计学则是从分析抽样，推导出其总体，就是估计和检验。

以“样本-总体”为基础的分析，类似“个人-人类”，在学习统计数据分析时，需牢牢记住。除此之外，统计学另一个发展分支，不从总体建立出发，称为非参数统计（Nonparametric Statistics）。本章将简单介绍。

1.1 统计分析原理

数据分析的核心是为了预测（Prediction），预测之前，要先恰当地描述数据，才能追踪数据的性质。我们先解释什么是“描述”一项数据。

假设我们有一组代号为X的数据，把它想象成 Excel 的 A 栏，有 1000 项观察值。令X的均值是μ，描述这组数据的一个方法，就是先把它写成：

$$X = \mu + e$$

也就是说，数据可以由两部分组成：均值 μ 和剩余 e。数据分析的终极目的是预测（Prediction），如果我们可以用均值来描述这组数据，那么均值就有一个更专业的名称：样本期望值（sample expected value）。因为我们期待 1000 项观察值都围绕着均值随机变动，一个好的期望值，剩余的 e 就是随机散布于期望值的两端。把X的数据画成图 1-1-1，图 1-1-1 是一个分布图，y轴的刻度是对应x轴数字的次数，比如 250，就是说数据中均值 μ 附近大约 55~60 的区间，数据个数约有 250 个。所以，这也称为次数分布。因为是真正的数据样本，图 1-1-1 称为样本直方图（Histogram）。

另一个看法是从预测误差（Prediction error）e看：$e = X - \mu$，如图 1-1-2。直方图可以协助我们对自己数据的分布状况有一个基本的了解。例如：较多的数据靠中间，较少的数据在两端。

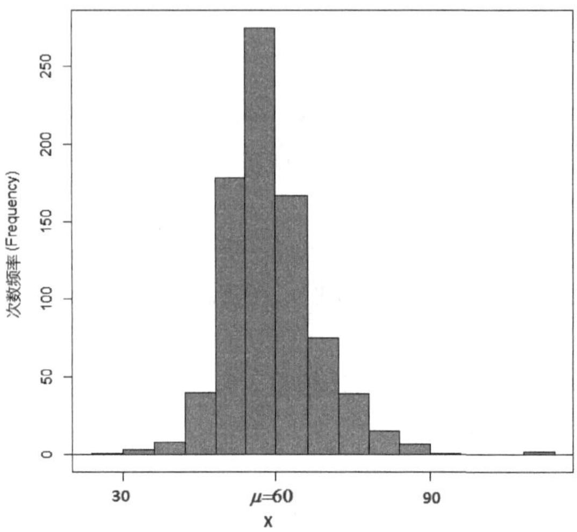

图 1-1-1 数据 X 的样本直方图（Histogram）

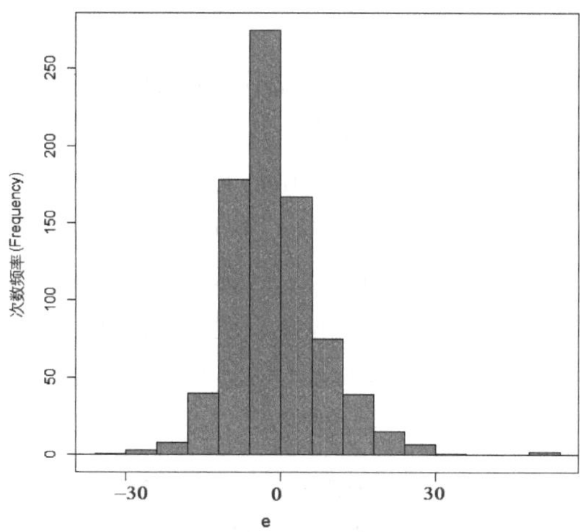

图 1-1-2 预测误差e的样本直方图

无论是哪一种图，概率都可以看成是样本直方图背后的一个理论模型。例如，我们可以把样本直方图想象成是“由一个总体所生出来的”，如图 1-1-3 的理论上的正态分布（也称为常态分布或高斯分布）。理论上的正态分布，是一个数学公式，所以可以呈现出连续且平滑的形状。例如，正态分布的公式如下：

$$f(x) = \frac{1}{\sigma\sqrt{2\pi}} e^{-\frac{(x-\mu)^2}{2\sigma^2}}$$

概率就是一个通过数学公式描述样本分布的学问，一旦能够确认样本是总体的一个投影，这个公式内涵的数学性质就可以用来建立样本的预测。

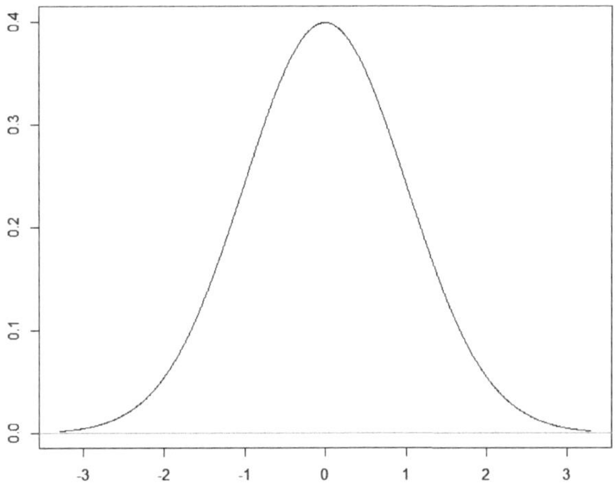

图 1-1-3 标准正态分布

对数据拟合概率分布，最好的做法就是对预测误差去画；所以，需要先产生期望值，然后计算样本数据和期望值的差距（e）。也就是说，我们要先估计（estimation） 期望值。基本估计的有“两种参数”：期望值和方差；以及“两类形态”样本和条件。更多内容，参考 1.1.1 节。

1.1.1 估计原理

统计分析的对象是数据，基本就是两件事：估计（estimation）和检验（test）。我们就分别解释这两件事。估计就是应用估计方法（estimation method）从数据计算出特定参数，检验就是用一个检验统计量（test statistic），检验所计算的参数是否具备我们期待的统计性质，例如，显著性。估计和检验两者息息相关。

具体来说，第一阶段，我们要从数据之中计算样本期望值、样本方差；高级阶段，我们要计算条件期望值和条件方差。遵循传统习惯，用 Y 表示被解释变量（注：一般数学中称为因变量），这个统计项目可以用一个 2×2 的表，如表 1-1-1 所示。

表1-1-1 统计项目表

	期望值	方差
样本（sample）	$\mu=E(Y)$	$\sigma^2=E(Y-\mu)^2$
条件（conditional）	$\mu y\|x=E(Y\|X)$	$\sigma^2 Y\|X=E((Y-\mu)^2\|X)$

样本期望值和样本方差的定义，用方程式来说明，一个样本 Y 可以表示如下：

$$Y=\mu+e$$

也就是样本期望值（μ）和剩余（e，也称为残差）的加总。这样可以知道，样本期望值是一个固定数，或称常数（constant）。条件均值（conditional mean）则意味着：期望值是否会与其他变量连动。其英文的表示就是 “conditional on other variables”。$E(Y|X)$ 毕竟只是一个符号，在实际应用的估计中，必须假设它的函数关系，例如，假设 Y 和 X 之间的关系是线性的（linear）。一个最简单也是最重要的函数模式，就是线性模式（Linear model）：

$$E(Y|X)=a+bX$$

代入数据时，就必须把期望值符号 E 拿掉，再补上残差：

$$Y=a+bX+e$$

这样做，是因为一般都假设残差的期望值是 0。对于以这样表示的条件均值，必须估计参数 a 和 b。

统计上有三个常用的估计方法：最小二乘回归（Least-Square regression，LS），极大似然估计量（Maximum Likelihood Estimator，MLE）和矩量法（Method of Moments，MoM）。统计上的估计方法就这么多，都是以这三种为基础的架构。其余的估计方法都是这三种方法的修改或扩充。例如，一般矩量法 GMM 就是将矩量法常规化；两阶段最小二乘法（2-Stage LS）是在 LS 架构下，修改为两阶段引入工具变量。如果还要说有其他的，就是数值计算方法（Numerical methods，或称为数值方法）。例如，拔靴法（Bootstrapping）和贝叶斯统计方法（Bayesian method）。但是，数值方法，也会搭配三种基本架构进行计算。

1.1.2 检验原理

估计完之后，一定是检验某个特定的虚无假设，我们以一台计算机产生的回归报表为例，如表 1-1-2 所示。

表1-1-2　一台计算机产生的回归报表

Variable	Coefficient	Std. Error	t-Statistic	Prob.
Constant	1.740592	0.122648	14.19176	0.0000
Beta1	-1.923351	0.134289	-14.32245	0.0000
Beta2	0.080352	0.150364	0.534381	0.5932
Beta3	0.331608	0.186346	1.779535	0.0755
Beta4	1.312026	0.676490	1.939463	0.0528
R-squared	0.260821	Akaike info criterion		2.402585
Adjusted R-squared	0.257521	Schwarz criterion		2.429242
Log likelihood	-1077.365	Durbin-Watson stat		1.685408
F-statistic	79.03878	Prob(F-statistic)		0.000000

假设被解释变量为 Y，这个报表的第 2 列 Coefficient，估计的方程式如下：

$$Y=1.74-1.92\cdot \mathbf{Beta1}+0.08\cdot \mathbf{Beta2}+0.33\cdot \mathbf{Beta3}+1.31\cdot \mathbf{Beta4}$$

第 4 列的 t-Statistic 是 t-统计量。这个统计量检验的虚无假设 H_0，对立假设 H_a 以及 t 检验统计量，以 Beta1 为例，如下：

$$H_o:\mathbf{Beta1}=0 \qquad H_a:\mathbf{Beta1}\neq 0$$

$$t-Statistic=\frac{\mathbf{Beta1}-0}{\mathbf{Std.\,Err}}=\frac{-1.923351}{0.134}=-14.322$$

因为虚无假设 H_0 是对 0 进行检验，所以，也称为统计的显著性检验（Test for statistical significance）。t-Statistic 的原理是这样的：把虚无假设相减放在分子，标准偏差放在分母，相除之后，如果拒绝虚无假设，则这个相除之后的统计量会大到足以拒绝。是否大到足以拒绝虚无假设，就由这个检验统计量的 p-value，也就是表中最右一列的 Prob.来判断：如果 Prob. 小于基准的 5%，则我们可以拒绝虚无假设，也就是说这个参数 Beta1 显著不同于 0。以这个例子而言，Prob.很小，所以，估计的参数值-1.923351 是显著的。

这张报表是标准的回归估计结果，所有的软件都会这样产生。但是，如果要检验参数 Beta1

是不是特定的数字，就不能参考报表的Prob.了，看下例。

如果我们要检验的问题如下：

$$H_o: \textbf{Beta1} = -2 \qquad H_a: \textbf{Beta1} \neq -2$$

$$t - Statistic = \frac{\textbf{Beta1} - (-2)}{\textbf{Std. Err}} = \frac{0.07}{0.134} \approx 0.55$$

这样的检验，就不能看报表后面的 Prob.，翻阅统计书后面的检验表，5%显著水平的临界值大约是 1.92，也就是说，要拒绝虚无假设的 t-Statistic 不是正的数字大于 1.92 就是负的数字小于 −1.92。上面计算出的 t-Statistic 约为 0.55，就是说，这个虚无假设是被接受的。也即表明，−1.925 这个参数的信任区间也包含了−2 这个数字。

其次就是 F 检验。报表下半部有一个 F-statistic 和这个统计量的 P-value，Prob(F-Statistic)，这个其实是一个联合检验，虚无假设如下：

$$H_o: \textbf{Beta1} = \textbf{Beta2} = \textbf{Beta3} = \textbf{Beta4} = 0$$

$$H_a: H_o \textbf{ is not true}$$

F 统计量的构建，和 t 不一样。它的分子是虚无假设为真的时候，估计一个只有截距的回归，计算经自由度修正的“残差平方和”(或称为剩余平方和)；分母则是以报表估计结果，计算经自由度修正的“残差平方和”。两者相除，如果虚无假设是错的，则虚无假设为真的模型，所产生的方差会很大。

1.2 函数原理和数据分析

虽然函数的应用及其基本概念在前文已经介绍了，但是，从数据分析的角度，在着重估计数据的统计章节中介绍应该更有体会。因为统计的一些实际范例都脱不了这个框架，其基础在于函数和极限的概念。函数的定义域和值域也是数的集合，所以要建立极限的概念，必须先从实数（real numbers）的概念着手。本节简单复习一下实数、函数的概念。

（1）实数（Real Numbers）

实数可以借助中学数学所学的坐标轴来理解，只要实际划得出来的线，我们就称之为实线(real line)，在线上每个点的坐标值就称为实数。实线以 0 为原点，分为正、负两个区域，左边为负数、右边为正数。非负实数指的是：不是“正数”就是“零”。在实线上，越往左越小；反之越大。

实数由“有理数”(rational numbers) 和“无理数”(irrational numbers) 共同构成。任意一个实数，若能由一个分数表示，则为有理数；反之，则为无理数。有理数的表现形式有两种：

① 有限小数，例如：$0.4=\frac{2}{5}$；$0.875=\frac{7}{8}$。

② 无限循环的小数，例如：$0.333\ldots=0.3\bar{3}=\frac{1}{3}$；$1.714285714285=1.\overline{714285}=\frac{12}{7}$。

无理数的例子有 $\sqrt{2}\approx1.4142135623\ldots$；$\pi\approx3.1415926535\ldots$；$e=2.71828\ldots$。

（2）函数（Function）

有了数的基本概念后，我们可以进一步认识函数。函数是指两个以上的集合间的对应关系。为方便起见，令这两个集合一个为 X、一个为 Y。这两个集合内的元素（elements）均是由实数所构成。使用简单的符号，函数可表示如下：

$$f: X \rightarrow Y$$

在口语上，我们可说成 X 集合里的数字，通过 f 的转换（或运算），变成 Y 集合里的数字。因此，函数 f 事实上定义了一个“运算”；这个运算，将 X 变成 Y。例如：$y=2x$，是说所有的 x 乘上两倍，变成 y。在数学上，我们写成 $y=f(x)$，读成“y 是 x 的函数”。在这个表示下，y 由 x 所决定，故我们称 y 为“因变量”（dependent variable），x 为自行定义，故称 x 为“自变量”。以数学语言来说，我们称 X 是 Y 的定义域（domain），Y 是 X 的值域（range）。

（3）函数对问题的思考——经验研究第一步

函数 $y=f(x)$这样的形式表示出了两个变量的量化对应关系，在财务、经济、管理的学科扮演了一个理性思考的角色，也就是建立理论的数学基础。对于一个做研究的人而言，被观察的现象或问题就是 y，好比苹果从树上落下；根据逻辑分析或理论，心中臆测的答案就是 x；两者之间如何建立相互关系就是函数的运算。

表 1-2-1 对应类型的前 3 个是比较倾向数学形式的称呼，后面则是从事问题思考时常常使用的逻辑架构。事实上，就整个财经学科所谓的理论，就修正为：“问题 y 受哪些 x 因素的影响（或决定）”。例如，了解资产回报率受哪些因素所决定，就是资产定价理论；资产回报率是 y，哪些因素就是 x。了解消费变化受哪些因素所决定，就是消费理论；消费变化是 y，哪些因素就是 x。

表1-2-1　函数类型

类型	y	x
1	因变量	自变量
2	依赖变量	独立变量
3	内生变量	外生变量
4	果	因
5	被解释变量	解释变量
6	产出	投入

学者研究的成果，可写成以函数表示的理论，例如：

消费理论的恒常所得假说，认为消费由恒常所得所决定，可以表示成：

$$消费=f(恒常所得)$$

资本资产定价，认为权益回报率由风险因子所决定，可以表示成：

$$权益回报率=f(风险因子)$$

学校课程里面所学习的各种知识多是在解说 x 的内容。学术研究的成果则告诉我们为什么恒常所得会影响消费、如何影响、风险因子有哪些、如何决定回报率等。同时也提供真实世界的数据给予某种程度的佐证，这些都牵涉到 f 的运算方式。

所以，学习使用函数形态对掌握问题的形式是开始训练理性思维的第一步。

1.3　再进一步

望文生义，期望值的意义就是说观察者期望他所观察的随机现象，有一个收敛或集中的位置（Location），只要掌握这个数字，就能掌握数据的特征，也可以说，对于所观察对象的变动，会有比较高的预测力（Predictability）。期望值也称为数学期望值（Mathematical Expectation，μ），简单地说，期望值就是用概率去加权计算的平均数或均值（Weighted Mean）。例如，一个给小费的行为，某餐厅观察，客人给的小费（随机数）的样本空间是：给 100 元的概率是 0.6，给 150 元的概率是 0.3，给 250 元的概率是 0.1。因此，小费的期望值为：

$$\frac{6}{10}\times100+\frac{3}{10}\times150+\frac{1}{10}\times250=60+45+25=130$$

如果不看概率加权，直接计算样本平均数（Sample Mean，或称为样本均值），则为：

$$\frac{100+150+250}{3}=\frac{500}{3}\approx166.66$$

两者有着还不算小的误差。所以如何估计正确的期望值，就需要进一步的研究。因此，如果随机数是由一个概率分布在背后控制所产生的数据，忽略这个分布的概率性质对于预测是很危险的。用数学方程式来表示：

- 离散随机变量 y，概率质量函数 $f(y)$，则其期望值为：

$$\mu=\sum_{y\in S}y_i f(y_i)$$

- 连续随机变量 y，概率密度函数 $f(y)$，则其期望值为：

$$\mu=\int yf(y)\mathrm{d}y$$

另外，数据的第 2 个性质就是衡量样本观察值和期望值的差距程度有多大，这个差距也称为偏差（deviation，或称为离差）程度或散布（scatter）程度。每个样本和期望值相减，都可以得到一个偏差数字；这些数字，有的高于期望值，有的低于期望值，有的和期望值很接近。如果直接把偏差加起来算一个平均偏差，会因为正负互相抵消，而低估了观察值的离散度。因此，把所有的偏差平方以消除正负，再加总算平均值，就可以得到一个衡量数据值偏离算术平均值的程度，称为方差（variance），这个数字开根号就是标准偏差（standard deviation，或称为标准差）。

- 离散随机变量的方差：$\sigma^2=\sum_{y\in S}(y_i-\mu)^2 f(y_i)$
- 连续随机变量的方差：$\sigma^2=\int(y-\mu)^2f(y)\mathrm{d}y$

期望值和方差是统计分析的核心。除此之外，数据分析还要看数据的集中程度和集中的形态，测量的方法就是峰度（kurtosis，或称为峰度系数）和偏度（skewness，或称为偏度系数）。另外，峰度也称为峰态，偏度也称为偏态。

第 2 章　R 的基本环境与安装

2.1　R 与网络资源

R 是一个开源的（Open Source）程序设计语言，通过指令声明的方式来进行统计运算分析与可视化的数据绘图。它与其他商业统计软件的最大差别在于：R 是一个全方位的共享软件，这项优点使 R 的用户在面临新版本更换时没有成本的负担，更不会有涉嫌盗版而违法的担忧。另外，R 所提供的统计与绘图功能非常完整且丰富，不因它是免费的软件而有丝毫逊色。特别是 R 多种多样的可视化绘图功能，如图 2-1-1 至 图 2-1-3 所示，更是其他统计软件所难以媲美的，关于这些部分会于本书第 4 章详加介绍。

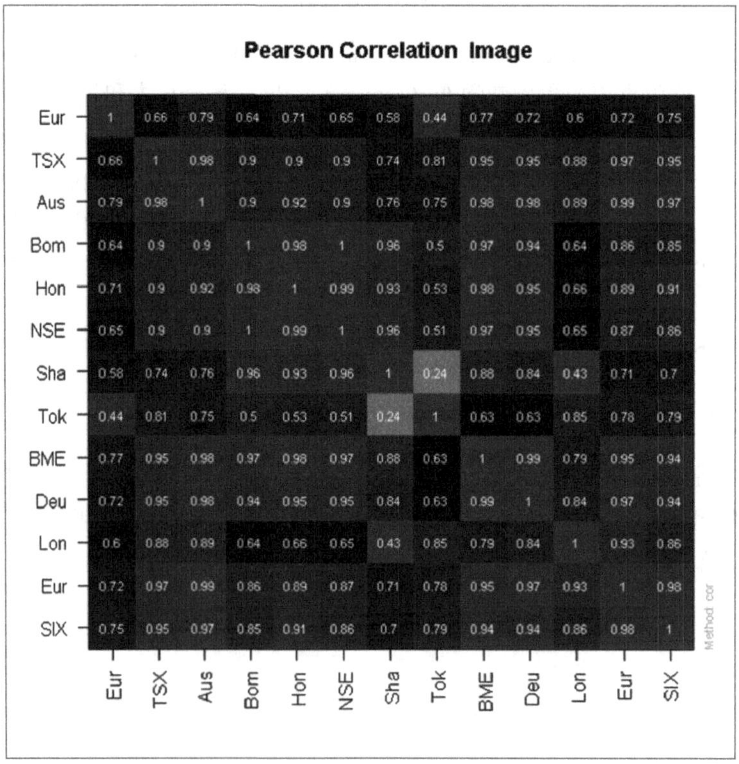

图 2-1-1　皮尔森相关系数映像图

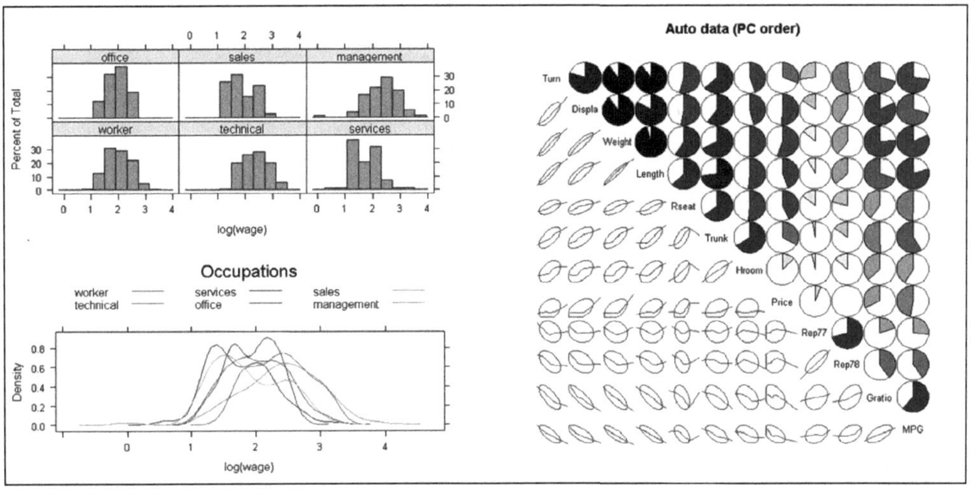

图 2-1-2 图例

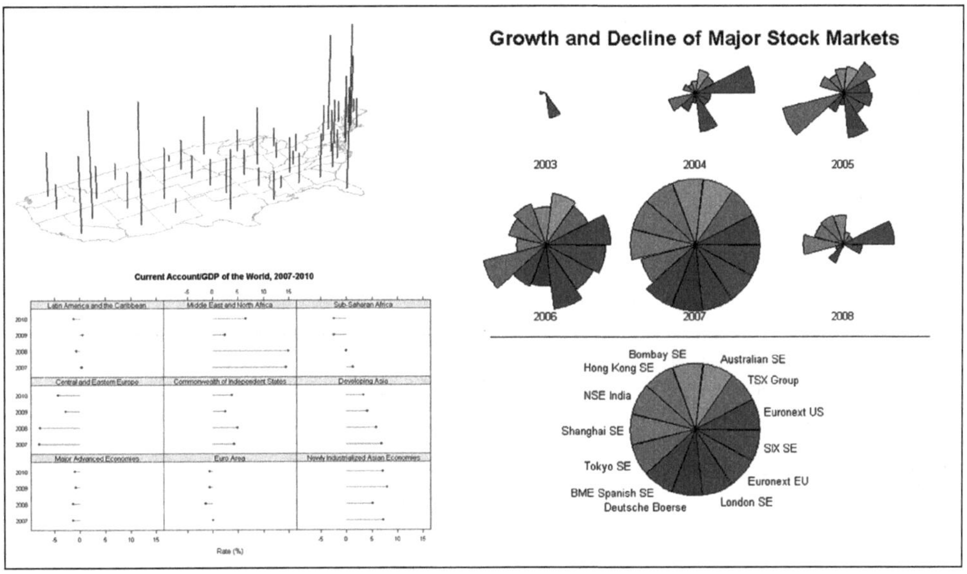

图 2-1-3 图例

R 的开放学习资源和方法，让用户只要通过网络资源即可一手掌握并更新所有的信息，包含下载 R 的最新程序软件与种类多样且不断开发新增的应用程序包（packages）。其中有关 R 如何操作使用的方法，均可在网站中找到详尽的举例说明。

进入 R 网站中的 packages（程序包），现在已经破万。在 R 的网站中 packages 以两种方式进行分类排列，一种是以其所建立的日期，另一种是以名称开头的字母，如图 2-1-4 所示。

Contributed Packages

Available Packages

Currently, the CRAN package repository features 10028 available packages.

Table of available packages, sorted by date of publication

Table of available packages, sorted by name

Installation of Packages

Please type `help("INSTALL")` or `help("install.packages")` in R for information on how to install pa
and Administration (also contained in the R base sources) explains the process in detail.

CRAN Task Views allow you to browse packages by topic and provide tools to automatically instal
views are available.

图 2-1-4　R 程序包

网页窗口左栏菜单的 Task Views 是模块开发分类，用鼠标单击即可链接到各领域开发人员所开发的 R 模块，查看它们的现状，如图 2-1-5 所示。

CRAN Task Views

Bayesian	Bayesian Inference
ChemPhys	Chemometrics and Computational Physics
ClinicalTrials	Clinical Trial Design, Monitoring, and Analysis
Cluster	Cluster Analysis & Finite Mixture Models
Distributions	Probability Distributions
Econometrics	Computational Econometrics
Environmetrics	Analysis of Ecological and Environmental Data
ExperimentalDesign	Design of Experiments (DoE) & Analysis of Experimental Data
Finance	Empirical Finance
Genetics	Statistical Genetics
Graphics	Graphic Displays & Dynamic Graphics & Graphic Devices & Visualization
HighPerformanceComputing	High-Performance and Parallel Computing with R
MachineLearning	Machine Learning & Statistical Learning
MedicalImaging	Medical Image Analysis
Multivariate	Multivariate Statistics
NaturalLanguageProcessing	Natural Language Processing
OfficialStatistics	Official Statistics & Survey Methodology
Optimization	Optimization and Mathematical Programming

图 2-1-5　Task Views

2.2　安装系统程序

步骤01 通过网址 http://www.r-project.org/ ，会连接到 R 网页，如图 2-2-1。单击 Download 下方的 CRAN。

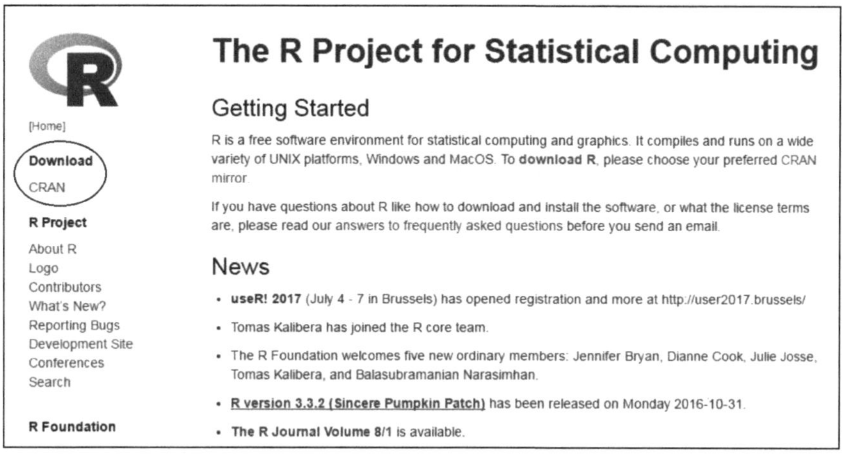

图 2-2-1　R 的网页

步骤02 在 CRAN Mirrors 选择中国任何一个镜像网站，如图 2-2-2 所示。

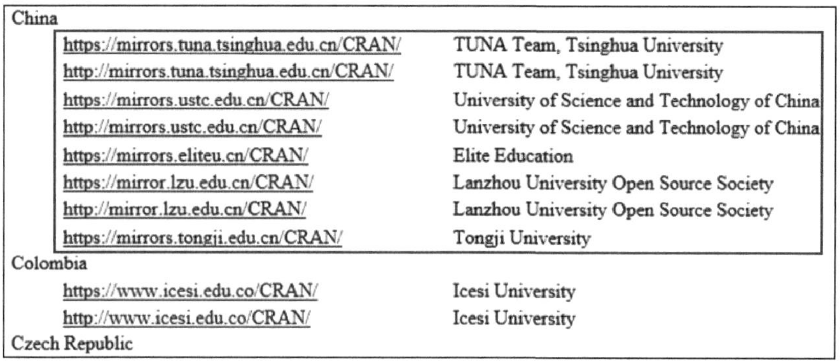

图 2-2-2　选择中国任何一个镜像网站

步骤03 选择计算机的操作系统 Windows，如图 2-2-3 所示。其中左栏菜单的 Task Views 是模块开发分类，单击将链接至各领域开发人员所开发的 R 模块。

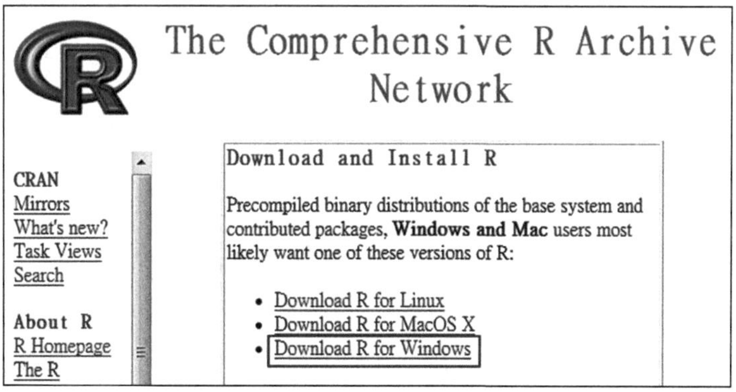

图 2-2-3　选择计算机操作系统

步骤04 单击 base 进入下载区，可以下载最新的主程序，如图 2-2-4 所示。其中 contrib 是 R 的应用程序包（packages），现在超过 1 万种。

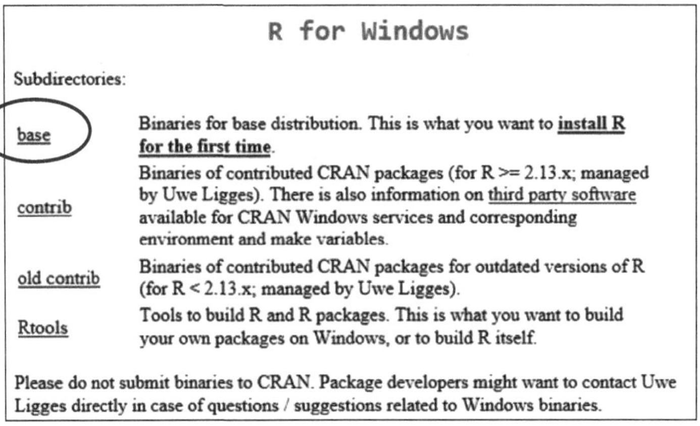

图 2-2-4　单击 base 进入下载区

步骤05 下载最新程序（此书撰写时最新程序为 R-3.4.3-win.exe），如图 2-2-5 所示。

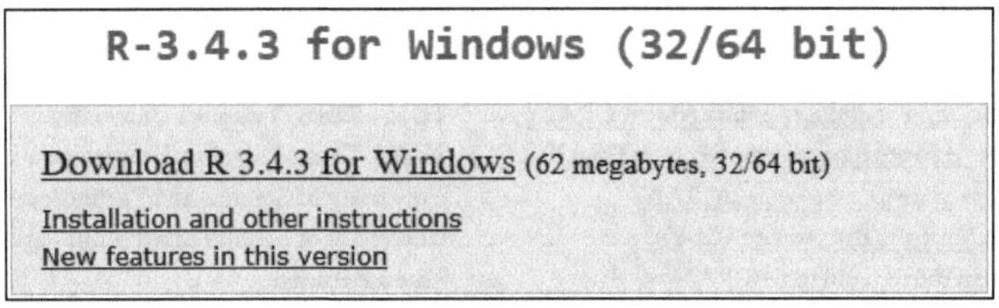

图 2-2-5　下载最新程序

步骤06 安装。单击下载完成的最新可执行文件，运行安装文件。安装过程中使用的语言，请选择“English”，即英文，如图 2-2-6 所示。

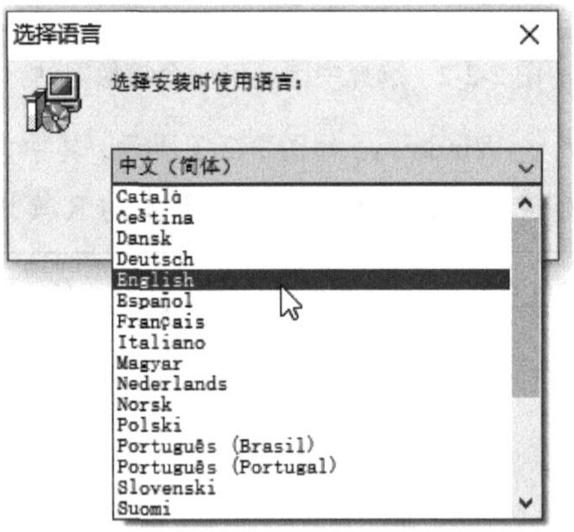

图 2-2-6　选择安装过程的语言

在安装过程中，如图 2-2-7，在操作菜单的窗口中选择 Yes，表示可在后续的下载过程中自定义 R 其他的功能与模式，以便于用户在接下来的下载菜单可选择 SDI 模式（Single Document Interface，单文档界面）。SDI 是窗口显示的方法，如图 2-2-8 所示。其中 SDI 界面是稍后使用 R-Commander 和 Tinn-R 两个模块所要使用的界面。万一在此没有选择，后面则必须进入 R 的批处理文件进行修改。

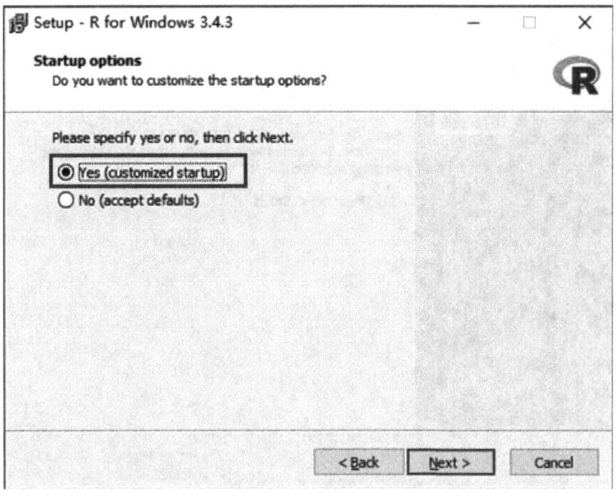

图 2-2-7　选择 Yes

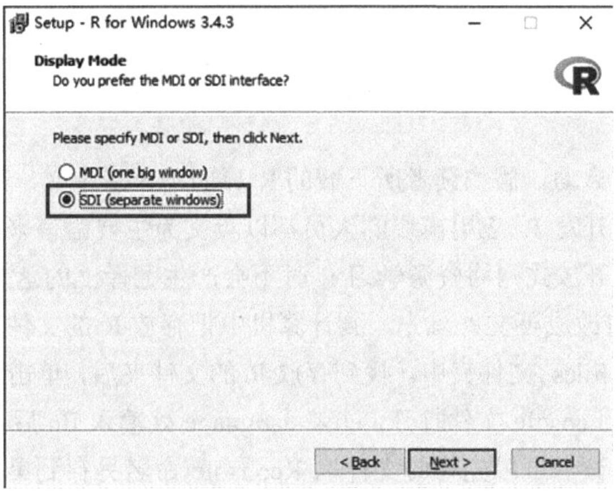

图 2-2-8　选择 SDI 模式

如图 2-2-9 所示，在此选择 Plain test，以便后续无网络时也可以使用 R 的 Help 功能，并且其启动速度也较快速。最后如图 2-2-10 所示，单击 Finish 按钮完成安装！

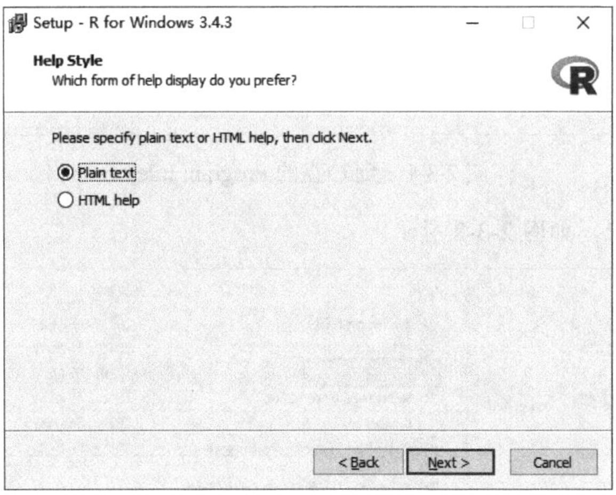

图 2-2-9　选择 Plain test

图 2-2-10　单击 Finish 按钮完成安装

2.3　更改语言模式

R 下载完成后，即可启动。假如读者所下载的 R 界面语言是中文，建议将 R 使用界面的语言修改为英文，因为全世界开发 R 应用模块的人员都以英文为主要语言来编写。将界面语言改为英文，有利于读者日后借助开放式网络资源学习 R 时不会产生翻译上的落差。

如何将 R 的界面语言改成英文？首先，到计算机中把存放 R 的文件夹打开，此文件夹一般位于计算机 C 盘的 Program Files 文件夹中。找到存放 R 的文件夹后，单击进入，并打开 etc 文件夹，用记事本（Notepad）将 Rconsole 文件打开，并在 language 处输入 En 后存盘。

如果无法成功存盘，读者可以先将此文件以 Rconsole 命名另存到桌面上，最后以修改后的新文件取代 etc 文件夹中的 Rconsole 旧文件。以下为操作步骤的图例说明：

步骤01 先到 C 盘（通过文件管理器）的 Program Files，如图 2-3-1 所示。

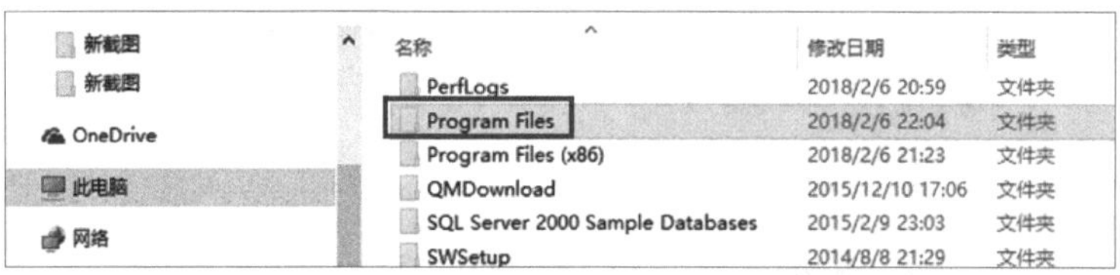

图 2-3-1　到 C 盘的 Program Files

步骤02 找到文件夹 R，如图 2-3-2 所示。

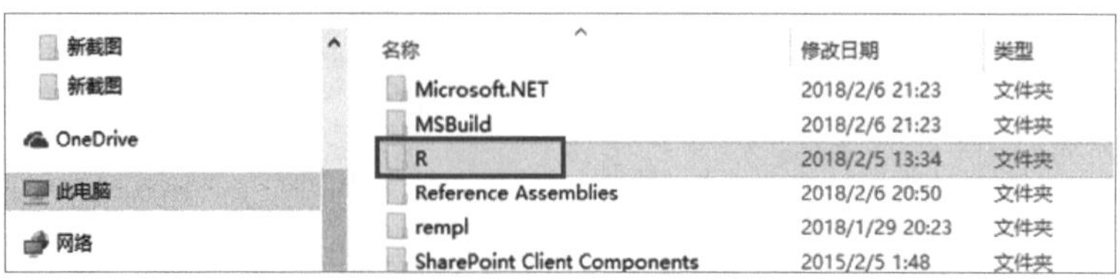

图 2-3-2　单击 R 文件夹

步骤03 找到文件夹 etc，如图 2-3-3 所示。

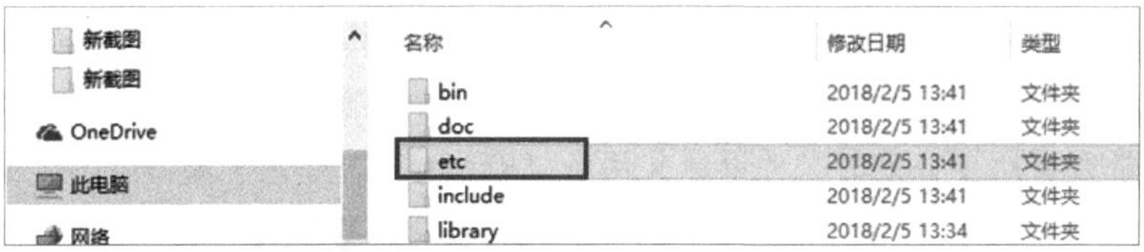

图 2-3-3　进入 etc 文件夹

步骤04 找到 Rconsole，如图 2-3-4 所示。

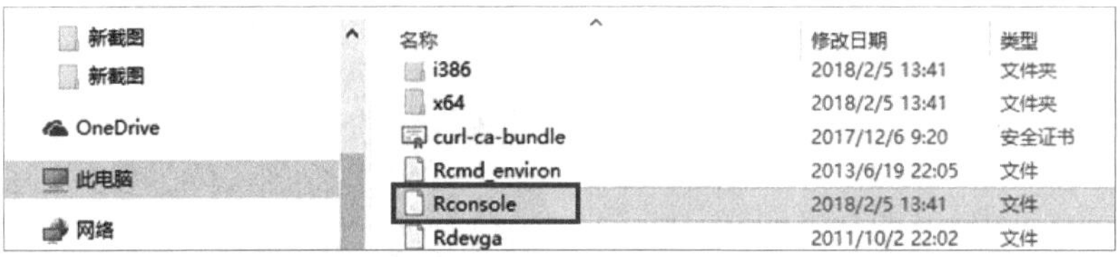

图 2-3-4　打开 Rconsole

步骤05 以记事本的文件格式打开 Rconsole，如图 2-3-5 所示。

图 2-3-5　以记事本格式打开

步骤06 如图 2-3-6 所示，找到 Language for messages 部分，在 language 的后方输入 En，表示界面语言为 English。修改后请务必存盘。

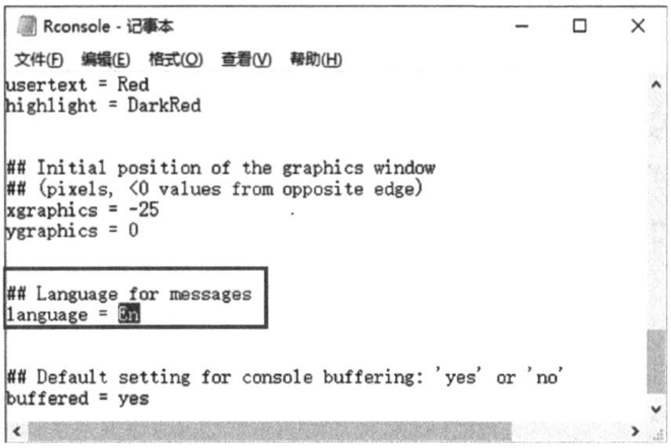

图 2-3-6　输入界面语言“En”

如果无法成功存盘，读者则可先将此文件以Rconsole命名另存到桌面上，再以修改后的新文件取代etc文件夹中的Rconsole旧文件。详细操作步骤如下：

（1）修改后所要存盘的文件以原文件名“Rconsole”另存于桌面上，如图2-3-7所示。

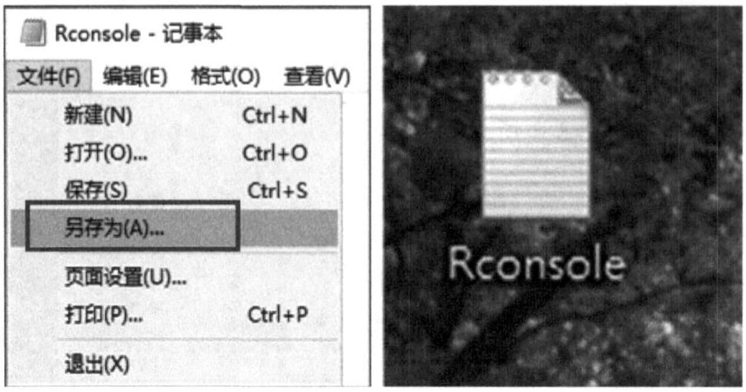

图2-3-7　另存新文件到桌面上

（2）如图2-3-8所示，再回到“我的电脑→本地磁盘（C:）→Program file→R→R-3.4.3→etc”，删除原来的Rconsole文件，并将上一步另存的Rconsole新文件以剪切粘贴的方式存入etc文件夹中。

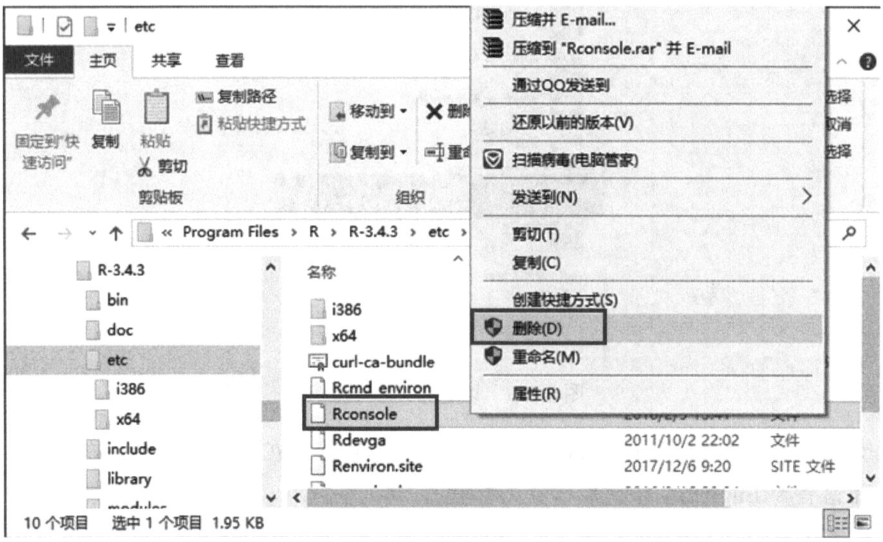

图2-3-8　删除未修改的Rconsole旧文件

步骤07　上述步骤完成后，再重新启动R，当操作界面以英语显示时表示更改成功。如图2-3-9所示，此为R的窗口界面。如果想使用中文界面，只要恢复language的默认设置即可，中文界面如图2-3-10所示。

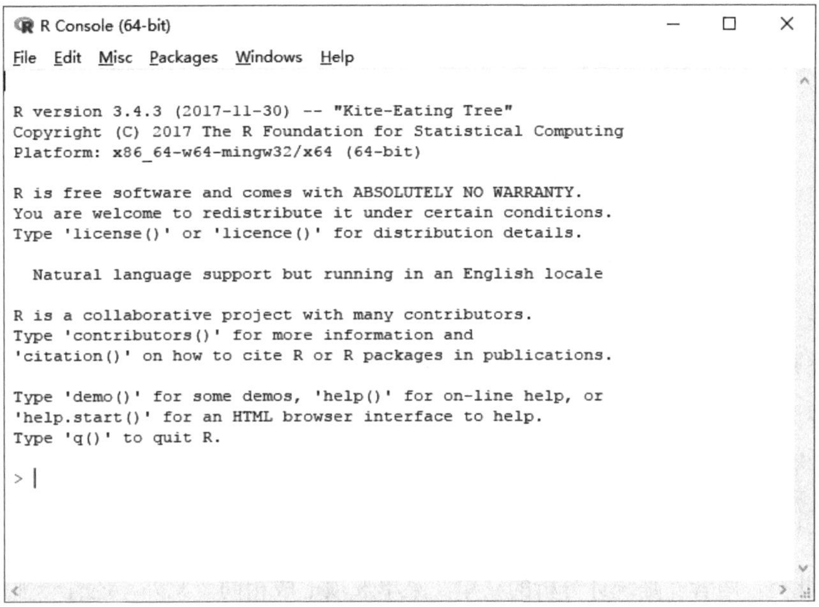

图 2-3-9 R 窗口界面——英文界面

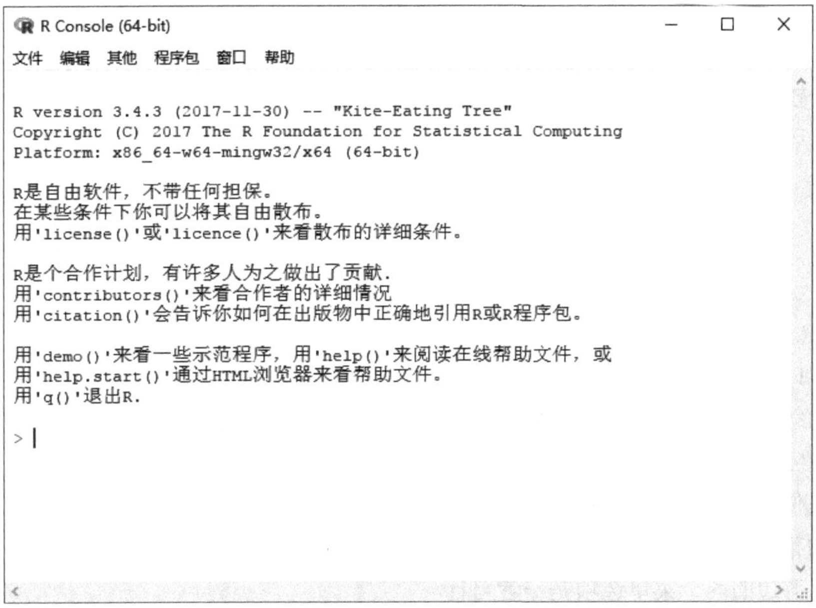

图 2-3-10 R 窗口界面——中文界面

第 3 章　R 的 IDE 模式

R 社区有人开发出了好用的集成开发环境的窗口界面（Integrated Development Environment，IDE），这些界面各有长处，可以分为以下两类。

第一类是统计应用类，这类的 IDE 也称为 GUI（Graphical User Interface，图形用户界面），把原来需要通过程序语句使用的统计函数用窗口菜单（menu）包起来，让函数的参数声明成为一个图形选项界面，这样对于普通的用户而言使用起来更为简便。3.1 节的 R Commander 和 3.2 节的 Deducer 都是此类，两者都是统计分析的菜单，菜单选项七成相同。此外，还有一种是专门用于数据挖掘的，如 rattle 就是一个数据挖掘的专业 GUI。

第二类是针对专业数据分析和开发者使用的 GUI 界面。这类界面主要是用于程序代码处理的编辑器，集成了一些开发者常用的工具。在这类环境中，对象、函数乃至数据都显示为不同的颜色。R 的控制台比较简洁明了，但是使用起来有时候比较卡，尤其是调试程序的时候。因此，相比而言，IDE 这类集成环境就很有帮助。最常使用的是 RStudio 和 TinnR，本书推荐使用 RStudio。

3.1　R Commander

不同于 R 是用来编写程序语句的窗口界面，如图 3-1-1 所示。R Commander 比较像我们一般使用的统计软件，它的数值运算等功能都可以在下拉菜单的窗口模式中用鼠标来选择。在此，我们可从 R Commander 相对 R 有较丰富多样的菜单栏中一窥究竟。图 3-1-1 最右边“帮助”旁边的两个菜单选项是作者自行嵌入的，读者启动时，不会有这两个选项。

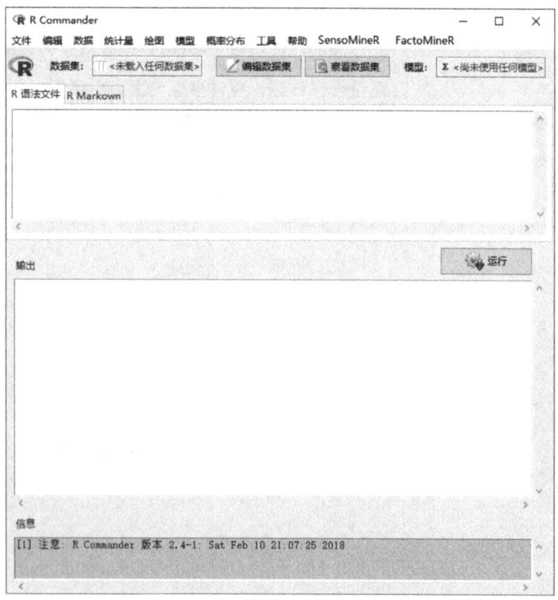

图 3-1-1　R Commander 窗口

另外，对于以程序设计语言为主的 R 来说，R Commander 更是它其中少数属于窗口模式的程序包（Packages）之一。因此，对于习惯以下拉菜单操作的人，R Commander 不失为以窗口模式来使用 R 的一个好选择。

其中，在 R Commander 窗口中的第一行为其菜单栏；“R 语法文件”窗格中会显示用户在操作过程中的所有语句或指令；“输出”窗格中的红色字体为菜单栏的指令语句，命令执行的结果显示为蓝色字体；“信息”窗格的红色字体则为错误报告信息，绿色字体为警告与提示信息，蓝色字体为其他信息，如时间与数据的字段数等。

3.1.1 设定与加载

步骤01 下载 Packages 之前，必须先设置镜像网站：单击菜单栏的“程序包”，选择“设定 CRAN 镜像...”选项，如图 3-1-2 所示。

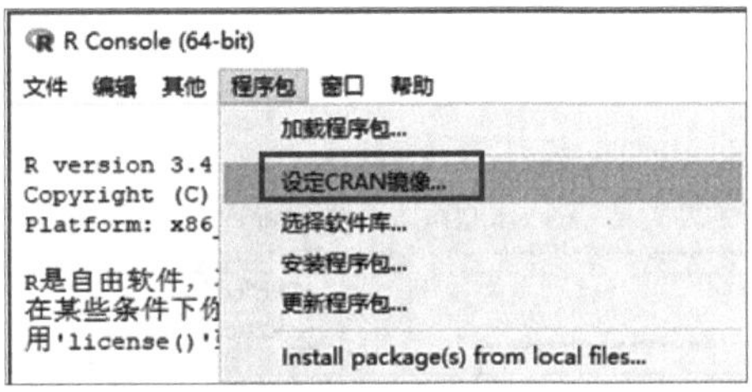

图 3-1-2　设定 CRAN 镜像

步骤02 选择上海的镜像网站，完成后单击“确认”按钮即可设定好镜像网站，如图 3-1-3 所示。

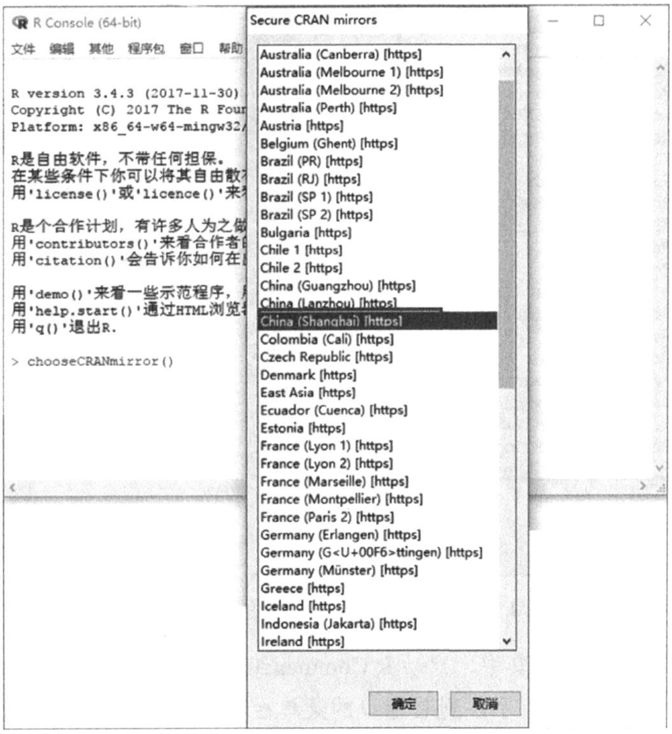

图 3-1-3　选择上海镜像网站

步骤03 开始安装程序包：回到菜单栏的“程序包”，选择“安装程序包”选项，如图 3-1-4 所示。

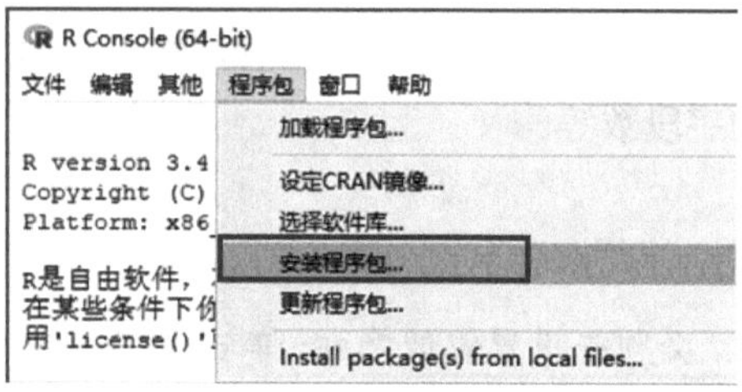

图 3-1-4　安装程序包

步骤04 如图 3-1-5 所示，选择所有 Rcmdr 开头的程序包后再单击 OK 按钮，即开始安装 R Commander。

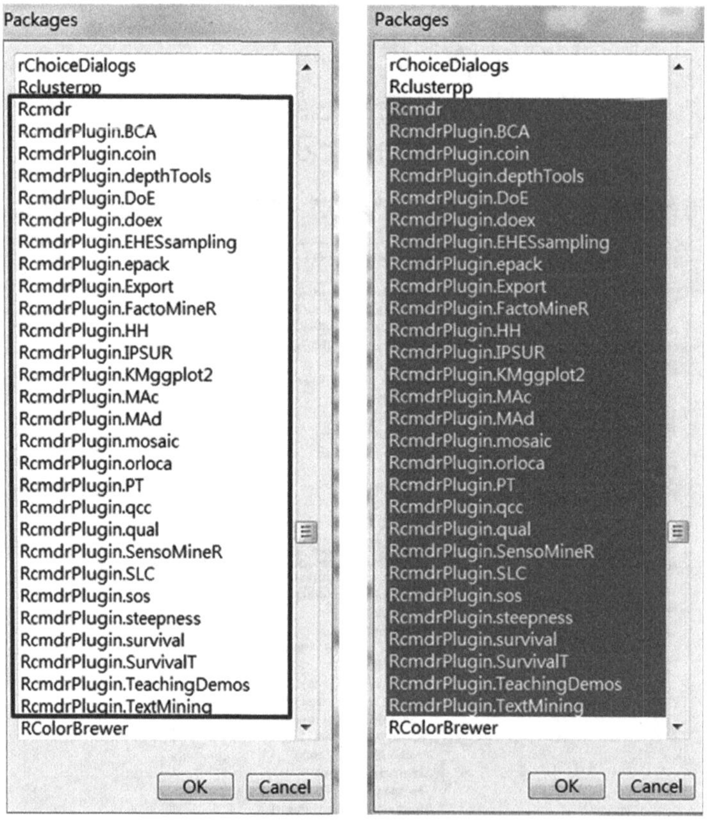

图 3-1-5　选取所有 Rcmdr 的 Packages

步骤05 载入 R Commander。其中，启动 R Commander 的方式有两种。

方法一：如图 3-1-6 所示，到 R 窗口的菜单栏单击“程序包”，选择“加载程序包”选项，再从中找到 Rcmdr，通过单击来启动 R Commander。

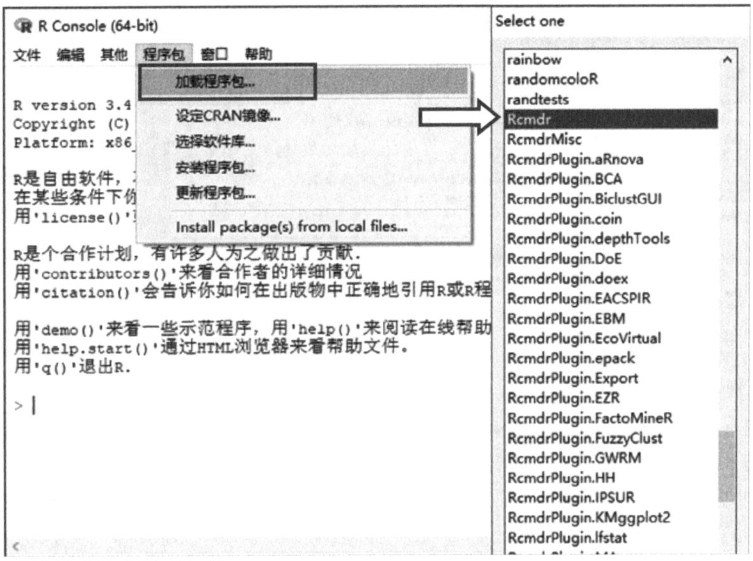

图 3-1-6　选择"加载程序包"来加载 R Commander

方法二： 直接在 R 窗口的光标处输入"library(Rcmdr)"指令后，按 Enter 键即可启动 R Commander，如图 3-1-7 所示。

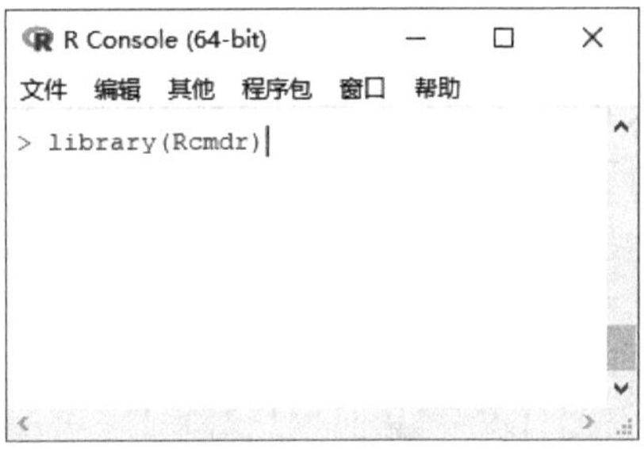

图 3-1-7　输入指令启动 R Commander

万一上面指令执行时无法启动 R Commander，且 R 回复说是缺少某些程序包时，只要按照系统的指示自动安装即可。只要有网络连接，就可以顺利安装成功。

3.2　Deducer

Deducer 也是一个把统计功能打包的 GUI。Deducer 界面外观如图 3-2-1 所示。

图 3-2-1 所示的 Deducer 菜单和 R Commander 相仿，较多的部分是 Spatial 空间统计和 Text 的文字挖掘。Survival 存活分析过于简单，不建议使用。事实上，除了空间统计，其他统计方法在 R Commander 内也大多可以由 Plug-in 调用来实现。

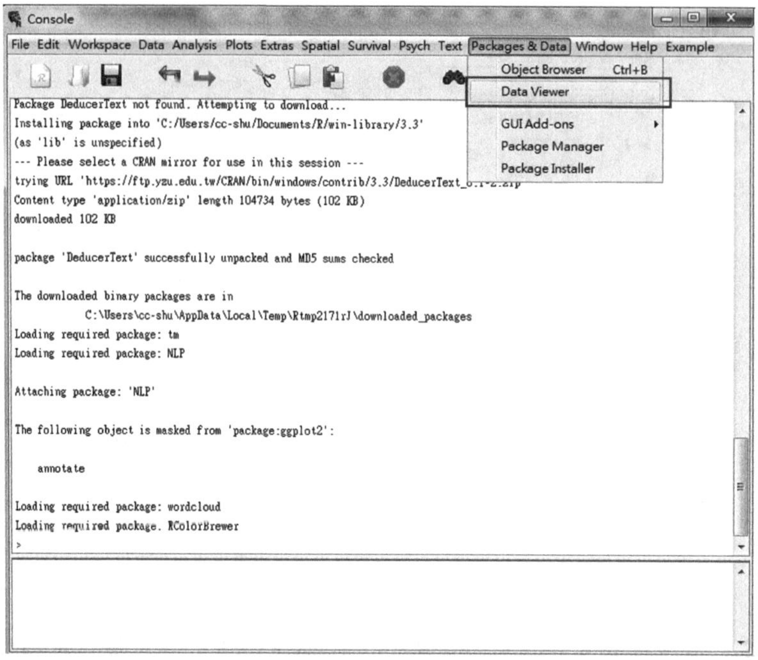

图 3-2-1　Deducer 界面

Deducer 内最有特色的是它的 Plots 绘图菜单，它把 R 的可视化函数做了相当完整的收集。想要画的图，应该都可以完成。从 Plots 菜单可以启动 Plot Builder 的 GUI，如图 3-2-2 所示，几乎所有绘图模板（templet）都在里面了。

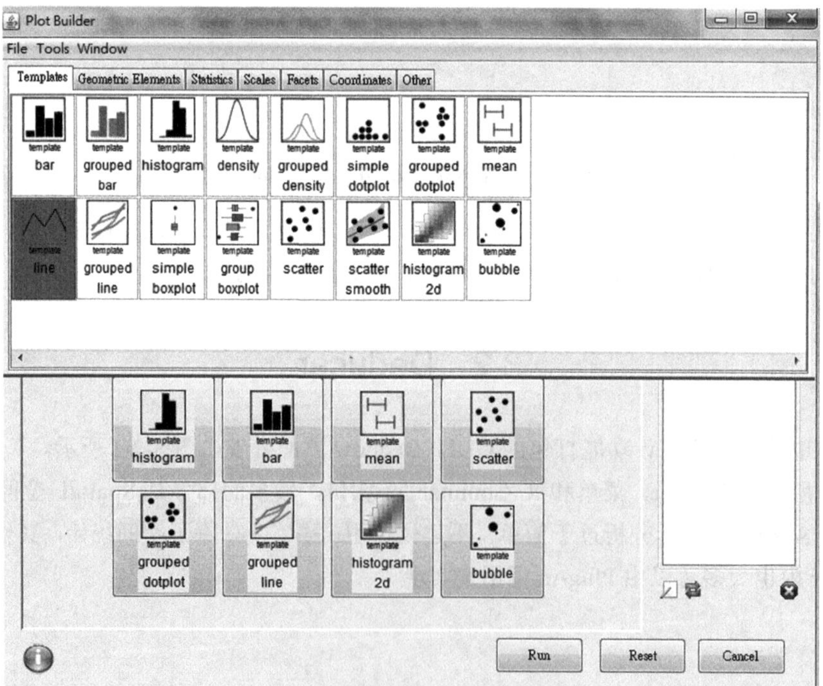

图 3-2-2　Plot Builder

图 3-2-1 内框起来的 Data Viewer 是一个简易的数据加载工具，用这个比通过选用最左边的 File 菜单中的功能还要简易，如图 3-2-3。

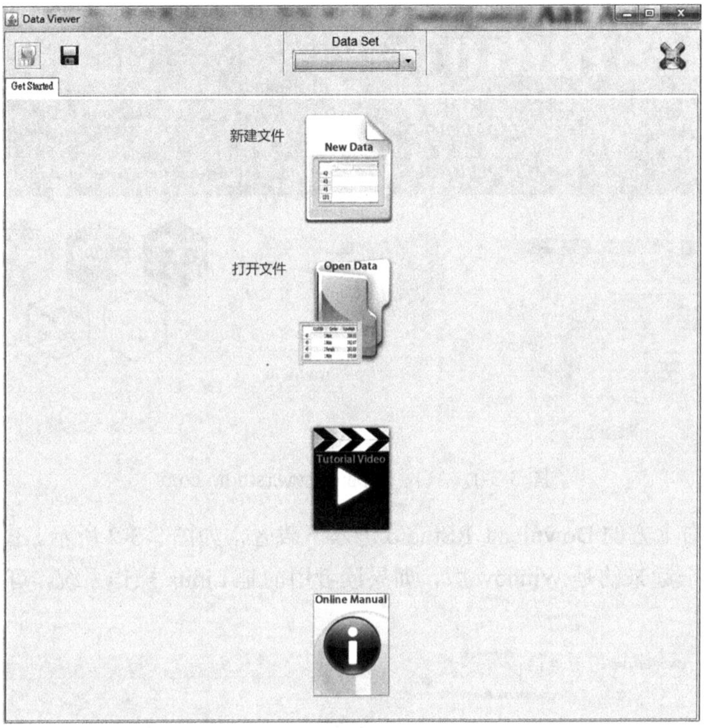

图 3-2-3 Deducer 内的数据加载工具

Deducer 是用 Java 语言开发的，因此需要两个关键程序包 rJava 和 JGR；除此之外，还需要不少支持程序包。如果想要安装来试试看，则可以从 CRAN 网站下载这个程序包。可以参考网址：

https://cran.r-project.org/web/packages/Deducer/index.html

安装好之后，在 R 控制台命令行执行以下两行就可以启动 Deducer。

```
library(JGR)
JGR()
```

Deducer 不是本书的重点，这里只是附带介绍，而且它需要 R 和 Java 的网关程序包 rJava 与 JGR；用户如果因为自己的计算机系统问题，遇到设置 Java 失败，就不要纠结。因为我们是以程序代码为主，重心是后面这个 IDE RStudio。

3.3 RStudio

3.3.1 安装

本书执行程序的界面和程序编辑器，以 RStudio 为主，下载的网站为 https://www.rstudio.com/，如图 3-3-1 所示。

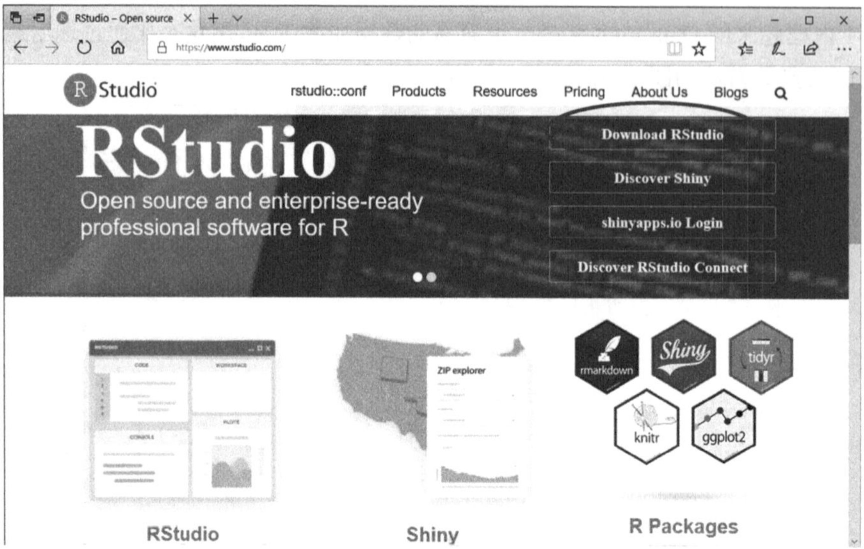

图 3-3-1　官网 https://www.rstudio.com/

单击图 3-3-1 右上方的 Download RStudio 进入下载区，如图 3-3-2 所示。图 3-3-2 下半部网页列出了很多版本，框起来的是 Window 版，如果读者用的是 Linux 操作系统，可以根据提示下载相关的 Tarballs 文件。

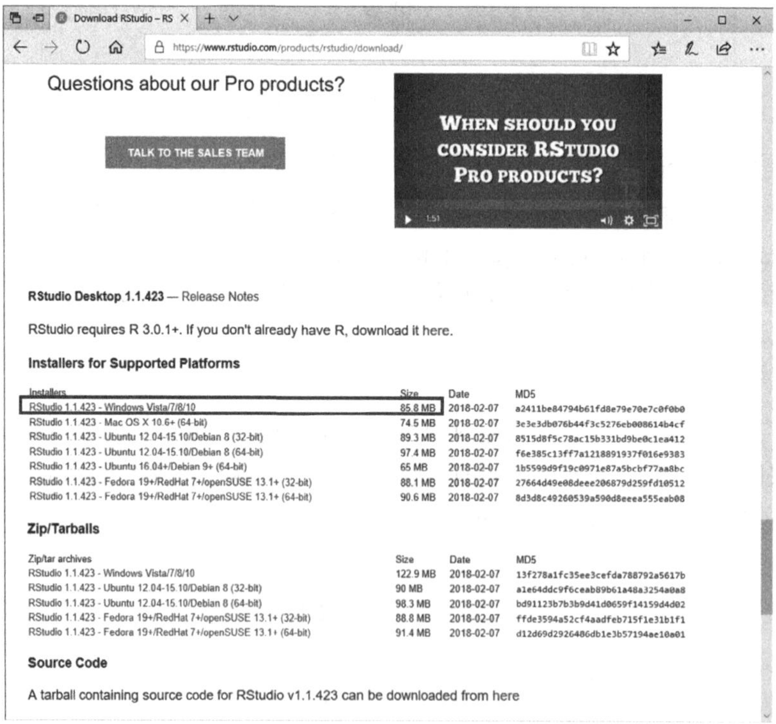

图 3-3-2　RStudio 软件下载区

Windows 版的 RStudio 下载大约 86MB，安装完毕后，会在计算机桌面上产生一个图标，启动 RStudio 后的界面如图 3-3-3 所示。RStudio 的四个区块可以说是将经常使用的各种功能集成在一起。

图 3-3-3　RStudio 的主界面

RStudio 左边上下分别是“程序代码编辑区”和“控制台”，也就是说，启动 RStudio 就会连带启动 R 的主程序。这和 R Commander 完全不同，R Commander 是 GUI，必须先启动 R 的控制台再以程序包的方式启动。RStudio 则是针对开发者所设计的界面，不是应用的 GUI。

要执行程序代码，先用鼠标将要执行的程序语句选中（框起来），然后单击“程序代码编辑区”的 Run 按钮即可，执行结果会显示在下方的控制台中。如果要执行整个程序文件，可以先选择菜单 Code 再选择多个选项，图 3-3-4 所示。Rstudio 右边上下分别是“数据或对象暂存区”和“其他信息区”两个窗格。在“数据或对象暂存区”可以让我们看到在程序中产生的数据对象或加载的数据有哪些，这里的显示页面还有一个 Spark，因为 RStudio 已经把大数据数据库整合进来，从这个渠道就可以链接 Spark 数据库。“其他信息区”则把很多功能都集成进来，包括计算机文件（Files）、绘图（Plots）、程序包（Packages）、帮助（Help）和快速查看（Viewer）。

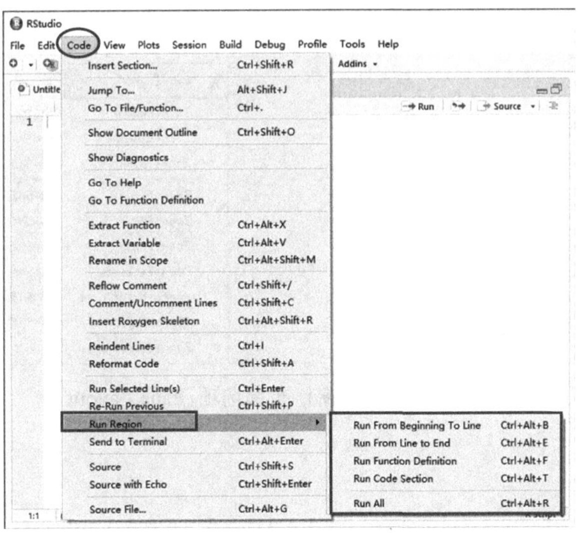

图 3-3-4　执行程序

RStudio 内有许多资源，可以按照图 3-3-5 的指示下载速查表 Cheatsheets。因为 R 的开放性，所以本书无法涵盖一切学习的内容，读者应该尽可能获取网络资源，以便查询更多的学习内容。

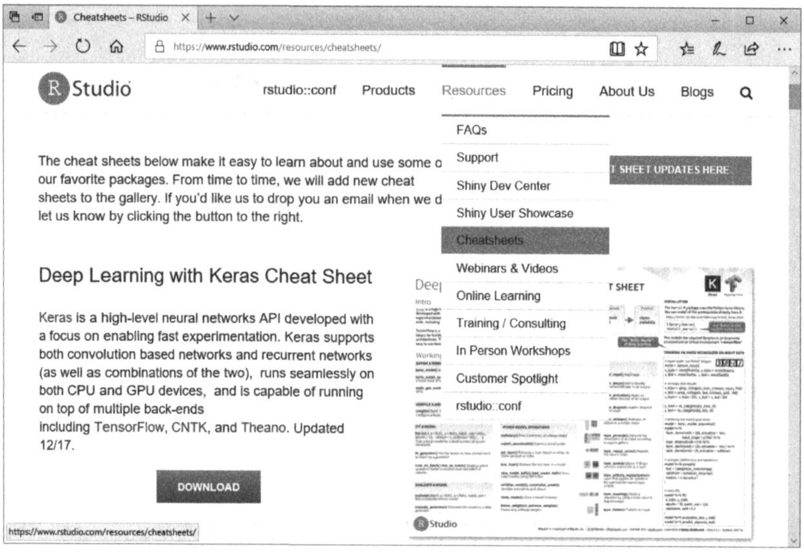

图 3-3-5　下载速查表

3.3.2　更改界面

如果使用上不习惯 RStudio 四个窗格界面布局，我们也可以对之进行更改。如图 3-3-6 所示，先单击窗格 Pane 按钮，进入如果图 3-3-7 所示的四窗格布局选项，右边的两块都可以根据用户的需要进行调整。

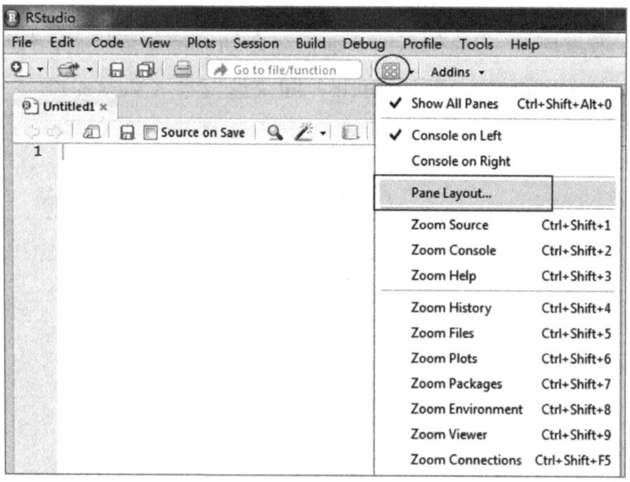

图 3-3-6　进入四窗格布局选项 Pane Layout

图 3-3-7　四窗格布局的选项都可以进行调整

如果要更改四窗格布局，如图 3-3-8，只要选择其一就会自动置换，但是没有办法把四窗格布局换成三窗格或二窗格。

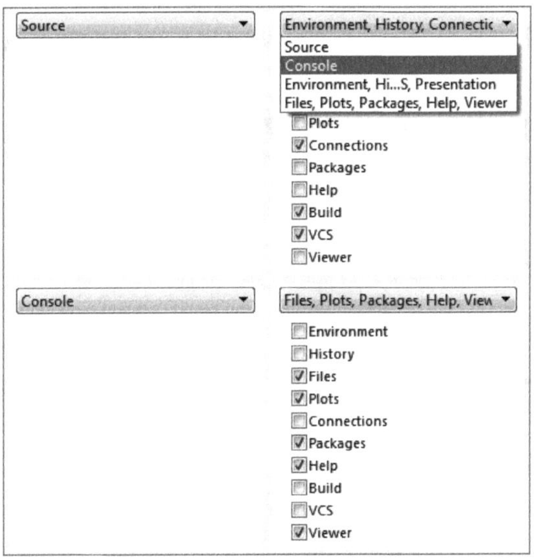

图 3-3-8　把 Environment 窗格和 Console 窗格对调

3.3.3　产生文件

RStudio 不只是一个程序代码编辑器，它已经内建了文件创建功能，把 Markdown 和 Markup 的格式输出为 Word（微软），PDF 或 HTML 格式都可以轻松完成。用 R 执行程序和编写文稿，在文稿内可以直接调用估计结果的表格，这些都能一并轻松实现。

如图 3-3-9 所示，依次选择菜单选项 File→ New File 会看到很多文件选项。上半部分选项是有关程序和一些功能调用的，下半部分选项则是供我们选择所需的文件格式。如果我们只是要编写程序代码，就可以选择 R Script，或是 File 正下方有一个很直观的小图标。

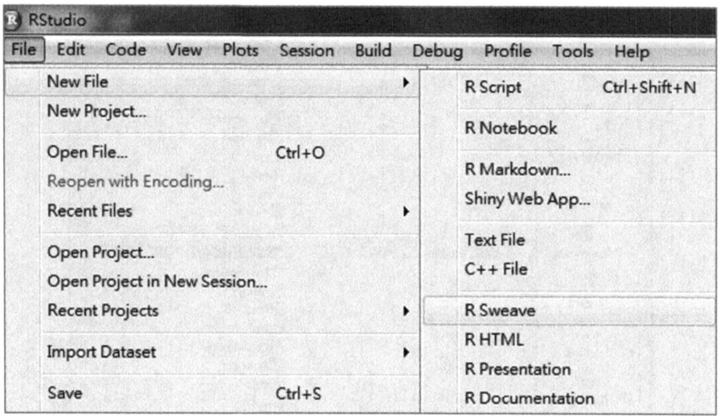

图 3-3-9　启动 R Sweave

R Sweave 是和 LaTex 文字编辑软件结合的程序包，最后可以生成 PDF 文件。其余的选项分别是：R HTML，网页；R Presentation，制作演示文稿（或报告文稿）；R Documentation，制作 R 内建的 Rd 文件。

启动 R Sweave 后，就会出现如图 3-3-10 所示的文件书写区，以及 Compile PDF 的功能选项。Format 则是 LaTex 的文字形体和段落章节。这些文本都可以内嵌 R 程序代码。RStudio 开发人员写的书，大多都是使用这个工具编写的，例如，Wickham Hadley 的 *Advanced R* 一书，就是用此工具编写完成的。

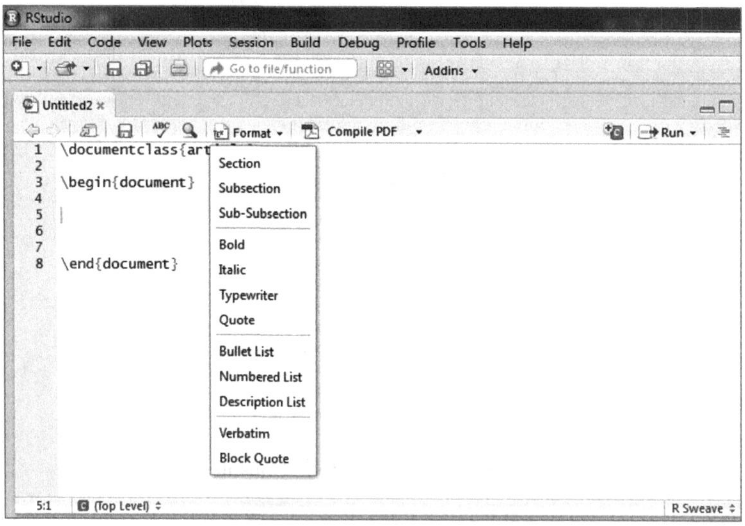

图 3-3-10　集成了 LaTex 文字编辑功能

3.3.4　Mark Down

在各个文件中，更常规化的选项就是选择图 3-3-9 中的 R Markdown 选项。选择 R Markdown 时，如果系统没有安装相关的程序包，我们就必须按照提示先完成安装，才会成功加载这项功能。如图 3-3-11 所示，输出的文件，有上述 HTM 和 PDF，也包括微软公司的 Word。

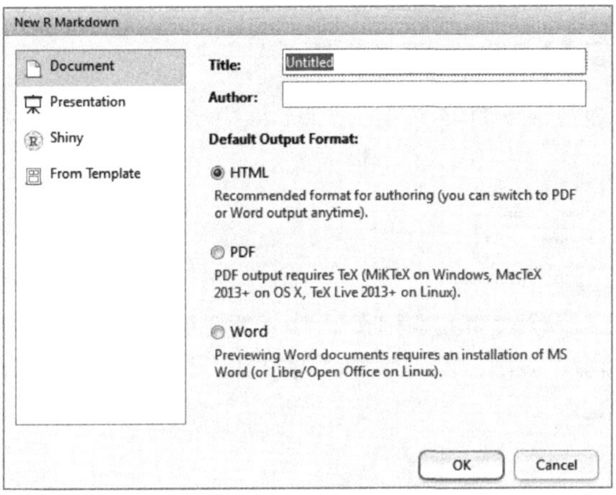

图 3-3-11　启动 R Markdown

所以说，RStudio 不只是程序的 IDE（集成开发环境），它是一个数据工作的平台。业界的分析师，在数据分析之后，常常要直接生成报告，这些功能就极为好用。

我们在图 3-3-11 的范例中选择了 HTML，再这样输入：

```
Title：练习
Author：何宗武
```

然后单击 OK 按钮，就会生成一个编码选项的范例文件，如图 3-3-12 所示。

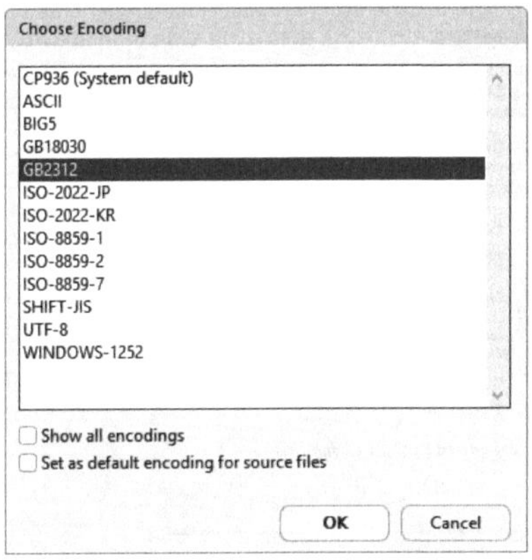

图 3-3-12　文字编码选项

在图 3-3-12 所示的文字编码选项中，可以选 GB2312，因为是中文。这里需要做一个重要的补充。如果选择 PDF 文件，则是否支持中文要视计算机内的 LaTex 系统设计而定。另外，HTML 和 Word 都没有支持中文的困扰问题。单击 OK 按钮后，就会打开一个范例文本，如图 3-3-13 所示。

图 3-3-13 的文字章节的程序代码都有范例文件。单击 knit 按钮会弹出文本输出格式的选项，选择 Knit to Word 选项，就会生成如图 3-3-14 所示的文件。更多的功能，请参考 knitr 作者 Xie Yihui 的专著 Xie Yihui (2017) *Bookdown— Authoring Books and Technical Documents with R Markdown*. CRC Press。

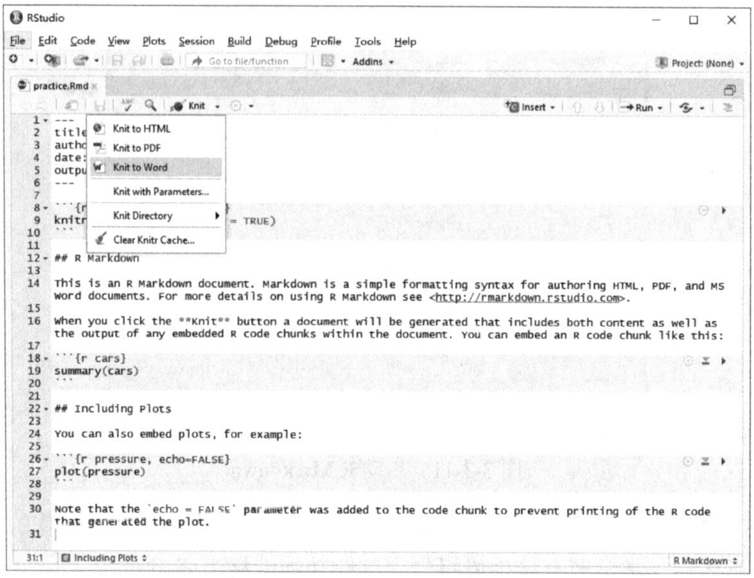

图 3-3-13 范例文本

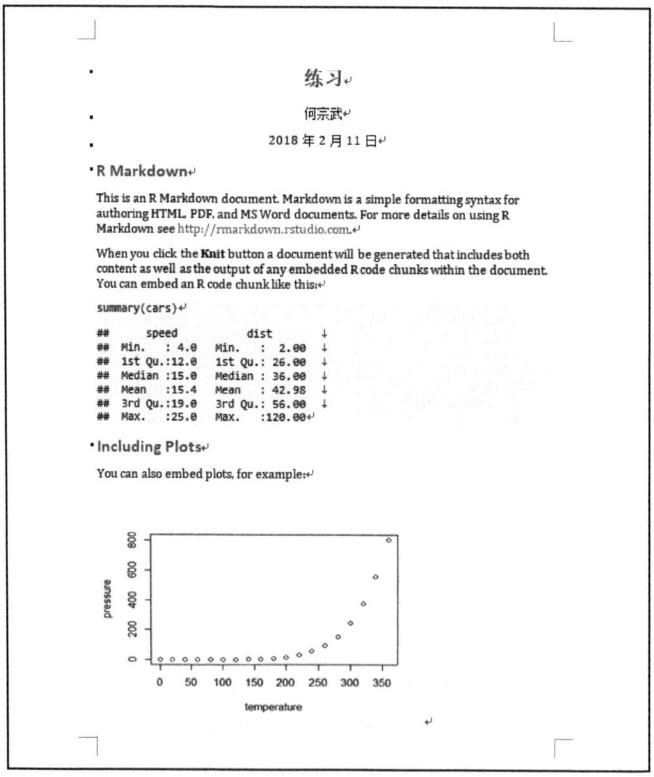

图 3-3-14 微软 Word 文件

有关 RStudio 的更多功能，只要我们多加使用，就会弄得清清楚楚。其中一项本书没有多谈的就是 Shiny，Shiny 是内建的 Web APP 和 GUI 函数，启动后可以用来设计和 R 服务器结合的网页 APP，或者设计用户图形界面，功能十分强大。

第 4 章　数据结构和数据处理

本章是为完全没有 R 经验的人而编写的，所以从 R 的数据和命令行（command line）开始演练，等熟悉后，可以将多条命令存成一个批处理脚本文件（script file），随后就可以用 Run 来执行了。

4.1　R 的数据结构

学习所有程序设计语言的第一步就是要先知道如何创建数据，不同的程序设计语言有不同的数据结构（data structure）创建方式。R 的数据结构有以下 6 种形态：

- vectors（向量）
- matrix（矩阵）
- array（数组）
- data frame（数据框）
- time series（时间序列）
- list（列表）

我们将按序介绍这六种数据结构，为求简单，我们在 R 控制台（R Console）下的命令行进行演练。控制台下的命令行就是一进入 R 系统的画面，如图 4-1-1 所示。我们在命令提示符“ >”之后输入指令（命令），以此来了解数据结构的语法。稍后，我们再将这些指令合并成一个程序文件来执行。

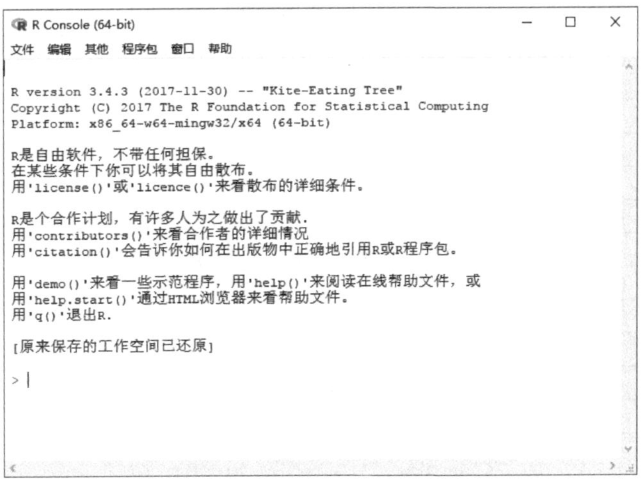

图 4-1-1　R 控制台窗口

如果读者已经熟悉 R 的使用结构，则可以略过本章，或者翻阅即可。

4.1.1 vectors 向量

（1）函数 C()

R 的数据结构中最简单的就是向量（vector），向量是由一组性质相同的元素所组成的。例如，都是数字（number），或都是字符串（character string）。创建的方法是使用函数 c()，范例如下：

范例程序：函数 c()

```
1. x=c(0.5, 1, 2.3, 6.1, 5.5)
2. x
3. y=c(x, 0.25, x)
4. y
5. z=c(sin(x)/cos(x), log(x))
6. z
7. w=c("Brazil", "Russia", "India", "China")
8. w
```

说明

1. 由 5 个实数（0.5, 1, 2.3, 6.1, 5.5）组成的向量 x ，可以用函数 c 创建。
2. 显示向量 x 。
3. 创建一个向量 y，函数 c 可以将多个向量合并（merge）为一个向量。
4. 显示向量 y。
5. 创建一个向量 z，函数 c 内部数值可以允许函数运算。
6. 显示向量 z。
7. 创建一个向量 w，函数 c 内部可以是字符串，其中文字部分需以符号“""”来设置。
8. 显示向量 w。

如上所述，函数 c()内可以是数学函数，不一定只是标量（scalar）。其中能够运算向量的数学函数如表 4-1-1 所示。

表4-1-1 向量运算函数

函数	说明
abs	绝对值（absolute value）
asin, acos, atan	反三角函数（inverse geometric functions）
asinh, acosh, atanh	反双曲函数（inverse hyperbolic functions）
exp, log	指数和自然对数（exponent and natural logarithm）
floor	从浮点数舍入到整数（ceiling trunc creates integers from floating point numbers）
gamma, lgamma	伽马和对数伽马函数（gamma and log gamma function）
log10	以 10 为底数的对数（logarithm with basis 10）
round	四舍五入（rounding）
sin, cos, tan	三角函数（geometric functions）
sinh, cosh, tanh	双曲函数（hyperbolic functions）
sqrt	平方根（square root）

范例如下：

范例程序：数学函数

```
1. x=c(0.5, 1, 2.3, 6.1, 5.5)
2. x
3. x^2
4. log(x)
5. exp(x)
6. sqrt(x)
7. sin(x)
```

说明

1. 创建一个向量 x，其元素由 5 个实数（按序为 0.5, 1, 2.3, 6.1, 5.5）组成。
2. 显示向量 x。
3. 对向量 x 内的各元素“取平方”。
4. 对向量 x 内的各元素“取对数”。
5. 对向量 x 内的各元素“取指数”。
6. 对向量 x 内的各元素“开根号”。
7. 对向量 x 内的各元素“取三角函数的 sin 值”。

（2）: 和 seq()

另一种创建向量的方式，可使用符号“:”。而函数 seq()则用以创建向量中一组等间距的数列。范例如下：

范例程序：“:”和 seq()

```
1. index=1:20
2. Index
3. z=seq(from=-3, to=2, by=0.5)
4. z
5. seq(as.POSIXct("1988-04-03"), by="month", length=12)
6. iso.tS=seq(ISOdate(1910, 1, 1), ISOdate(1999,1 ,1), "years")
7. head(iso.tS, 12)
```

说明

1. 创建一个向量，名称为 index，元素按序从 1 排列到 20。
2. 显示向量 index。
3. 创建一个向量 z，向量的起始值从-3 排列到 2，元素的间距为 0.5。
4. 显示向量 z。
5. 生成一个向量，as 表示将作为起始日期的"1988-04-03"声明为 POSIXct 的时间格式来显示，间隔为月，向量长度 12 代表元素总量共 12 个。
6. 创建一个元素为日期的向量，名称为 iso.tS，起始值从 1910,1,1 排列到 1999,1,1，期间间隔为年。其中 ISOdate 为国际日期标准编码。
7. 函数 head()内的语法表示：显示向量 iso.tS 的前 12 个元素数据。

上述第 5 步与第 7 步在 R 的显示结果如下：

```
seq(as.POSIXct("1988-04-03"), by="month", length=12)
   "1988-04-03 CST" "1988-05-03 CST" "1988-06-03 CST" "1988-07-03 CST"
   "1988-08-03 CST" "1988-09-03 CST" "1988-10-03 CST" "1988-11-03 CST"
```

```
    "1988-12-03 CST" "1989-01-03 CST" "1989-02-03 CST" "1989-03-03 CST"
head(iso.tS, 12)
    "1910-01-01 12:00:00 GMT" "1911-01-01 12:00:00 GMT"
    "1912-01-01 12:00:00 GMT" "1913-01-01 12:00:00 GMT"
    "1914-01-01 12:00:00 GMT" "1915-01-01 12:00:00 GMT"
    "1916-01-01 12:00:00 GMT" "1917-01-01 12:00:00 GMT"
    "1918-01-01 12:00:00 GMT" "1919-01-01 12:00:00 GMT"
    "1920-01-01 12:00:00 GMT" "1921-01-01 12:00:00 GMT"
```

（3）rep() 和 抽样函数（sampling functions）

函数 **rep()**是 repeat 的缩写。语法 **rep**(a, b)表示，a 位置放的是元素，也代表被重复的数字；b 位置则是其所对应元素的重复次数。范例如下：

范例程序：函数 rep()

```
1. x=rep(1:4, c(2, 3, 4, 5))
2. y=rep(1:3, 1:3)
3. y
```

说明

1. 创建一个向量 x。rep 函数内的指令表示：元素从 1 到 4，按序显示 1 重复 2 次，2 重复 3 次，3 重复 4 次，4 重复 5 次的排列方式。
2. 创建一个向量 x。元素从 1 到 3，按序显示 1 重复 1 次，2 重复 2 次，3 重复 3 次的排列方式。
3. 显示 y。

上述指令在 R 的显示结果如下：

```
x=rep(1:4, c(2, 3, 4, 5))
      1 1 2 2 2 3 3 3 3 4 4 4 4 4
x=rep(1:3, 1:3)
      1 2 2 3 3 3
```

在 R 中，元素的创建除了可自行给定之外，也可以设置在特定样本内随机抽样，此为抽样函数（sampling functions）的功能。范例如下：

范例程序：抽样函数（sampling functions）

```
1. x=rnorm(10)
2. x
3. y=runif(10, 4, 7)
4. y
```

说明

1. 创建一个向量 x，元素为从标准正态分布中随机抽取 10 个数字。
2. 显示向量 x。
3. 创建一个向量 y，元素为从 4 到 7 之间的实数，随机抽取 10 个数字。此为均匀分布（uniform distribution）。
4. 显示向量 y。

4.1.2 matrix 矩阵

（1）构建矩阵的三个方法

- 方法一

将一组向量元素以维度函数 dim()表示。在 dim=c(a,b)中，a 为矩阵中的行数，b 为矩阵中的列数。范例如下：

范例程序：构建矩阵(一)

```
1. x=2:9
2. dim(x)=c(2,4)
3. x
```

说明

1. 创建一个向量 x，元素从 2 排列到 9。
2. 将 x 的维度以 2×4 的矩阵排列。
3. 显示矩阵 x。

- 方法二

直接使用矩阵函数 matrix()。在 matrix(a,b,c)中，a 为元素，b 为行数，c 为列数。范例如下：

范例程序：构建矩阵(二)

```
1. x=matrix(2:9, 2, 4)
2. x
3. y=matrix(2:9, 2, 4, byrow=TRUE)
4. y
```

说明

1. 创建一个 2×4 的矩阵 x，矩阵元素从 2 到 9 按“列”排列，即从〔1,1〕，〔2,1〕，〔1,2〕，〔2,2〕依次往下排列。
2. 显示矩阵 x。
3. 创建一个 2×4 的矩阵 y，元素从 2 到 9 排列，其中 byrow=TRUE 指令为：矩阵元素按“行”排列，即从〔1,1〕，〔1,2〕，〔1,3〕依次往下排列。
4. 显示矩阵 y。

上述第 2 步与第 3 步在 R 中的显示结果如下：

```
x
     [,1] [,2] [,3] [,4]
[1,]    2    4    6    8
[2,]    3    5    7    9

y
     [,1] [,2] [,3] [,4]
[1,]    2    3    4    5
[2,]    6    7    8    9
```

- 方法三

通过合并向量的组合方式创建矩阵。范例如下：

范例程序：构建矩阵(三)

```
1. x=cbind(c(1, 2, 3), c(4, 5, 6))
2. x
3. y=rbind(c(1, 2, 3), c(4, 5, 6))
4. y
```

说明

1. 将两个向量按列（column）合并为矩阵 x。
2. 显示矩阵 x。
3. 将两个向量按行（row）合并为矩阵 y。
4. 显示矩阵 y。

上述第 2 步与第 3 步在 R 中的显示结果如下：

```
x
       [,1]  [,2]
  [1,]   1     4
  [2,]   2     5
  [3,]   3     6
y
       [,1]  [,2]  [,3]
  [1,]   1     2     3
  [2,]   4     5     6
```

（2）矩阵运算

矩阵的基础运算，不外乎为基本的数学四则运算“加、减、乘、除”，在 R 中即用符号“+、-、*、/”来表示，此为对矩阵内元素对元素的四则运算。如果是矩阵对矩阵两两相乘，则用“%*%”符号来表示。范例如下：

范例程序：矩阵运算

```
1. x=matrix(1:8, 2, 4)
2. x+x
3. x-x
4. x*x
5. x/x
6. y=matrix(-8:-1, 4, 2)
7. x%*%y
8. x%*%t(X)
```

说明

1. 创建一个元素从 1 到 8 排列的 2×4 矩阵 x。
2. 矩阵相加。
3. 矩阵相减。

4. 矩阵元素对元素相乘（element-by-element）。
5. 矩阵元素对元素相除（element-by-element）。
6. 创建一个元素从-8 到-1 排列的 4×2 矩阵 y。
7. 矩阵 x 乘以矩阵 y。矩阵两两相乘的运算符号为“%*%”。
8. 两个矩阵相乘，其中 t(x)为矩阵 x 的转置矩阵。

可以用于矩阵运算的函数如表 4-1-2 所示。

表4-1-2　矩阵运算函数

函数	说明
chol(x)	Choleski 分解（Choleski decomposition），又称平方根法
col(x)	矩阵中元素所在的列数（Matrix with column numbers of the elements）
diag(x)	从一个向量创建一个对角矩阵（Create a diagonal matrix from a vector）
ncol(x)	返回矩阵的列数（Returns the number of columns of a matrix）
nrow(x)	返回矩阵的行数（Returns the number of rows of a matrix）
qr(x)	矩阵正交分解（QR matrix decomposition）
row(x)	矩阵中元素所在的行数（Matrix with row numbers of the elements）
solve(A,b)	解方程 Ax=b（Solve the system Ax=b）
solve(x)	计算逆矩阵（Calculate the inverse）
svd(x)	奇异值分解（Singular value decomposition）
var(x)	列的协方差矩阵（Covariance matrix of the columns）

4.1.3　array 数组

向量是一维（one-dimensional）的数组，矩阵是二维（two-dimensional）的数组。数组（Arrays）是由维度高于二的向量群所组成（Arrays are vectors with a dimension attribute specifying more than two dimensions）。为了使读者便于理解，表 4-1-3 分别列出在 R 中创建的向量、矩阵与数组排列方式的结果比较。

表4-1-3　向量、矩阵与数组

向量	矩阵	数组
[1] 2 5 7 8	[,1] [,2] [1,] 2 7 [2,] 5 8	, , 1 [,1] [,2] [1,] 2 7 [2,] 5 8 , , 2 [,1] [,2] [1,] 2 7 [2,] 5 8

接下来，我们介绍在 R 中创建数组的方式。范例如下：

范例程序：创建数组

```
x=1:18
dim(x)=c(3, 3, 2)
x
y=array(c(2:9, 12:19, 112:119), dim=c(2, 4, 3))
```

```
5. y
```

说明

1. 创建一个向量 x，其元素从 1 排列到 18。
2. 声明向量 x 的维度，函数内的指令为将向量 x 排成 2 个 3×3 矩阵的数组。
3. 显示数组 x。
4. 创建一个数组 y，将三组元素按序排成三个 2×4 矩阵的数组。
5. 显示数组 y。

上述第 3 步与第 5 步在 R 中的显示结果如下：

```
x
  , , 1
       [,1]  [,2]  [,3]
  [1,]   1    4    7
  [2,]   2    5    8
  [3,]   3    6    9

  , , 2
       [,1]  [,2]  [,3]
  [1,]  10    13    16
  [2,]  11    14    17
  [3,]  12    15    18

y
  , , 1
       [,1]  [,2]  [,3]  [,4]
  [1,]   2     4     6     8
  [2,]   3     5     7     9

  , , 2
       [,1]  [,2]  [,3]  [,4]
  [1,]  12    14    16    18
  [2,]  13    15    17    19

  , , 3
       [,1]  [,2]  [,3]  [,4]
  [1,] 112   114   116   118
  [2,] 113   115   117   119
```

4.1.4 data frame 数据框

数据框是行等长的二维数据结构，并且可以接受不同类型的数据，例如字符串和数值都可同时并存于一个数据框中。因此，数据框是 R 内部最方便的数据存储方式。

（1）加载内建数据

R 有一组内建的数据框为 Longley's Economic Data set，我们只要使用 data()函数就可以调出来，

即输入指令 **data**(longley)。范例如下：

范例程序：加载内建数据 data(longley)

```
1. data(longley)
2. longley
3. rownames(longley)
4. names(longley)
```

说明

1. 加载一组 R 内建的数据 longley。
2. 显示此组 longley 数据。
3. 显示 longley 数据每行的变量名称，也就是时间。
4. 显示 longley 数据每列的变量名称。

上述第 2 步的上半部分结果摘录如下：

```
longley
  GNP.deflator   GNP  Unemployed  Armed.Forces  Population  Year  Employed
1947    83.0   234.289   235.6      159.0       107.608    1947   60.323
1948    88.5   259.426   232.5      145.6       108.632    1948   61.122
1949    88.2   258.054   368.2      161.6       109.773    1949   60.171
1950    89.5   284.599   335.1      165.0       110.929    1950   61.187
1951    96.2   328.975   209.9      309.9       112.075    1951   63.221
1952    98.1   346.999   193.2      359.4       113.270    1952   63.639
1953    99.0   365.385   187.0      354.7       115.094    1953   64.989
```

（2）自建数据框

和矩阵或向量不同的是，数据框允许不同类型的数据放在一起，像是数据和字符串。在 R 中，将不同数据类型合并创建的方式就是使用数据框函数 **data.frame()**。范例如下：

范例程序：函数 data.frame()

```
1. y1=sample(c(TRUE, FALSE), size=20, replace=TRUE)
2. y2=rnorm(20)
3. x=sample(c("AA", "A", "B"), size=20, replace=TRUE)
4. mydata=data.frame(y1, y2, x)
5. mydata
```

说明

1. 创建一组数据 y1，数据样本 20 个，样本元素有 TURE 与 FALSE。其中 replace=TURE 指令的含义为，函数内样本元素取后可放回。
2. 创建一组数据 y2，数据样本为从标准正态分布中随机抽取的 20 个数字。
3. 创建一组数据 x，数据样本 20 个，样本元素有 AA、A 与 B 三种字符串，且函数内样本元素取后可放回。
4. 创建一组数据 mydata，并使用 data.frame()函数将不同类型数据放在一起。
5. 显示 mydata 这组数据。

上述第 5 步在 R 中的显示结果截取部分如下：

```
mydata
      y1      y2           x
  1   TRUE   -0.57976170   A
  2   FALSE   1.16682835   A
  3   TRUE   -0.45440476   B
  4   FALSE  -0.56354354   B
  5   FALSE  -0.08000375   A
  6   TRUE   -1.39684607   AA
```

4.1.5 time series 时间序列

就数据而言，时间序列和一般数据的差异在于它有时间框架 ts()；就回归分析而言，则分别有序列相关、结构变动与预测等，以及动态回归。

下面通过一组 1981 年第一季到 2010 年第四季的某个地区的总体数据来说明它的应用。范例如下：

范例程序：时间序列函数 ts()

```
1. region=read.csv("region3v.csv", header=TRUE)
2. region
3. region_ts=ts(data=region, start=c(1981, 1), freq=4)
4. region_ts
5. tsp(region_ts)
```

说明

1. 读取一组名为 region3v.csv 的数据，并创建其名称为 region。其中 header=TRUE，表示加载数据后的字段名由数据本身的变量名称显示，即第一行是变量名称。
2. 显示数据 region。
3. 使用 **ts()**函数创建时间框架，起始日期为 1981Q1，期间间隔为季，其名称为 region_ts。如 freq=12 则为月。
4. 显示数据 region_ts。
5. **tsp()**为时间序列期间函数，显示时间序列数据的起始与结束时间。可用于数据确认检查。

表 4-1-4 为 R 中无时间序列数据 region 与有时间序列数据 region_ts 的部分摘录结果，供读者比较。

表4-1-4　有无时间框架比较

region				region_ts			
	Quarters	Saving	Investment		Quarters	Saving	Investment
1	1962Q1	0.086739	0.097278	1981 Q1	1	0.086739	0.097278
2	1962Q2	0.114177	0.118885	1981 Q2	2	0.114177	0.118885
3	1962Q3	0.097690	0.109438	1981 Q3	3	0.097690	0.109438
4	1962Q4	0.151308	0.123959	1981 Q4	4	0.151308	0.123959
5	1963Q1	0.129564	0.107371	1982 Q1	5	0.129564	0.107371
6	1963Q2	0.141047	0.131242	1982 Q2	6	0.141047	0.131242
7	1963Q3	0.132903	0.121408	1982 Q3	7	0.132903	0.121408

其中，可放置于 **ts()**函数内的指令如表 4-1-5 所示。

表4-1-5　函数ts()的指令

指令	说明
data	观察值的数字向量或矩阵（numeric vector or matrix of the observed values）
start	首次观察时间（time of the first observation）
end	末次观察时间（time of the last observation）
frequency	单位时间观察的次数（number of observations per unit of time）
deltat	观察间采样周期的时间差（fraction of sampling period between observations）
ts.eps	时间序列比较容差（time series comparison tolerance）
class	将得到的结果类（class to be given to the result）
names	用于多个时间序列名字的字符向量（character vector of names for multiple time series）
header	TRUE/FALSE，原始数据第一行是否为变量名称

4.1.6　list 列表

list 变量可以包含不同属性、长度的数值、文字、向量和矩阵等，应该是所有变量种类中最具有弹性的形态。基本上，列表和向量一样，但是有如下不同属性：

- 列表内元素可以有不同属性。
- 元素可以是不同变量种类。
- 名称指针系统与“$”符号。
- 双重方括号数字指针，例如，X[[1]]，可用于 list 内变量没有指定的名称时。
- 列表变量在 R 内，主要用于各类计算的返回值，也可用于简单数据库的构建。

列表应用的范例如下：

范例程序：列表应用

```
1. x=rnorm(20)
2. e=rnorm(20, mean=0, sd=0.25)
3. y=0.15*x+e
4. output=lm(y~x)
5. names(output)
6. output$coefficients
7. output$residuals
8. output$model
```

说明

1. 创建数据 x，正态抽样 20 个样本。
2. 创建数据 e，正态抽样 20 个样本当作残差。
3. 创建数据 y，为 DGP（data generating process）。
4. 创建数据 output，**lm()**为线性回归函数，指令“y~x”是 y 对 x 的线性回归。
5. 显示 output 此数据跑完回归后的所有信息项目的名称。
6. 显示 output 此回归结果的相关系数。
7. 显示 output 此回归结果的回归残差。
8. 显示 output 此回归结果的原始模型数据。

上述第 5 步与第 8 步在 R 中的部分显示结果如下：

```
names(output)
   "coefficients"  "residuals"  "effects"  "rank"  "fitted.values"
   "assign"  "qr"  "df.residual"  "xlevels"  "call"  "terms"  "model"
output$model
           y           x
   1  0.21649553  1.34546473
   2  0.20618128  0.40628319
   3 -0.12112563 -0.22858837
   4  0.64231240  1.13409212
   5  0.80150913  1.62223638
   6 -0.02511198  1.36443829
```

（1）列表的高级使用 1

若想获得更完整的信息，可使用 **summary()**函数。范例如下：

范例程序：函数 summary()

```
output_more=summary(output)
output_more
names(output_more)
```

说明

1. 创建数据 output_more，使用 summary()函数获得 output 数据的详细信息。
2. 显示 output_more 数据。
3. 显示 output_more 所有信息项目的名称。

上述第 2 步的结果如下：

```
output_more
   Call:
   lm(formula = y ~ x)

   Residuals:
      Min      1Q     Median   3Q       Max
   -0.48468  -0.10996  0.02646  0.10856  0.42451

   Coefficients:
                Estimate  Std. Error  t value  Pr(>|t|)
    (Intercept)  0.02376   0.06473     0.367    0.71786
   x            0.21775   0.06938     3.139    0.00568 **
   ---
   Signif. codes:  0 '***' 0.001 '**' 0.01 '*' 0.05 '.' 0.1 ' ' 1

   Residual standard error: 0.2607 on 18 degrees of freedom
   Multiple R-squared: 0.3537,     Adjusted R-squared: 0.3178
   F-statistic: 9.851 on 1 and 18 DF,  p-value: 0.005677
```

（2）列表的高级使用 2

列表函数 **list()**可将不同长度的向量结合在一起，这个功能是向量与矩阵都无法做到的。范例如下：

范例程序：函数 **list()**

```
1. x1=1:15
2. x2=2:22
3. x3=-1:6
4. L=list(x1, x2, x3)
5. L
6. L[[1]]
```

说明

1. 创建向量 x1，元素从 1 排列到 15，共 15 个。
2. 创建向量 x2，元素从 2 排列到 22，共 21 个。
3. 创建向量 x3，元素从-1 排列到 6，共 8 个。
4. 创建列表 L，使用 list()函数将三个不同长度的向量组合在一起。
5. 显示列表 L。
6. 显示列表第一个向量信息。

上述第 5 步的结果如下：

```
L
   [[1]]
   1  2  3  4  5  6  7  8  9 10 11 12 13 14 15

    [[2]]
   2  3  4  5  6  7  8  9 10 11 12 13 14 15 16 17 18 19 20 21 22

    [[3]]
   -1  0  1  2  3  4  5  6
```

4.2 数据处理

了解了 R 使用的数据结构形态，接着便要学习在创建数据后的应用。数据处理（data manipulation)，不外乎就是对局部数据或特定条件数据的提取与显示，以及对数据做些基本的编辑与运算。关于这些功能的语法指令以及函数使用，我们将于这一节进行介绍。

4.2.1 向量处理

（1）使用整数取出指定范围的部分数据

在 R 中，我们可使用“[ ]”符号来表示截取向量中特定的元素。在该符号内输入的数字即为所要显示向量中的元素序位。其中较特别的函数是 length()，它是显示向量长度的函数，如将其放置于“[ ]”符号中，则代表显示该长度向量的元素。范例如下：

范例程序：通过正整数获取子集（subsetting by positive natural numbers）

```
1. x=c(-6, 7, 2, 4, 10, 8, 6)
2. x[5]
3. x[length(x)]
4. x[2:5]
5. x[c(4, 3, 5)]
6. x[3]=-2
7. x[3]
```

说明

1. 创建一个向量 x。
2. 显示向量 x 第 5 个元素。
3. 显示向量 x 长度对应序位的元素。
4. 显示向量 x 第 2 至 5 个元素。
5. 显示向量 x 第 4 个、第 3 个与第 5 个元素。
6. 将第 3 个元素的数值改为-2。
7. 显示向量 x 的第 3 个元素。

其中，上述第 3 步在 R 中显示如下：

```
x[length(x)]
        6
```

（2）利用逻辑条件取出指定范围的部分数据

除了以特定位置的方式截取向量中的元素外，还可以使用条件逻辑的方式来截取向量中的元素。范例如下：

范例程序： 通过逻辑向量获取子集（subsetting by a logical vector）

```
1. x=c(-10, 14, 62, 71, -18)
2. index=x>15
3. index
4. x[index]
5. x[c(FALSE, TRUE)]
6. x[x>15]=0
7. x
```

说明

1. 创建一个向量 x。
2. index 为向量 x 中大于 15 的元素（通过条件逻辑来表示）。
3. 显示 index。
4. 显示向量 x 中满足 index 条件的元素。
5. 随机显示向量 x 中满足 c(FALSE, TRUE)条件的元素。
6. 将向量 x 中大于 15 的元素用 0 取代。
7. 显示向量 x。

上述第3到7步在R中的结果显示如下：

```
index
      FALSE  FALSE  TRUE  TRUE  FALSE
x[index]
      62  71
x[c(FALSE, TRUE)]
      14  71
x[x>15]=0
x
      -10  14   0   0  -18
```

（3）使用负整数指定不要的范围，再取出部分数据

对于向量中特定元素的截取，除了以“正整数”表示“选取纳入”的显示方式，还可以采用“负整数”的“扣除”方式。范例如下：

范例程序：通过负整数来获取子集（subsetting by negative natural numbers）

```
1. x=c(1.5, 2.6, 3.7, 4.8, 5.9, 6)
2. x[-(1:2)]
3. x[-(5:6)]
4. x[-(6:7)]
5. x[1:7]
```

说明

1. 创建一个向量x。
2. 显示扣除第1到2个元素的向量x。
3. 显示扣除第5到6个元素的向量x。
4. 显示扣除第6到7个元素的向量。其中，虽无第7个元素，但不影响结果的显示。
5. 显示向量x的第1到7个元素，但因无第7个元素，故显示NA。

（4）向量的泛型函数（Generic Functions）

向量的数据形式如同单项数据，而我们可以对数据进行简单的统计，以了解数据的形态。在此，R提供了一些常用的函数供用户运算。范例如下：

范例程序：（一）用于向量的泛型函数（generic functions for vectors）

```
1. x=1:20
2. length(x)
3. max(x)
4. min(x)
5. range(x)
6. prod(x)
7. sum(x)
```

说明

1. 创建一个向量x，元素从1按序排列到20。
2. 显示向量x的长度（元素个数）。

3. 显示向量 x 的最大值。
4. 显示向量 x 的最小值。
5. 显示向量 x 的（起始与终止）范围。
6. 元素连乘。
7. 元素连加。

范例程序：（二）用于向量的泛型函数（generic functions for vectors）

```
any(x)
all(x)
summary(x)
cumsum(x)
cummin(x)
cummax(x)
```

说明

1. 任何向量 x 的元素都存在。
2. 所有向量 x 的元素都存在。
3. 显示向量 x 的统计量。
4. 元素以累计相加显示。
5. 元素以累计最小值显示。
6. 元素以累计最大值显示。

（5）其他：sorting/ordering/unique/duplicated vectors

除了一般常用的函数，在此，我们再介绍几个可应用于向量的函数。如将向量元素进行递增或递减排序的 **sort()**函数，或显示向量序列的 **order()**函数，还有显示向量中共有多少不同元素类型功能的 **unique()**函数，以及判断元素是否为重复出现的 **duplicated()**函数。范例如下：

范例程序：其他函数应用（一）

```
x=rnorm(5)
x
sort(x)
sort(x, decreasing=TRUE)
rev(sort(x))
order(x)
```

说明

1. 令 x 为一个随机正态抽样 5 个样本的向量。
2. 显示向量 x。
3. 将向量 x 的元素按升序排序。其中，若函数内无指令特别指定，则 sort 函数默认为升序。
4. 将向量 x 的元素按降序排序。其中，decreasing=TRUE 指令为降序排序。
5. rev 为向量逆转函数。此例结果视同将向量 x 做降序排序。
6. 显示向量 x 的序列。

上述步骤在 R 中的显示结果如下：

```
x=rnorm(5)
```

```
x
       0.3601536  -2.0610123  0.1756505  -0.9642079  1.2768905
sort(x)
      -2.0610123  -0.9642079  0.1756505  0.3601536   1.2768905
sort(x, decreasing=TRUE)
       1.2768905  0.3601536   0.1756505  -0.9642079  -2.0610123
rev(sort(x))
       1.2768905  0.3601536   0.1756505  -0.9642079  -2.0610123
order(x)
   4 3 1 5
```

范例程序：其他函数应用（二）

```
1. x=c(1, 1, 3, 5, 6, 7, 7, 8, 9, 9, 6, 7, 5, 5, 3, 2, 1, 4, 4, 7, 6)
2. x
3. unique(x)
4. duplicated(x)
```

说明

1. 创建一个向量 x。
2. 显示向量 x。
3. 将向量 x 中重复的项目去除，留下唯一值。
4. 判断元素是否有重复。

上述第 3 与 4 步在 R 中的显示结果如下：

```
unique(x)
      1 3 5 6 7 8 9 2 4
duplicated(x)
      FALSE  TRUE  FALSE  FALSE  FALSE  FALSE  TRUE  FALSE  FALSE  TRUE  TRUE
      TRUE  TRUE  TRUE  TRUE  FALSE  TRUE  FALSE  TRUE  TRUE  TRUE
```

（6）向量差分函数 diff()

向量差分是向量内元素两两相减，diff()为差分函数，其中若无给定滞后期，则 R 默认为落后一期。例如，以 x2-x1、x3-x2 按序排列。范例如下：

范例程序：向量差分（differencing a vector）

```
1. x=c(1, 3, 2, 5, 8, 6, 12, 15, 22)
2. diff(x)
3. diff(x, lag=2)
```

说明

1. 创建一个向量 x。
2. 对 x 向量做差分，如：x_2-x_1、x_3-x_2。
3. 对向量 x 做滞后两期的差分，如：x_3-x_1、x_4-x_2。

上述第 2 与 3 步在 R 中的显示结果如下：

```
diff(x)
        2  -1  3  3  -2  6  3  7
diff(x, lag=2)
        2  6  1  4  9  10
```

4.2.2 矩阵处理

（1）按指定范围取出矩阵的部分“行与列”

和向量相同，矩阵局部的截取与显示也是用符号“[ ]”来表示。差别在于向量是一维的数组，矩阵是二维数组，因此矩阵元素的截取显示元素的指令比向量多一维度的变化。例如，指令“x[a,b]”表示，x 为矩阵名称，a 为所要选取元素的行数，b 为列数。其中，如果列数 b 留白，则表示取第 a 行的整列元素。范例如下：

范例程序：获取矩阵的子集（subsetting a matrix）

```
1. x=matrix(1:25, ncol=5)
2. x
3. x[2, 5]
4. x[3, ]
5. x[ ,2]
6. x[3, c(2, 4)]
7. x[ , -5]
8. x[1, 1]=0
9. x
```

说明

1. 创建一个矩阵 x，元素从 1 排列到 25，列数为 5。
2. 显示矩阵 x。
3. 显示矩阵 x 第 2 行第 5 列的元素。
4. 显示矩阵 x 第 3 行的元素。
5. 显示矩阵 x 第 2 列的元素。
6. 显示矩阵 x 第 3 行的第 2 与 4 个元素。
7. 显示扣除第 5 列的矩阵 x。
8. 将矩阵 x 的第 1 行第 1 列元素改为 0。
9. 显示矩阵 x。

（2）使用逻辑条件指定“行列”，取出部分矩阵

范例程序：通过逻辑条件获取矩阵的子集（subsetting by a logical matrix）

```
x=matrix(1:36, ncol=6)
y=x>16
x[y]
x[x>median(x)]=0
```

说明

1. 创建一个矩阵 x，元素从 1 排列到 36，列数为 6。
2. y 为矩阵 x 中大于 16 的元素（通过条件逻辑来表示）。
3. 显示符合条件 y 的矩阵 x。
4. 将矩阵 x 中所有大于中位数的元素改为 0。

（3）使用“行列”数字的集合，取出部分矩阵

除了用矩阵上的序位数字或条件逻辑来编辑或截取一个新的矩阵外，还可通过矩阵的“行列”来截取矩阵中的元素。范例如下：

范例程序：使用列来获取矩阵子集（subsetting with two columns）

```
1. x=matrix(-12:12, ncol=5)
2. x
3. index=cbind(c(1, 2, 5), c(3, 4, 4))
4. index
5. x[index]
```

说明

1. 创建一个矩阵 x，元素从-12 排列到 12，列数为 5。
2. 显示 x。
3. 使用“列”合并函数 **cbind()**，将两个向量合并为一个矩阵 index。
4. 显示 index。
5. 显示矩阵 x 中 index 形式的元素，如第 1 行第 3 列的元素、第 2 行第 4 列的元素、第 5 行第 4 列的元素。

上述步骤有结果显示的话，我们直接观看其在 R 中显示的结果则会更易于了解，具体如下：

```
x
          [,1]  [,2]  [,3]  [,4]  [,5]
     [1,]  -12    -7    -2     3     8
     [2,]  -11    -6    -1     4     9
     [3,]  -10    -5     0     5    10
     [4,]   -9    -4     1     6    11
     [5,]   -8    -3     2     7    12
index
          [,1]  [,2]
     [1,]    1     3
     [2,]    2     4
     [3,]    5     4
x[index]
    -2  4  7
```

（4）指定连续行列数，取出部分矩阵

范例程序：通过单个数字或数字向量获取矩阵子集（subsetting by a single number or a vector of numbers）

```
1. x=matrix(0:35, ncol=6)
2. x[3]
3. x[9]
```

```
4. x[20:35]
```

说明

1. 创建一个矩阵 x，元素从 0 排列到 35，列数为 6。
2. 显示矩阵 x 中排列第 3 位的元素。
3. 显示矩阵 x 中排列第 9 位的元素。
4. 显示矩阵 x 中排列第 20 到 35 位的元素。

```
> X = matrix(0:35, ncol = 6)
> X
     [,1] [,2] [,3] [,4] [,5] [,6]
[1,]    0    6   12   18   24   30
[2,]    1    7   13   19   25   31
[3,]    2    8   14   20   26   32
[4,]    3    9   15   21   27   33
[5,]    4   10   16   22   28   34
[6,]    5   11   17   23   29   35
> X[3]
[1] 2
> X[9]
[1] 8
> X[20:35]
 [1] 19 20 21 22 23 24 25 26 27 28 29 30 31 32 33 34
> |
```

4.2.3 数据框 data.frame 对象的数据处理

由于数据框可同时并存字符串与数值，故为 R 内部最方便的数据存储与阅读方式，更符合财经计量数据时间序列的呈现形态。下面向读者介绍数据框在 R 内部的初步应用：数据的截取显示与新建字段。在此，我们借助 R 内建的 longley 数据做范例说明。

（1）提取数据

在 R 中，如果要截取原数据的特定数据，可使用“$”符号，语法为“原数据名称$要截取数据的变量名称”，其结果以向量方式排列呈现；若要将所截取的特定数据相对行列位置的变量名称一同显示，则要使用“[""]”符号，其语法为“原数据名称["要截取数据的变量名称"]”，则结果以数据框形式呈现。范例如下：

范例程序：（一）从数据框提取数据（extracting data from data frames）

```
data(longley)
longley
names(longley)
longley$GNP
class(GNP)
longley["GNP"]
```

说明

1. 加载一组 R 内建的数据 longley。
2. 显示此组 longley 数据。
3. 显示 longley 数据每列的变量名称。
4. 显示 longley 数据的 GNP 数据。
5. 显示 GNP 数据的数据类型。
6. 显示 longley 数据的 GNP 数据，并将其列变量名称（在此为日期）一并呈现。其中，["GNP"]表示为显示 GNP 时间序列的框架。

上述第 6 步在 R 中的显示结果为“numeric”，表示 GNP 此组数据类型为数值数据。其中，第 4 步与第 7 步的差别在于，前者为一组无时间序列的向量数据，后者为一组显示时间序列框架的数据。截取部分结果如下：

```
GNP=longley$GNP
GNP
   234.289 259.426 258.054 284.599 328.975 346.999 365.385 363.112
   397.469 419.180 442.769 444.546 482.704 502.601 518.173 554.894

GNP=longley["GNP"]
GNP
         GNP
   1947  234.289
   1948  259.426
   1949  258.054
   1950  284.599
   1951  328.975
   1952  346.999
   1953  365.385
```

范例程序：（二）从数据框中提取数据（extracting data from data frames）

```
1. longley[,c("GNP", "Population")]
2. Year1960=longley["1960",]
3. Year1960
4. longley[c("1955", "1960"),]
5. longley[5:10,]
```

说明

1. 提取 longley 数据的 GNP 与 Population 两组“变量列”的数据。在变量名称中加上“" "”符号，代表显示每个数据对应的“行”变量名称，在此例为日期。
2. 创建一组数据 Year1960，为 longley 数据中 1960“变量行”的数据。在此，“" "”符号代表显示每个数据对应的“列”变量名称。
3. 显示 Year1960。
4. 显示 longley 此组数据中的 1955 与 1960 两个“变量行”的数据信息。
5. 显示 longley 此组数据中的第 5 行到第 10 行的 6 个“变量行”的数据信息。

范例程序：（三）从数据框提取数据（extracting data from data frames）

```
head(longley, 3)
tail(longley, 2)
subset(longley, GNP>350 & Population>110)
```

说明

1. 显示 longley 此组数据之前的 3 组数据信息。
2. 显示 longley 此组数据之后的 2 组数据信息。
3. 显示符合 GNP 大于 350 且 Population 大于 110 的数据信息。

上述第 3 步在 R 中的显示结果如下：

```
subset(longley, GNP>350 & Population>110)
    GNP.deflator  GNP  Unemployed Armed.Forces  Population  Year  Employed
1953     99.0   365.385    187.0       354.7     115.094  1953   64.989
1954    100.0   363.112    357.8       335.0     116.219  1954   63.761
1955    101.2   397.469    290.4       304.8     117.388  1955   66.019
1956    104.6   419.180    282.2       285.7     118.734  1956   67.857
1957    108.4   442.769    293.6       279.8     120.445  1957   68.169
1958    110.8   444.546    468.1       263.7     121.950  1958   66.513
1959    112.6   482.704    381.3       255.2     123.366  1959   68.655
1960    114.2   502.601    393.1       251.4     125.368  1960   69.564
1961    115.7   518.173    480.6       257.2     127.852  1961   69.331
1962    116.9   554.894    400.7       282.7     130.081  1962   70.551
```

（2）增加字段

如何在原有的数据中加入新的变量数据字段？在此，cbind()函数可以帮助我们。以 longley 数据为例，我们可以创建一个新变量，用 cbind()函数按列进行合并；同理，使用 rbind()函数则按行进行数据的合并。范例如下：

范例程序：给数据框添加列（adding columns to a data frame，添加字段）

```
gnpPop=round(longley[,"GNP"]/longley[,"Population"], 2)
longley=cbind(longley, gnp.Pop=gnpPop)
longley
class(longley)
```

说明

1. 创建一组新数据 gnpPop，它是 longley 数据的 GNP/Population，且四舍五入到小数点后两位。其中，**round()** 为四舍五入函数；函数内的指令 2 表示舍入到小数点后两位。
2. 新的 longley 数据为：用 **cbind()**函数将原来的 longley 数据与步骤 1 创建的 gnpPop 数据合并，命名为 gnp.Pop。
3. 显示增加字段后的 longley 数据。
4. 显示 longley 此组数据的数据类型。结果为 **data.frame**。

上述第 3 步在 R 中的显示结果部分截取如下：

```
longley
    GNP.deflator  GNP  Unemployed Armed.Forces  Population  Year  Employed  gnp.Pop
1947     83.0  234.289    235.6     159.0    107.608  1947    60.323  2.18
1948     88.5  259.426    232.5     145.6    108.632  1948    61.122  2.39
1949     88.2  258.054    368.2     161.6    109.773  1949    60.171  2.35
1950     89.5  284.599    335.1     165.0    110.929  1950    61.187  2.57
1951     96.2  328.975    209.9     309.9    112.075  1951    63.221  2.94
1952     98.1  346.999    193.2     359.4    113.270  1952    63.639  3.06
1953     99.0  365.385    187.0     354.7    115.094  1953    64.989  3.17
1954    100.0  363.112    357.8     335.0    116.219  1954    63.761  3.12
1955    101.2  397.469    290.4     304.8    117.388  1955    66.019  3.39
```

4.2.4 字符串对象的处理

R 不仅仅有对数值进行多种运算的函数，也有对符号与数值共同组成字符串进行编辑与截取的函数。

（1）函数: **nchar()**、**substring()** 和 **paste()**

一组由各种符号、数字等字符组合而成的串称为字符串，字符串主要的目的是表意。在此，我们介绍 3 个函数：**nchar()**函数，显示字符串的字符数；**substring()**函数，用来截取字符串的子集；**paste()**函数，对字符串进行“粘贴”的编辑操作。范例如下：

范例程序：函数 nchar()、substring() and paste()

```
1. charvector=c("1970|1,003.2|4.11|6.21 Mio", "1975|21,034.6|5.31|7.11 Mio",
   "1980|513.2|4.79|7.13 Mio")
2. charvector
3. nchar(charvector)
4. years=substring(charvector, first=1, last=4)
5. years
6. paste(years, "12", "31", sep="-")
```

说明

1. 用函数 c 创建一组字符串，并命名为 charvector。
2. 显示 charvector 数据。
3. 显示每个字符串内的字符数。
4. 创建一组数据 years，**substring()**函数内的指令为：针对 charvector 中的各个字符串，截取每个字符串中的第 1 到 4 个连续字符。其中，指令“first=1, last=4”也可以用“1:4”来表示。如果要表示不连续的字符，则用函数 **c()**的方式来创建。
5. 显示 years 中的数据。
6. 将 years 该组数据中的每个字符串粘贴 12 与 31，并用符号“-”将三者进行分离。

上述第 3 步、第 5 步与第 6 步在 R 中的显示结果如下：

```
nchar(charvector)
      26 27 24
years
      "1970" "1975" "1980"
```

```
paste(years, "12", "31", sep="-")
     "1970-12-31" "1975-12-31" "1980-12-31"
```

（2）查询字符串的样式

这里我们介绍如何从字符串中找出样式。

范例程序：在字符串对象中找出样式（finding patterns in character objects）

```
1. longleyNames=names(longley)
2. index=grep("GNP", longleyNames)
3. index
4. longleyNames[index]
5. index=grep("^G", longleyNames)
6. index
7. gnpMatch=regexpr("GNP", longleyNames)
8. gnpMatch
9. attr(,"match.length")
10.index=1:length(longleyNames)
11.index[gnpMatch>0]
```

说明

1. 将数据 longley 的变量列名称取出，定义为 longleyNames。
2. 在 longleyNames 中查找字符串"GNP"，并把找到字符串所在的位置存储在 index 中。
3. 显示 index 中的数据。
4. 显示 longleyNames[index]中的内容。
5. 在 longleynames 中查找以"G"开始的字符串，并把找到的位置存储在 index 中。
6. 显示 index 中的数据。
7. 在 longleyNames 中匹配字符串"GNP"，把匹配的位置存储到 gnpMatch 中。
8. 显示 gnpMatch 的内容，-1 表示没有找到。
9. 显示匹配字符的长度。
10. 创建向量 index，元素从 1 排到 longleyNames 的长度。
11. 输出匹配的个数。

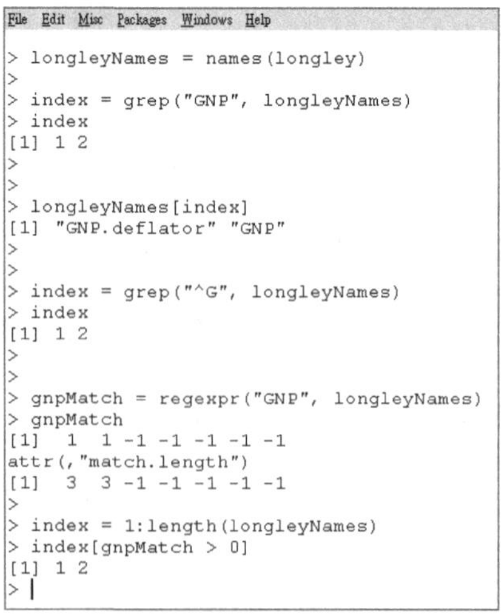

```
File Edit Misc Packages Windows Help
> longleyNames = names(longley)
>
> index = grep("GNP", longleyNames)
> index
[1] 1 2
>
>
> longleyNames[index]
[1] "GNP.deflator" "GNP"
>
>
> index = grep("^G", longleyNames)
> index
[1] 1 2
>
>
> gnpMatch = regexpr("GNP", longleyNames)
> gnpMatch
[1]  1  1 -1 -1 -1 -1 -1
attr(,"match.length")
[1]  3  3 -1 -1 -1 -1 -1
>
> index = 1:length(longleyNames)
> index[gnpMatch > 0]
[1] 1 2
> |
```

（3）替换文字

这里我们介绍如何定义数据文件的名称。

范例程序： 替换字符（replacing characters）

```
1. names(longley)
2. gsub(".Forces", "_Forces", longleyNames)
```

说明

1. 显示 longley 此组数据的变量名称。
2. 在 longleyNames 此组数据中，将原变量名称的“.Forces”部分，改为“_Forces”。gsub()函数用于修改子元素名称。

```
File  Edit  Misc  Packages  Windows  Help

> names(longley)
[1] "GNP.deflator" "GNP"          "Unemployed"   "Armed.Forces" "Population"   "Year"
[7] "Employed"
> gsub(".Forces", "_Forces", longleyNames)
[1] "GNP.deflator" "GNP"          "Unemployed"   "Armed_Forces" "Population"   "Year"
[7] "Employed"
> |
```

4.2.5 从连续性质的数据定义分组因子

所谓的因子（factor）就是分组的变量，可以是连续的区间，例如“高、低”的数值区间；也可以是字符串变量，好比“男、女”性别。如果是字符串，R 会自动将之辨认为因子并分类。如果是连续数值，就需要用一些技巧创建因子。在此，我们可用函数 **cut()**从连续数值的数据来创建因子。范例如下：

范例程序： 函数 cut()

```
1. gnp=longley[,"GNP"]
2. regimes=(2:6)*100
3. regimes
4. cut(x=gnp, regimes)
5. cut(x=gnp, breaks=3)
6. cut(x=gnp, breaks=5)
7. Levels=cut(gnp, breaks=3, labels=c("低收入","中收入","高收入"))
8. Levels
9. class(Levels)
10.data.frame(gnp=longley[,"GNP"], Level=as.vector(Levels))
```

说明

1. 创建一组数据 gnp，为来自 longley 的 GNP 数据。
2. 创建一组数据 regimes，元素从 2 排列到 6，且各个元素都乘上 100。
3. 显示 regimes 数据，即 200,300,400,500,600。
4. 以 regimes 内创建的数据为区间，将 gnp 数据进行分组变量的归类。
5. 将 gnp 分组归类，R 会自动分类为 3 个区间。
6. 将 gnp 分组归类，R 会自动分类为 5 个区间。

7. 创建分组变量，将 gnp 数据自动分为 3 个区间，并分别以字符串“低收入”“中收入”与“高收入”来显示。
8. 显示 Levels。
9. 显示 Levels 的数据类型，为因子，即分组变量。
10. 用 **data.frame()**函数将两组不同类型的数据合并。其中 gnp 为一组来自 longley 的数值数据 GNP；Level 为一组来自上述第 7 步创建的字符串数据 Levels。

上述第 5、6 步的差别在于，分组变量的区间前者是我们给定的，后者为 R 自动分类的，除此之外，两者都属于半开放半闭合的区间。在 R 中的显示结果部分截取如下：

```
cut(x=gnp, regimes)
   (200,300) (200,300) (200,300) (200,300) (300,400) (300,400)
   (300,400) (300,400) (300,400) (400,500) (400,500) (400,500)
   (400,500] (500,600) (500,600) (500,600)
   Levels: (200,300] (300,400] (400,500] (500,600]
cut(x=gnp, breaks=3)
   (234,341) (234,341) (234,341) (234,341) (234,341) (341,448)
   (341,448) (341,448) (341,448) (341,448) (341,448) (341,448)
   (448,555) (448,555) (448,555) (448,555)
   Levels: (234,341) (341,448) (448,555)
```

第 8 与 10 步在 R 中的显示结果部分截取如下：

```
Levels
   低收入 低收入 低收入 低收入 低收入 中收入 中收入 中收入 中收入
   中收入 中收入 中收入 高收入 高收入 高收入 高收入
   Levels: 低收入 中收入 高收入
data.frame(gnp=longley[,"GNP"], Level=as.vector(Levels))
          gnp    Level
   1    234.289  低收入
   2    259.426  低收入
   3    258.054  低收入
   4    284.599  低收入
   5    328.975  低收入
   6    346.999  中收入
   7    365.385  中收入
   8    363.112  中收入
   9    397.469  中收入
   10   419.180  中收入
   11   442.769  中收入
   12   444.546  中收入
   13   482.704  高收入
```

另外，我们如果要声明某连续数值为因子，例如变量 X，则使用 **factor**(X)将之转换重新定义一个名称。对于 **factor**()后的数字，R 的内码是将其辨认成字符串，不能进行加减运算。

第 5 章　数据存取和基本处理

5.1　外部数据读取

外部数据读取的类型大致可分为两类，一种是从常规文件加载的数据，如 csv 文件、txt 文件与 xls 文件等；另一种是从其他统计软件加载的数据格式，如 S-PLUS、SAS、SPSS 与 Stata 等。在本章中，我们只介绍普遍常用的 Excel 数据文件的加载方式。

首先，在 R 加载任何数据前，要先指定数据所在的工作目录。因此，读取外部数据的第一个步骤为“改变工作目录”（change directory），如图 5-1-1 所示，到菜单栏的“文件”中选择“改变工作目录...”选项，找到我们要将数据存储所在的工作目录后，再单击“确定”按钮。其中，工作目录的文件名必须以英文命名，如此 R 读取时才不易出现错误。

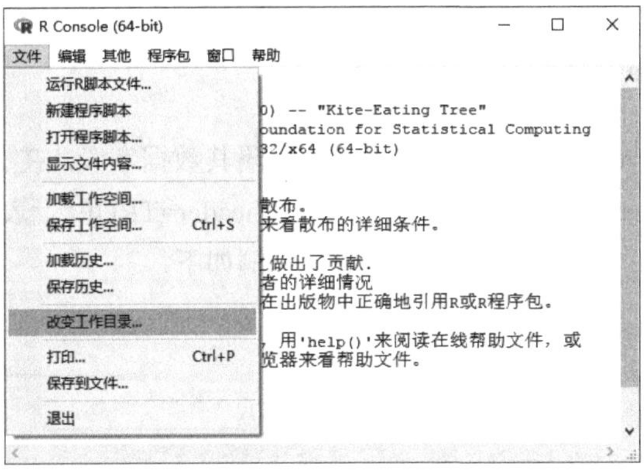

图 5-1-1　在 R 控制台中改变工作目录

RStudio 的声明如图 5-1-2 所示。如果只是打开程序文件，RStudio 则会自动将源程序所在目录设置为当前工作目录。

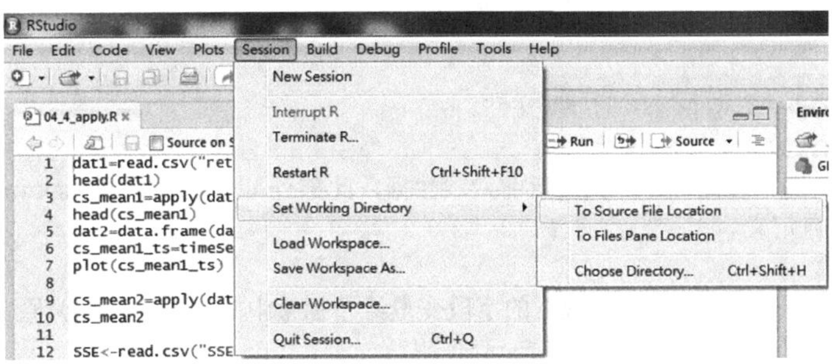

图 5-1-2　在 RStudio 中将工作目录更改为当前执行程序所在的目录

在 R 中，读取外部数据的函数有 **read.csv()**、**read.table()**、**read.delim()**、**read.xls()**与 **scan()**等。在本章中，我们将以常用的 csv 文件与 txt 文件作为范例来分别介绍使用函数 **read.csv()**、**read.table()**与 **scan()**读取外部数据，使用 **write()**等函数来导出数据，以及使用 **save()**函数来存储数据。其中，特别是以 **save()**函数将外部导入的数据存储为 RData 文件，以便于下次加载同一组数据。表 5-1-1 展示的是将于此章介绍的函数。

表5-1-1　外部数据读取函数

函数	说明
import (data input)	
scan()	将读进来的数据（data.frame）转成向量或矩阵
read.csv()	用来加载以“逗号”分隔其字段的数据，如 csv 文件
read.table()	用来加载以“空格”分隔其字段的数据，如 txt 文件
read.xls()	加载 Excel 的格式文件
save data	
save()	将数据存储为符合 R 数据格式的 RData 文件
load data	
load()	加载之前以 save()函数存储的数据
export (data output)	
write()	将数据以“向量”或“矩阵”的形式导出
write.csv ()	将数据以“数据框”的形式导出，适用于 csv 文件
write.table()	将数据以“数据框”的形式导出，适用于 txt 文件

5.1.1　载入 .csv 格式的数据

csv 是 excel 格式的文本文件，并且以“逗号”分隔其数据字段。在 R 中，我们使用 **read.csv()**函数读取 csv 文件。**read.csv()**函数中的 R 内建指令“header=TRUE”，表示加载数据后的字段名显示为数据本身的变量名称，即第一行是变量名称。范例如下：

范例程序： 函数 read.csv()

```
1. bankwage=read.csv("bankwage.csv", header=TRUE)
2. dim(bankwage)
3. head(bankwage)
4. summary(bankwage)
5. names(bankwage)=c("wage", "education", "wage0", "gender", "minority", "job ")
6. attach(bankwage)
7. write.csv(bankwage, file="bankwage.csv")
```

说明

1. 载入一个文件名为 bank_wage.csv 的 csv 文件。
2. 显示 bankwage 的维数。
3. 显示前几项变量数据。在此，R 默认显示前六项数据，此部分可以用“head(bankwage, n=要显示前几项数据之项数)”来自定义。
4. 显示数据的统计量。
5. names()函数的作用是：将 bankwage 数据的字段变量给予括号中的字符串。因为原字符串太长。
6. 将数据存入内存。使变量名称与数据结合一起使用。
7. 将 bankwage 的数据以 **write.csv()**函数存储于原 bankwage.csv 的文件夹中。

上述第 2 步在 R 中的显示结果为“474　6”，表示其为一组 474 × 6 的数据，有 6 个变量，每个变量有 474 项数据。我们通过步骤 3“显示该数据前几项数据”的结果来看看数据结构的排列。如下：

```
head(bankwage)
     wage  education  wage0   gender   minority   job
  1  57000     15     27000    Male       No     Management
  2  40200     16     18750    Male       No     Administrative
  3  21450     12     12000   Female      No     Administrative
  4  21900      8     13200   Female      No     Administrative
  5  45000     15     21000    Male       No     Administrative
  6  32100     15     13500    Male       No     Administrative
```

其中，第 4 步在 R 中的显示结果如下：

```
summary(bankwage)
    wage                    education              wage0
    Min.:       15750       Min. :     8.00        Min. :     9000
    1stQu.:     24000       1st Qu.:   12.00       1st Qu.:   12488
    Median:     28875       Median:    12.00       Median:    15000
    Mean :      34420       Mean:      13.49       Mean:      17016
    3rdQu.:     36938       3rdQ.:     15.00       3rd Qu.:   17490
    Max. :      135000      Max. :     21.00       Max.:      79980

    gender                  minority               job
    Female:     216         No :       370         Administrative:   363
    Male :      258         Yes:       104         Custodians :      27
                                                   Management:       84
```

5.1.2 载入 .txt 格式的数据

txt 是记事本格式的文本文件，其数据字段以“空格”作为区隔。在 R 中，函数 **read.table()** 用来读取以“空格”分隔字段的数据，如 txt 文件。**read.table()**函数与 **read.csv()**函数最主要的差别在于：**read.csv()**中的内建指令是“header=TRUE”，而 **read.table()**则为“header=FALSE”，表示数据加载后其第一行不以变量名称显示。在此，我们通过同一组数据显示其 header 的两种声明模式的结果，以进行比较，这样读者便会一目了然，参见表 5-1-2。

表5-1-2　header=TRUE / FALSE 比较

<table>
<tr><th>header=TRUE</th><th>header=FALSE</th></tr>
<tr><td>　wage　education　wage0　gender
1　57000　15　27000　Male
2　40200　16　18750　Male
3　21450　12　12000　Female</td><td>　V1　V2　V3　V4
1　wage　education　wage0　gender
2　57000　15　27000　Male
3　40200　16　18750　Male</td></tr>
</table>

scan()函数则是把读进来的数据（例如 data.frame）转成向量或矩阵。关于函数 **read.table()**与 **scan()**的应用，参考如下范例：

范例程序：函数 read.table()

```
1. data1=matrix(scan("risk_4v_scan.txt", n = 113*4), 113, 4, byrow= TRUE)
2. data1
3. data2=read.table("risk_4v_scan.txt", header=TRUE)
4. data2
5. write.table(data2, file="risk_4v_rt.txt")
```

说明

1. 创建一组数据 data1，将数据“risk_4v_scan.txt” scan 到 R 中，并以 113×4 的矩阵排列。byrow= TRUE 表示将 scan 进入的向量数据以“行”排列。其中，该组加载的数据共有 452 个元素（数据）。
2. 显示 data1 数据。
3. 创建一组数据 data2，读取外部数据“risk_4v_scan.txt”，且第一行从变量名称算起。
4. 显示 data2 数据。
5. 将 data2 的数据，以 **write.table()**函数存储于原 risk_4v_rt.txt 的文件夹中。

其中，在步骤 1 加载的数据共有 452 个元素（数据）。上述步骤用于 R 的显示，截取部分结果如下：

```
data1=matrix(scan("risk_4v_scan.txt", n = 113*4), 113, 4, byrow= TRUE)
       Read 452 items

data1
                 [,1]      [,2]      [,3]      [,4]
         [1,] -0.018680 -0.159376 -4.705716 -6.800977
         [2,] -0.253432 -0.341416 -0.658024 -5.522831
         [3,]  0.992952  0.287517  5.042660  13.8323

data2
               ret        rm        hml        smb
       1  -0.018680  -0.159376  -4.705716  -6.800977
       2  -0.253432  -0.341416  -0.658024  -5.522831
       3   0.992952   0.287517   5.042660   13.8323
```

5.1.3 载入 xls 和 xlsx 格式的数据

.csv 虽然是 Excel 的格式，但是只允许使用一个表单，.xls 格式则允许使用多个表单。R 软件目前至少有 3 个程序包可以加载 Excel 的 .xls 格式数据：xlsReadWrite 和 gdata。两者读取数据的函数均是 **read.xls()**。gdata 的使用需要搭配 perl 程序设计语言。另一个程序包是内建的基础程序包 RODBC，这个程序包和 SQL 数据库语法搭配。本节介绍 gdata 和 RODBC 两个程序包，在开始介绍之前，我们先来看一看原始数据 capm.xls，如图 5-1-3 所示。

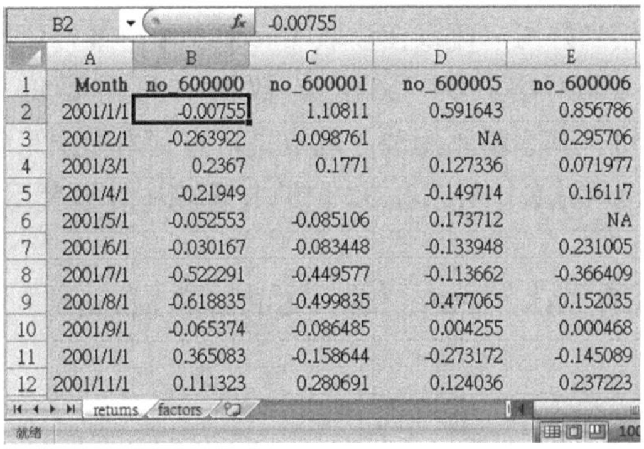

	A	B	C	D	E
1	Month	no_600000	no_600001	no_600005	no_600006
2	2001/1/1	-0.00755	1.10811	0.591643	0.856786
3	2001/2/1	-0.263922	-0.098761	NA	0.295706
4	2001/3/1	0.2367	0.1771	0.127336	0.071977
5	2001/4/1	-0.21949		-0.149714	0.16117
6	2001/5/1	-0.052553	-0.085106	0.173712	NA
7	2001/6/1	-0.030167	-0.083448	-0.133948	0.231005
8	2001/7/1	-0.522291	-0.449577	-0.113662	-0.366409
9	2001/8/1	-0.618835	-0.499835	-0.477065	0.152035
10	2001/9/1	-0.065374	-0.086485	0.004255	0.000468
11	2001/1/1	0.365083	-0.158644	-0.273172	-0.145089
12	2001/11/1	0.111323	0.280691	0.124036	0.237223

图 5-1-3 capm.xls 原始数据

这个数据有两个表单 returns 和 factors，有缺值（NA）也有空格。读取后，空格会被自动填入 NA。下面的范例程序使用两个程序包 gdata 和 RODBD 读取 .xls 格式，使用 openxlsx 读取 .xlsx 的格式。

范例程序：读取 .xls 和 .xlsx 格式

```
1. library(gdata)
2. mydata1=read.xls("capm.xls", sheet=1, perl="c:/strawberry/perl/bin/perl.exe",
   header=TRUE)
3. head(mydata1)
4. library(RODBC)
5. mydata2=odbcConnectExcel("capm.xls")
6. sqlTables(mydata2)
7. capm_ret=sqlFetch(mydata2, "returns")
8. capm_factor=sqlFetch(mydata2, "factors")
9. library(openxlsx)
10.mydata3=read.xlsx("HS300.xlsx",sheet=2,detectDates = TRUE)
11.head(mydata3)
```

说明

1. 载入程序包 gdata。
2. **read.xls()**读取数据 capm.xls，且将读出的数据命名为 mydata1。
   函数内：sheet=1，代表第一张表单。perl=" "，是计算机内 perl 程序设计语言执行文件的路径。如果计算机内没有这个程序设计语言，就不能使用这个程序包，同时也会出现错误信息。要安装 Perl，可以从 http://strawberryperl.com/下载。
3. 看一看 mydata1 的前 6 项数据。
4. 载入程序包 RODBC。
5. **odbcConnectExcel()**读取数据，只需要提供要读取数据的文件名，且将读出的数据命名为 mydata2。
6. **sqlTables()**查看 mydata2 的表单名称。这个是 SQL 的格式，如果读者已知表单名称，则不需要通过这一步骤看表单。
7. **sqlFetch()**读取表单 returns 的数据，并将之定义为 capm_ret。
8. **sqlFetch()**读取表单 factors 的数据，并将之定义为 capm_factor。
9. 载入程序包 openxlsx。
10. 用 read.xlsx 读取 HS300.xlsx 文件的第 2 张表单。
11. 看看前 6 项数据。

程序包 RODBC 其实相当好用，建议在读取 Excel 表单时最好使用这个程序包，也不必安装 perl。如果要加载 Excel 2007 格式为 .xlsx 的数据，只需要将上述第 5 步的函数换成 **odbcConnectExcel2007()**即可，其余都不用改。缺点是，直到本书撰写此节时，**odbcConnectExcel** 仍然只支持 32 位的系统，也就是说，必须在 32 位的 R 环境中才能使用。程序包 openxlsx 专门读取 .xlsx 格式，而且速度快。

R 对外部数据的读取还有 SAS、SPSS、Stata、S-Plus 和 Minitab 等常用商用软件包的格式，例如：

- 读 SAS 格式，用 **read.ssd**("文件名")
- 读 SPSS 格式数据，用 **read.spss**("文件名")
- 读 Splus 格式数据，用 **read.S**("文件名")
- 读 Minitab 格式数据，用 **read.mtp**("文件名")

这些都要载入程序包 library(**foreign**)。在有些情况下，R 会要求我们的系统装有这些程序，而有时候则不是必需的，其实这个要看我们要加载的数据格式，例如，SAS 的 .ssd 格式就需要计算机有 SAS 系统程序。详细内容可以查看程序包 **foreign** 的说明文件，读者可以自行练习，我们在此就不赘述了。

5.1.4 将数据存储与输出

R 整理好的数据暂存于内存中，如果要存取交换给他人使用或下次再使用，就要输出并存成文件。数据输出的格式不少，我们介绍其中两种：第一种是 R 内建的 .RData；第二种是通用的 .csv。

（1）存储成 .RData

save()函数，可将一组已加载到 R 的外部数据存储成为符合 R 数据格式的 RData 文件。其中，两个文件需采用相同的文件名。完成后，如果下次要再用到该组数据，则只要用 **load()**函数加载其 RData 文件即可。关于 **save()**函数的应用，我们以 csv 文件的 capm 数据为例，并接续前面的步骤，范例如下：

范例程序：用函数 save()存成 .RData

```
1. save(capm_ret, file="ret.RData")
```

说明

1. 将 capm_ret 数据存取到 RData 文件格式的文件夹。此时文件夹会产生一个新文件 ret.RData。

在 R 中，我们使用 load()函数直接将其 RData 文件载入。以 bankwage.RData 文件为例，范例如下：

范例程序：用函数 load() 读取 .RData 数据

```
1. load("bankwage.RData")
2. names(bankwage)
3. attach(bankwage)
```

```
wage_entry=log(wage0)
```

说明

1. 以 load 的方式加载先前存取的 RData 文件形式数据。
2. 显示 bank_wage 的变量名称。
3. 将数据存入内存。使变量名称与数据结合一起使用。
4. 将新变量 wage_entry 赋值为 log(wage0)。

（2）存储为 .csv 格式

关于数据的导出，在前面第 5.1.1 与 5.1.2 小节的范例程序 code 文件的最后一步骤，介绍过如何将数据导出并存储于原文件夹。除此之外，导出数据的方法是将数据另存为新文件，无论是将数据以新的文件名保存，或以新的文件格式保存，皆可行。范例如下：

范例程序：将数据输出

```
x=matrix(1:10,ncol=5)
write(x, "x.txt")
data(longley)
write.csv(longley, file="longley.csv")
gnpPop=round(longley[,"GNP"]/longley[,"Population"], 2)
newlongley=cbind(longley, gnp.Pop=gnpPop)
write.table(newlongley, file="new_longley.txt")
```

说明

1. 创建一组矩阵数据 x。
2. 将矩阵 x 数据导出，以 txt 文件形式存储于工作目录内。其中，上述的 R 与 Rdata 的文件夹都可根据用户的习惯自行创建文件夹的名称及位置。
3. 加载一组 R 的内建数据 longley。
4. 将 longley 此组数据以 csv 文件的格式存储于工作目录中。
5. 创建一组 gnpPop 的新数据。
6. 以 **cbind()**函数将新数据合并于原 longley 数据中，并给定新名称为 newlongley。
7. 将 newlongley 数据以 txt 文件的格式存储于工作目录中，文件名为 new_longley.txt。

write.table 也可以生成 .csv 格式。有兴趣的读者，请参考 help 文件。另外，write.table 或 write.csv 的函数会自动把数据的 index（行名称，默认是 1,2,3….整数）存进文件。所以，一旦打开 longley.csv 就会发现最左边多了一列计数栏。要去掉这个，只要多声明一个指令 row.names=FALSE，例如：

```
write.csv(longley, file="longley.csv", row.names=FALSE)
```

除了这些，也可以输出特定统计软件格式，如 SAS、SPSS 等。例如，要转数据给 SPSS，可以用 **write.foreign()**，有关细节说明，请参考相关文件或使用 **help()**。

5.2 数据的基本统计分析 library(fBasics)

5.2.1 基本统计量：basicStats()

范例程序：加载数据及基本统计量

```
1. library(fBasics)
2. load("bankwage.RData")
3. head(bankwage)
4. attach(bankwage)
5. dat=cbind(log(wage), edu, log(wage0))
6. colnames(dat)=c("log(wage)", "education", "log(wage0)")
7. basicStats(dat)
```

说明

1. 载入程序包 **fBasics**。如果要删除程序包以释放内存，可用 **detach**("package: fBasics")。
2. 读取数据 bankwage。
3. 看一看数据的前 6 项。
4. 将数据正式加载。
5. 以 cbind 将数值数据前 3 列并成一个数据矩阵，命名为 dat。
6. 赋予新数据矩阵 dat 字段名。
7. 基本统计量。

第 4 步的 **attach**()是一个重要的步骤，如果不使用 **attach**(bankwage)，就不能单独以字段名声明数据。例如，如果不使用 **attach**(bankwage)，要声明 wage 则必须使用 **bankwage$**wage，也就是必须告诉 R，我们要用的 wage 是数据 bankwage 内的变量；**attach**(bankwage)后，可以自动连接 bankwage，省略 **bankwage$**，单独输入变量 wage 名称。如果要从工作环境中移除这个数据文件，声明 **detach**(bankwage)即可。

表 5-2-1 的信息有 LCL mean/UCL mean 两个，是变量均值 0.95 计算的上下界。如果读者需要其他均值水平，例如 0.9，可以改 **basicStats**(dat, 0.9)，而不写内建的 0.95。

表5-2-1 basicStats()显示出的统计量

	log(wage)	education	log(wage0)
nobs	474	474	474
NAs	0.000	0.000	0.000
Minimum	9.665	8.000	9.105
Maximum	11.813	21.000	11.290
1. Quartile	10.086	12.000	9.432
3. Quartile	10.517	15.000	9.769
Mean	10.357	13.492	9.669
Median	10.271	12.000	9.616
Sum	4909.12	6395.0	4583.298
SE Mean	0.018	0.133	0.016
LCL Mean	10.321	13.231	9.638
UCL Mean	10.393	13.752	9.701

（续表）

	log(wage)	education	log(wage0)
Variance	0.158	8.322	0.124
Stdev	0.397	2.885	0.353
Skewness	0.995	-0.113	1.268
Kurtosis	0.647	-0.286	1.741

5.2.2 相关性检验：correlationTest()

范例程序：检验两组数据的相关系数是否显著异于 0

```
1. y=dat[,1]
2. x=dat[,2]
3. correlationTest(x, y, method = c("pearson"), title = NULL, description = NULL)
```

说明

1. 定义数据。
2. 定义数据。
3. 执行 Pearson 相关系数检验。

correlationTest()内的检验方法 method 有三个："pearson", "kendall", "spearman"。这些检验都是成对数据检验（一对一对检验），而不是检验一个矩阵数据。

Output 结果如下：

```
Title:  Pearson's Correlation Test
Test Results:
  PARAMETER:
    Degrees of Freedom: 472
  SAMPLE ESTIMATES:
    Correlation: 0.6967
  STATISTIC:
    t: 21.1021
  P VALUE:
    Alternative Two-Sided: < 2.2e-16
    Alternative      Less: 1
    Alternative   Greater: < 2.2e-16
  CONFIDENCE INTERVAL:
    Two-Sided: 0.6473, 0.7403
         Less: -1, 0.7337
      Greater: 0.6557, 1
```

要检验的两组数据的 Pearson 相关系数为 0.6967，此相关系数 0 的虚无假设的 t 统计量是 21.1，此统计量的 p-Value 几近于 0，所以这两组数据是显著相关。

小试身手：用 Pearson 之外其他 2 个方法检验相关系数的显著性，且比较结果是否有显著冲突。

(1) Location /方差检验：locationTest()/varianceTest()

范例程序：Location and variance tests

```
1. locationTest(x, y, method = c("kw2"), title = NULL, description = NULL)
2. varianceTest(x, y, method = c("varf"),title = NULL, description = NULL)
```

说明

1. 执行 Kruskal-Wallis rank sum test 检验中位数相等。
2. 执行 F 统计量检验 x,y “方差相等”。

locationTest()的 method 有 2 个："t", "kw2"

- "t"：检验两组数据“均值相等”的虚无假设。
- "kw2"：是 Kruskal-Wallis rank sum test 检验两组数据“中位数相等”的虚无假设。

Output 结果如下：

```
Title:
 Kruskal-Wallis Two Sample Test


Test Results:
  PARAMETER:
    x Observations: 474
    y Observations: 474
  SAMPLE ESTIMATES:
    Mean of x: 13.4916
    Mean of y: 10.3568
    Var  of x: 8.3223
    Var  of y: 0.1579
  STATISTIC:
    KW chi-squared: 432.5756
  P VALUE:
    < 2.2e-16
```

Kruskal-Wallis 检验结果为最下面的两个项：STATISTIC 和 P VALUE。Kruskal-Wallis 检验统计量为 432.456，P-Value 几近于 0，所以显著地拒绝虚无假设。

varianceTest()的 method 有 3 个："varf", "bartlett", "fligner"。

- "varf"：以 F 检验统计量检验数据 x,y “方差相等”的虚无假设。
- "bartlett"：计算 bartlett 统计量检验 H_0，样本 x,y 的方差相等。这也称为变异数同质性检验。bartlett 检验对于数据偏离正态很敏感，因此，bartlett 检验拒绝虚无假设时，往往也隐含拒绝正态分布的可能性。这个检验只适用于正态分布。文献上建议一个 Levene test，对数据偏离分布不敏感，但是这个函数并没有提供。
- "fligner"：计算 Fligner-Killeen 统计量检验 H_0，样本 x,y 的方差相等。

Output 结果如下：

```
Title: F Test of Variances
Test Results:
  PARAMETER:
    Hypothesized Ratio: 1
    Numerator   df: 473
    Denumerator df: 473
  SAMPLE ESTIMATES:
    Ratio of Variances: 52.7149
  STATISTIC:
    F: 52.7149
  P VALUE:
    Alternative Two-Sided: < 2.2e-16
    Alternative      Less: 1
    Alternative   Greater: < 2.2e-16
  CONFIDENCE INTERVAL:
    Two-Sided: 44.0111, 63.14
         Less: 0, 61.3326
      Greater: 45.3081, Inf
```

F 检验结果为下面的两个项：STATISTIC 和 P VALUE。F 检验统计量为 52.71，P-Value 几近于 0，所以显著地拒绝方差相等的虚无假设。

小试身手：用 t 统计量检验，且比较结果是否和 Kruskal-Wallis 有显著冲突。

（2）数据正态分布检验：normalTest()

正态分布检验在统计上是一个大话题，在程序包 nortest 内，有更多的检验统计量，有兴趣的读者可以参考这个程序包的说明文件，于此就不再赘述。fBasics 提供的统计量已经够多了，介绍如下：

范例程序：正态检验

```
1. normalTest(x, method = c("jb"), na.rm = FALSE)
```

说明

1. 执行 Jarque – Bera 正态检验。

❖ normalTest()

method 有 4 个："da", "ks", "jb","sw"。不写明时，内建为 "ks"。

- "ks": for the Kolmogorov-Smirnov one–sample test（柯尔莫可洛夫-斯米洛夫一样品检验）。
- "sw": for the Shapiro-Wilk test（夏皮罗 - 威克尔检验）。
- "jb": for the Jarque-Bera Test（雅克-贝拉检验）。
- "da": for the D'Agostino Test（D'Agostino 检验）。

na.rm 是 TRUE/FALSE 的逻辑字符串。TRUE 声明计算之前将所有的 missing values 删除。内

建是 FALSE。Output 结果如下：

```
Title: Jarque - Bera Normality Test

Test Results:
  STATISTIC:
    X-squared: 2.514
  P VALUE:
    Asymptotic p Value: 0.2845
```

Jarque – Bera 正态检验结果：卡方检验统计量为 2.514，P-Value 为 0.28，所以接收数据为正态的虚无假设。

这里我们需注意，分布检验是一个相当敏感的问题，难得有一个方法能确切地判断出实际数据的分布性质。所有的检验统计量，是在理论上用抽样来评估型一/型二误差，但是在真实的世界中，这些检验的结果必须非常小心。读者可以参考练习题。

小试身手：用 Jarque–Bera 之外其他 3 个方法检验正态分布，且比较结果是否有显著冲突。

5.3 网络数据下载

只要安装并加载程序包“FRBData”与“tseries”，即可使用 R 来提供专门下载联邦银行利率数据 FRB 以及网络上股价数据的功能。但是 FRBData 这个程序包已经很久没有维护了，使用的指令也不被最新的 R 所支持，被 R 官网下架了。因此，笔者就从 R 的后备库把它取出，然后改写成源码，用户只要用 **source("GetInterestRates.src")**加载，就和 library()是一样的了。

（1）加载联邦银行利率数据

GetInterestRates() 函数，可以下载联邦银行所有的“利率数据”。只要使用函数 **GetInterestRates()**输入要加载的利率数据名称，以及给定数据范围便可下载。进入联邦银行网站 http://www.federalreserve.gov，到 Data Download Program 或 Statistics & Historical Data 中的 Interest Rates，即可查阅联邦银行所提供的利率数据名称。表 5-3-1 为一部分网站上利率数据的名称项目，更为详细的信息请读者自行上网查看。

表5-3-1 利率名称项目

名称	说明
TB	U.S. government securities/Treasury bills (secondary market)：美国政府证券/国库券（二级市场）
TCMNOM	U.S. government securities/Treasury constant maturities/Nominal：美国政府证券/固定期限国债收益/票面收益
TCMII	U.S. government securities/Treasury constant maturities/Inflation indexed：美国政府证券/固定期限国债收益/通胀指数
LTAVG	U.S. government securities/Inflation-indexed/Long-term average.(over 10 years)：美国政府证券/通胀指数/长期平均收益（超过 10 年期）
SWAPS	Interest rate swaps（利率互换或利率掉期）
DWPC	Discount window primary credit（贴现窗口一级信贷）

（续表）

名称	说明
ED	Eurodollar deposits (London)：欧元美元存款（伦敦）
FF	Federal funds effective rate（联邦基金有效利率）
NFCP	AA Nonfinancial Commercial Paper Interest Rate（AA 的非金融商业票据利率）
FCP	AA Financial Commercial Paper Interest Rate（AA 的金融商业票据利率）

联邦银行的利率数据，详细的内容请上网查询，本书在文件 .appendixFRB.txt 进行了基本的整理。

参考如下范例：

范例程序：函数 GetInterestRates()

```
1. source("GetInterestRates.src")
#Treasury rate
2. FROM1= as.Date("1980/01/01")
3. TO= as.Date(Sys.Date())
4. TB_all<-GetInterestRates("TCMNOM", from = FROM1, to = TO)
5. head(TB_all)
6. write.csv(TB_all, file="TB_all.csv", row.names=FALSE)
#Swap rate
7. FROM2= as.Date("2000/07/03")
8.SWAP<-GetInterestRates("SWAPS", from=FROM2, to =TO)
9.head(SWAP)
10.write.csv(SWAP, file="SWAP.csv", row.names=FALSE)
```

说明

1. 载入源码 GetInterestRates.src。
2. 定义数据 TCMNOM 起始日。
3. 定义数据终日为系统时间，也就是今天。
4. 以函数 **GetInterestRates()** 加载网络数据 TCMNOM 的数据。
5. 查看前 6 项。
6. 存储数据，以 csv 文件的格式存储于工作目录中。
7. 定义数据 SWAPS 起始日。
8. 以函数 **GetInterestRates()** 加载网络数据 SWAPS 的数据。
9. 查看前 6 项。
10. 存储数据，以 csv 文件的格式存储于工作目录中。

上述步骤也可以这样做：

```
GetInterestRates(id=data, lastObs=100)
             1Y   2Y   3Y   4Y   5Y   7Y   10Y  30Y
  2011-07-08 0.40 0.64 1.02 1.45 1.87 2.55 3.17 4.02
  2011-07-11 0.44 0.65 0.99 1.40 1.81 2.47 3.09 3.94
  2011-07-12 0.44 0.66 1.01 1.43 1.83 2.47 3.07 3.90
  2011-07-13 0.43 0.62 0.98 1.40 1.81 2.48 3.08 3.93
  2011-07-14 0.43 0.62 0.97 1.39 1.80 2.45 3.05 3.89
  2011-07-15 0.45 0.63 0.97 1.37 1.78 2.44 3.06 3.94
```

```
GetInterestRates("TB", from=as.Date("2009/01/01"), to=as.Date("2011/12/31"))
              4W   3M   6M   1Y
   2009-01-02 0.04 0.08 0.28 0.38
   2009-01-05 0.04 0.14 0.32 0.41
   2009-01-06 0.05 0.14 0.31 0.42
   2009-01-07 0.03 0.11 0.29 0.41
   2009-01-08 0.04 0.09 0.28 0.41
   2009-01-09 0.03 0.07 0.28 0.40

TCMNOM
             1M   3M   6M   1Y   2Y   3Y   5Y   7Y   10Y  20Y  30Y
2011-11-14 0.01 0.01 0.04 0.09 0.24 0.39 0.91 1.46 2.04 2.77 3.09
2011-11-15 0.01 0.01 0.05 0.11 0.26 0.40 0.93 1.48 2.06 2.79 3.10
2011-11-16 0.01 0.01 0.04 0.11 0.26 0.40 0.90 1.44 2.01 2.73 3.05
2011-11-17 0.01 0.02 0.04 0.10 0.27 0.40 0.88 1.41 1.96 2.66 2.98
2011-11-18 0.02 0.01 0.04 0.12 0.29 0.43 0.94 1.48 2.01 2.69 2.99
2011-11-21 0.02 0.02 0.05 0.11 0.27 0.41 0.92 1.45 1.97 2.65 2.96
2011-11-22 0.02 0.02 0.06 0.11 0.26 0.40 0.91 1.42 1.94 2.60 2.91
2011-11-23 0.02 0.02 0.06 0.12 0.26 0.40 0.88 1.38 1.89 2.53 2.82
```

（2）加载网站股价数据

程序包“tseries”中的 **get.hist.quote()**函数可以下载来自 yahoo 与 oanda 两个网站内所有的股价数据。只要在函数内输入股票代号，给定数据的时间范围，要显示的字段项以及数据的来源网站即可下载。在此我们以 yahoo 网站中的 S&P 500 指数（股票代号：^gspc）与 Microsoft Corporation（股票代号：MSFT）为例，来下载股价指数与公司的股价数据。更多指数与公司股票的名称代号，请读者自行上网查阅，yahoo 网站请到 http://quote.yahoo.com/；oanda 网站请到 http://www.oanda.com/。范例如下：

范例程序：函数 get.hist.quote()

```
1. library(tseries)
2. data=c("^gspc")
3. offer=c("yahoo")
4. from=c("2011-11-01")
5. item=c("Open", "High", "Low", "Close", "AdjClose", "Volume")
6. y=get.hist.quote(instrument = data, start=from, quote = item, provider = offer)
7. show(y)
8. get.hist.quote("MSFT", "2011-10-01", "2011-11-30", c("Open", "High", "Low", "Close"),
   "yahoo")
```

说明

1. 载入程序包 **tseries**。
2. 定义数据：指数代码 ^gspc。
3. 定义数据：来源网站 yahoo。
4. 定义数据：时间范围从 2011 年 11 月 1 日起。
5. 定义数据：字段项内容。
6. 创建数据 y：以 **get.hist.quote()**函数加载网络 S&P 500 指数股价。

7. 显示 y。
8. 到 yahoo 网站中载入 2011 年 10 月 1 日至 11 月 30 日 MSFT 的股价数据，其中字段项有：开盘价，最高价，最低价与收盘价。

上述步骤在 R 中的部分显示结果如下：

```
show(y)
         DATE      VALUE
   1   1913-01-01   9.700
   2   1913-02-01   9.600
   3   1913-03-01   9.600
   4   1913-04-01   9.700
   5   1913-05-01   9.600
   6   1913-06-01   9.700

get.hist.quote("MSFT", "2011-10-01", "2011-11-30", c("Open", "High", "Low", "Close"),
"yahoo")

   downloaded 1992 bytes
   time series starts  2011-10-03
   time series ends   2011-11-25
               Open   High   Low   Close
   2011-10-03  24.72  25.34  24.52  24.53
   2011-10-04  24.30  25.39  24.26  25.34
   2011-10-05  25.42  26.16  25.16  25.89
   2011-10-06  25.90  26.40  25.70  26.34
   2011-10-07  26.34  26.51  26.20  26.25
   2011-10-10  26.58  26.97  26.47  26.94
```

（3）加载网站数据

函数 **paste()**可用于下载网站 http://research.stlouisfed.org/fred2/上所有的数据，不需再另外安装程序包，如图 5-3-1 所示，该网站提供了 Banking、Exchange Rates、Financial Data、Interest Rate 与 International Data 等四万多组财经时间序列的数据可供下载。

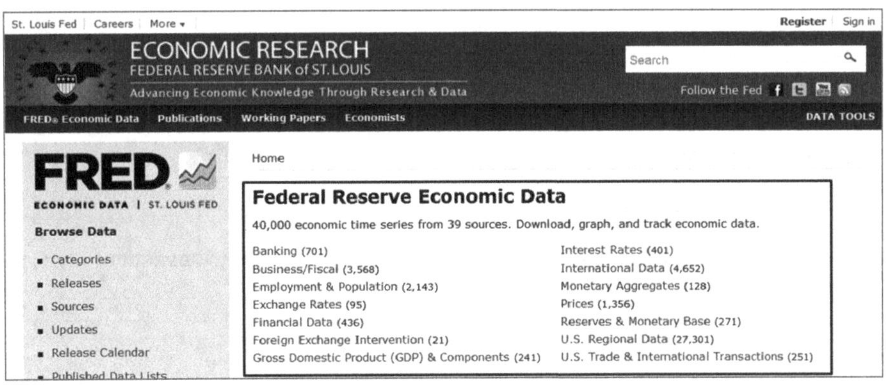

图 5-3-1　网页画面

只要使用 **paste()**函数，输入该网站所对应的变量名称，并配合其他指令声明即可。不过，这个函数不适用于下载其他网站的数据。因此，我们只要知道在此网站所要下载的变量名称是什么，用 rate 声明即可。下面我们以美国都市区的消费者物价指数（变量名称：CPIUFDNS），以及英国实际 GDP（变量名称：GBRRGDPR）为例来进行介绍。范例如下：

范例程序： 函数 paste()

```
1. rate = c("CPIUFDNS")
2. URL=paste("http://research.stlouisfed.org/fred2/series/",rate,"/",
   "downloaddata/", rate, ".csv", sep = "")
3. y = read.csv(URL)
4. show(y)
5. save(y, file="y.RData")
6. y
7. read.csv(paste("http://research.stlouisfed.org/fred2/series/",
   "GBRRGDPR","/","downloaddata/", "GBRRGDPR", ".csv", sep = ""))
```

说明

1. 声明要下载数据的变量名称 CPIUFDNS。
2. 以函数 **paste()**来创建数据 URL。
3. 创建数据 y，用于加载步骤 2 中 URL 所指向网站上的数据。
4. 显示数据 y。
5. 将 y 保存为 y.RData 文件。
6. 显示数据 y。
7. 从 **paste()**函数中指定的网站加载数据 GBRRGDPR，并以.csv 文件的形式将其打开。这一步会将前 3 步合并成 1 条指令。

上述步骤在 R 中的部分显示结果如下：

```
show(y)
          DATE     VALUE
   1   1913-01-01   9.700
   2   1913-02-01   9.600
   3   1913-03-01   9.600
   4   1913-04-01   9.700
   5   1913-05-01   9.600
   6   1913-06-01   9.700
   7   1913-07-01   9.900
   8   1913-08-01  10.000
   9   1913-09-01  10.200
   10  1913-10-01  10.300

read.csv(paste("http://research.stlouisfed.org/fred2/series/","GBRRGDPR","/","downloadd
ata/", "GBRRGDPR", ".csv", sep = ""))
         DATE      VALUE
   1  1960-01-01   712794
   2  1961-01-01   729425
   3  1962-01-01   737311
   4  1963-01-01   769007
```

```
5   1964-01-01   811149
6   1965-01-01   829214
7   1966-01-01   845179
8   1967-01-01   866025
9   1968-01-01   902399
10  1969-01-01   921100
```

另外，程序包 quantmod 中用于提取市场数据的函数有 getSymbols()等，例如：

```
library(quantmod)
IBM.dat = getSymbols("IBM", from="2015-01-01", to="2017-01-18", adjust = T, auto.assign =
FALSE)
head(IBM.dat)
tail(IBM.dat)
```

时间对象格式是由程序包 xts 产生的，更多的说明我们会在第 7 章 VAR 和第三部分范例程序中详细介绍 getSymbols()。

5.4 数据库读取——MySQL 范例

除了读取数据文件（datafiles），R 还配备了与多种数据库互动的程序包，从 MySQL、SQL 到大数据数据库 Hadoop/Spark，都一应俱全。以软件方式读数据文件，就是把整个文件“吞进”内存，然后慢慢查看变量和字段。大型数据库需要服务器才能驱动，因此我们必须安装相关数据库的服务器软件，再用 R 程序包去连接（Connection）数据库以获取数据。请注意这里的关键用词是连接（Connection），不是导入、读取和加载（Import, read, load）。大数据相关的关键问题就是数据库连接技术与数据传输，这部分没有问题之后，就可以调用 R 的数据分析功能。接下来，我们介绍数据库软件 MySQL 的安装，最后介绍 R 的程序包。

步骤01 安装 MySQL。MySQL 可以从 https://dev.mysql.com/downloads/windows/ 下载，出现如图 5-4-1 所示的屏幕画面后，再单击 MySQL Installer，就会显示如图 5-4-2 所示的画面。

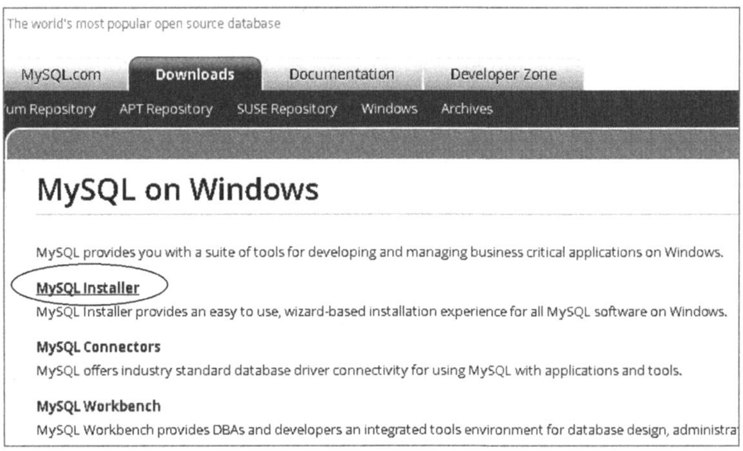

图 5-4-1　单击 MySQL Installer

图 5-4-2　选择下载选项

在图 5-4-2 中，在方框中的选项，除了下载 MySQL Server 之外，第 3 个选项“MySQL Workbench and sample methods” 也要下载。MySQL Workbench 是管理 MySQL 数据库的重要工具。R 的程序包只是和数据库互动，用 R 去管理数据库不是不行，但是有一点不当。安装完毕后，MySQL Workbench 的主页如图 5-4-3 所示，其数据库管理工作区如图 5-4-4 所示。

图 5-4-3　MySQL Workbench 的主页

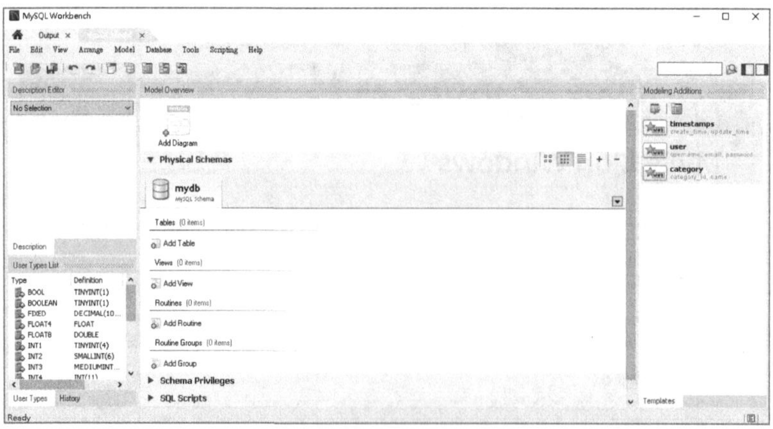

图 5-4-4　MySQL 数据库管理工作区

步骤02 可以在 R 的控制台执行命令来安装 RMySQL。

```
install.packages("RMySQL")
```

或者在 RStudio 右下方的窗格中依次选择“Packages→ Install”菜单选项并填入 RMySQL，也可以安装 RMySQL。

步骤03 声明环境变量，可以分为几个步骤。

控制面板→系统→高级系统设置，如图 5-4-5 到 4-4-7 所示。

图 5-4-5　高级系统设置

图 5-4-6　进入环境变量设定

图 5-4-7　输入 MySQL 服务器的路径

路径 C:\Program Files\MySQL\MySQL Server 5.7\ 有一个文件 my.ini，用任意文本编辑器（如记事本）打开后，写入这两行：

```
basedir =C:\Program Files\MySQL\MySQL Server 5.7\
datadir =D:\MySQL\data\
```

basedir 一般是 MySQL 系统程序的路径，而 datadir 是读者自己放置数据库的路径，这和 R 程序所在位置不同。读者不一定要使用例子中的这个路径 D:\MySQL\data\，根据自己的需要设置合适的路径即可。而后，里面要有数据。我们提供了一个范例数据库 sakila-db.zip，解压缩后，把目录 sakila-db 存成 D:\MySQL\data\sakila-db\，要测试数据库连接，请执行以下程序代码：

```
library(RMySQL)
con <- dbConnect(MySQL(), host="127.0.0.1", port=3306, user="root", password="数据库密码",
dbname = "sakila-db")
summary(con,verbose=TRUE)
dbDisconnect(con)
```

dbConnect 内的参数是安装与启动 MySQL 时所填写的，部分信息在启动页面就会看到，例如，图 5-4-3。在安装 MySQL 时，必须确定密码没有过时。数据库内的数据很重要，和大数据息息相关，读者先要学过 SQL 的基本概念，再来学 RMySQL 就不会有什么障碍。

5.5 数据表处理的函数

本节介绍几个处理数据的函数。

5.5.1 函数 split 对数据的分割

```
data(Cars93, package="MASS")          #加载程序包内的数据
head(Cars93)                    #查看数据前 6 项
```

这组数据算是比较庞大，我们可以从图 5-5-1 看到部分字段。

	A	B	C	D	E	F	G	H	I	J	K	L
1	Manufactu	Model	Type	Min.Price	Price	Max.Pric	MPG.city	Origin	MPG.highway	AirBags	DriveTrai	Cylinders
2	Acura	Integra	Small	12.9	15.9	18.8	25	non-USA	31	None	Front	4
3	Acura	Legend	Midsize	29.2	33.9	38.7	18	non-USA	25	Driver & P	Front	6
4	Audi	90	Compact	25.9	29.1	32.3	20	non-USA	26	Driver only	Front	6
5	Audi	100	Midsize	30.8	37.7	44.6	19	non-USA	26	Driver & P	Front	6
6	BMW	535i	Midsize	23.7	30	36.2	22	non-USA	30	Driver only	Rear	4
7	Buick	Century	Midsize	14.2	15.7	17.3	22	USA	31	Driver only	Front	4
8	Buick	LeSabre	Large	19.9	20.8	21.7	19	USA	28	Driver only	Front	6
9	Buick	Roadmaster	Large	22.6	23.7	24.9	16	USA	25	Driver only	Rear	6
10	Buick	Riviera	Midsize	26.3	26.3	26.3	19	USA	27	Driver only	Front	6
11	Cadillac	DeVille	Large	33	34.7	36.3	16	USA	25	Driver only	Front	8
12	Cadillac	Seville	Midsize	37.5	40.1	42.7	16	USA	25	Driver & P	Front	8
13	Chevrolet	Cavalier	Compact	8.5	13.4	18.3	25	USA	36	None	Front	4
14	Chevrolet	Corsica	Compact	11.4	11.4	11.4	25	USA	34	Driver only	Front	4
15	Chevrolet	Camaro	Sporty	13.4	15.1	16.8	19	USA	28	Driver & P	Rear	6
16	Chevrolet	Lumina	Midsize	13.4	15.9	18.4	21	USA	29	None	Front	4
17	Chevrolet	Lumina_AP	Van	14.7	16.3	18	18	USA	23	None	Front	6
18	Chevrolet	Astro	Van	14.7	16.6	18.6	15	USA	20	None	4WD	6
19	Chevrolet	Caprice	Large	18	18.8	19.6	17	USA	26	Driver only	Rear	8
20	Chevrolet	Corvette	Sporty	34.6	38	41.5	17	USA	25	Driver only	Rear	8
21	Chrylser	Concorde	Large	18.4	18.4	18.4	20	USA	28	Driver & P	Front	6
22	Chrysler	LeBaron	Compact	14.5	15.8	17.1	23	USA	28	Driver & P	Front	4
23	Chrysler	Imperial	Large	29.5	29.5	29.5	20	USA	26	Driver only	Front	6
24	Dodge	Colt	Small	7.9	9.2	10.6	29	USA	33	None	Front	4

图 5-5-1 数据 Cars93 的字段

我们如果要知道汽车在都市中一加仑的英里数 MPG.city，按照汽车的出产地 Origin 把数据显示出来。

```
split(Cars93$MPG.city, Cars93$Origin)

> split(Cars93$MPG.city, Cars93$Origin)
$USA
 [1] 22 19 16 19 16 16 25 25 19 21 18 15 17 17 20 23
[17] 20 29 23 22 17 21 18 29 20 31 23 22 22 24 15 21
[33] 18 17 18 23 19 24 23 18 19 23 31 23 19 19 19 28

$`non-USA`
 [1] 25 18 20 19 22 46 30 24 42 24 29 22 26 20 17 18
[17] 18 29 28 26 18 17 20 19 29 18 29 24 17 21 20 33
[33] 25 23 39 32 25 22 18 25 17 21 18 21 20
```

小试身手：请使用对象功能，计算上例的$USA 和$non-USA 的平均数。

【提示】out=split(Cars93$MPG.city, Cars93$Origin); out$USA

5.5.2 函数 apply()系列

什么是数据表？用 EXCEL 来说明，一个数据表就是一个矩形的工作表，如果要根据矩形的左右结构来计算特定数字，R 的 apply 系列是最佳工具。

（1）apply()

apply()是用于数据框或矩阵形态的数值数据的计算函数。

```
Returns=read.csv("eMarkets.csv")
head(Returns)  #因为第一列是时间文字，下面计算数值时，就删除
apply(Returns[,-1],1,mean) #计算行的平均数
apply(Returns[,-1],2,sd)   #计算列的标准偏差
```

apply(数据，方向，函数) 是三个基本声明

- 方向：=1, 就是按照行（row）方向计算；=2，就是按照列（column）方向计算。
- 函数：所有 R 内建的函数都可以用，例如，median, sum 等。也可以自行定义，例如：
  - 计算列（每个国家或地区）的平均报酬和标准偏差相除的值：

```
apply(Returns[,-1], 2, function(x) {
                    mean(x)/sd(x)
                    }
                    )
```

  - 计算每列有多少期间报酬为正：

```
apply(Returns[,-1], 2, function(x) {
length(x[x>0])
                    }
                    )
```

（2）lapply()

lapply 是对 list 数据的计算，我们先创建虚拟的 list 对象 scores，再说明这个函数的用法。

```
S1=as.integer(rnorm(45,70,15))
S2=as.integer(rnorm(52,70,25))
S3=as.integer(rnorm(38,70,20))
S4=as.integer(rnorm(41,70,25))
scores=list(S1=S1,S2=S2,S3=S3,S4=S4)
```

创建 list 数据对象后，执行以下语句就会清楚。

```
lapply(scores, mean)
lapply(scores, sd)
lapply(scores, range)
lapply(scores, length)
lapply(scores, t.test)
```

```
> lapply(scores, mean)
$S1
[1] 68.08889

$S2
[1] 71

$S3
[1] 68.73684

$S4
[1] 72.7561
```

（3）sapply()

s 是指简化 simply，我们使用前面的数据，执行以下程序代码就可以比较。

```
sapply(scores, mean)
sapply(scores, sd)
sapply(scores, range)
sapply(scores, length)
sapply(scores, t.test)
```

```
> sapply(scores, mean)
      S1       S2       S3       S4
68.08889 71.00000 68.73684 72.75610
```

比较 lapply 和 sapply，可以知道差异何在。

sapply 还有更多用途，比如先将 apply 使用的数据取一个出来：

```
y=Returns[,2]
sapply(Returns[,-1], cor, y)
```

再使用下面的语句计算配对的相关系数：

```
> sapply(Returns[,-1],cor, y)
    China      India     Brazil     Russia
 1.0000000  0.5063852  0.3421741  0.4349667
 Indonisia     Taiwan   Columbia       Peru
 0.6003137  0.5916782  0.2817501  0.1563615
     Egypt Philippine        EMI
 0.1196523  0.4377411  0.7928098
```

（4）tapply()

t 是指 table，这个功能和 Excel 的数据透视表很接近。

```
SSE= read.csv("SSE.csv")
head(SSE)
tmp0=tapply(SSE[,5], SSE$Name, mean)
tmp0
tmp0=data.frame(tmp0)
colnames(tmp0)="avgReturns"
tmp0
```

类似的还有：

```
by(SSE[,4:5], SSE$Name, summary)
```

但是 output 的格式必须区分清楚，这样才能知道自己要用哪一个。

接下来，我们使用一些语句来介绍 apply 如何简化传统演算。

案例练习1：循环

```
crossID=unique(SSE$CO_ID)
length(crossID)
result=NULL
for (j in 1:length(crossID))
{
mydat=subset(SSE,CO_ID==crossID[j])
output=with(mydat, lm(returns~marketReturns)$coef)
result=rbind(result,output)
}
result
```

接下来我们介绍如何简化上述循环。

案例练习2：简化上面的循环

```
SSE.reg=by(SSE, SSE$Name, function(x) lm(returns~marketReturns, data = x))
SSE.reg
lapply(SSE.reg,summary)

lapply(SSE.reg,confint)
```

如果要取出 SSE.reg 系数表，则采用如下语句：

```
t(sapply(SSE.reg, coef))
t(sapply(SSE.reg, function(x) {summary(x)$coef}))
```

这些语句的详细说明占用篇幅过多，请读者自行练习。

第 6 章　探索性数据分析和可视化

使用 R 的优点之一就是它对数据分析强大的可视化功能。

网站（http://rgm2.lab.nig.ac.jp/RGM2/images.php?show=all&pageID=401）建立了各种各样的图形。

对于绘图，函数 **plot()**是最关键的函数。在后文中，我们会时常看见函数内有许多参数的声明，我们先简介如下：

❖ Plotting symbols（图形符号）

- pch=：散点的形状（1 圆形，2 三角，3 +，4×。请用 help()查细节）。
- cex=：字体大小倍数（=1 和系统一样；=0.5 缩小一半）。
- col=：颜色 (1 黑色，2 红色，3 绿色，4 蓝色，5 浅蓝，6 粉红。更多细节请用 **help()**查)。

❖ Lines（线条性质）

- lty=：线条种类（1 为实线，其余为各种虚线，更多细节请用 help()查看）。
- lwd=：线宽倍数（1 为标准线宽，2 为两倍）。
- col=：color（同上）。

❖ Axis limits（轴的数值）

- xlim=：*x* 轴的极限值，使用 xlim=c(-10, 10)来声明。
- ylim=：*y* 轴的极限值，使用 ylim=c(-10, 10)来声明。
- xaxs=：等于"r"，*x* 轴的两端值，再增加 4%作为极值；若等于"i"，则是参照数据。

❖ Axis annotation and labels（轴的说明）

- cex.axis=：轴说明文字的放大倍数。
- cex.labels=：轴标签文字的放大倍数。
- mgp=：用于轴标题、轴标签和轴线的边界线，默认 mgp=c(3, 1, 0)。

❖ Graph margins（图框的边界）

- mar=：内边界（inner margins）。
- oma=：外边界（outer margins）。

❖ Multiple graphs（多个图放在一个框内）

- mfrow=c(r, c): 把接下来的多个图形，放在 r×c 的单个图形框内，需要在 **par**( )内使用。例如，**par**(mfrow=c(3, 2)) 把接下来的 6 个图放在 3×2 的单个图形框内。

在开始介绍 R 的绘图分析功能之前，我们先加载数据并进行基本的数据分析。

范例程序：数据

```
1. library(AER)
2. data("CPS1985")
3. head(CPS1985)
4. attach(CPS1985)
5. summary(wage)
6. mean(wage)
7. median(wage)
8. var(wage)
9. sd(wage)
10.cor(log(wage), education)
11.cor(log(wage), education, method = "spearman")
12.xtabs(~ gender + occupation)
13.tapply(log(wage), gender, mean)
```

说明

1. 载入程序包 **AER**。如果要删除程序包以释放内存，则用 detach("package:AER")。
2. 读取程序包内的数据 CPS1985，此为 AER 内建数据，是 1985 年美国普查数据。
3. 看一看数据前 6 项。
4. 将数据正式加载使用。如果后面不再用这组数据，则执行 **detach**()。
5. 工资变量统计信息摘要。
6. 工资变量均值（平均数）。
7. 工资变量中位数。
8. 工资变量方差。
9. 工资变量标准偏差。
10. log(wage)和 education 的相关系数。
11. log(wage)和 education 的相关系数，以 spearman 方法计算。
12. 字符串变量交叉表。
13. 将 log(wage)按照 gender 分组计算均值（平均数）。

xtabs(~ gender + occupation) 交叉表整理的数据如下：

```
                occupation
gender  worker  technical  services  office  sales  management
  male   126       53         34       21      21     34
female    30       52         49       76      17     21
```

上面的语句执行基本的统计信息，包括数值数据和字符串数据。如果要使用更多数值进行统计分析，请参考第 4 章介绍的程序包 fBasics。

6.1　数据性质的可视化分析

当有了一组数据，其统计性质是我们需要知道的。基本的就是分布图：histogram 和 kernel density 两类。

范例程序： 直方图（Histogram）和分布图（Distribution）

```
1. hist(wage, freq = FALSE)
2. hist(log(wage), freq = FALSE)
3. lines(density(log(wage)), col = 4)
4. plot(density(log(wage)))
5. qqnorm(log(wage))
6. qqline(log(wage))
```

说明

1. 对工资 wage 画直方图。
2. 对工资 log(wage)画直方图。
3. 用 lines()可以在上一个图框内增加概率密度图，呈现双图重叠显示。
4. 单独画概率密度图。
5. QQ 正态分布图。
6. 在上一个图框内，增加正态直线。

上面所画的四个图都显示在图 6-1-1 中。

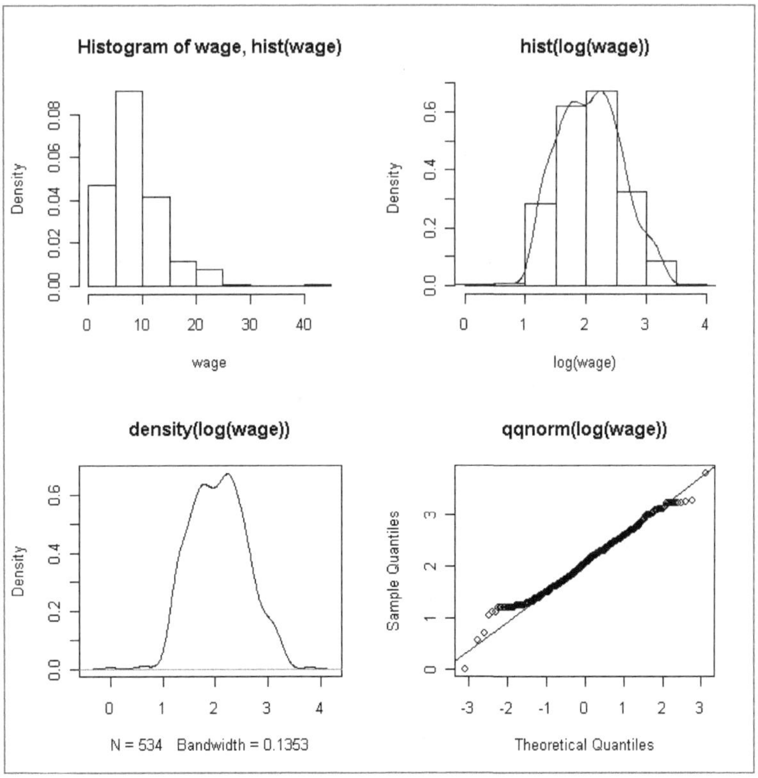

图 6-1-1　绘制直方图和分布图

接下来，我们的数据 CPS1985 内有许多文字数据，或称为字符串（string），对于这类数据，可以用以下方法。

范例程序：文字数据的分析、直方图和饼图

```
1. summary(occupation)
2. tab = table(occupation)
3. show(tab)
4. prop.table(tab)
5. barplot(tab)
6. pie(tab)
```

说明

1. 字符串变量 occupation（职业）的统计信息摘要。
2. 查看职业变量的表格化信息，且将之存成对象 tab。
3. 将 tab 调用出来看一看，也可以用 **print()**打印出表格。
4. 计算 tab 的比率表。
5. 绘制 tab 的直方图。
6. 绘制 tab 的饼图。

第 5 步执行 **barplot**(tab)的结果如图 6-1-2 所示。

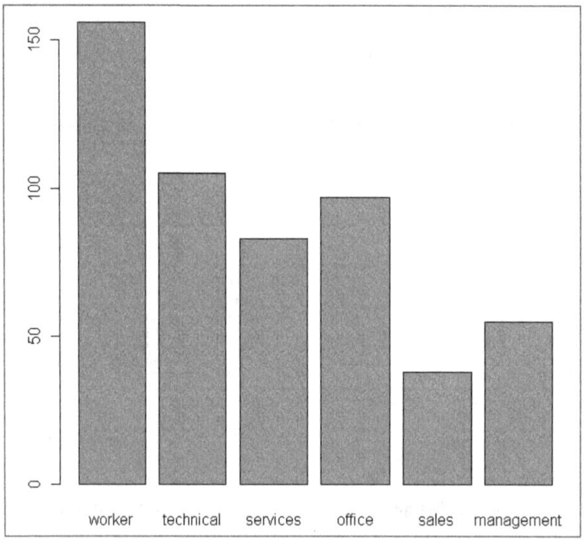

图 6-1-2　绘制直方图

第 6 步执行 **pie**(tab)的结果如图 6-1-3 所示。

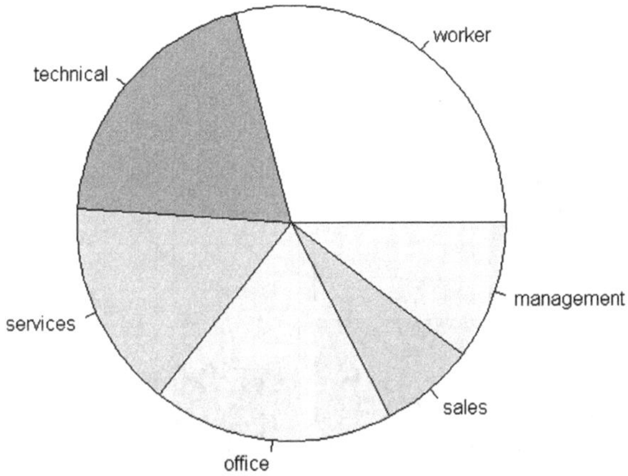

图 6-1-3 绘制饼图

我们发现职业项 2 的 "technical" 和职业项 6 的 "management" 两个英文单词太长，所以为了显示方便，可以执行如下指令，将字符串名称改为 "techn" 和 "mgmt"。

```
levels(CPS1985$occupation)[c(2, 6)] = c("techn", "mgmt")
```

6.2 绘图函数 plot()

R 内建的绘图函数 **plot()**功能强大，可以处理任何数据格式，包括数据框、时间序列和回归适用对象等。**plot()**会根据数据属性，自动画出最适合的图形。我们看下面的例子。

范例程序

```
plot(gender ~ occupation, data = CPS1985)
plot(log(wage) ~ gender, data = CPS1985)
plot(log(wage) ~ education, data = CPS1985)
```

说明

1. 绘制两个字符串数据，如图 6-2-1 所示。
2. 绘制一个数值数据对、一个字符串数据，如图 6-2-2 所示。
3. 绘制两个数值数据，如图 6-2-3 所示。

plot()是二维图，所以，如果用 **plot**(A~B)输入，则第一个 A 是 y 轴，B 是 x 轴；如果用 plot(A, B)输入，则第一个 A 是 x 轴，B 是 y 轴。

图 6-2-1 **plot**(gender ~ occupation, data = CPS1985)，因为性别 gender 是字符串，有两个；职业 occupation 是字符串，有六个项目。因此，**plot()**会自动画出 mosaic 图。

在图 6-2-1 中，x 轴有六个柱状图，宽度各不相同。worker 最宽，代表六个职业中 worker 人数最多，然后男性也最多。这样的图形，有助于分析以字符串数据表示的不同职业人的特征。

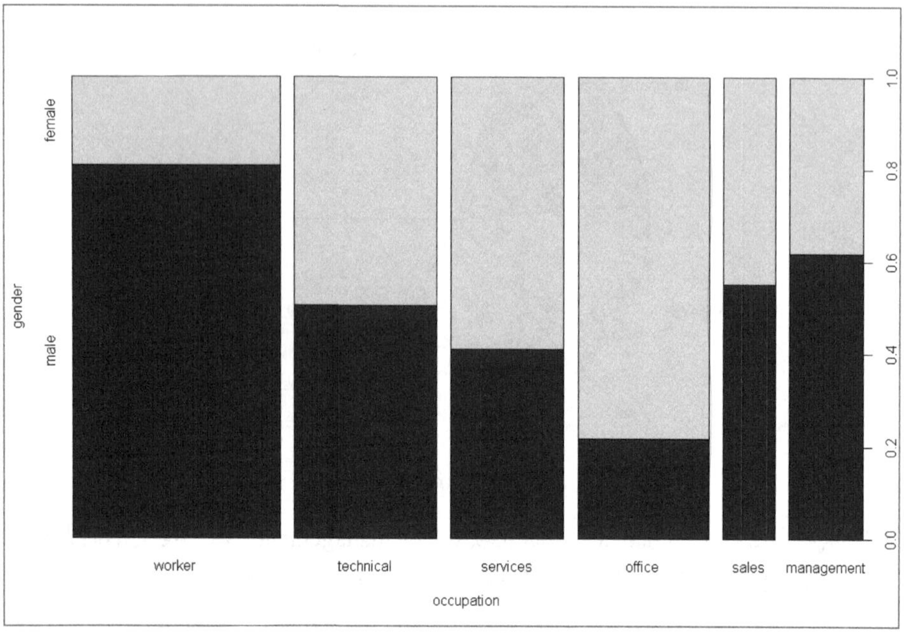

图 6-2-1 plot(gender ~ occupation)

其次，图 6-2-2 **plot**(log(wage)~gender, data = CPS1985)，*y* 轴的变量是连续数据 log(wage)，所以 **plot()**会自动以盒须图（Box-and-Whisker plot）来绘制。

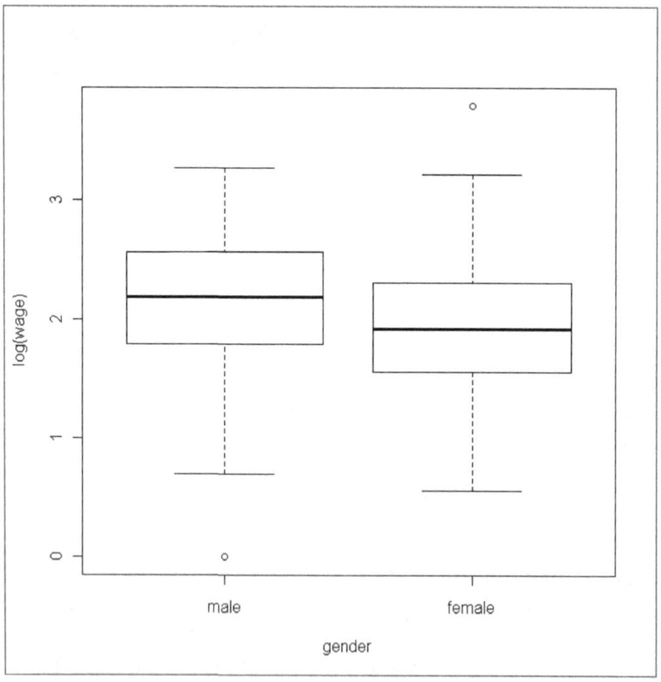

图 6-2-2 **plot**(log(wage) ~ gender)

最后，图 6-2-3 **plot**(log(wage)~education, data = CPS1985)，*y* 轴和 *x* 轴的变量都是连续数据，所以 **plot()**会自动以简单散点图来绘制。

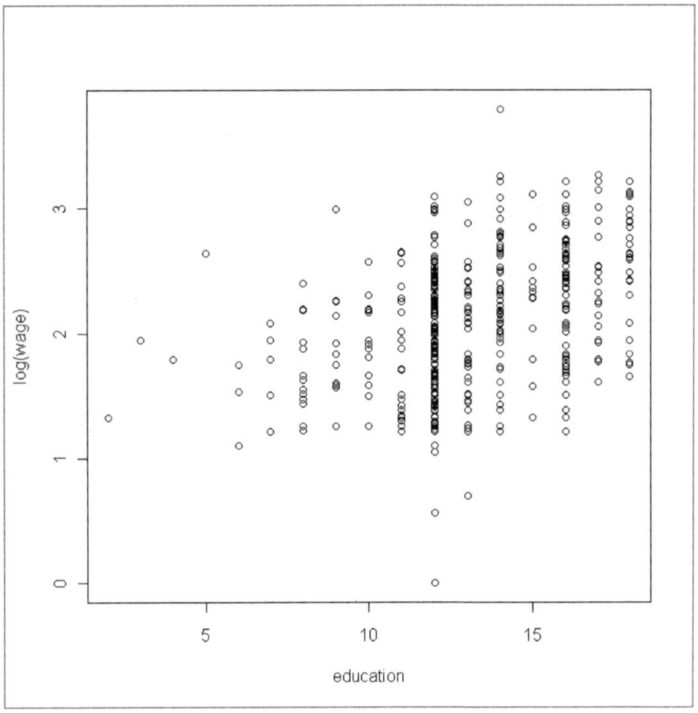

图 6-2-3 **plot**(log(wage) ~ education)

但是，因为数据特性，这个散点图无法增加数据的“边际密度刻度”，我们看下一例就知道差异何在。

范例程序：具有数据刻度的散点图

```
1. data("Journals", package="AER")
2. head(Journal)
3. Journals$citeprice = Journals$price/Journals$citations
4. attach(Journals)
5. plot(log(subs), log(citeprice))
6. rug(log(subs))
7. rug(log(citeprice), side = 2)
8. detach("package:AER")
```

说明

1. 读取程序包内的数据 Journals。如果要移除，可使用 **detach**(Journals)。
2. 看一看数据与变量名称。
3. 定义新变量。
4. 将 Journal 正式载入。Attach 数据之后，变量就不用再使用 **$** 来连接了。
5. 绘制 x 轴为 log(sub)、y 轴为 log(citeprice)的散点图，如图 6-2-4 所示。
6. 在 x 轴增加表示数据边际密度的刻度。
7. 在 y 轴增加表示此处有数据。side 为数据框的边。从 x 轴出发顺时针转，2 代表 y 轴，3 代表顶端，以此类推。
8. 从内存移除程序包 **AER**。

第 5 步的 **attach()**数据后，就可以直接使用 citeprice，不再需要前面的字符串 Journals$了。

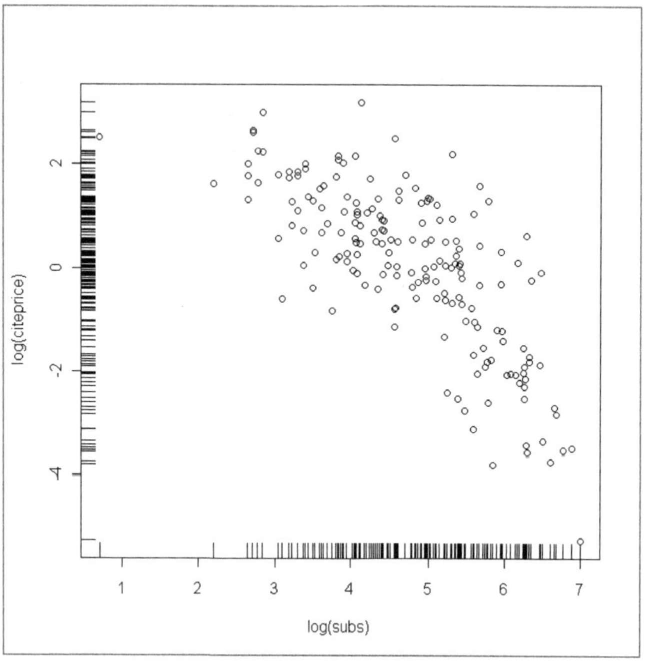

图 6-2-4　绘制散点图

接下来，我们换一组数据介绍成对的散点矩阵图。

范例程序：矩阵散点图函数 pairs()

```
1. load("bankwage.RData")
2. attach(bankwage)
3. names(bankwage)
4. head(bankwage)
5. tail(bankwage)
6. wage_current=log(wage)
7. wage_entry=log(wage0)
8. w=cbind(wage_current, wage_entry, edu)
9. pairs(w)
```

说明

1. 读取数据。
2. 正式加载数据。
3. 查看数据变量名称。
4. 看看数据前六项。
5. 看看数据后六项。
6. 定义 wage_current 并赋值为 log(wage)。
7. 定义 wage_entry 并赋值为 log(wage0)。
8. 把数据并成矩阵。
9. 绘制矩阵散点图，如图 6-2-5 所示。

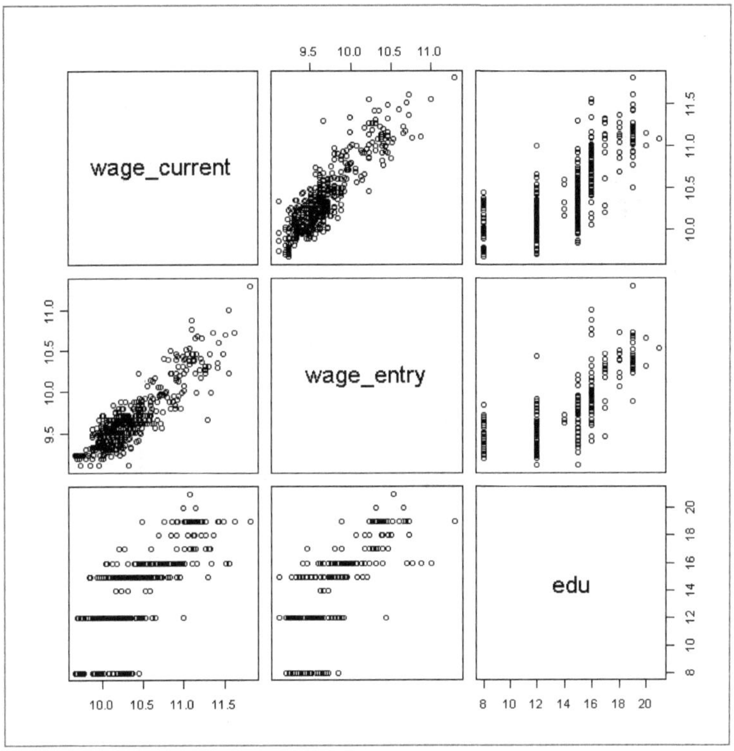

图 6-2-5　pairs(w)

第 9 步的散点矩阵图，将矩阵 w 转成数据框，也可以用 **plot()**来绘制，例如，下面两条语句生成的图和图 6-2-5 是一样的：

```
plot(as.data.frame(w))
```

或

```
plot(~wage_current + wage_entry + edu)
```

另外，**plot**(y~ x1 + x2)所画的是两个图：**plot**(y~x1) 和 **plot**(y~x2)。这种画法必须分割图框，不然都只会看到最后一个。要不就是在之前先声明 **windows()**，不过不建议这样做。

接下来我们介绍图 6-2-5 的再进化图——图 6-2-6。除了散点之外，还增加了对应信息。

范例程序：scatter plot Matrix

```
1. library(car)
2. bankwage=cbind(bankwage, wage_current=log(wage), wage_entry=log(wage0))
3. scatterplotMatrix( ~ wage_current + wage_entry + edu, reg.line=lm, smooth=TRUE,
   spread=TRUE, span=0.5, diagonal = "histogram", data=bankwage)
```

说明

1. 载入程序包 **car**。这个程序包有函数 **scatterplotMatrix()**，可以绘制我们需要的图。
2. 将 wage_current 和 wage_entry 并入原数据 bankwage。这样画 scatterplotMatrix 时，就可以直接调用变量。
3. 用 **scatterplotMatrix()**函数绘图，如图 6-2-6 所示。

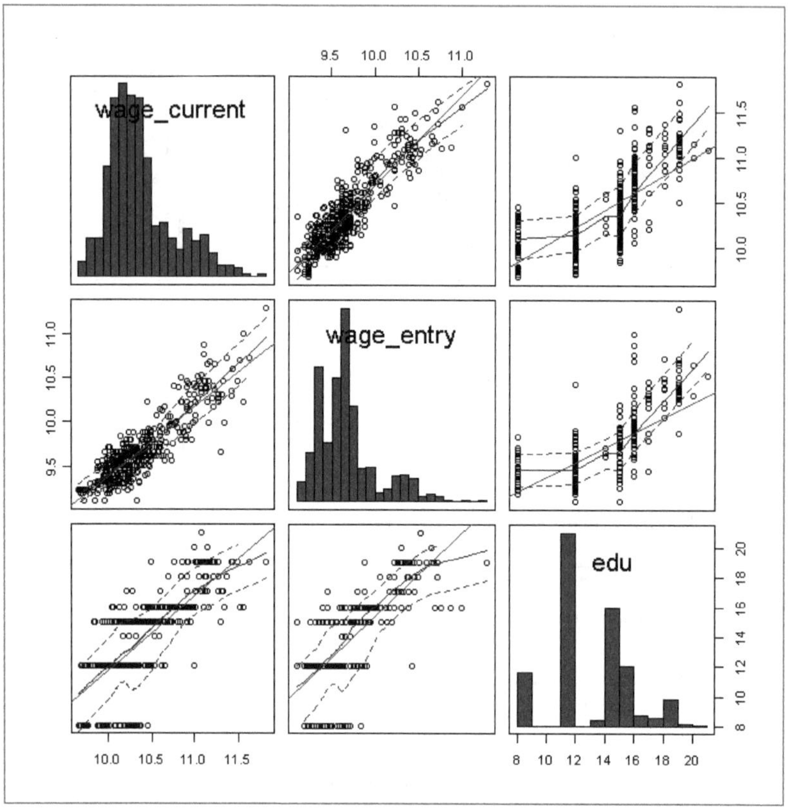

图 6-2-6　用 scatterplotMatrix()绘图

小试身手：使用 help()查一查 scatterplotMatrix()内的参数选项，将主对角线的直方图显示改为核密度图（kernel density）。（提示：改变参数 diagonal = " "）

范例程序：比较两组数据的 qqplot()函数

```
1. mwage = subset(bankwage, gender == "Male")$wage_current
2. fwage = subset(bankwage, gender == "Female")$wage_current
3. qqplot(mwage, fwage, xlim = range(wage_current), ylim = range(wage_current),xaxs = "i",
   yaxs = "i", xlab = "male", ylab = "female")
4. abline(0, 1)
```

说明

1. 定义 mwage 为 bankwage 数据内 gender 为 Male 的 wage_current。
2. 定义 fwage 为 bankwage 数据内 gender 为 Female 的 wage_current。
3. 用 qqplot()绘图，如图 6-2-7 所示。
4. 在 qqplot()框内增加 45° 线。

上面程序画出的图就是下面的图 6-2-7，**qqplot()**可以比较男女薪资的差异分布。45° 线是公平线，也就是男性薪资和女性薪资相等。图中显示，薪资分布倾向男性，因此有性别薪资差异。需注意，我们不能就此得出结论说薪资有性别歧视，这个结论还需要对比同样的工作分类才行。

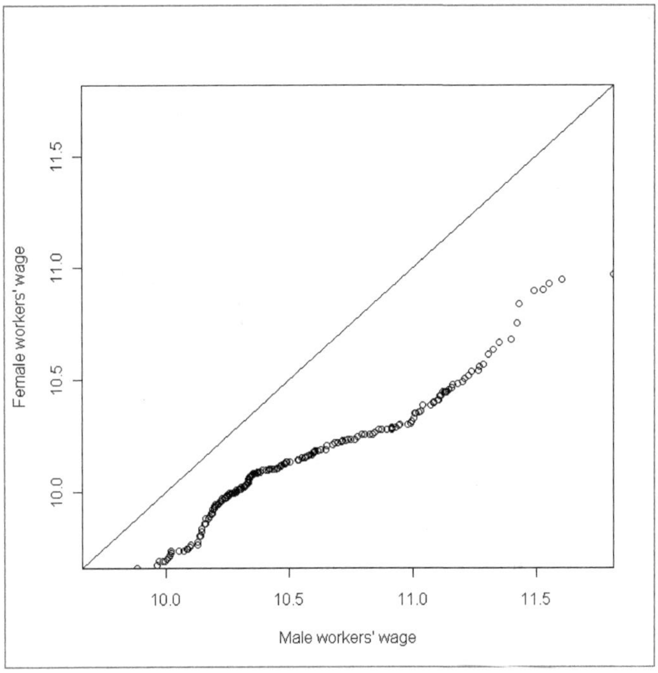

图 6-2-7　用 qqplot()绘图

6.3　3D 立体绘图

3D 图的绘制是 R 的一个特色。我们用下面的程序代码来做个简单的介绍。

范例程序：

```
1. library(rgl, pos=4)
2. library(mgcv, pos=4)
3. scatter3d(edu, wage_current, wage_entry, fit="linear", residuals=TRUE,
   bg="white", axis.scales=TRUE, grid=TRUE, ellipsoid=FALSE, xlab="education",
   ylab="wage", zlab="Entry-level wage")
```

说明

1. 载入程序包 rgl。
2. 载入程序包 mgcv。
3. 绘制 3D 立体图，如图 6-3-1 所示。

scatter3d()内的声明如下：

```
fit=c("linear", "quadratic", "smooth", "additive")
ellipsoid=FALSE
grid=TRUE
axis.scales=TRUE
bg=" " 图的背景颜色。"
```

R 画出的 3D 图如图 5-3-1 所示。

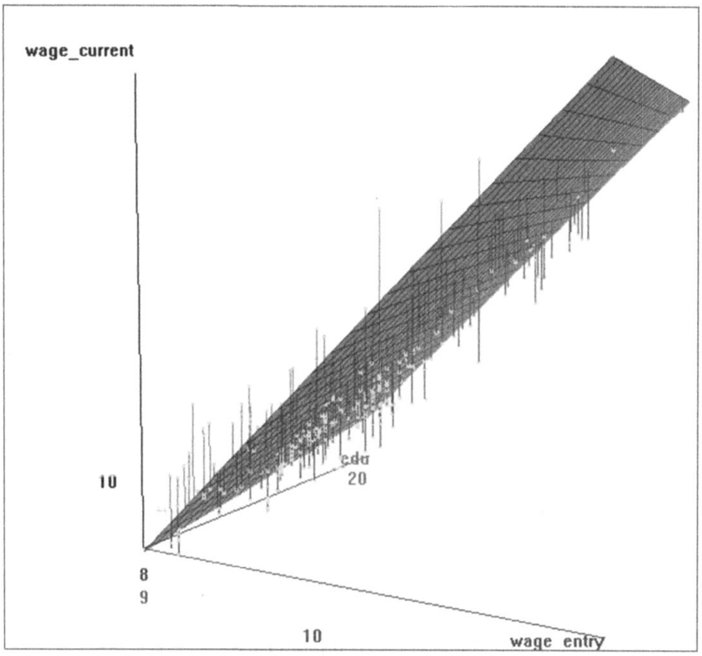

图 6-3-1　绘制 3D 图

> **小试身手**：请将 fit="linear" 改成 "quadratic" 或 "smooth"；再把 ellipsoid=FALSE 改成 TRUE，看看画出的图如何。

除了 **scatter3D()**之外，R 基本的 3D 绘图函数至少还有三个：**image()**，**contour()**和 **persp()**。**image()**和等高线图 **contour()**类似，都是在二维图中显示 3D 信息。另外，程序包 **misc3d** 提供的函数 **parametric3d()**也是 3D 绘图。3D 绘图的数学性质很强，在下面的程序中，我们介绍 **persp()**和 **image()**的特性，其余就留给读者自行探索。

范例程序：

```
1. myf = function(x, y) {sin(x) + cos(y)}
2. x = y = seq(0, 2 * pi, len = 25)
3. z = outer(x, y, myf)
4. persp(x, y, z, theta = 45, phi = 45, shade = 0.2)
5. x = y = seq(-4 * pi, 4 * pi, length = 27)
6. r = sqrt(outer(x^2, y^2, "+"))
7. z = cos(r^2) * exp(-r/6)
8. image(z, axes = FALSE, main = "Math can be beautiful ...", xlab =
   expression(cos(r^2)*e^{-r/6}))
```

说明

1. 定义函数 myf=sin(x)+cos(x)。
2. 声明 X，Y 两轴。

3. 定义第三轴 Z。
4. 用 **persp**()绘图，如图 6-3-2 所示。
5. 定义两轴。
6. 定义参数 r。
7. 定义 Z 轴。
8. 用 **image**()绘图，如图 6-3-3 所示。

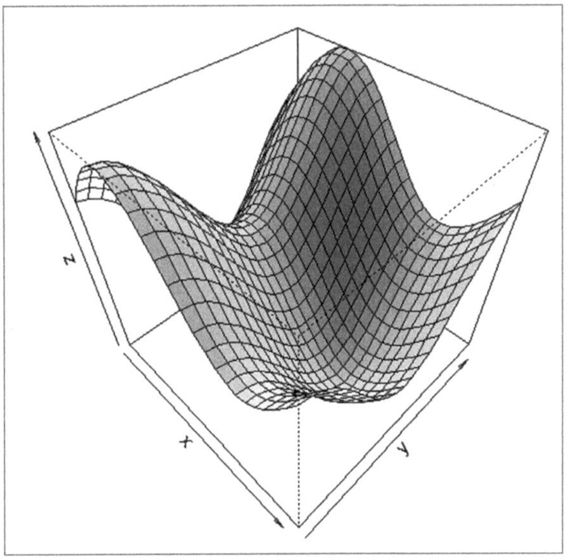

图 6-3-2　用 persp()绘图

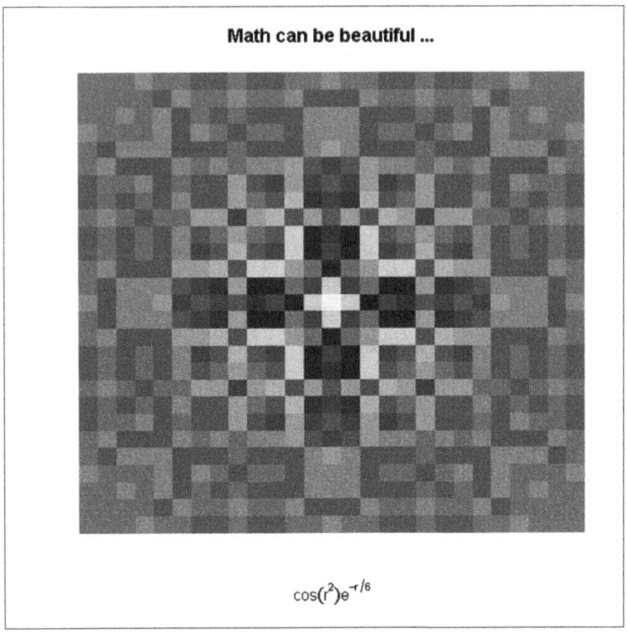

图 6-3-3　用 image()绘图

6.4 Imaging Correlation 相关性影像图

分析数值数据时，变量之间的相关性是一项重点。传统做法是用相关系数的数字建立对称矩阵。R 的函数 **corrgram()**[1]将相关性用图像或各种组合来呈现。通过颜色，我们可以很轻松地判断正负相关，甚至检验相关系数是否为显著的。我们将先以汽车数据为例来介绍。我们看一看这组汽车数据的“长相”（见图 6-4-1）：前两列是字符串，其余都是数字。

```
> head(auto)
          Model Origin Price MPG Rep78 Rep77 Hroom Rseat Trunk Weight Length Turn Displa Gratio
1 AMC Concord        A  4099  22     3     2   2.5  27.5    11   2930    186   40    121   3.58
2 AMC Pacer          A  4749  17     3     1   3.0  25.5    11   3350    173   40    258   2.53
3 AMC Spirit         A  3799  22    NA    NA   3.0  18.5    12   2640    168   35    121   3.08
4 Audi 5000          E  9690  17     5     2   3.0  27.0    15   2830    189   37    131   3.20
5 Audi Fox           E  6295  23     3     3   2.5  28.0    11   2070    174   36     97   3.70
6 BMW 320I           E  9735  25     4     4   2.5  26.0    12   2650    177   34    121   3.64
> |
```

图 6-4-1　汽车数据

范例程序： corrgram()

```
1. library(corrgram)
2. data(auto)
3. head(auto)
4. vars_name = setdiff(colnames(auto), c("Model", "Origin"))
5. low=panel.conf
6. up=panel.pie
7. txt=panel.txt  #或 NULL
8. diag=NULL  #或 panel.minmax
9. corrgram(auto[, vars_name], lower.panel=low, upper.panel=up, text.panel=txt,
   diag.panel=diag, order=TRUE, main="Auto data (PC order)")
```

说明

1. 载入程序包 **corrgram**。如需移除，执行 **detach**("package:corrgram")。
2. 加载程序包数据 auto。这是汽车数据。
3. 看看数据“长相”。
4. 提取字段名：不要字段名 Model 和 Origin，其余都要。因为前两列是字符串。
5. 定义此矩阵图形的下三角形显示方法。此处选椭圆。
   选项有 5 个：panel.pts，panel.pie，panel.shade，panel.ellipse 和 panel.conf。
6. 定义此矩阵图形的上三角形显示方法。此处选圆形。选项如上。
7. 定义此矩阵图形的主对角线是否显示文字。
   选项有：panel.txt 和 NULL。
8. 定义此矩阵图形的主对角线是否显示其他信息。
   选项有：panel.minmax 和 NULL。
9. 用 **corrgram()**绘图，如图 6-4-2 所示。

[1] Friendly, Michael (2002) Corrgrams: Exploratory Displays for Correlation Matrices. *American Statistician*, 56, 316-324. urlhttp://www.math.yorku.ca/SCS/Papers/corrgram.pdf

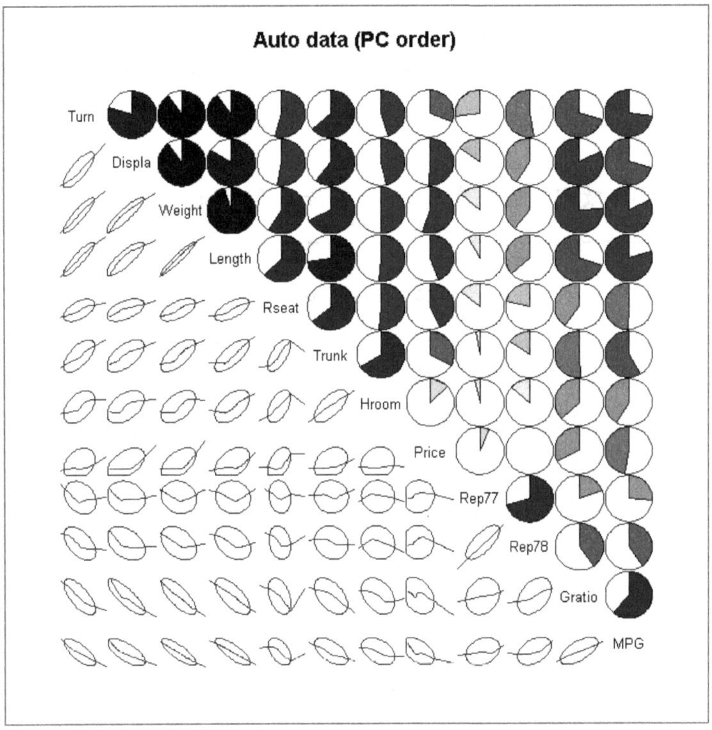

图 6-4-2 (Ch04_05.tiff)

在上面的程序中，第 5~7 行是绘制这类图形的三个区块显示条件的声明。

❖ corrgram()函数

```
corrgram(data, lower.panel=low, upper.panel=up, text.panel=txt, diag.panel=diag,
order=TRUE, main="Auto data (PC order)")
```

内容解说如下：

- **lower.panel=**: corrgram()图形矩阵的下三角形显示方法。
- **upper.panel=**: corrgram()图形矩阵的上三角形显示方法。

以上两个声明的选项有 5 个：panel.pts，panel.pie，panel.shade，panel.ellipse 和 panel.conf。要了解这些方法，就直接试一试。

- **text.panel=**: corrgram()图形矩阵的主对角线是否显示文字。
  此声明选项有：panel.txt 和 NULL。
- **diag.panel=**: corrgram()图形矩阵的主对角线是否显示其他信息。
  此声明选项有：NULL 和 panel.minmax（数据的最大值和最小值）。
- **order=**: 这个 macro 询问是否要将主对角线显示的数据重新排列。
  若写 TRUE 或"PCA"，则是以 PCA 为基础重新排列。
  若写 "OLO"，则是按照 optimal leaf ordering 排序。
  若写 NULL 或整个 order=都取消，则按照字母顺序排。

> 小试身手：试着改变程序第 8 行的选项，使用 **help()**来查看 *panel.minmax* 的意义为何。

> 小试身手：改变上面程序的第 5、6 行，看看如何画出图 6-4-3。

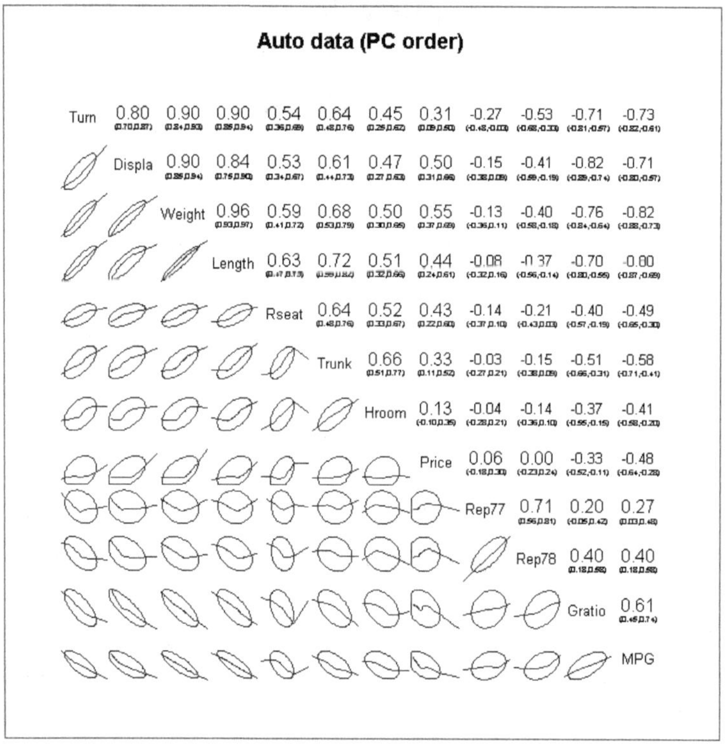

图 6-4-3　绘制图

下一个例子是四个国家的股市和债市指数回报率的数据，借此可以知道国际金融市场的关系。

范例程序：股债市相关分析

```
1. dat=read.csv("returns_week.csv", header=TRUE)
2. names(dat)
3. vars_name = setdiff(colnames(dat), c("Dates"))
4. dataz=dat[,vars_name]
5. low=panel.conf
6. up=panel.pie
7. txt=panel.txt
8. diag=NULL  #panel.minmax
9. corrgram(dataz, lower.panel=low, upper.panel=up, text.panel=txt,diag.panel=diag)
```

说明

1. 加载数据 auto，这是回报率的数据。
2. 看看数据字段名称。

3. 提取字段名：不要字段名 Dates，其余都要。因为第 1 列是日期格式。
4. 提取数据。若读者觉得这两步烦琐，只要数据的列数事先都知道，就可以用 dataz=dat[,2:9]。
5. 定义此矩阵图形的下三角形显示方法。此处选椭圆。
   选项有 5 个：panel.pts，panel.pie，panel.shade，panel.ellipse 和 panel.conf。
6. 定义此矩阵图形的上三角形显示方法。此处选圆形。选项如上。
7. 定义此矩阵图形的主对角线是否显示文字。
   选项有：panel.txt 和 NULL。
8. 定义此矩阵图形的主对角线是否显示其他信息。
   选项有：panel.minmax 和 NULL。
9. 用 **corrgram()**绘图，如图 6-4-4 所示。

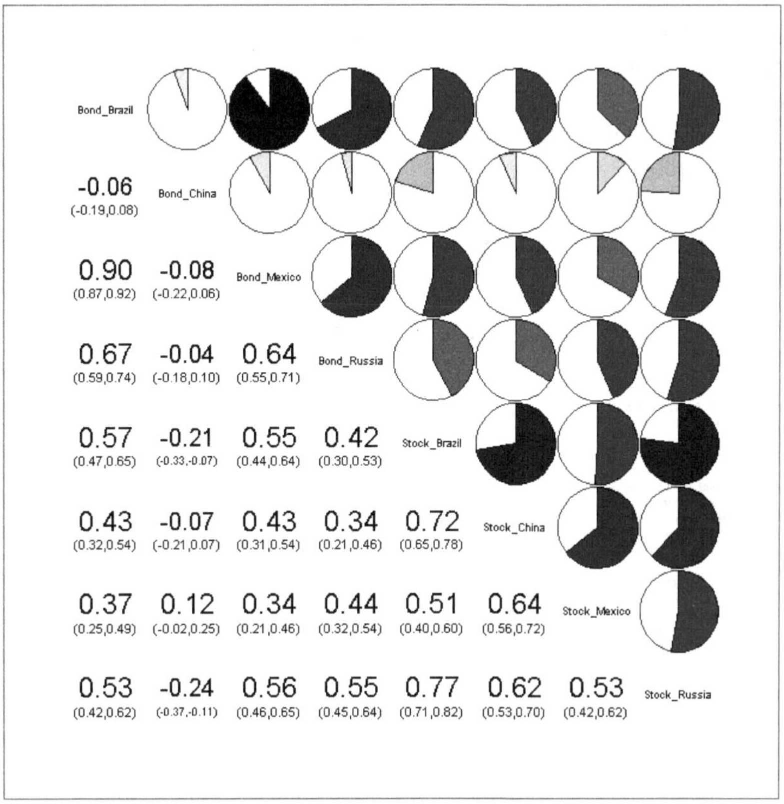

图 6-4-4　用 corrgram()绘图

从图 6-4-4 可以判读出来，除了墨西哥（Mexico）股市，中国债市回报率和其他 6 个市场回报率都为负相关。

小试身手：载入 returns47.RData，提取后面 15 个市场的数据，用上述方法绘图。因为这组数据是时间序列，时间序列框架必须先移除。做法是先将加载数据转成矩阵（使用 **as.matrix()**），再跳过第一列即可。读者请自行练习。

6.5 lattice 和 Multi-way

范例程序：点图（Dot Chart）

```
1. load("CurrentAccount.RData")
2. head(CurrentAccount)
3. CA=CurrentAccount
4. dotchart(t(CA), xlim = c(-10, 18), cex = 0.6)
5. title(main = "Current Account/GDP of the World")
```

说明

1. 加载内建数据，这组数据是世界经济区经常账（或称为现金账户）和 GDP 比率的数字。
2. 看一看数据的全貌，看下面的输出。
3. 将 CurrentAccount 长名称重新定义为 CA，这样较为简洁。
4. 将原数据转置 t()，用 **dotchart()**绘图，如图 6-5-1 所示。
5. 在 **dotchart()**图框增加说明文字。

这已经是一个矩阵数据表，**dotchart()**是将整理好的分类表以特定方式呈现，使用 **dotchart()** 绘制图形时，最好加载的数据是 Excel 的格式，如果用 .txt 的文本文件，字符串会被看成多列。

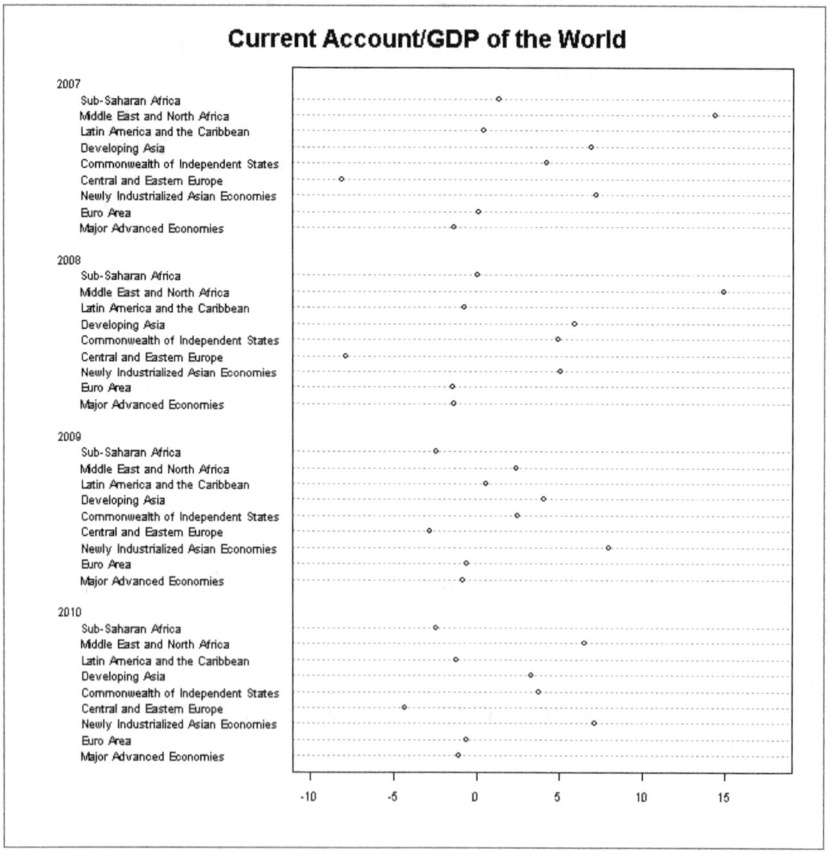

图 6-5-1　用 dotchart()绘图

小试身手：去除上面第 4 步的转置，再比较结果。
dotchart(CA, xlim = c(0, 100), cex = 0.6)

dotchart()是 R 内建的制图法，程序包 lattice 有一个 **dotplot**()和 **barchart**()，能够对数据做出进一步的视觉分析。点图 **dotplot**()是画出 Cleveland 点图，不是一般统计学书上所称的点图，要画一般的点图，则载入程序包 library(**epicalc**)，这个点状图是分布图，我们不介绍。下面的程序用来示范 lattice 程序包内的 **dotplot**()。

范例程序：点图 dotplot()

```
1. library(lattice)
2. dotplot(CA, groups = F)
3. dotplot(CA, groups = F, layout = c(3, 3), aspect = 0.5, origin = 0, type = c("p", "h"), main = "Current Account/GDP of the World, 2007-2010", xlab = "Rate (%)")
4. barchart(CA, groups = FALSE, layout = c(3, 3), aspect = 0.5, reference = FALSE, main = "Current Account/GDP of the World, 2007-2010", xlab = "Rate (%)")
5. dotplot(CA, type = "o", auto.key = list(lines = T, space = "left"), main = "Current Account/GDP of the World, 2007-2010", xlab = "Rate (%)")
```

说明

1. 载入程序包 **lattice**。
2. 用 **dotplot**()绘图，如图 6-5-2 所示。
3. 用 **dotplot**()绘图，如图 6-5-3 所示。
4. 用 **barchart**()绘图，如图 6-5-4 所示。
5. 用 **dotplot**()绘图，如图 6-5-5 所示。

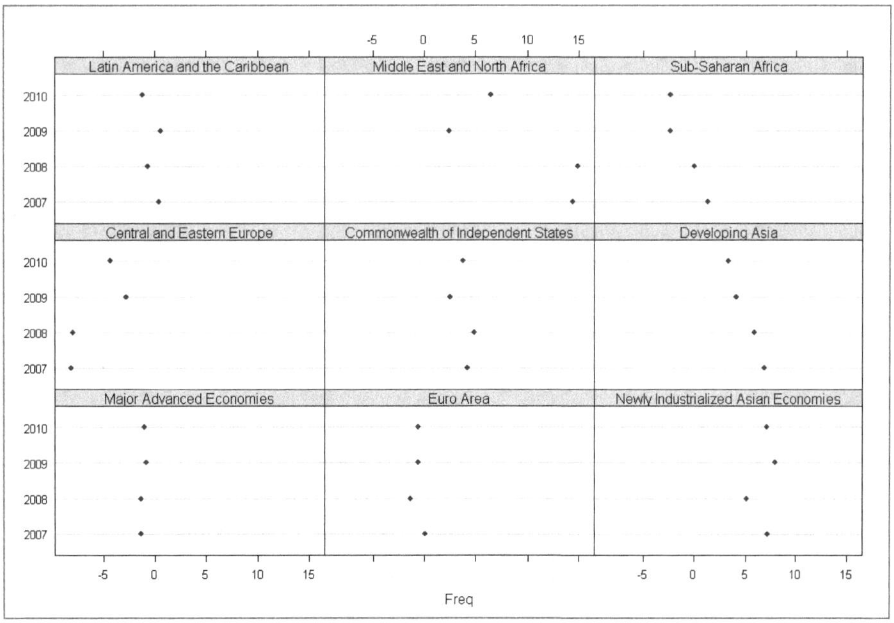

图 6-5-2 用 dotplot()绘图

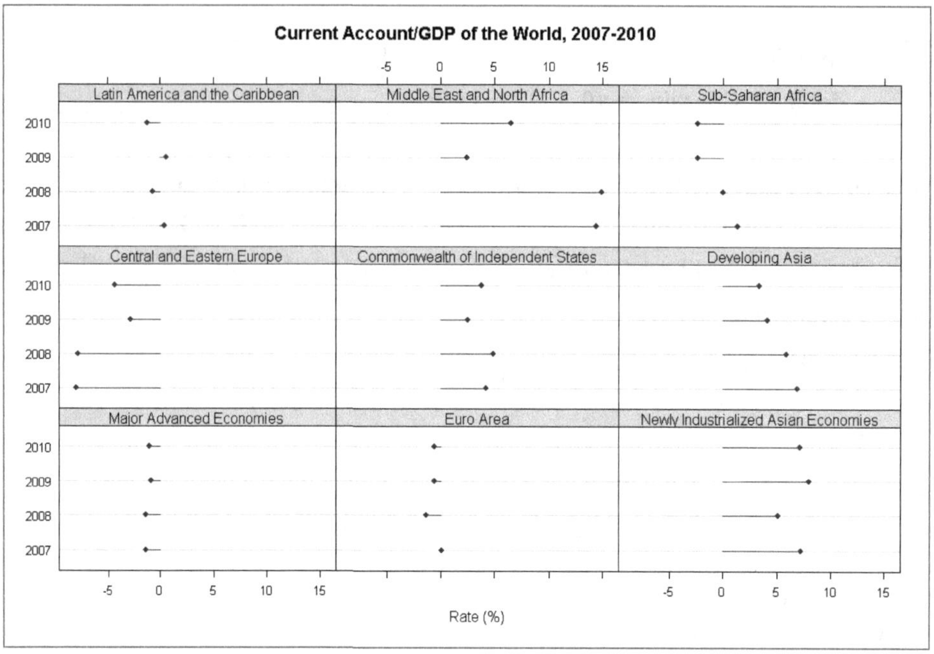

图 6-5-3　继续用 dotplot()绘图

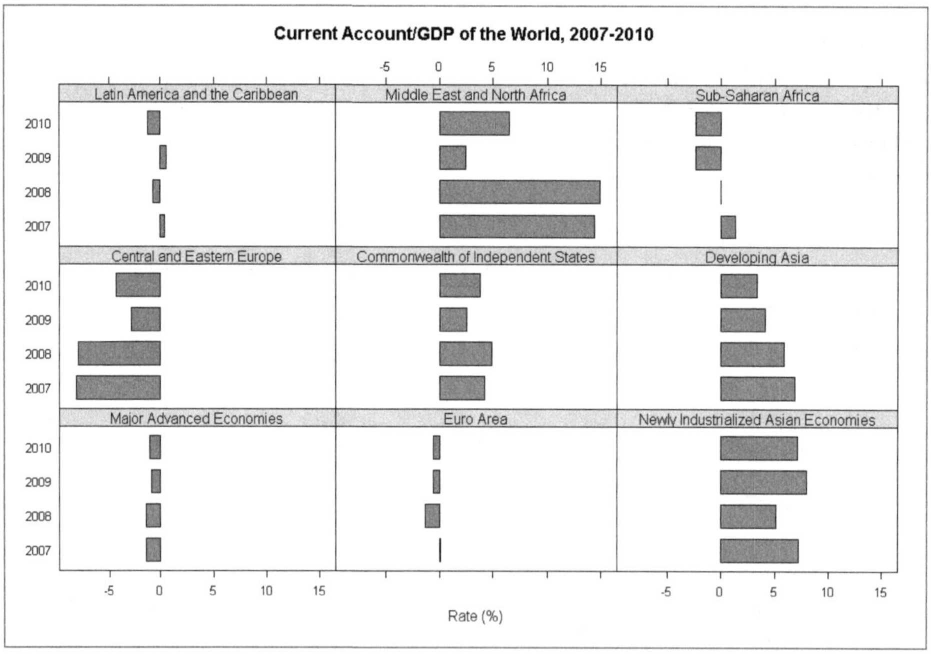

图 6-5-4　用 barchart()绘图

图 6-5-5 是 **dotplot()**的另一种显示方法，可以看出经常账（current account）比率的趋势。但是，因为经济区过多且波动过大，所以这种显示法不是很适合。

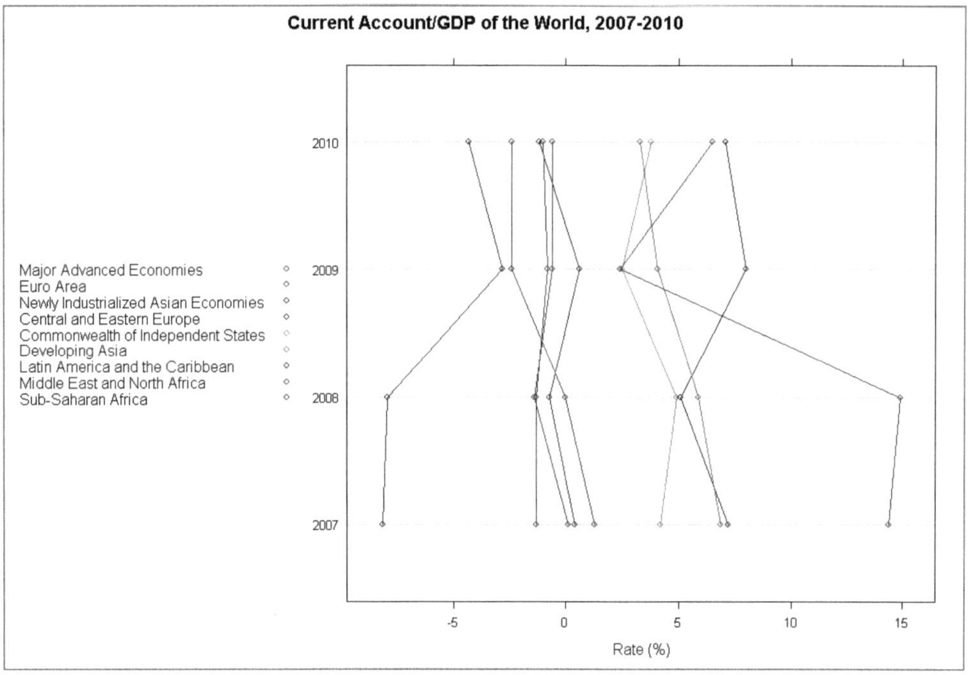

图 6-5-5　dotplot()的另一种显示方法

小试身手： 使用 R 内建数据 VADeaths ，可使用指令 **data**(VADeaths)调出来，先看一看数据“长相”，进行上述分析比较。

范例程序：饼图（Pie Chart）

```
1. library(lattice)
2. data(VADeaths)
3. par(new = TRUE)
4. piechart(VADeaths, groups = FALSE, xlab = "")
```

说明

1. 载入程序包 lattice。
2. 加载数据 VADeaths。
3. 声明参数。
4. 绘图，如图 6-5-6 所示。

数据 VADeaths 是美国维吉尼亚（Virginia）州保险死亡人数（每千人）的分布数据。

	Rural Male	Rural Female	Urban Male	Urban Female
50-54	11.7	8.7	15.4	8.4
55-59	18.1	11.7	24.3	13.6
60-64	26.9	20.3	37.0	19.3
65-69	41.0	30.9	54.6	35.1
70-74	66.0	54.3	71.1	50.0

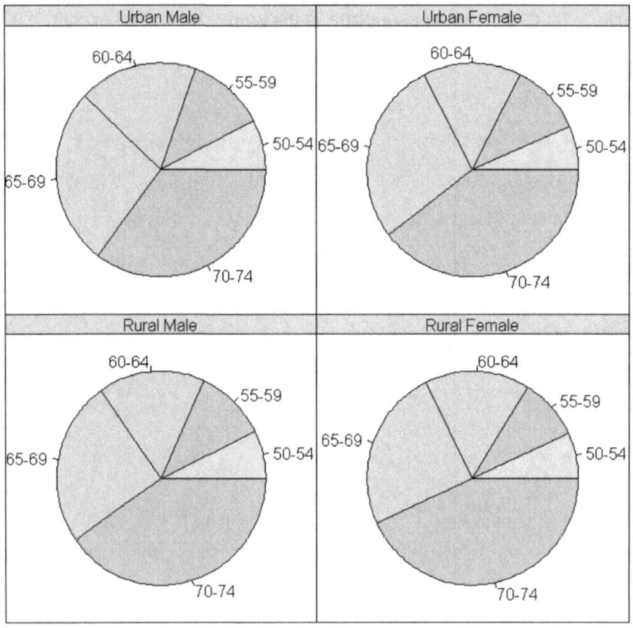

图 6-5-6　绘图

绘制这个图还需要编写两个函数。记得在执行这个 **piechart**()时要先执行两个函数：panel.piechart = function()和 piechart = function()。

我们再看另一种形式的数据，TwinDeficit.csv 是一些国家或地区（例如中国台湾地区）2011 年第 3 季公布的全球经常账赤字和财政赤字。数据如图 6-5-7 所示。

	Current.Account.Deficit	Fiscal.Deficit
Austria	2.9	-3.6
Belgium	1.4	-3.8
France	-2.5	-5.8
Germany	5.0	-1.7
Greece	-9.6	-9.1
Italy	-3.7	-3.7
Netherlands	7.3	-3.8
Spain	-3.8	-6.5
Taiwan	8.4	-2.7
South Korea	2.4	1.5
USA	-3.2	-9.1
China	4.0	-1.8
Japan	2.3	-8.3
UK	-1.9	-8.8
Canada	-2.9	-4.0
India	-3.2	-4.7

图 6-5-7　财政数据

这组数据也称为双赤字（twin deficits），因此，我们想看一看哪些国家或地区双赤字最为严重。

范例程序：进一步编辑 plot()的图——text() 和 abline()

```
data=read.csv("TwinDeficit.csv", header=T)
dat=data[,2:3]
rownames(dat) = data$countryNames
```

```
4. plot(dat,xlim = c(-10,16.5), ylim=c(-10,3), pch=7, xlab="Current Account Deficit",
   ylab="Fiscal Deficit")
5. text(dat, labels = row.names(dat), pos=1, cex=0.8, offset=0.1)
6. abline(h=0, v=0)
```

说明

1. 读取数据。
2. 将数据的数值部分定义成 dat。
3. 将原始数据的字符串列定义成新数据文件的列名称。
4. 画散点图，如图 6-5-8 所示。
5. 将数据的国名或地区名显示在图框内。
6. 画 y 轴(h=0)和 x 轴(v=0)。

第 4 步的 **plot()**将数据画上去，但是，没有显示国家或地区，所以，对于数据的解说不是很好。第 5 步是将文字加上去。注意，**text()**的文字功能是添加在框内，框外文字直接在 **plot()**内处理。第 6 步将图画成 4 个象限，这样我们就很容易分析双赤字的状况了。希腊（Greece）的双赤字状况是最差的。

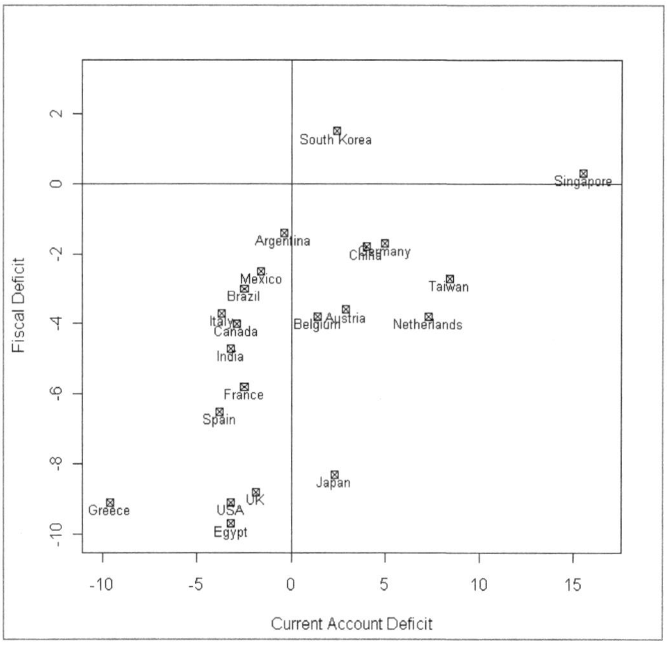

图 6-5-8　画散点图

图 6-5-8 的绘制适合数据散布程度正负差距大，如果数据集中，就不适合这样显示了，因为字母会拥挤，好比 Germany 和 China 就部分重叠了。双赤字的数据有正负意义，所以，划分四个象限有助于我们更好地理解。

范例程序：Multi-way 数据分析

```
1. library(lattice)
2. data(CPS1985,package="AER")
```

```
3. head(CPS1985)
4. names(CPS1985)
5. attach(CPS1985)
6. histogram( ~ log(wage) | factor(occupation))
7. densityplot(~ log(wage)| factor(occupation), plot.points = FALSE, ref = TRUE)
8. densityplot(~ log(wage), groups = occupation, plot.points = FALSE, ref = TRUE, auto.key
   = list(columns = 3, space = "top", title = "Density by Occupations"))
```

说明

1. 载入程序包 lattice。
2. 读取程序包 AER 内的数据 CPS1985。
3. 看一看数据。
4. 看一看数据变量名称。
5. 正式加载数据。
6. 用 **histogram()**绘图，如图 6-5-9 所示。
7. 用 **densityplot()**绘图，如图 6-5-10 所示。
8. 用 **densityplot()**绘图，图 6-5-11 此处是重叠显示，注意 occupation 是用 groups 声明的。

❖ histogram()

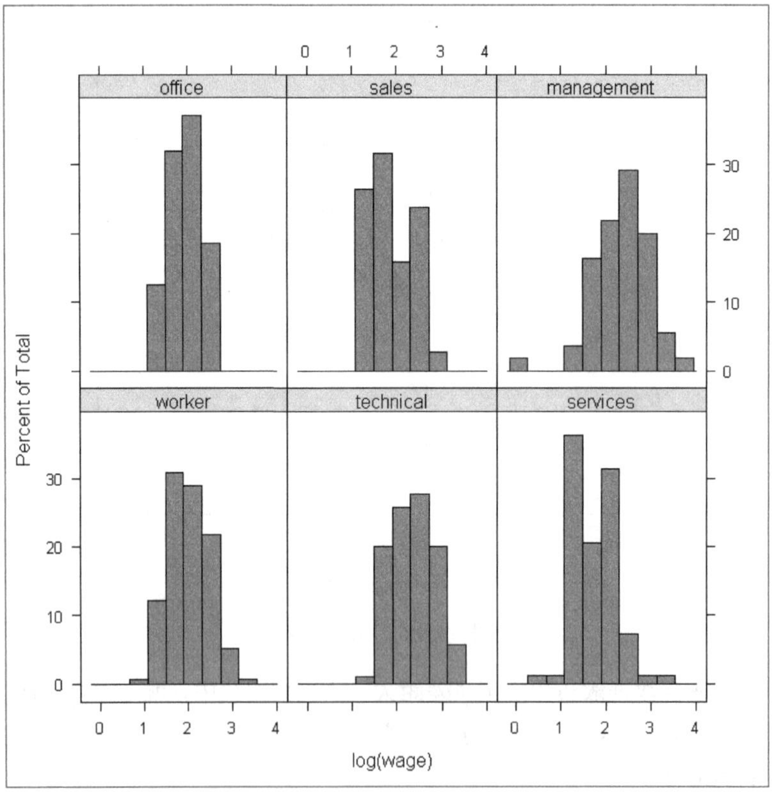

图 6-5-9 用 histogram()绘图

```
densityplot(~ log(wage)| factor(occupation),….)
```

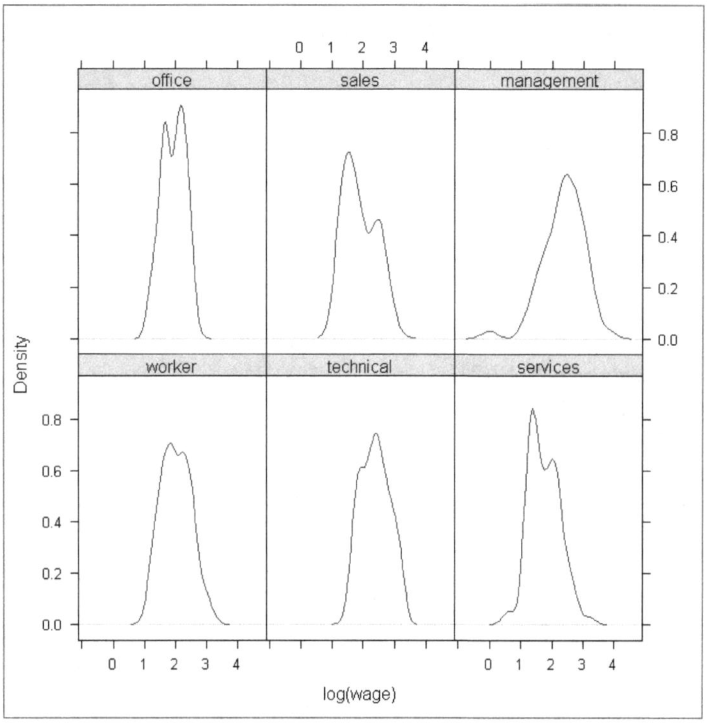

图 6-5-10　用 densityplot()绘图

```
densityplot(~ log(wage), groups = occupation,….)
```

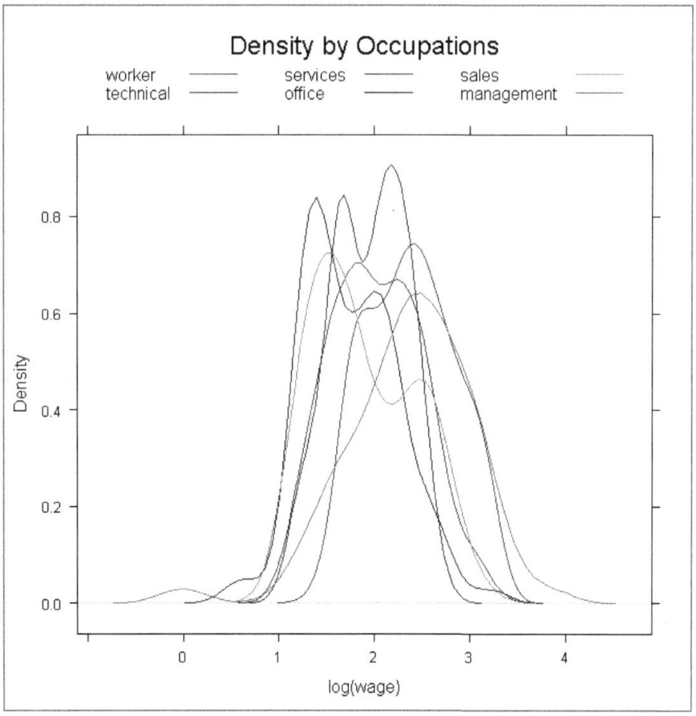

图 6-5-11　用 densityplot()绘图

合并 multi-way 的图形，无法使用之前常用的 par(mfrow=c(2,1))方法。下面的程序介绍如何处理。

范例程序：合并

```
1. tp1=histogram(~ log(wage)| factor(occupation))
2. tp2=densityplot(~ log(wage), groups = occupation, plot.points = FALSE,
   auto.key = list(columns = 3, space = "top", title = "Density by Occupations"))
3. plot(tp1, split = c(1, 1, 1, 2))
4. plot(tp2, split = c(1, 2, 1, 2), newpage = FALSE)
```

说明

1. 以职业为因子，绘制 log(wage)的直方图。
2. 以职业分组，绘制 log(wage)的密度图。
3. 绘图，如图 6-5-12 的上半部。
4. 绘图，如图 6-5-12 的下半部。

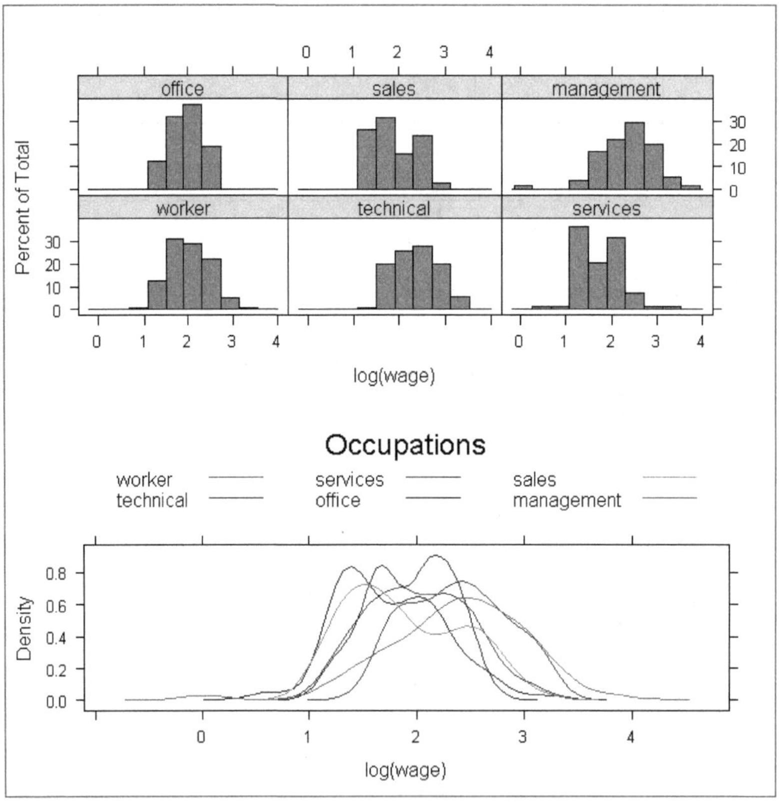

图 6-5-12　绘图

接下来，我们介绍如何以职业 occupation 为因子，看 6 个职业的薪资与经验关系的散点图。

范例程序：xyplot()

```
xyplot(log(wage)~experience| occupation)
xyplot(log(wage)~experience| occupation, groups=gender, auto.key = list(columns = 2,
space = "top", title = "Grouping by Gender"))
```

```
3. xyplot(log(wage)~experience| occupation*gender, auto.key = list(columns = 2, space =
   "top", title = "Grouping by Gender"))
4. bwplot(log(wage)~ethnicity|gender)
```

说明

1. 绘图，如图 6-5-13 所示。
2. 绘图，如图 6-5-14 所示。
3. 绘图，如图 6-5-15 所示。
4. 绘图，如图 6-5-16 所示。

图 6-5-13 是由函数 **xyplot**(log(wage)~experience| occupation)画出的，以职业作为因子，绘制多维的 lattice 图，会显示成六格。这样我们便于比较各种工作中薪资和经验的关系。

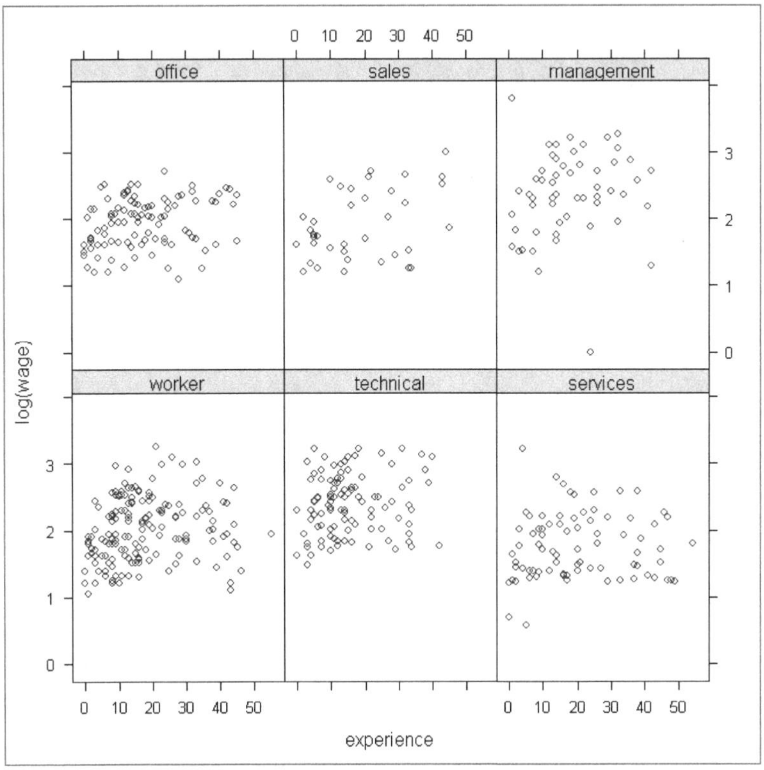

图 6-5-13　以职业作为因子绘制的 lattice 图

接下来，我们介绍以职业 occupation 为因子的薪资与经验的关系，如何再进一步以性别分组，看图 6-5-13 的关系。函数如下：

```
xyplot(log(wage)~experience| occupation, groups=gender,.....)
```

图 6-5-14 将性别用颜色区分。这样就可以发现，office 的工作，女性相对较多，而且薪资与经验没有正相关。Services 的工作，薪资与经验的散布更没有形状。

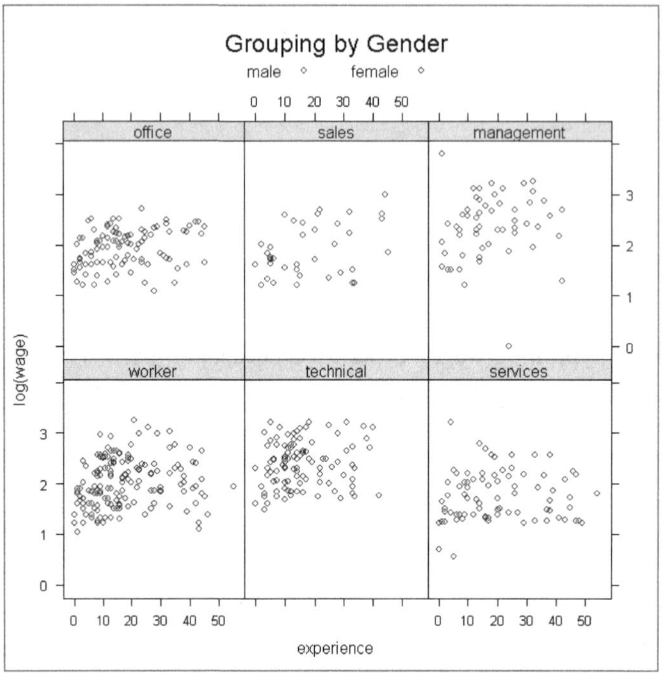

图 6-5-14　以性别分组

图 6-5-14 是用颜色区分的，如果我们想在职业内把男女分开看，则使用下列函数，结果如图 6-5-15 所示：

```
xyplot(log(wage)~experience| occupation*gender,….)
```

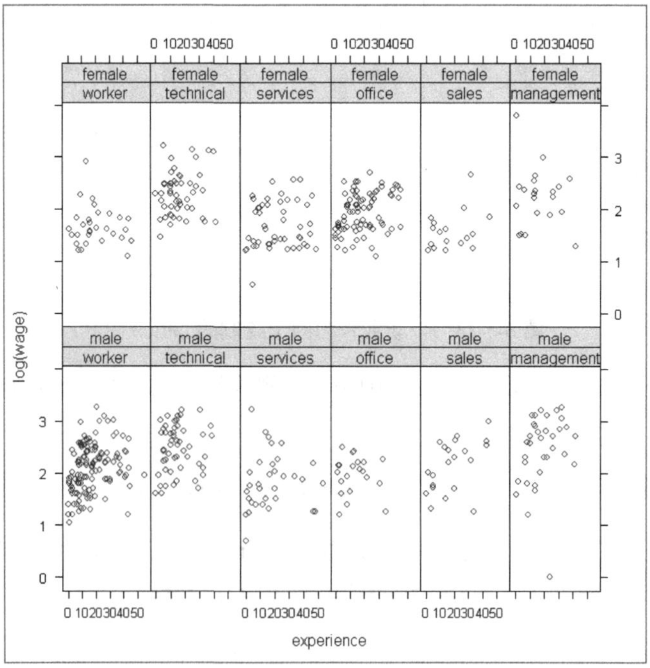

图 6-5-15　在职业内把男女分开看

图 6-5-16 所示为单独一组数据对字符串变量的分析。R 可以用盒须图或直方图，下面以多维盒须图为例：

```
bwplot(log(wage)~ethnicity|gender)
```

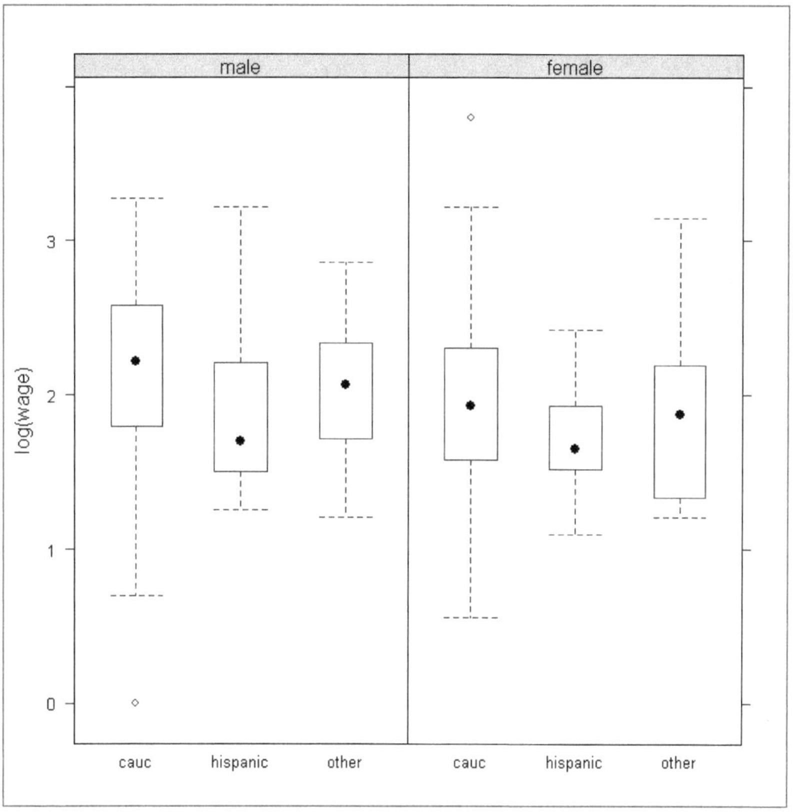

图 6-5-16　多维盒须图

我们接下来用 13 个国际资本市场资本化（capitalization）程度数据来做一些视觉分析。原始数据如下：

	2003	2004	2005	2006	2007	2008
Euronext US	1328	12707	3632	15421	15650	9208
TSX Group	888	1177	1482	1700	2186	1033
Australian SE	585	776	804	1095	1298	683
Bombay SE	278	386	553	818	1819	647
Hong Kong SE	714	861	1054	1714	2654	1328
NSE India	252	363	515	774	1660	600
Shanghai SE	360	314	286	917	3694	1425
Tokyo SE	2953	3557	4572	4614	4330	3115
BME Spanish SE	726	940	959	1322	1781	948
Deutsche Boerse	1079	1194	1221	1637	2105	1110
London SE	2460	2865	3058	3794	3851	1868
Euronext EU	2076	2441	2706	3712	4222	2101
SIX SE	727	826	935	1212	1271	857

范例程序： barplot()，Stock Market Capitalization（股票市场资本化）

```
1. load(Cap.RData)
2. par(mfrow=c(2,1))
3. barplot(t(Cap)/1e+06, beside = T, las=2,ylab="Capitalization")
4. title(main = "Major Stock Markets")
5. mtext(side = 3, "2003 - 2008")
6. barplot(Cap/1e+06, beside = TRUE, ylab="Capitalization")
7. par(mfrow=c(1,1))
```

说明

1. 加载数据。
2. 分割图框为 2×1。
3. 画直方图，如图 6-5-17 的上半部。
4. 标题文字。
5. 次要文字。
6. 画直方图，如图 6-5-17 的下半部。
7. 分割图框还原。

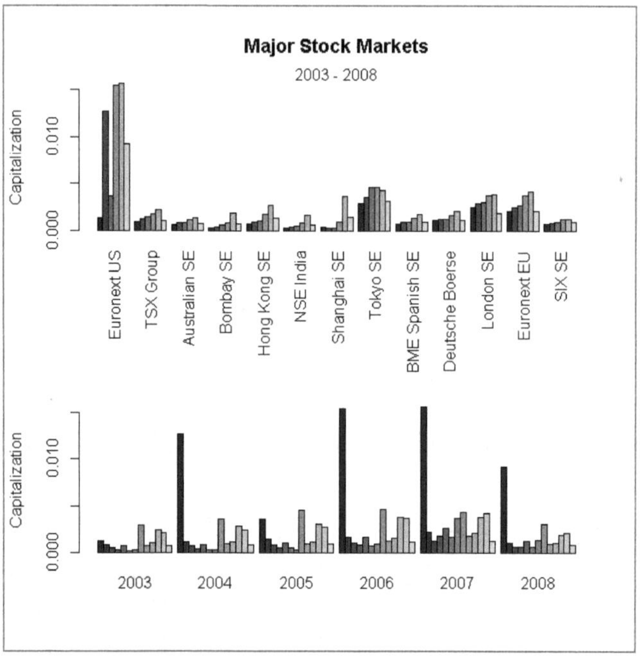

图 6-5-17　画直方图

图 6-5-17 上、下部分的差别是 *x* 轴和原始数据的格式有关。所以，我们在画这两个图时，需要对数据进行转置（transpose）。

接下来我们介绍星形图（Star plot）。星形图对于 13 个市场资本化程度差异的比较相当有帮助。

范例程序： Star plot

```
1. palette(rainbow(13, s = 0.6, v = 0.75))
2. stars(t(log(Cap)), draw.segments = TRUE, ncol = 3, nrow = 2, key.loc = c(4.6, -0.5), mar
```

```
   = c(15, 0, 0, 0))
3. mtext(side = 3, line = 2.2, text = "Growth and Decline of Major Stock Markets", cex =
   1.5, font = 2)
4. abline(h = 0.9)
```

说明

1. 定义色盘。因为有 13 个市场，所以我们定义 13 种颜色。
2. 绘制 Star 图，如图 6-5-18 所示。
3. 主文字说明。
4. 在 y=0.9 处画水平线。

Star 图如图 6-5-18 所示。这种图形的绘制原理是，先将一个圆分成 13 个扇形，以市场最大值为分母，各年值为分子，所以，最大值所在年就是一片完整的扇形。好比，除了 Tokyo SE，几乎所有的市场在 2007 年都是最大值，所以，图 6-5-18 中的 2007 每个颜色都是完整的扇形，Tokyo SE 则缺了一小口。根据原始数据，Tokyo SE 的最大值出现在 2006。所以，2006 年 Tokyo SE 的扇形就是完整的一叶。2008 所有的市场几乎都因为次货危机而快速萎缩。

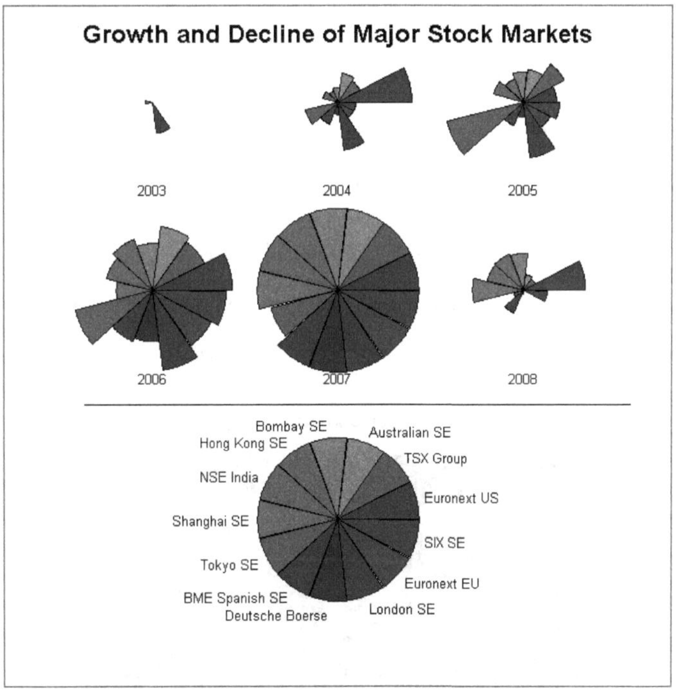

图 6-5-18　Star 图

范例程序：相关分析（Correlation Analysis）

```
library(fAssets)
rownames(Cap) = abbreviate(rownames(Cap), 6)
rho=cor(t(Cap),method="pearson", use = "everything",)
round(rho, digits=4)
assetsCorImagePlot(t(Cap), use = "pearson")
assetsCorTestPlot(t(Cap), use = "pearson")
```

> **说明**
>
> 1. 载入程序包 **fAsset**。
> 2. 将 13 个股市名称，缩减为 6 个字母。
> 3. **cor**(t(Cap), method="pearson")计算 13 个股市的相关系数矩阵，有 3 种方法计算数据相关性：method = c("pearson", "kendall", "spearman")。
> 4. 用 **round**()将小数显示为 4 位，如图 6-5-19 所示。
> 5. 将相关系数用 **assetsCorImagePlot**()绘图，如图 6-5-20 所示。
>   有三种方法计算数据相关性：use = c("pearson", "kendall", "spearman")。
> 6. 将相关系数执行显著性检验 **assetsCorTestPlot** ()，如图 6-5-21 所示。

cor()函数内的 use=有 5 种选项："everything'"，"'all.obs'"，"'complete.obs'"，"'na.or.complete'" 和 "'pairwise.complete.obs'"。这 5 种选项是处理缺值的方法。

第 3、4 步计算出的 Pearson 相关系数如图 6-5-19 所示。

```
> round(cor(t(Cap)), digits=4)
       ErnxUS TSXGrp AstrSE BmbySE HngKSE NSEInd ShngSE TokySE BMESSE DtschB LndnSE ErnxEU SIX SE
ErnxUS 1.0000 0.6629 0.7860 0.6417 0.7146 0.6525 0.5757 0.4357 0.7728 0.7220 0.5973 0.7244 0.7540
TSXGrp 0.6629 1.0000 0.9764 0.8980 0.9001 0.9033 0.7402 0.8147 0.9541 0.9545 0.8841 0.9719 0.9497
AstrSE 0.7860 0.9764 1.0000 0.8976 0.9239 0.9045 0.7583 0.7486 0.9785 0.9786 0.8870 0.9905 0.9747
BmbySE 0.6417 0.8980 0.8976 1.0000 0.9827 0.9998 0.9603 0.4964 0.9657 0.9441 0.6419 0.8642 0.8531
HngKSE 0.7146 0.9001 0.9239 0.9827 1.0000 0.9858 0.9325 0.5336 0.9779 0.9509 0.6630 0.8942 0.9113
NSEInd 0.6525 0.9033 0.9045 0.9998 0.9858 1.0000 0.9567 0.5082 0.9699 0.9475 0.6499 0.8713 0.8627
ShngSE 0.5757 0.7402 0.7583 0.9603 0.9325 0.9567 1.0000 0.2390 0.8757 0.8430 0.4272 0.7089 0.7033
TokySE 0.4357 0.8147 0.7486 0.4964 0.5336 0.5082 0.2390 1.0000 0.6292 0.6344 0.8454 0.7777 0.7896
BMESSE 0.7728 0.9541 0.9785 0.9657 0.9779 0.9699 0.8757 0.6292 1.0000 0.9866 0.7854 0.9536 0.9432
DtschB 0.7220 0.9545 0.9786 0.9441 0.9509 0.9475 0.8430 0.6344 0.9866 1.0000 0.8431 0.9726 0.9360
LndnSE 0.5973 0.8841 0.8870 0.6419 0.6630 0.6499 0.4272 0.8454 0.7854 0.8431 1.0000 0.9260 0.8568
ErnxEU 0.7244 0.9719 0.9905 0.8642 0.8942 0.8713 0.7089 0.7777 0.9536 0.9726 0.9260 1.0000 0.9756
SIX SE 0.7540 0.9497 0.9747 0.8531 0.9113 0.8627 0.7033 0.7896 0.9432 0.9360 0.8568 0.9756 1.0000
>
```

图 6-5-19　Pearson 相关系数

图 6-5-19 这种数据呈现的可视化不好，我们就使用 fAsset 程序包内的功能来显示。图 6-5-20 用颜色来区别相关程度，背景色为绿的是相关系数较低的情况。

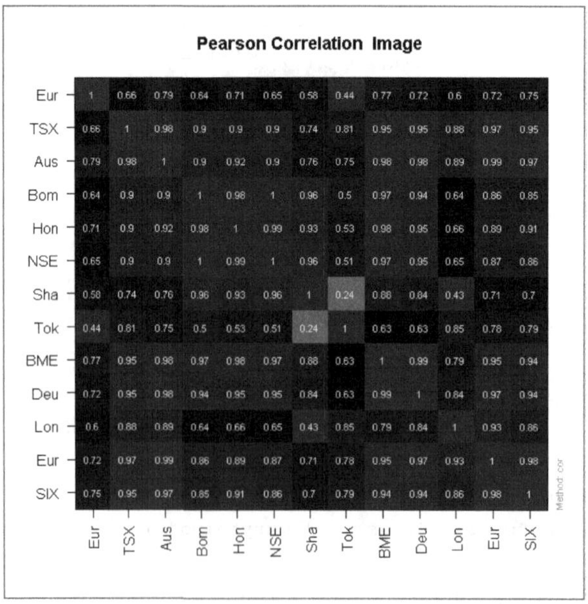

图 6-5-20　用颜色区别相关程度

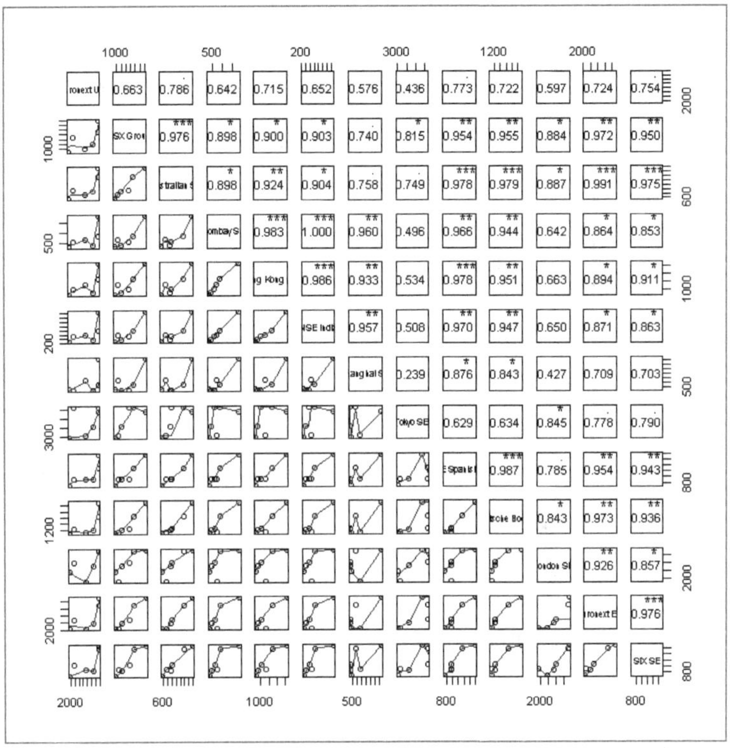

图 6-5-21　执行相关性检验

6.6　其他

6.6.1　curve()函数曲线绘图

curve()用于绘制函数表示的图，和其他的画图函数不同的是，**curve()**内是一个函数，而不是数据。

范例程序：curve()函数绘图

```
1. curve(abs(x^2-2^x+2),-2.5, 2.5)
2. curve(dnorm(x,0,1)*20, -2.5, 2.5, lty=2, add=T)
```

说明

1. 绘制函数$\left|x^2-2^x+2\right|$对应的图，x 轴定义域为 -2.5～2.5。
2. 绘制标准正态分布函数 **dnorm()**对应的图形，x 轴定义域同上。add=**T** 代表将此曲线添加到图中，add=**F** 则另开一个新图框。绘制结果如图 6-6-1 所示。

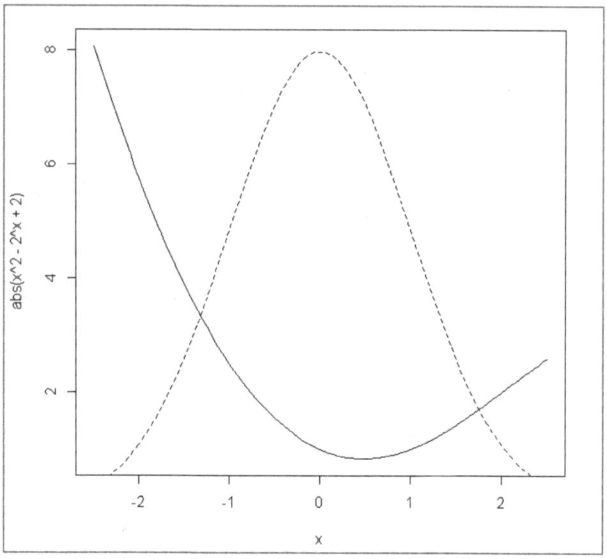

图 6-6-1 **curve()**图

curve()的绘图功能在于函数，所以，幂函数、指数函数、对数函数和三角函数等都可以成功地绘制出来。

> 小试身手：请使用 **curve()**绘制出逻辑斯提增长函数（logistic growth function）图 $\frac{50}{1+3e^{-1.5x}}$，定义域 X 从 0 画到 8。
>
> 【提示】 logis=function(x) 60/(1+3*exp(-1.5*x))
>
> curve(logis, 0, 8)

6.6.2 保存图形

R 软件易于用到许多绘图的环境中，图形的存取一般可以使用独立图框左上角的菜单功能来完成，如图 6-6-2 所示。

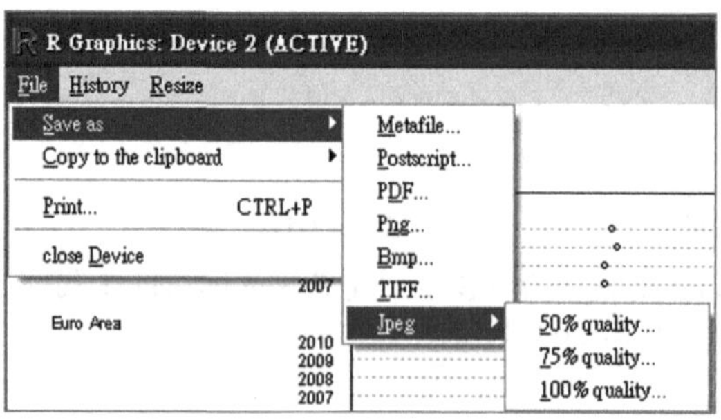

图 6-6-2

如果要用程序保存图形，图框就不会被打开而会被直接存档。**R** 提供的图形输出有许多种格式：

- **postscript()**
- **pdf()**
- **jpeg()**
- **png()**
- **bmp()**
- **tiff()**

使用方法很简单，假设我们要将某直方图 **hist**(x)存储成 tiff 格式，文件名为 myhist.tiff，那么步骤如下：

步骤01 先声明 **tiff**("myhist.tiff")。

步骤02 **hist**(x)。

步骤03 **dev.off**()。

也就是在要保存的图形前后各执行一条语句，相当简单。不管使用哪一种格式的设备，图形绘制完后，一定要执行第 3 步将这个设备关闭。

这里我们必须强调，上述只是存取二维图形，3D 图的存储就不是这样简单了，而是相当烦琐，本书就不详述了。

第 7 章　回归分析方法

7.1　线性回归的基本原理——最小二乘法

假设我们有两组数据，分别为 x 和 y，其散点图如图 7-1-1 所示。

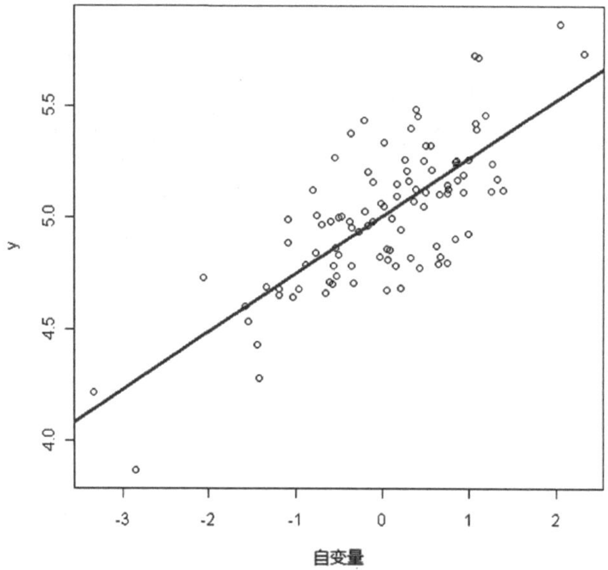

图 7-1-1　数据散点图

视觉上可以知道两者之间为正相关，因此，我们可以目测：用尺在差不多的地方画一条正斜率的直线，如斜截式直线。图 7-1-1 所示的直线称为拟合线（fitted line），散点的样本和这条线的距离称为残差或剩余误差（residuals）。这条斜截式的直线方程式可以写成如下形式：

$$y=a+bX+\varepsilon$$

右边的 $a+bX$ 也称为 y 的期望值 Ey，通常写成 $\hat{y}$，ε 则为残差项。另一种看上式的方式是，随机变量 y 可以被分割为 3 份：截距 a，X 的线性组合 bX 和残差ε。

回归分析的第一项工作就是“估计”：用数理方法估计出这一条线的截距和斜率（统称为参数或系数），而不是用目测。对于线性关系的估计，最好的方法就是最小二乘法（Least Square），这个方法求解参数的目标为：使残差平方和为最小的所有参数。

一个标准的线性回归可以用矩阵表示如下：

$$y = X\beta + \varepsilon$$

上式中 y 为样本数为 n 个数据的被解释变量（或称为 n-维向量），X 是解释变量，假设有 k 个，故X为 $n \times k$ 的独立变量矩阵；于是可知 β 为 k 维的系数向量（或称为参数向量）。ε 为残差项，也就是变量 y 的变异，不被 $X\beta$ 解释的剩余部分。

令 b 代表 β 的样本估计量，则满足下式的解，即为回归系数。

$$\min_{\beta}(y-X\beta)'(y-X\beta)$$

上述目标函数即是“残差的平方和”，以偏微分解出最适值如下：

$$b=(X'X)^{-1}X'y$$

这个估计量的协方差矩阵（covariance matrix）的式子为：

$$\text{cov}(b)=s^2(X'X)^{-1}$$

上式中 $s^2=\dfrac{\hat{\varepsilon}'\hat{\varepsilon}}{n-k}$，且 $\hat{\varepsilon}=y-Xb$。如果是复回归，则第 j 个系数的方差为：

$$\text{var}(b_j)=\frac{1}{1-R_j^2}\frac{s^2}{\sum_j (x_{jj}-\bar{x}_j)^2}$$

因为有 k 的系数，所以协方差矩阵 $cov(b)$为 $k \times k$ 的方阵，如下所示：

$$\text{cov}(b)=\begin{bmatrix}\sigma_{11} & \sigma_{21} & \cdots & \sigma_{k1}\\ \sigma_{12} & \sigma_{22} & \cdots & \sigma_{k2}\\ \cdots & \cdots & \ddots & \vdots\\ \sigma_{1k} & \sigma_{11} & \cdots & \sigma_{kk}\end{bmatrix}$$

上式中，主对角线（diagonal）的 k 个数值就是系数自己的方差，求取它的平方根后就是标准偏差，可以用来检验各个参数的性质，看它们是否显著异于0。

非对角线（off-diagonal）就是交叉成分 σij，为参数间的协方差。可以用来检验参数间的关系、相关性等联合检验（joint tests）。后续会继续说明。

注：一个理论问题。

如果已知变量与变量之间是线性关系，且满足一般的基本假设：就像残差无自我相关，解释变量X和残差无相关等，则最小二乘法（LS）的估计结果具有BLUE（Best Linear Unbiasedness Estimator，最佳线性无偏估计量）的性质。基本假设虽然有残差为正态分布的条件，但是线性模型不需要分布假设。分布假设和非线性模型才有关系，非线性模型可以简单说明这个估计问题。

7.2 单变量线性回归

我们先打开数据 bankwage.csv，这个文件的数据为美国加州某银行的员工薪资数据，这组数据是“横断面”数据。变量定义如下：

- wage：此员工目前的薪资。
- edu：此员工工作前受教育的年数。
- wage0：此员工的起薪。
- gender：此员工的性别。

- minority：此员工是否为少数民族。
- job：此员工的工作分类。

范例程序：加载数据且快速浏览

```
load("bankwage")
names(bankwage)
head(bankwage)
tail(bankwage)
```

说明

1. 加载数据。
2. 看看数据变量名称。
3. 看看数据的大致样子：前 6 项。
4. 看看数据的大致样子：前 6 项。

其次，我们执行单变量线性回归：

```
log(wage)=a+b1.education
```

这个回归可以评估“教育水平”对薪资的影响，按照人力资本的想法，这个应该是正相关，以反映出教育的价值。然而，我们还可以看一看相关程度和影响程度。

范例程序

```
attach(bankwage)
bw_lm1v=lm(log(wage) ~ edu)
summary(bw_lm1v)
confint(bw_lm1v, level=0.9)
```

说明

1. 正式加载数据。
2. 线性回归。
3. 回归结果摘要。
4. 回归系数 90%的信任区间。

执行 **lm()**有一个特殊情况：如果要将数据所有的变量都放进去，则

```
lm(log(wage) ~ ., data=CPS1985)
```

如果解释变量很多，上面这个功能就很有用。

summary()和 **confint()**是两个处理回归后对象（bw_lm1v）的原生函数（genetic functions），详细的原生函数后面会列表说明。

```
summary(bw_lm1v)
    Call:
    lm(formula = log(wage) ~ edu)

    Residuals:
```

```
Min           1Q          Median       3Q        Max
-0.66260      -0.19303    -0.03559     0.16538   0.95223

Coefficients:
              Estimate    Std. Error   t value    Pr(>|t|)
 (Intercept)  9.062102    0.062738     144.4      <2e-16 ***
edu           0.095963    0.004548     21.1       <2e-16 ***

Signif. codes:  0 '***' 0.001 '**' 0.01 '*' 0.05 '.' 0.1 ' ' 1

Residual standard error: 0.2853 on 472 degrees of freedom
Multiple R-squared: 0.4854,     Adjusted R-squared: 0.4844
F-statistic: 445.3 on 1 and 472 DF,  p-value: < 2.2e-16
```

由以上结果，我们发现两者是正相关，估计出的系数为 0.096，由极小的 P-value 可知其非常显著，因为薪资是对数数据，所以这个数字的解释如下，平均而言：

劳动者之间教育年数相差 1 个单位时，教育年数多 1 个单位的劳工 i 的薪资，比低 1 个单位的劳工 j 的薪资要高出 9.6%个单位。

因为薪资是对数数据，而且这组数据不是时间序列相关的，所以在解释薪资的变动时，要强调样本间差异的百分比率，而不是增长率。如果是时间序列相关的数据，则可以用具有时间趋势含义的增长率来解释。

如果觉得小数点显示的非 0 位数太多，要改成 4 个非 0 数字，可以执行 **options**(digits = 4)[1]进行修改。

confint(bw_lm1v, level=0.9) 是信任区间。

```
              5 %         95 %
(Intercept)   8.95870  9.1655
edu           0.08847  0.1035
```

令估计系数为 b 信任区间的定义：

$$\hat{b} \pm t_{\frac{1}{2}\alpha,df} \cdot \hat{s}_b$$

- $t_{\frac{1}{2}\alpha,df}$ 为特定信任水平之下的临界值（critical value）。
- $\hat{s}_b$ 为估计系数的标准偏差。

这个信任区间将 α=10%分成在两端各自一半。使用这些信息，我们可以绘出 intercept 和 edu 两个系数的信任椭圆（confidence ellipse），下面的范例程序说明了如何绘制系数的信任椭圆。

范例程序：系数的信任椭圆

```
library(ellipse)
plot(ellipse(bw_lm1v,c(1,2)),t ype="l")
points(coef(bw_lm1v)[1], coef(bw_lm1v)[2], pch=13)
```

[1] 这个小数声明，有时候 R 反应不出来。

```
4. abline(v=confint(bw_lm1v)[1,], lty=2)
5. abline(h=confint(bw_lm1v)[2,], lty=2)
```

说明

1. 载入程序包 **ellipse** 以绘制椭圆。
2. 使用前述回归的第 1、2 个系数作为椭圆圆心来绘制椭圆，如图 7-2-1 所示。
3. 将这两个系数标在图框上。
4. 用第 1 个系数的信任区间的两个值，画两条垂直线（vertical line）。
5. 用第 2 个系数的信任区间的两个值，画两条水平线（horizontal line）。

范例程序执行结果如图 7-2-1 所示，图中的椭圆内没有坐标(0, 0)，且是狭长型负相关。可知两个系数的相关性都非常显著。

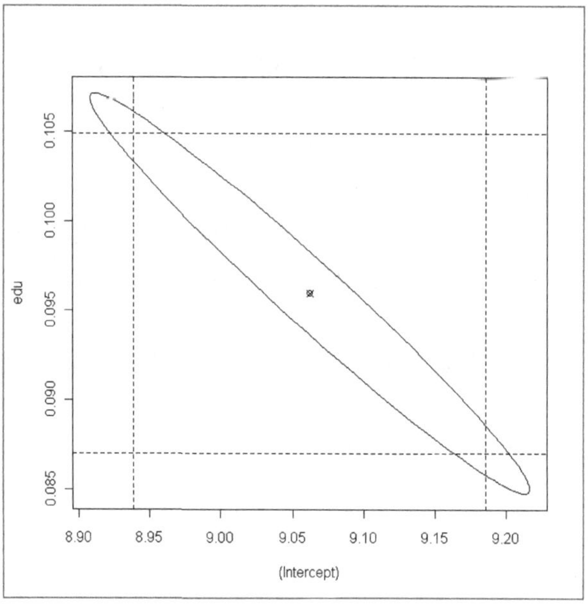

图 7-2-1　系数的信任椭圆

在回归结果对象 **bw_lm1v** 内有很多其他信息，不是直接用 **summary()**就可以全部调出来。这是因为 R 使用列表 **list()**来处理信息。要进一步细看，可以把 **summary()**再存成一个对象，如下面程序的第 4 行。

范例程序：回归结果对象内容的高级提取

```
1. names(bw_lm1v)
2  bw_lm1v$coef
3  beta=as.matrix(bw_lm1v$coef)
4. stat_lm1v=summary(bw_lm1v)
5. names(stat_lm1v)
6. library(lmtest)
7. write.csv(coeftest(bw_lm1v), file = "Table1.csv")
```

说明

1. 查看回归对象有哪些内容。
2. 提取回归系数向量。
3. 将回归系数向量转成矩阵。
4. 将对象摘要存成新名称 stat_lm1v。
5. 看看对象 stat_lm1v 内有哪些内容。
6. 载入程序包 **lmtest**。
7. 将回归估计的系数和检验结果存成 csv 格式的表格文件 Table1.csv。

第 6、7 步的意义在于当我们做完回归时，控制台的估计结果不是表格，如果要用估计系数、标准偏差等信息建表时，那么复制粘贴 Word 的编辑工作会很啰唆，万一是复回归，那么复制粘贴的工作量就是巨大的。程序包 **lmtest** 有一个函数 **coeftest()**，将回归后的对象放进去就会重建估计结果。第 7 步将估计系数输出成 Table1.csv，这样我们就比较轻松了。

小试身手：使用 **help()**看一看第 4~5 步的对象要如何使用，并调出估计系数的相关系数。

当我们在 R 执行完线性回归 **lm()**后，还要将回归结果存成对象，例如上例存成 bw_lm1v，R 对这个对象的回归后统计分析相当多，我们称之为原生函数（genetic functions），如表 7-2-1 所列。

表7-2-1 回归结果对象的原生函数

函数	说明
print()	将信息打印输出在屏幕上
summary()	信息摘要
coef()	系数信息
residuals()	回归残差
fitted()	回归拟合值信息
anova()	方差分析
predict()	回归推测
plot()	绘图
confint()	回归系数的信任区间
deviance()	计算模型的 SSE
vcov()	协方差矩阵（variance-covariance matrix）
logLik()	对数似然值
AIC()	AIC 值
BIC()	BIC 值

接下来，就介绍表 7-2-1 原生函数的使用。

范例程序：回归后诊断(1)

```
plot(edu, log(wage))
abline(bw_lm1v)
AIC(bw_lm1v)
BIC(bw_lm1v)
cbind(AIC(bw_lm1v), BIC(bw_lm1v))
rbind(AIC(bw_lm1v), BIC(bw_lm1v))
```

```
7. anova(bw_lm1v)
```

说明

1. 这与 **plot**(log(wage)~education) 的作用相同，绘制结果如图 7-2-2 所示。
2. 用回归系数以斜截式画出直线。
3. 回归结果的 AIC 值。
4. 回归结果的 BIC 值。
5. 将 AIC 和 BIC 水平（左右）合并。
6. 将 AIC 和 BIC 垂直（上下）合并。
7. ANOVA 分析。

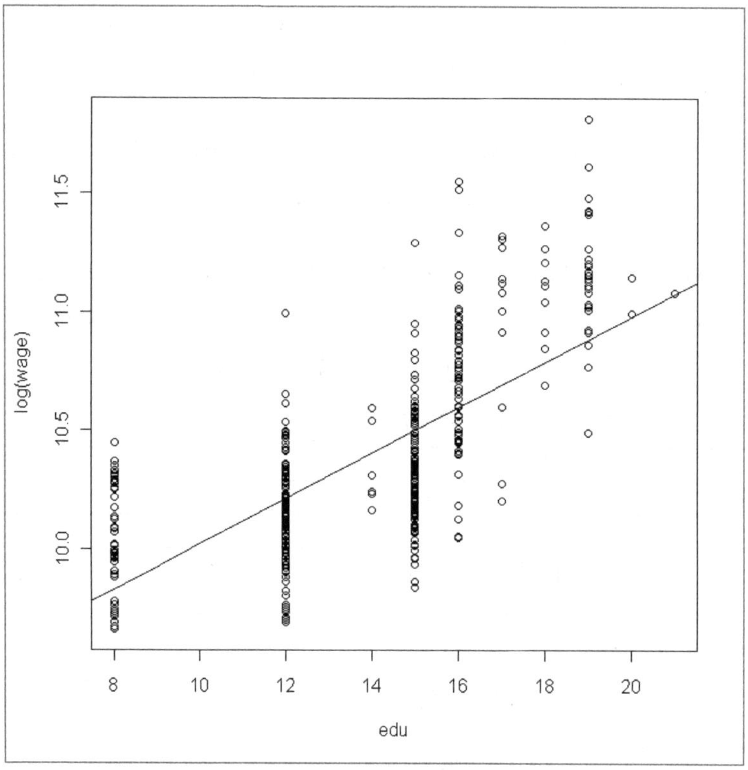

图 7-2-2　绘制结果

范例程序：回归后诊断(2)：回归残差诊断图

```
1. par(mfrow=c(2,2))
2. plot(bw_lm1v)
3. par(mfrow=c(1,1))
```

说明

1. 将图框分割成 2×2 四格的窗口。
2. 回归残差诊断图（Regression diagnosis plot），如图 7-2-3 所示。
3. 将图框还原成 1×1 单元格的窗口。

par()是 parameter 的简称，有许多自变量（arguments），如表 7-2-2 所示。

表7-2-2 par()常用的声明

自变量	说明
axes	需要画坐标轴吗（Should axes be drawn）
bg	背景颜色（Background color）
cex	印刷字或符号的大小（Size of a print or symbol）
col	颜色（Color）
las	坐标轴标号的方向（Orientation of axis labels）
lty, lwd	画线类型和线宽（Line type and line width）
main, sub	标题和副标题（Title and subtitle）
mar	页边距（Size of margins）
mfcol, mfrow	定义在一次绘图中多个图形布局的矩阵（Array defining layout for several graphs on a plot）
pch	绘制符号（Plotting symbol）
type	类型（Types）
xlab, ylab	坐标轴的标号（Axis labels）
xlim, ylim	坐标轴的区间（Axis ranges）
xlog, ylog, log	对数标尺（Logarithmic scales）

R 中用于 **lm()**函数的对象绘制的残差诊断图有 6 个，内建有 4 个，如图 7-2-3 所示。

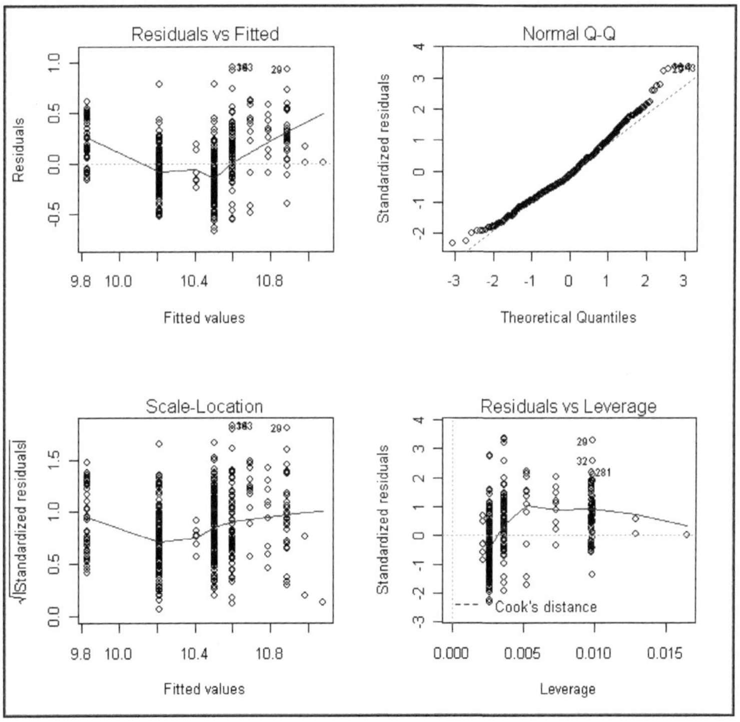

图 7-2-3 残差诊断图

回归后的残差诊断图会标出离群值（或逸出值）的编号。在图 7-2-3 右下角的诊断图中，有一项库克距离（Cook’s distance），公式如下：

$$D_i^2 = \frac{(\hat{y} - \hat{y}_i)'(\hat{y} - \hat{y}_i)}{k\hat{\sigma}^2}$$

k 是解释变量的个数。库克距离计算了每一个样本点的信息，图内的标号 29, 32, 281 是按照库克距离判断出来的离群样本（outliers）。如果原始数据的列名称有字符串，诸如人名或地名，则这里会直接显示文字。

> **小试身手**：对于图 7-2-3，如果想要看全部 6 个图，则可用 **plot**(bw_lm1v, which = 1:6)。请调整图框参数，把 6 个诊断图画在同一页。看看能不能解释其他两个图所包含的意义。

> **小试身手**：**influence.measures()** 这个函数用在回归对象 bw_lm1v 时，会自动判断出离群值，请试一试这个函数，再用 **summary()**将这个函数处理后的对象显示出来。

范例程序：回归预测与图形分析

```
1. bw_pred=predict(bw_lm1v, interval="confidence")
2. plot(log(wage) ~edu)
3. abline(bw_lm1v)
4. lines(bw_pred[,2] ~edu, lwd=0.1, lty=4, col=2)
5. lines(bw_pred[,3] ~edu, lwd=0.1, lty=4, col=2)
6. legend("topleft", c("regression line", "low", "upper"), lty=c(1,4,4), lwd=0.1, bty="n")
```

说明

1. 使用预测函数 predict()，计算预测值的信任区间。
2. 绘制数据散点图，结果如图 7-2-4 所示。
3. 绘制拟合线，这一条就是预测的均线。
4. 以虚线画上界。
5. 以虚线画下界。
6. 在图框内，加上三条线的文字说明。

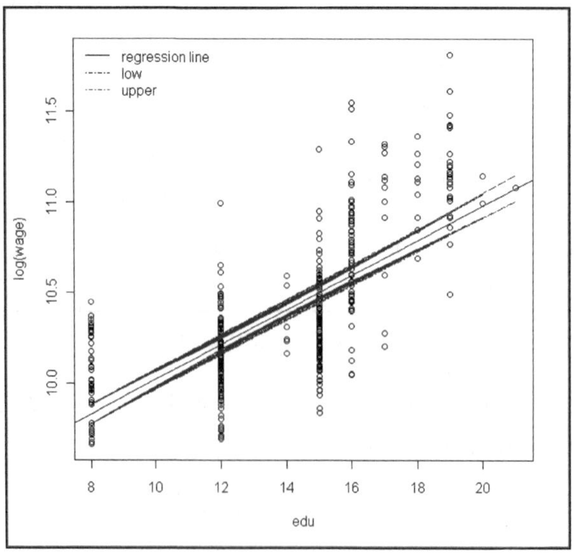

图 7-2-4　信赖区间图

估计完毕，接下来是检验参数的特定关系。例如，如果某理论认为教育对薪资增长率的影响是 10%，则我们可以用如下程序来检验：

范例程序：假设检验

```
1. library(lmtest)
2. library(car)
3. linearHypothesis(bw_lm1v, "edu=0.1")
```

说明

1. 载入假设检验程序包 **lmtest**。
2. 载入假设检验程序包 **car**。
3. 检验虚无假设 $H_0: b_1=0.1$。

7.3 连续变量线性复回归

7.3.1 两个解释变量相异

$$log(wage)=a+b_1 \cdot education+ b_2 \cdot log(wage0)$$

范例程序：变量复回归

```
1. bw_lm2v1=lm(log(wage) ~ edu+log(wage0))
2. summary(bw_lm2v1)
3. anova(bw_lm1v, bw_lm2v1)
4. linearHypothesis(bw_lm2v1, "edu-log(wage0)=0")
```

说明

1. 执行回归。
2. 结果摘要。
3. ANOVA 比较单变量和双变量。
4. 线性假设检验 $H_0: b_1= b_2$。

> 小试身手：执行 **anova**(bw_lm3v)，比较与 **anova**(bw_lm1v, bw_lm3v)的差异。

7.3.2 多项式回归——解释变量的幂次方

对于偏离了线性关系，一个最简单的情况就是解释变量的幂次方进入回归。如果是平方，就有 U 型的二次曲线。

$$log(wage)=a+b_1 \cdot education+ b_2 \cdot education^2$$

范例程序：多项式回归

```
1. bw_lm2v2=lm(log(wage) ~ edu+I(edu^2))
2. summary(bw_lm2v2, corr =TRUE)
```

> **说明**
> 1. 执行二次回归。
> 2. 结果。corr=T 会计算估计系数的相关性。

在 **lm()**内，要处理同样一个解释变量的平方，参照多项式回归的做法，直接平方是不行的，例如，**lm**(log(wage) ~ edu+edu^2)，是不行的，必须用隔离函数 **I()**才能发挥作用[2]。上式的结果如下：

```
Coefficients:
            Estimate     Std. Error     t value     Pr(>|t|)
(Intercept)  11.132436    0.189092       58.873     < 2e-16 ***
edu         -0.230009    0.028742       -8.002     9.58e-15 ***
I(edu^2)     0.012229    0.001068       11.454     < 2e-16 ***
---
Signif. codes:  0 '***' 0.001 '**' 0.01 '*' 0.05 '.' 0.1 ' ' 1

Residual standard error: 0.2526 on 471 degrees of freedom
Multiple R-squared: 0.5975,    Adjusted R-squared: 0.5958
F-statistic: 349.7 on 2 and 471 DF,  p-value: < 2.2e-16

Correlation of Coefficients:
          (Intercept)  edu
edu       -0.99
I(edu^2)   0.96      -0.99
```

我们看最后面系数的相关系数，edu 和 edu^2 两个解释变量系数的相关系数高达 –0.99：这意味着一个系数大，另一个就会小。为了处理这样的问题，我们可以用正交多项式回归（*orthogonal polynomial regression*），函数 **poly**(edu, 2)可以取代解释变量的输入。

> 小试身手：执行 **lm**(log(wage) ~**poly**(edu, 2))，将结果用 **summary**()看一看，比较和上述结果差异有多大。

7.4 因子和交互效果

7.4.1 因子回归

因子变量是说这组数据不是连续变量，而是虚拟变量。如果原始数据就是字符串，那么 R 会自动辨认其为因子。如果是数值，则需要声明因子转换 **factor**()。如下例：

$$\log(wage)=a+b_1 \cdot education+b_2 \cdot \log(wage0)+b_3 \cdot GENDER$$

gender 变量是 Male/Female 的文字，我们来看程序：

[2] 隔离的英文 Insulation，取其前缀。

范例程序：具有因子变量的复回归

```
1. bw_lm3v=lm(log(wage) ~ edu+log(wage0)+gender)
2. summary(bw_lm3v)
3. waldtest(bw_lm3v, .~. -log(wage0))
4. linearHypothesis(bw_lm3v, "log(wage0)=0")
```

说明

1. 执行回归。
2. 结果摘要。
3. Wald test H_0: $b_2=0$。
4. 线性假设检验 H_0: $b_2=0$。

```
              Estimate    Std. Error    t value    Pr(>|t|)
(Intercept)   1.932281    0.307832      6.277      7.85e-10 ***
edu           0.023378    0.003883      6.021      3.50e-09 ***
log(wage0)    0.836406    0.035468      23.582     < 2e-16 ***
genderMale    0.039600    0.019551      2.025      0.0434 *

Signif. codes:  0 '***' 0.001 '**' 0.01 '*' 0.05 '.' 0.1 ' ' 1

Residual standard error: 0.1772 on 470 degrees of freedom
Multiple R-squared: 0.8023,    Adjusted R-squared: 0.801
F-statistic: 635.8 on 3 and 470 DF,  p-value: < 2.2e-16
```

小试身手：请根据上例，增加因子 job，并执行相关检验。

7.4.2 交互效果

$$\log(wage)=a+b_1.education+b_2.\log(wage0)+b_3.GENDER+b_4.(education \times GENDER)$$

范例程序

```
1. bw_lm4v=lm(log(wage) ~ edu+log(wage0)+gender+gender*edu)
2. summary(bw_lm4v)
```

说明

略

第 1 步的其他输入方法如下：

```
bw_lm4v=lm(log(wage) ~ edu + log(wage0) + gender + gender:edu)
bw_lm4v=lm(log(wage) ~ edu + log(wage0) + gender + gender/edu)
bw_lm4v=lm(log(wage) ~ edu + log(wage0) + (gender+edu)^2)
```

第 3 种方法在多个变量的交叉互动下相当好用。

指令(gender+edu)^2 就包含了各个变量和交叉互动共 3 项。因此，第一个自变量 edu 省略也可以。例如，下面这个输入法和上面 3 个是一样的。

```
lm(log(wage) ~ log(wage0)+(gender+edu)^2)
```

唯一会受影响的是估计结果的参数排序，R 会自动处理重复问题，相当方便。

```
summary(bw_lm4v)

                  Estimate   Std. Error   t value   Pr(>|t|)
  (Intercept)      1.885367   0.332427     5.672    2.48e-08 ***
  edu             0.024805   0.005433     4.565    6.38e-06 ***
  log(wage0)       0.839500   0.036441     23.037    < 2e-16 ***
  genderMale       0.071119   0.086097     0.826    0.409
  edu:genderMale  -0.002471    0.006573    -0.376     0.707

Signif. codes:  0 '***' 0.001 '**' 0.01 '*' 0.05 '.' 0.1 ' ' 1

Residual standard error: 0.1774 on 469 degrees of freedom
Multiple R-squared: 0.8024,    Adjusted R-squared: 0.8007
F-statistic:  476 on 4 and 469 DF,  p-value: < 2.2e-16

log(wage)=a+b1·education+b2·log(wage0)+b3·GENDER+ b4·Minority
       +b5·(education× GENDER) +b6·(education× Minority)
       +b7·( Minority × GENDER)
```

范例程序

```
1. bw_lm5v=lm(log(wage) ~ log(wage0)+ (edu+gender+minority)^2)
2. summary(bw_lm5v)
```

说明

1. 执行线性回归。
2. 回归结果摘要。

```
                      Estimate   Std. Error   t value   Pr(>|t|)
(Intercept)            2.173917   0.339770     6.398    3.83e-10 ***
edu                   0.029143   0.005551     5.250    2.32e-07 ***
log(wage0)             0.804249   0.037496     21.449    < 2e-16 ***
genderMale             0.044760   0.090223     0.496    0.62006
minorityYes            0.222798   0.102574     2.172    0.03035 *
edu:genderMale        -0.000342    0.006709    -0.051     0.95937
edu:minorityYes       -0.021623    0.007903    -2.736     0.00645 **
genderMale:minorityYes  0.022999    0.041332     0.556     0.57817
---
Signif. codes:  0 '***' 0.001 '**' 0.01 '*' 0.05 '.' 0.1 ' ' 1

Residual standard error: 0.1757 on 466 degrees of freedom
Multiple R-squared: 0.8074,    Adjusted R-squared: 0.8045
```

```
F-statistic:  279 on 7 and 466 DF,  p-value: < 2.2e-16
```

小试身手：执行下述回归 **lm**(log(wage) ~ edu + log(wage0) + gender + (edu+gender+minority)^3)，请比较和平方的差异，并解释参数意义。

7.4.3 考虑残差异质性的鲁棒协方差

当残差有异方差性时，LS 家族的估计量的方差就不再正确，一般的情况会过度膨胀 t 统计量，而使得所估计的系数都很显著。遇到这类问题，我们则选取考虑为之异质协方差形式的鲁棒协方差（Robust Covariance）。OLS 往往假设残差为同质，所以，估计的协方差矩阵为：

$$\hat{\sigma}^2(X'X)^{-1}$$

但是，考虑异方差性和序列相关的一般形式则为：

$$(X'X)^{-1}X'\Omega X(X'X)^{-1}$$

式中 $\Omega=\text{diag}(\omega_1, \omega_2, \omega_3,\ldots,\omega_N)$。

ω 矩阵是由残差所估计的协方差矩阵，是一个方阵，和系数对应的方差Ω则是它的主对角线成分。R 分成五种：

Constant: $\omega_i = \hat{\sigma}^2$

HC0: $\omega_i = \hat{\varepsilon}_i^{\ 2}$

HC1: $\omega_i = \dfrac{N}{N-k}\hat{\varepsilon}_i^{\ 2}$

HC2: $\omega_i = \dfrac{\hat{\varepsilon}_i^{\ 2}}{1-h_{ii}}$

HC3: $\omega_i = \dfrac{\hat{\varepsilon}_i^{\ 2}}{(1-h_{ii})^2}$

HC4: $\omega_i = \dfrac{\hat{\varepsilon}_i^{\ 2}}{(1-h_{ii})^{\delta_i}}$

k 是解释变量的个数，h_{ii} 为 ω 矩阵主对角线成分，$\bar{h}$ 为其平均值，$\delta_i = \min\left\{4, \dfrac{h_{ii}}{\bar{h}}\right\}$。

HC0 是传统计量文献上的 White(1982)，HC1～HC3 则是近来被建议提升小样本表现的协方差矩阵，HC4 则对 *influential observations* 给予特别权重。

对于考虑残差异质性和序列相关的鲁棒协方差，用于 R 的程序包是 sandwich。

对于鲁棒协方差，不会改变所估系数的值，只会修正协方差。用 R 来进行鲁棒协方差量的估计，非常简易，只需要将 lm 的回归对象用 vcovHC 处理即可重新计算协方差矩阵。请看以下程序代码。

范例程序

```
bw_lm2v1=lm(log(wage) ~ edu+log(wage0))
library(sandwich)
```

```
3. white=vcovHC(bw_lm2v1, type="HC4")
4. library(lmtest)
5. coeftest(bw_lm2v1,vcov= white)
```

说明

1. 估计模型，并将回归对象存储到 bw_lm2v1。
2. 载入检验程序包 **sandwich**。
3. **vcovHC()**计算鲁棒协方差。
4. 载入检验程序包 **lmtest**。
5. 计算 robust standard error（鲁棒标准差）的 t 检验。这一步如果省略 **vcov=** 这一条命令，则是原先的估计系数及相关信息。

```
vcovHC(gsp_re_2, type="HC4")
```

type: 有 5 种处理方法= c("HC0","HC1","HC2","HC3","HC4")，细节如前。

```
              Estimate    Std. Error    t value    Pr(>|t|)
(Intercept)   1.6469157    0.2826205     5.8273     1.046e-08 ***
edu          0.0231223    0.0036122    6.4012    3.731e-10 ***
log(wage0)    0.8685045    0.0322073    26.9661    < 2.2e-16 ***
```

7.5 回归诊断检验

7.5.1 异质残差检验

古典回归假设的回归残差是同方差性（homoskedasticity），一个同方差性的回归，概念上是这样的：假设回归数据的样本有 500 个，任意取 n 个样本计算的样本方差，都会相等。如果数据没有考虑残差异方差性，OLS 的估计往往会过度显著。因此，检验残差是否具有异质性就相当重要。文献上对于异质残差的检验有许多种，时间序列数据的称为 ARCH，我们就不在这里讨论了。我们简单介绍两种：Breusch-Pagan 检验和 Goldfeld-Quandt 检验。

Goldfeld-Quandt 检验，先估计 k 个变量的回归式：

$$Y_i = a + bX_i + u_i$$

Goldfeld-Quandt 检验的虚无假设为数据的同方差性。要检验此虚无假设，假设方差 σ_i^2 和数据 X_i 正相关：

$$\sigma_i^2 = \sigma^2 X_i^2$$

σ^2 为一个常数。如果上式为真，那么 X 的值越大，其方差越大。Goldfeld-Quandt 的检验程序如下：

步骤01 将原始数据按照 X 小大排序，X 从小排到大。

步骤02 将中间 c 个样本移除，留下双端两组数据，这两组样本数都相等。

步骤03 对这两组数据拟合原 LS 回归。

步骤04 令第 1 组的残差平方和为 RSS_1，自由度 $=\frac{n-c}{2}-k$ =；第 2 组为 RSS_2，自由度$=\frac{n-c}{2}-k$。

据此，Goldfeld-Quandt 计算：

$$\lambda = \frac{\frac{RSS_2}{\text{df}}}{\frac{RSS_1}{\text{df}}} = \frac{RSS_2}{RSS_1}$$

df 为自由度。

如果虚无假设是正确的，那么这两组数据的回归方差会几乎相等。在正态分布假设下，λ 会是 F 分布。

Goldfeld-Quandt 检验需要挑一个解释变量来排序，因此，挑哪一个来排序的结果就很关键。而 Breusch-Pagan 检验则对所有的解释变量收集信息。假设某三个变量回归：

步骤01 $Y_i = a + b_1X_{1i} + b_2X_{2i} + b_3X_{3i} + e_i$。

步骤02 $e_i^2 = c + d_1X_{1i} + d_2X_{2i} + d_3X_{3i} + \varepsilon_i$。

步骤03 检验同方差性 $H_0 : d_1 = d_2 = d_3 = 0$。

第 3 步的检验统计量为 $\frac{1}{2}(ESS) \sim \chi^2_{m-1}$，$m$ 是第 2 步解释变量的个数，ESS 是第 2 步回归残差的平方和。

范例程序：残差异方差性检验（heteroskedasticity）

```
1. gqtest(bw_lm2v1, order.by=~edu)
2. bptest(bw_lm2v1)
```

说明

1. 执行 Goldfeld-Quandt test，按 edu 排序。
2. 执行 Breusch-Pagan test。

```
Goldfeld-Quandt test
data:  bw_lm2v1
GQ = 1.8187, df1 = 234, df2 = 234, p-value = 2.857e-06
studentized Breusch-Pagan test
data:  bw_lm2v1
BP = 9.4318, df = 2, p-value = 0.008952
```

小试身手：执行用其他变量排序的 Goldfeld-Quandt 检验，并比较结果。

7.5.2 回归函数形式判定

如果回归方程式的函数形式设定错误，如何判定？文献上有许多检验方法。Ramsey(1969)[3]的 RESET 检验是较早提出来的一种。假设某双变量回归：

步骤01 执行回归：$Y_i = a + b_1X_{1i} + b_2X_{2i} + e_i$。

[3] Ramsey J.B.(1969) Tests for specification errors in classical linear least squares regression analysis. Journal of the Royal Statistical Society, series B, vol. 31, pp.350-371

令回归拟合值为 $\hat{Y}_i$，且相关系数为 R_A^2。

步骤02 执行回归：$Y_i = a + b_1X_{1i} + b_2X_{2i} + b_3\hat{Y}_i^2 + b_4\hat{Y}_i^3 + v_i$，相关系数为 R_B^2。

步骤03 $F = \dfrac{R_B^2 - R_A^2}{1 - R_A^2}\dfrac{\text{第1步的自由度}}{\text{第2步: 添加的解释变量个数}}$。

如果 F 值大于 0.05 的临界值，则拒绝了模型函数设定形式是完整的假设。这个检验一般称为 RESET。使用这个统计量时，必须对被解释变量和残差的关系进行一些核对。如果有曲度性（curvilinear）关系，则可用 RESET 检验拟合关系。

Rainbow test[4] 则和 RESET 检验类似，且使用了 Goldfeld-Quandt 的排序方法来进行非线性曲度检验。Harvey and Collier(1977)[5] 提出的统计量是检验递归残差（Recursive residuals），一般被视为 CUSUM 的扩展：如果模型的函数设定是正确的，则递归残差的均值为 0。有关这些检验的技术层面，我们就不细说了，大家直接看 R 如何执行就可以了。

范例程序：函数形式检验（functional form）

```
1. resettest(bw_lm2v1)
2. raintest(bw_lm2v1, order.by=~edu)
3. harvtest(bw_lm2v1)
```

说明

1. 执行 **RESET test**。
2. 执行 **Rainbow test**。
3. 执行 **Harvey-Collier test**。

```
        RESET test
data:  bw_lm2v1
RESET = 2.8852, df1 = 2, df2 = 469, p-value = 0.05684

        Rainbow test
data:  bw_lm2v1
Rain = 1.3046, df1 = 237, df2 = 234, p-value = 0.02098

        Harvey-Collier test
data:  bw_lm2v1
HC = 5.2451, df = 470, p-value = 2.367e-07
```

程序包 lmtest 有一些基本的检验统计量，如果还需要更多的检验统计量，读者可以参考程序包 fRegression 内所附带的回归后检验。另外，时间序列残差性质的检验 ARCH 在本章有关时间序列的地方详细说明。

[4] Utts J.M. (1982) The Rainbow Test for Lack of Fit in Regression. *Communications in Statistics - Theory and Methods* 11, 1801–1815.
[5] Harvey, A. and Collier G. (1977). Testing for Functional Misspecification in Regression Analysis. *Journal of Econometrics*, 6, 103-119.

7.6 简单时间序列回归：dynlm()

运行时间序列数据的线性回归时，例如 $Y_t = a + b_0 X_t$，如果残差没有序列相关修正问题，那么这个回归基本上可以用 **lm()**来处理。但是，如果我们的回归方程式有滞后期，例如：

$$Y_t = a + b_0 X_t + b_1 X_{t-a} + b_2 X_{t-2}$$

那么 **lm()**会有一些麻烦，因为落后的数据会出现缺值，所以必须另外处理。我们看下面程序的例子：中国台湾地区的经济增长率和自己的滞后期回归。

范例程序

```
1. load("region3v.RData")
2. dataz=as.data.frame(region3v)
3. attach(dataz)
4. names(dataz)
5. dd=ts(Growth, start=c(1962,1), freq=4)
6. dd_dat = ts.intersect(dd, dd1 = lag(dd, k = -1),dd4 = lag(dd, k = -4))
7. lm_twn=lm(dd ~ dd1 + dd4, data = dd_dat)
8. summary(lm_twn)
9. plot(lm_twn$resid)
```

说明

1. 读取中国台湾地区的总体数据。
2. 将数据声明为数据框。
3. 加载数据。
4. 检查变量名称：储蓄率、投资率和经济增长率。
5. 定义经济增长率 Growth 为 dd，并给予时间框架。
6. 用时间序列交集函数 **ts.intersect()**把储蓄率、落后 1 期和落后 4 期的数据取交集。这样就不会有缺值。
7. 对数据执行 **lm()**回归。
8. 并将结果用 **summary()**函数摘要出来。
9. 绘制残差图，结果如图 7-6-1 所示。

summary()结果如下：

```
              Estimate    Std. Error    t value    Pr(>|t|)
(Intercept)    0.020824    0.004312     4.829      2.82e-06 ***
dd1           0.842932    0.048173    17.498     < 2e-16 ***
dd4          -0.129412    0.048167    -2.687     0.00786 **
```

再看最后第 9 步的绘制残差图，如图 7-6-1 所示。

我们发现，这个残差图没有时间刻度，虽然第 5 步就给予了时间框架，但是 **lm()**回归后，这些附上去的时间性质都会消失。

使用程序包 dynlm 可以将上面程序的第 6、7 步省略为 1 步，而且会保留时间序列的刻度。请看下面的例子。

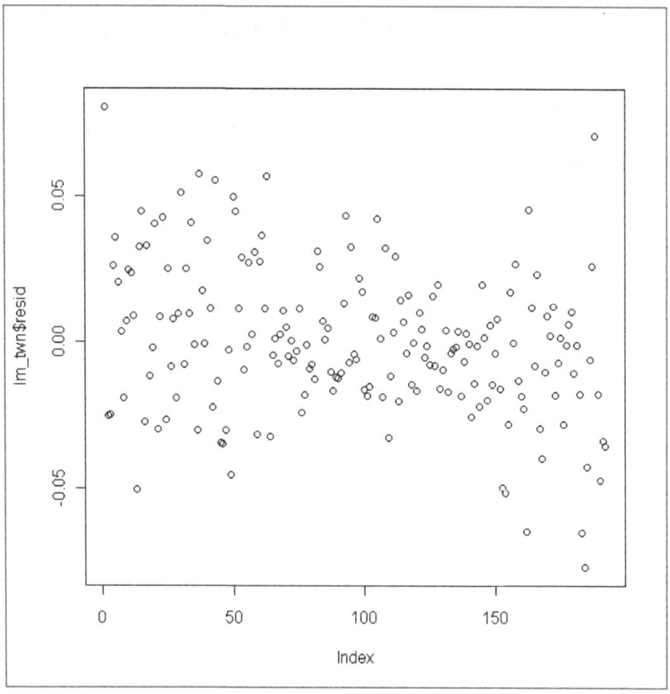

图 7-6-1　散点图

范例程序：动态线性模型（Dynamic Linear Model）

```
library(dynlm)
dynlm_twn=dynlm(dd ~ L(dd) + L(dd, 4))
summary(dynlm_twn)
plot(dynlm_twn$resid)
```

说明

1. 载入程序包 **dynlm**。
2. 对数据执行 **dynlm()**回归。
3. 将结果用 **summary()**函数摘要出来。
4. 绘制残差图，结果如图 7-6-2 所示。

summary()的结果如下，coefficients 字符串略有不同。

```
              Estimate    Std. Error   t value    Pr(>|t|)
(Intercept)    0.020824    0.004312     4.829     2.82e-06 ***
L(dd)          0.842932    0.048173    17.498     < 2e-16 ***
L(dd, 4)      -0.129412    0.048167    -2.687     0.00786 **
```

我们再看残差，如图 7-6-2，时间刻度没有因为回归消失，直接以时间序列的绘图方式将散布点接起来，所以 **dynlm()**是一个很好用的时间序列回归函数。

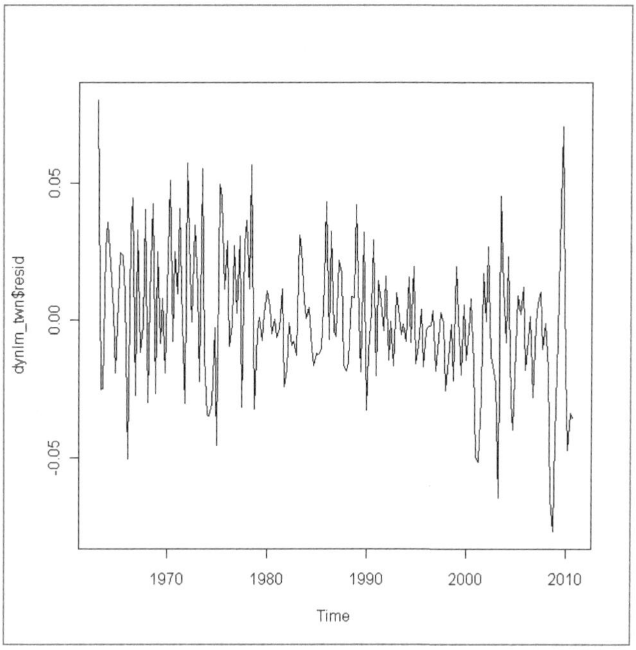

图 7-6-2

7.7　线性重合检验

在复回归模型，因为解释变量有多个，所以解释变量之间如果彼此有强烈的线性相关，就称为共线性（collinear）问题。当线性重合存在时，解释变量之间的正交性质就会受到影响，最极端的情况就是产生奇点问题（singularity），此时，估计出来的系数不稳定，也不唯一。检查共线性的方法有以下多种：

① 计算解释变量之间成对的相关系数矩阵。

② 将解释变量之间互相回归。如果有很高的 R^2，则线性重合就存在。

③ 令 X 代表解释变量矩阵，计算矩阵 X^TX 的特征值（eigenvalues），将特征值从大到小排序后，特征值相对偏小的变量会有线性重合问题。假设最大特征值为λ_1、最小特征值为λ_p，统计学者构建了一个条件数（condition number）如下：

$$\sqrt{\frac{\lambda_1}{\lambda_p}}$$

这个数字若大于 30 则被视为足够大了，也就是矩阵出现奇点（singularity）。

④ 参数因为线性重合存在时，会导致所估计参数的方差庞大，可由下式看出：

$$\mathrm{var}(b_j)=\frac{1}{1-R_j^2}\frac{s^2}{\sum_j (x_{jj}-\bar{x}_j)^2}$$

第 j 个自变量与其他自变量回归的偏相关系数接近 1 时，第 1 项分母会趋向 0，所以此方差会膨胀。因此，统计学者定义方差膨胀因子（variance inflation factor，VIF）如下：

$$VIF_j = \frac{1}{1-R_j^2}$$

方差膨胀因子 VIF 越大，代表线性重合的问题越严重。用于 R 中计算 VIF 有程序包 DAAG 和程序包 faraway，都称为 **vif()**。faraway 必须先声明 model.matrix 再剔除截距项，较为繁复。本书建议使用程序包 DAAG，它较为简便。

范例程序：VIF 检验

```
1. library(DAAG)
2. data("CPS1985", package="AER")
3. head(CPS1985)
4. g=lm(wage ~ education + experience + age, data=CPS1985)
5. summary(g)
6. vif(g)
```

说明

1. 载入程序包 **DAAG**。
2. 从程序包 AER 加载其数据 CPS1985。
3. 看一看 CPS1985 的前 6 项数据，确认前四项是数值，其余是字符串。
4. 执行三变量线性回归，并将回归后的结果存入对象 g。
5. 回归结果。
6. 计算三个解释变量的 **vif()**值。

summary(g)结果如下：

```
Coefficients:
              Estimate    Std. Error    t value    Pr(>|t|)
(Intercept)    -4.76987     7.04271      -0.677      0.499
education      0.94833     1.15524       0.821      0.412
experience      0.12756     1.15571       0.110      0.912
age           -0.02241     1.15475      -0.019      0.985
Residual standard error: 4.604 on 530 degrees of freedom
Multiple R-squared: 0.202,    Adjusted R-squared: 0.1975
F-statistic: 44.73 on 3 and 530 DF,  p-value: < 2.2e-16
```

vif()的结果如下：

```
education     experience       age
 229.5738     5147.9190     4611.4008
```

VIF < 10 的解释变量可以接受，所以在实际应用中，我们会逐次剔除 VIF 大于 10 的解释变量。这三个解释变量的 VIF 值都相当庞大，以 education 为例，$\sqrt{229.5738}=15.152$，可以这样解释：教育目前的标准偏差（1.155），比无线性重合时高出 15 倍多。查看其余两个解释变量，我们发现所有解释变量之间都有极大的 VIF，因此这个线性回归的估计和检验均不可靠。

克服线性重合的方法是按照理论剔除多余的解释变量，或使用岭回归（ridge regression），R 有 **lm.ridge()**可以用于此类处理，或者使用工具变量的方法，本章我们就不详述了。

第 8 章 时间序列入门

8.1 时间序列性质

标准的时间序列数据如图 8-1-1 所示，是某地区每人实际 GDP 的数据。一般而言，时间序列有三种成分。

- 趋势成分：主要是长期的信息。
- 循环成分：循环效果为时间序列的周期变化，季节性包含在内。
- 随机波动：移除上述两种成分后，剩下的随机干扰项。

图 8-1-1 为 1990Q1-2010Q4 某地区人均 GDP 对数的时间序列的三个组成部分。

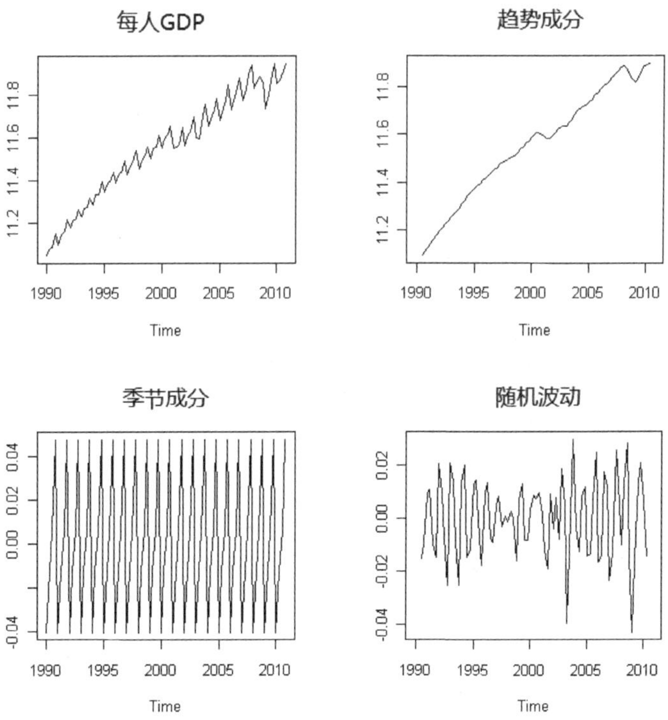

图 8-1-1 时间序列图

8.2 时间序列数据的建立与绘图

8.2.1 时间序列的时间格式

R 内建的时间框架函数 **ts()**所建立的时间轴，有两个缺失：

- 不会随着数据被存储为 R 的格式，例如 .RData。所以，当我们用 **load()** 重载 .RData 的数据时，时间刻度就没有了。
- 高频率数据 **ts()**无法处理赋予的时间框架，例如日或周。**ts()**只能处理月和季为频率的时间框架。

R 的模块中，有三种处理时间序列的程序包：**timeSeries**，**xts**，**zoo**。下面我们介绍 **timeSeries** 模块。

（1）低频率数据：月、季、年

我们读取外部数据 return47.csv：47 个市场回报率的月数据。读取进来后，要建立时间框架，我们可以执行一个如下的程序。

范例程序：加载月数据

```
1. library(timeSeries)
2. data=read.csv("returns47.csv", header=TRUE)
3. ret=ts(data, start=c(1995,1),freq=12)
4. returns47=as.timeSeries(ret)
5. save(returns47, file="returns47.RData")
6. load("returns47.RData ")
7. attach(returns47)
8. names(returns47)
```

说明

1. 载入程序包 **timeSeries**。
2. 读取数据成为名称为 data 的数据框（data.frame）。
3. 给数据赋予月的时间框架，重新命名为 ret。**start**=c(1995,1)是声明起始月是 1995 年 1 月。freq=12，是月；若是季，则 freq=4。
4. **as.timeSeries()**将 ret 数据转换成时间序列 returns47。
5. 读入后，将数据存成 R 的内部格式 .RData。
6. 用 **load()**读取 R 格式数据。
7. 告诉 R 这个文件要正式载入。这个步骤没有声明的话，后续分析会没有数据。
8. 看一看数据的变量名称是否正确。我们也可以用 **head()**或 **tail()**看一看数据的头尾几项数据，以确认数据加载是否正确。

读者可以使用 **names()**来看一看 ret 和 return47，这样就更清楚没有通过 as.timeSeries()转换的差异在何处。

（2）高频率数据：日

接下来，我们说明加载高频率数据 index_stock.csv：四个股市价格指数和回报率的日数据。因为日数据往往是不规律的，所以我们的原始数据必须要有日期字段。这个文件的日期字段是第一列。

我们执行一个如下的程序。

范例程序

```
1. data=read.csv("index_stock.csv", header=TRUE)
2. returns_daily=as.timeSeries(data)
3. save(index_stock, file=" index_stock.RData")
4. load("index_stock.RData")
5. attach(index_stock)
```

说明

1. 读入数据成为名称为 data 的数据框（data.frame）。
2. **as.timeSeries()**将 data 数据转换成时间序列 index_stock。
3. 将数据存成 R 的内部格式 .RData。
4. 读取 R 格式数据。
5. 正式载入这个文件。

一般而言，只要原始数据有时间字段，就不用另建立时间框架 ts()。直接读入后，用 **as.timeSeries()**转换即可。

8.2.2 时间序列绘图

范例程序：时间序列绘图

```
1. load("index_stock.RData")
2. attach(index_stock)
3. y=index_stock[,5]
4. plot.ts(y, type="l", col="blue", ylab="%", lwd=2, main="Index returns")
5. plot(y, type="l", col="blue", ylab="%", lwd=2, main="Index returns")
6. grid()
```

说明

1. 读入数据。
2. 正式载入这个文件。
3. 定义 y 为这个文件的第 5 项数据。读者可以用 names()看一看第 5 项是哪一个回报率。
4. 时间序列绘图，结果如图 8-2-1 的上半部分。
5. 时间序列绘图，结果如图 8-2-1 的下半部分。
6. 为上述图形增加网格线。如不需要，可省略。

步骤 4 和 5 都是时间序列图，差别在于 x 轴的刻度，plot.ts()没有时间刻度可参考图 8-2-1。

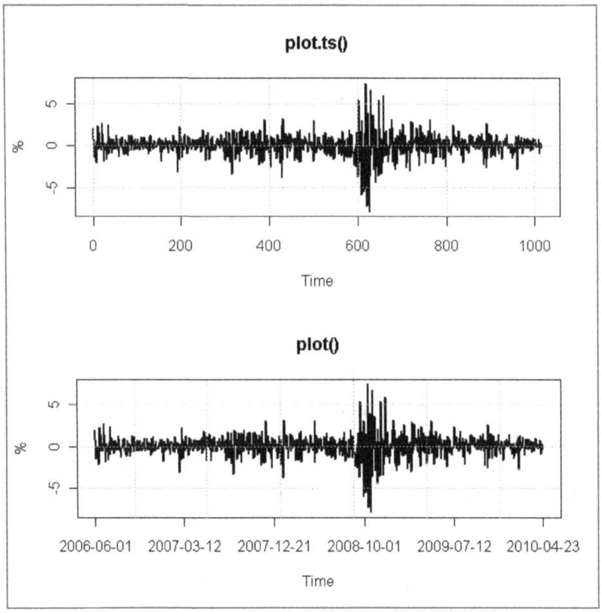

图 8-2-1　时间序列绘图

范例程序：多组时间序列图

```
plot(index_stock[, 5:8],main="")
plot(index_stock[, 1:8],main="")
```

说明

1. 绘制 4 组回报率的时间序列图，如图 8-2-2 所示。
2. 8 项时间序列全都绘制，如图 8-2-3 所示。

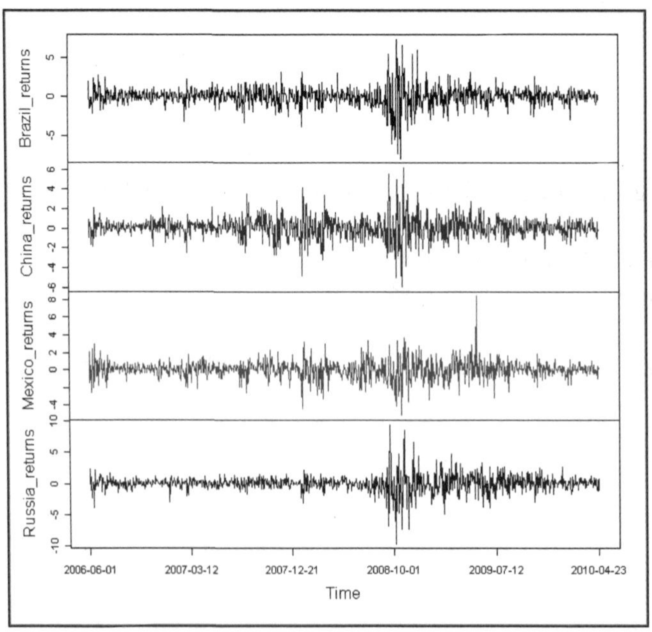

图 8-2-2　绘制 4 组回报率的时间序列图

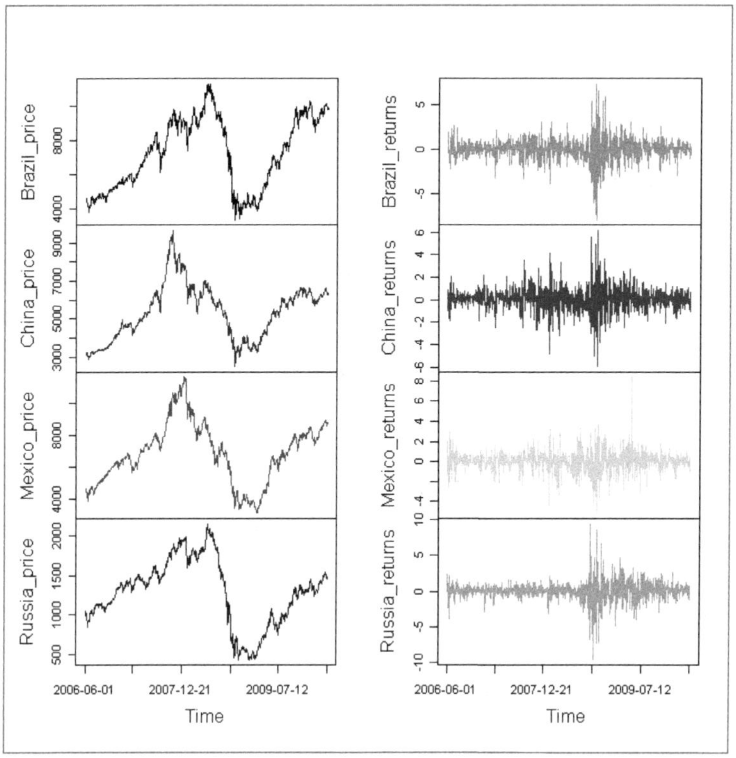

图 8-2-3　绘制 8 组回报率的时间序列图

R 的时间序列绘图相当简易，也会自动调整图框，这说明 **plot()**函数的功能超强，也非常高级。

```
plot(index_stock[, 5:8],main="") 自动画出 4 组数据
plot(index_stock[, 1:8],main="") 自动画出 8 组数据
```

范例程序：直方图 histogram

```
hist(y, probability = TRUE, main = "Histogram Plot of index returns")
curve(dnorm(x), min(y), max(y), add = TRUE, lwd = 2)
```

说明

1. 画直方图。
   这个步骤，读者可以试一试将 probability = **TRUE** 改成 probability = **FALSE**，再比较差异。另外，也可以在 hist()内声明其他颜色，例如：hist(y, **col = 2**)；没有“col=”时，直方图就只是空格。
2. 重叠这组数据的核密度图（kernel density plot），如图 8-2-4 所示。

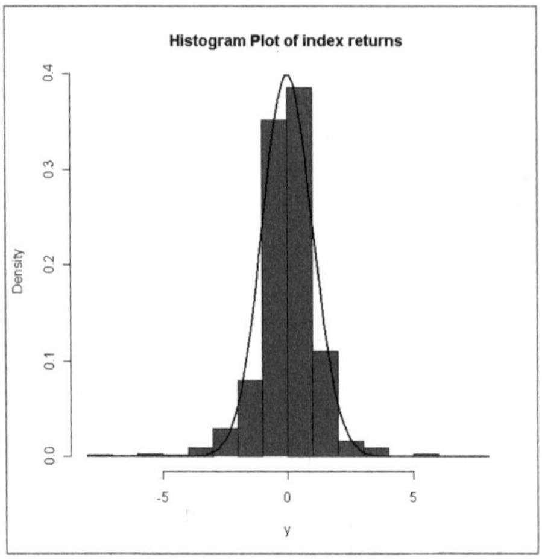

图 8-2-4　绘制直方图

范例程序：分布图 distribution graph

```
1. plot(density(y), main = "Kernel Density Estimate")
2. qqnorm(y, pch =19)
3. qqline(y)
4. boxplot(y, col = "green", main = "Box-Plot")
```

说明

1. 绘制这组数据的核密度图（kernel density），如图 8-2-5 左上。
2. 绘制这组数据的分量正态图 **qqnorm()**，如图 8-2-5 右上。
3. **qqline()**是在前面的图框内画一条正态的直线；没有前一步先打开图框，**qqline()**是没有办法画的。读者可以试一试单独使用 **qqline()**的结果，如图 8-2-5 左下。
4. 画盒须图，如图 8-2-5 右下。

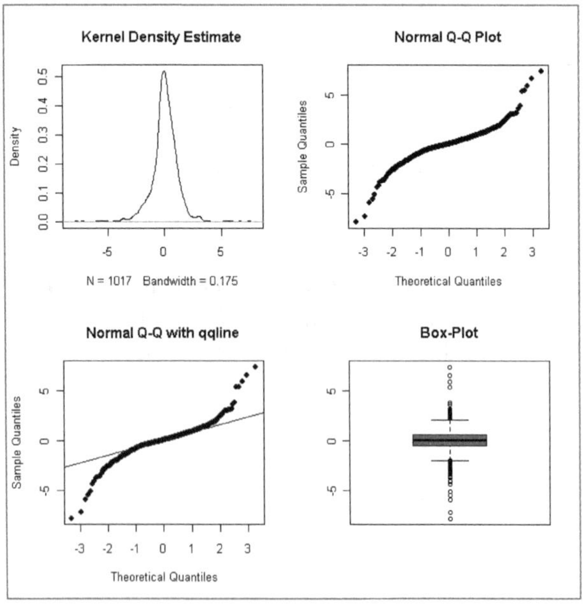

图 8-2-5　绘制分布图

对 R 而言，单组数据的分布性质其实不限于数据是否是时间序列，包含通用一般的数据。

8.3　单组时间序列的性质

8.3.1　ACF、PACF 和序列相关检验

- ACF：**A**uto **C**orrelation **F**unction（自相关函数）。
- PACF：**P**artial **A**uto **C**orrelation **F**unction（部分自相关函数）。

ACF 和 PACF 是两个用于事先查看时间序列跨时相关程度的统计量。对这两个统计量的查看，一般都用图形来查看。两者之间的差别可以由以下定义与回归式看出。

ACF(τ_k): $Y_t = a + \tau_k Y_{t-k} + e_t \rightarrow \tau_k = \left(Y'_{t-k}Y_{t-k}\right)^{-1} Y'_{t-k}Y_t$

PACF(ϕ_k): $Y_t = a + \tau_1 Y_{t-1} + \phi_2 Y_{t-2} + \phi_3 Y_{t-3} + \cdots + \phi_k Y_{t-k} \cdots + e_t$

由上面两个回归方程式可知，ACF 和 PACF 其实就是两个自我回归的特定系数。ACF 衡量的两个关系一旦跨 2 期以上，就会有数据重叠的问题，因此，PACF 用的方法就是将中间增加连续的滞后期，以计算净相关。

范例程序：ACF, PACF

```
1. acf(y , main="ACF of index returns")
2. pacf(y , main="PACF of index returns")
```

说明

1. 绘制 acf，如图 8-3-1 的上半部分。
2. 绘制 pacf，如图 8-3-1 的下半部分。

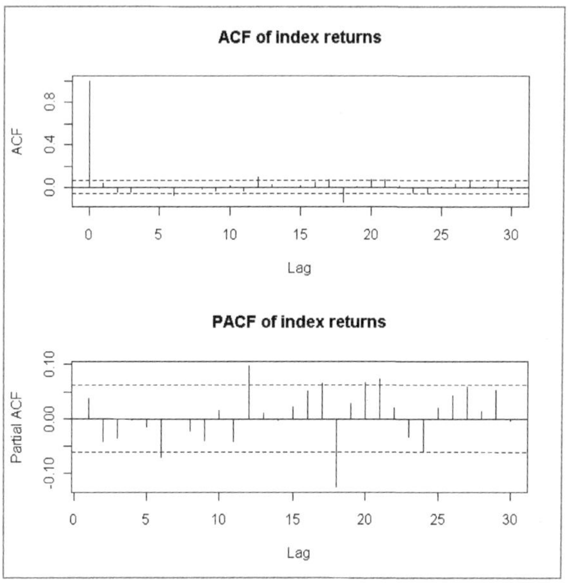

图 8-3-1　绘制 ACF 和 PACF

R 计算 ACF 和 PACF 时，内建的滞后期是 30，如果需要增加或减少，只需要在函数内增加一条命令 lag=，例如：

```
acf(y , main="ACF of index returns", lag=40)
```

8.3.2 Linear filters，时间序列性质线性过滤和趋势预测

总体经济数据往往需要使用 filter 提取长期趋势（trend），并将季节性成分（seasonality）滤除。线性过滤的意义在于从原始数据中提取出长期趋势成分，滤除季节性成分和波动变异。有了长期趋势，就可以进行长期均衡的经济预测。

一个基本且相当重要的线性过滤（Linear Filter）是有限移动平均法（finite moving averages）：

$$\hat{y}_t = \sum_{j=-r}^{s} a_j y_{t+j} \quad t=r+1,\ldots.. \text{ n-s}$$

如果 r=s，则这个移动平均即为对称过滤（symmetric filter）。R 内建的函数 **filter()**就具有有限移动平均法这样的功能。但是，**filter()**还有自回归（Autoregressive）的功能。

范例程序： 使用 filter()

```
1. library(AER)
2. load("region3v.RData")
3. attach(region3v)
4. vname=c("saving-GDP ratio", "investment-GDP ratio", "Economic growth")
5. k=1
6. y=ts(region3v[,k], start=c(1961,1),freq=4)
7. show(y)
8. plot(y, ylab="", main=vname[k])
9. f= filter(y, c(1/2, rep(1, 11), 1/2)/12)
10.lines(f, col = 2)
```

说明

1. 载入程序包 **AER**。
2. 读取数据。
3. 加载数据：region3v 有三组。
4. 定义变量字符串名称。
5. 选定数据变量字段。此处选第一列储蓄率。
6. 将选定变量赋予时间序列框架。
7. 把数据呈现出来看一看。
8. 用储蓄率的时间序列数据绘图，结果如图 8-3-2 所示。
9. 用 **filter()**计算趋势（trend）。内建有限移动平均法，如果要用 AR，则在其中增加声明 method="recursive" 即可。
10. 将趋势曲线画入第 8 步的图框，如图 8-3-2 所示。

另一个可以生成类似对称线性过滤（linear filter）的函数是 **rollapply()**。这个函数以 Rolling（滚动）为名，含义和 moving（移动）相同。看下述程序代码。

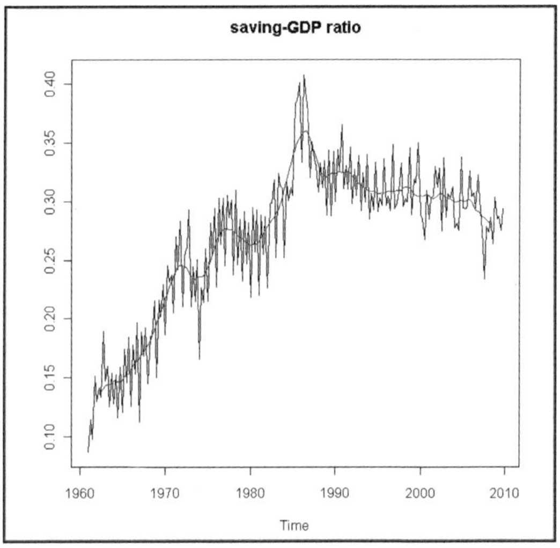

图 8-3-2 用储蓄率的时间序列数据绘图

范例程序：使用 rollapply()

```
1. rlp_mean=rollapply(y, 12, mean)
2. plot.ts(rlp_mean)
3. rlp_sd=rollapply(y, 12, sd)
4. plot.ts(rlp_sd)
```

说明

1. 12 季算一个均值 mean，按序滚动（rolling）。
2. 绘图，如图 8-3-3 的上半部。
3. 12 季算一个标准偏差 sd，按序滚动（rolling）。
4. 绘图，如图 8-3-3 的下半部。

这两个图如图 8-3-3 所示。

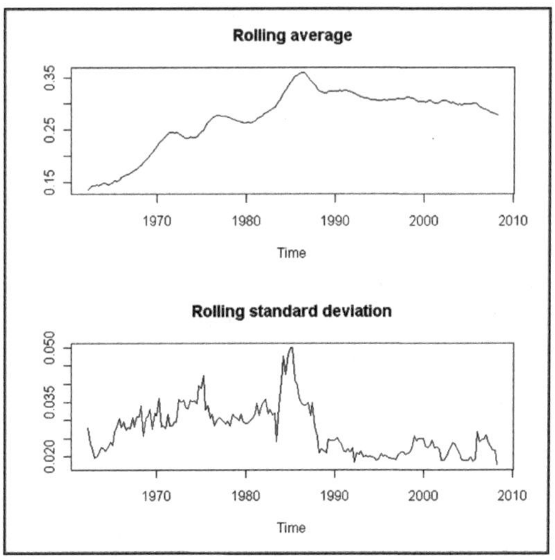

图 8-3-3 使用 rollapply 绘图

上面两个过滤（filter，或称为筛选）方法是对趋势（trend）进行处理，如果我们需要更精细的数据筛选，例如趋势、季节成分、随机波动三种，就必须使用两个筛选函数：**decompose()**和 **stl()**。

范例程序： 使用 decompose() 和 stl()

```
1. dd_dec=decompose(y)
2. plot(dd_dec)
3. dd_stl = stl(y, s.window = 13)
4. plot(dd_stl)
```

说明

1. 用 **decompose()**筛选出 y 的三种成分。
2. 绘图。
3. 用 **stl** ()筛选出 y 的三种成分。
4. 绘图，如图 8-3-4 所示。

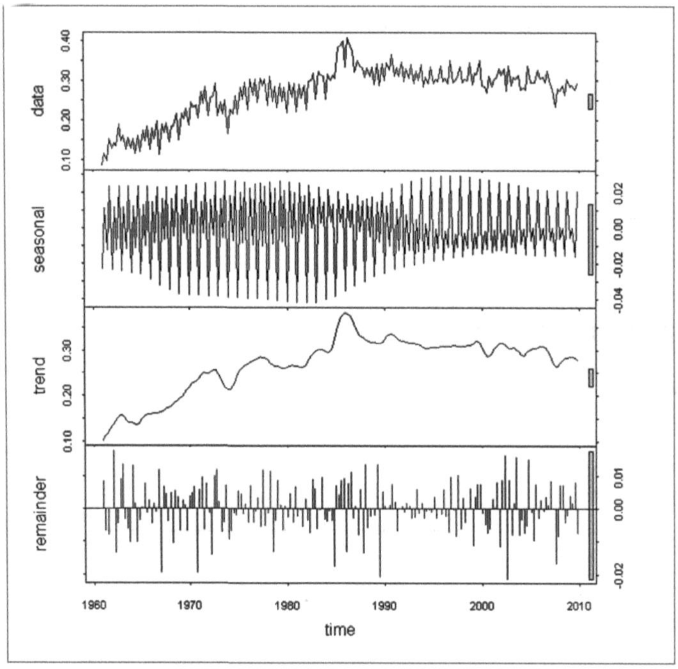

图 8-3-4　**stl()**筛选出的三个成分

小试身手： 请用 names(dd_stl) 查看 dd_stl 内含的对象名称，单独筛选出季节成分并绘图（【提示】dd_stl$time.series[,"**seasonal** "]）。用同样的方法，从 dd_dec 单独筛选出季节成分并绘图（【提示】dd_dec$**seasonal**）。最后将两个图放在一个图框中，比较它们的差异。

另外，还有一种筛选（filter）的方法称为指数平滑法（exponential smoothing），运用了传统指数平滑的预测方法，这种方法使用了 recursively reweighted 的落后观察值来预测未来的时间序列趋势。一个常规化的筛选方法就是 Holt-Winters filter。Holt-Winters filter 的原理如下：筛选的时间序列是使用添加的季节成分（additive seasonal component），平滑的方法则使用令观察值预测误差极小的参数。下面的程序示范用趋势预测未来：用 2004Q4 以前的数据作为观察值，然后用 **HoltWinters()** 函数筛选这组数据，再将 **predict()**用于 Holt-Winters filter 筛选出来的数据以预测未来 6 年（2005Q1-2010Q4）的趋势。

范例程序： Holt-Winters filter

```
1. dd_past = window(y, end = c(2004, 4))
2. dd_hw = HoltWinters(dd_past)
3. dd_pred = predict(dd_hw, n.ahead =24)
4. plot(dd_hw, dd_pred, ylim = range(y))
5. lines(y)
```

说明

1. 定义观察值为 2004Q4 以前的数据。
2. 用 **HoltWinters** ()函数筛选这组数据。
3. 用 **HoltWinters** 趋势预测未来。
4. 绘图，如图 8-3-5 所示。
5. 画线，如图 8-3-5 所示。

在图 8-3-5 中，垂直虚线用于分隔 2004 年前后。我们发现，2008 年因为次货危机的冲击，预测误差相当大，而且预测的未来期数太多则不好。

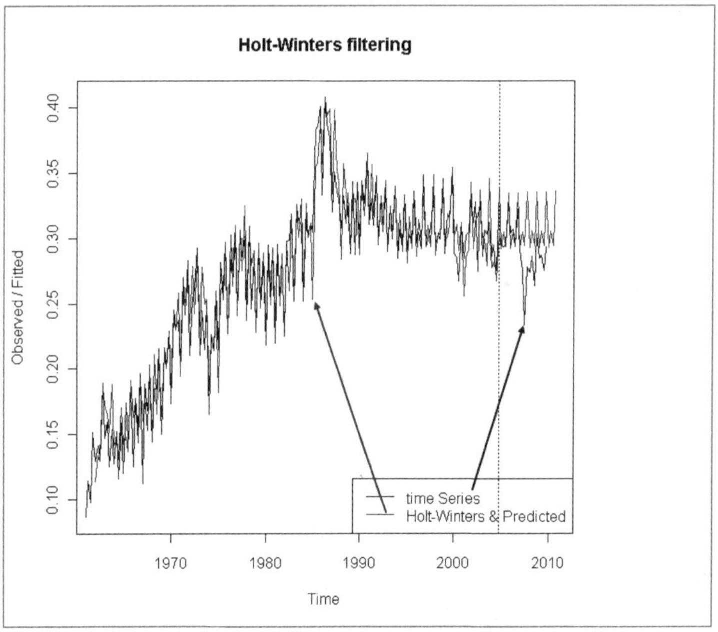

图 8-3-5 Holt-Winters Filter

小试身手： 使用上面的程序代码，调整 **window**(y, end = c(2004, 4))内的时间，并同步改变预测期数，看一看结果如何。

最后，我们介绍程序包 mFilter，这是一个专业筛选或过滤经济数据的程序包，内有 5 种文献常用的筛选器（filters，或称为过滤器，筛选方法）：Hodrick-Prescott，Baxter-King，Christiano-Fitzgerald，Butterworth filter 和 Trigonometric regression。

范例程序：使用 mFilter()

```
1. library(mFilter)
2. y.hp = mFilter(y,filter="HP")
3. y.bk = mFilter(y, filter="BK")
4. y.cf = mFilter(y, filter="CF")
5. y.bw = mFilter(y, filter="BW")
6. y.tr = mFilter(y, filter="TR")
7. plot(y,  main="saving-GDP Ratio & Estimated Trend",  col=1,  ylab="")
8. lines(y.hp$trend, col=2)
9. lines(y.bk$trend, col=3)
10.lines(y.cf$trend, col=4)
11.lines(y.bw$trend, col=5)
12.lines(y.tr$trend, col=6)
13.legend("topleft", legend=c("time Series", "HP", "BK", "CF", "BW", "TR"), col=1:6,
   lty=rep(1,6), ncol=2)
```

说明

1. 载入程序包 **mFilter**。
2. Hodrick-Prescott filter。
3. Baxter-King filter。
4. Christiano-Fitzgerald filter。
5. Butterworth filter。
6. Trigonometric regression filter。
7. 用原始数据绘制，如图 8-3-6 所示。
8. 画线：Hodrick-Prescott 趋势。
9. 画线：Baxter-King 趋势。
10. 画线：Christiano-Fitzgerald filter 趋势。
11. 画线：Butterworth filter 趋势。
12. 画线：Trigonometric regression 趋势。
13. 添加框内文字说明。**legend()**是图例，置于上面的图框内。

mFilter()筛选出的 5 个趋势如图 8-3-6 所示，Butterworth 的误差最大。

小试身手：使用上面的 mFilter 程序代码，单独筛选出循环成分和季节性成分，同样绘图看一看。

【提示】使用 **names()**检查列表内的对象，例如，names(y.hp)。

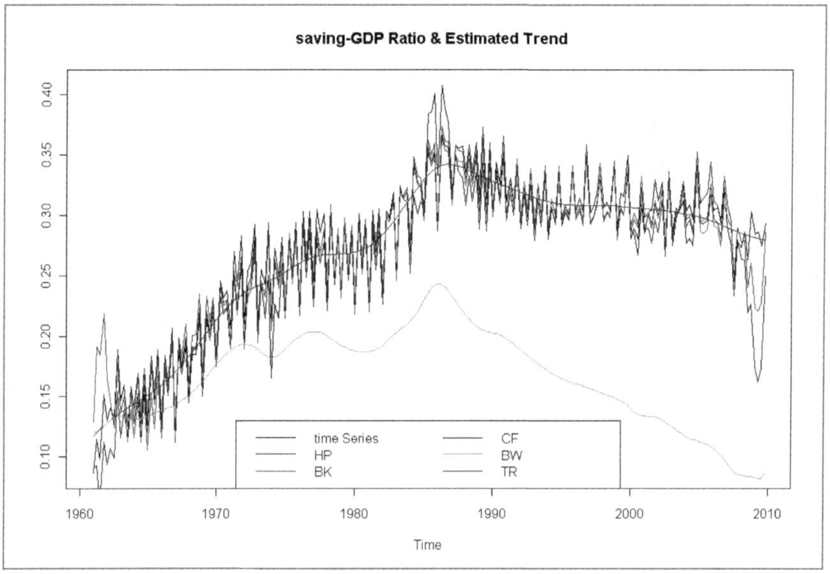

图 8-3-6

8.3.3 BDS independence test 时间序列独立同分布检验

时间序列是否为独立同分布（independently，identically，distributed，简称 *i.i.d.*），是一个相当有用的检验。例如，当我们想知道某个时间序列是否有非 0 的趋势或成分，就可以用这个检验。在财务上，可以确认某笔资产回报率的残差是否还有未知的风险溢价。BDS 检验时间序列是否为 *i.i.d.*，关键是 ε 条件。BDS 的虚无假设：

H_0: 所检验的数据是 *i.i.d.*

ε 条件: 令 ε 代表成对样本间的距离，如果这组数据是真的 *i.i.d.*，则任何成对的样本点之间的距离小于 ε 的概率将不大于一个固定常数。成对样本如下：

$$\{\{X_s, X_t\}, \{X_{s+1}, X_{t+1}\}, \{X_{s+2}, X_{t+2}\}, \ldots, \{X_{s+m-1}, X_{t+m-1}\}\}$$

m=嵌入维数（连续的样本点数）

令满足 ε 条件的成对的样本点（pair of points）的联合概率为 $cm(\varepsilon)$，如果这组数据是真的 *i.i.d.*，则 $c_m(\varepsilon) = c_1^m(\varepsilon)$

$$c_{m,n}(\varepsilon) = \frac{2}{(n-m+1)(n-m)} \sum_{s=1}^{n-m+1} \sum_{t=s+1}^{n-m+1} \prod_{j=0}^{m-1} I_\varepsilon(X_{s+j}, X_{t+j})$$

$$I_\varepsilon(x, y) = \begin{cases} 1 & \text{if} |x-y| \leqslant \varepsilon \\ 0 & \text{otherwise.} \end{cases}$$

$c_{m,n}$ 常被称为关联积分（correlation integrals），以下定义及性质用于构建检验时间序列 *i.i.d.* 的特性。

$$b_{m,n}(\varepsilon) = c_{m,n}(\varepsilon) - c_{1,n-m+1}(\varepsilon)^m \quad \text{与分布假设} \quad \sqrt{n-m+1}\frac{b_{m,n}(\varepsilon)}{\sigma_{m,n}(\varepsilon)} \to N(0,1)$$

$$\sigma_{m,n}^2(\varepsilon)=4\left(k^m+2\sum_{j=1}^{m-1}k^{m-j}{c_1}^{2j}+(m-1)^2{c_1}^{2m}-m^2k{c_1}^{2m-2}\right)$$

$$k_n(\varepsilon)=\frac{2}{n(n-1)(n-2)}\sum_{t=1}^{n}\sum_{s=t+1}^{n}\sum_{r=s+1}^{n}(I_\varepsilon(X_t,X_s)I_\varepsilon(X_s,X_r)$$
$$+I_\varepsilon(X_t,X_r)I_\varepsilon(X_r,X_s)+I_\varepsilon(X_s,X_t)I_\varepsilon(X_t,X_r))$$

检验统计量函数 bds.test 的完整内容如下：

```
bds.test(x, m = 3, eps = seq(0.5 * sd(x), 2 * sd(x), length = 4), trace = FALSE)
```

- **x**：要检验的时间序列数据。
- **m**：嵌入维数 '2', ..., 'm'，内建为 3。
- **eps**：ε 条件。内建由 x 标准偏差所表示。
- **trace**：逻辑字符串，指明是否需要追踪特定信息（information outputs）。

为了能显示这个统计量的检验表现，我们用虚拟抽样数据来实践一下如下程序代码 exhibit 6.9。

范例程序：BDS i.i.d.检验

```
1. library(tseries)
2. x1=rnorm(1000)
3. bds.test(x1)
4. x2=c(rnorm(500),runif(500))
5. bds.test(x2)
```

说明

1. 载入程序包 **tseries**。
2. 从标准正态分布抽取 1000 个样本，定义为 x1。此为 i.i.d.样本。
3. 执行 BDS i.i.d. 检验。
4. 从标准正态分布和均匀分布各抽取 500 个样本，定义为 x2。因为是从两个不同的分布抽样，所以此为非等同的样本。
5. 执行 BDS i.i.d. 检验。

上述第 3 行的检验结果如下：

```
Embedding dimension =  2 3
Epsilon for close points =  0.4923 0.9846 1.4769 1.9692
Standard Normal =
      [ 0.4923 ] [ 0.9846 ] [ 1.4769 ] [ 1.9692 ]
[ 2 ]    1.1154     0.3505    -0.1107    -0.3330
[ 3 ]    0.4175    -0.4949    -0.7578    -0.7643
p-value =
      [ 0.4923 ] [ 0.9846 ] [ 1.4769 ] [ 1.9692 ]
[ 2 ]    0.2647     0.7260     0.9118     0.7391
[ 3 ]    0.6763     0.6207     0.4486     0.4447
```

从最后的 P-value 可以看出，BDS 接受了 x1 为 iid 的虚无假设。

上述第 5 行的检验结果如下：

```
Embedding dimension =  2 3
Epsilon for close points =  0.3890 0.7781 1.1671 1.5562
Standard Normal =
      [ 0.389 ] [ 0.7781 ] [ 1.1671 ] [ 1.5562 ]
[ 2 ]  15.3579   13.8960    8.3973    4.7689
[ 3 ]  27.2-7731   19.5975    11.4124    6.8427
p-value =
      [ 0.389 ] [ 0.7781 ] [ 1.1671 ] [ 1.5562 ]
[ 2 ]        0         0         0         0
[ 3 ]        0         0         0         0
```

从最后的 p-value 可以看出，BDS 极显著地拒绝了 x2 为 iid 的虚无假设。

不是所有的内容条件都要声明。

8.3.4 方差比检验

方差比（Variance Ratio）可以检验时间序列是否为随机漫步过程（Random Walk Process，或随机游走过程），也称为 Martingale 过程。

假设一个已知时间序列数据 $\{Y_t\}=(Y_0,Y_1,Y_2,...,Y_T)$ 满足条件

$$\Delta Y_t=\mu+\varepsilon_t$$

μ 为漂移项（drift）。随机漫步的基本性质是其变化不可预测，也就是残差为 i.i.d.. 因此，对任意 t，我们要检验 $E(\varepsilon_t)=0$ 和 $E(\varepsilon_t\varepsilon_{t-j})=0$，$j$>0。

基本的统计量必须定义一阶差分的均值和 q 阶差分的方差，具体如下：

$$\hat{\mu}=\frac{1}{T}\sum_{t=1}^{T}(Y_t-Y_{t-1})$$

$$\hat{\sigma}^2(q)=\frac{1}{Tq}\sum_{t=1}^{T}(Y_t-Y_{t-q}-q\hat{\mu})^2$$

对应的方差比统计量为：$VR(q)=\hat{\sigma}^2(q)/\hat{\sigma}^2(1)$

检验方差比的统计量相当多，而且因应数据的各种性质，如异质性，所设计的统计量相当多。R 程序包 vrtest 内有几乎所有主要的检验统计量，因为许多统计量的分布是无法收敛的标准分布，所以临界值的计算就需要依靠拔靴法（bootstrapping）。

范例程序：方差比检验（Variance Ratio Tests）

```
library(vrtest)
data(exrates)
y = exrates$ca
nob = length(y)
r = log(y[2:nob])-log(y[1:(nob-1)])
q = c(2, 5, 10)
VR.plot(r, q)
Wald(r, q)  # Chi-square
```

```
9. Lo.Mac(r, q)
10.Chow.Denning(r, q)
11.Boot.test(r, q, nboot=500, wild="Normal")
```

说明

1. 载入程序包 **vrtest**。
2. 读取汇率数据，内有多组汇率的周数据。
3. 从汇率数据中抽取加元兑美元的汇率。
4. 定义样本数。
5. 计算汇率变动率。
6. 定义方差比检验的期数。
7. 计算传统 VR 检验并绘图，如图 8-3-7 所示。
8. 计算 VR 检验的 Wald 统计量 $\sim\chi^2$。
9. 计算 Lo-MacKinlay 方差比检验（Variance Ratio Tests）[1] 。
10. 计算 Chow-Denning 方差比检验（Variance Ratio Tests）[2]。
11. 模拟 Lo-MacKinlay 和 Chow-Denning 的临界值。

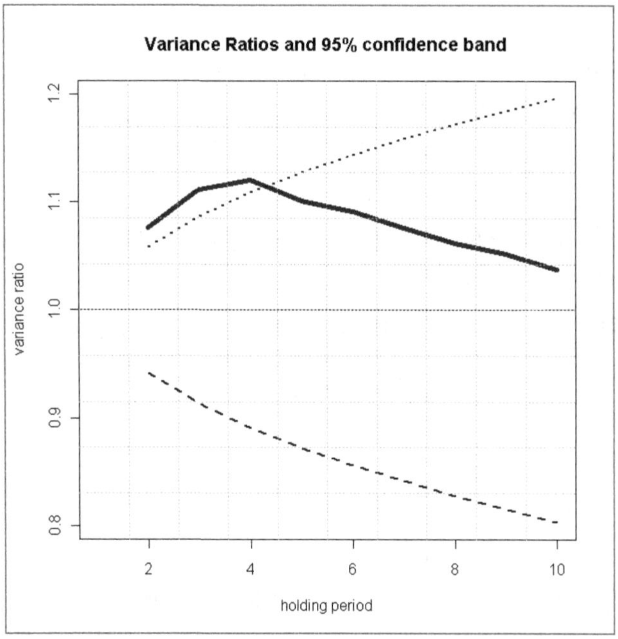

图 8-3-7

VR.plot(r, q) 绘制的图如图 8-3-7 所示，其中绘制的图是传统的方差比（Variance Ratio，VR）值，如下：

```
        VR
k=2     1.076190
k=3     1.111675
k=4     1.120701
```

[1] Lo, A. W., and A. C. Mackinlay (1988) Stock Market Prices Do Not Follow Random Walks: Evidence from a Simple Specification Test. *Review of Financial Studies*, 1, 41-66.
[2] Chow, K. V. and K. C. Denning (1993) A Simple Multiple Variance Ratio Test. *Journal of Econometrics*, 58, 385-401.

```
k=5     1.100781
k=6     1.091509
k=7     1.075840
k=8     1.061822
k=9     1.051629
k=10    1.037624
```

从图形可以看出，k=4 之后就接受汇率为 martingale 的虚无假设了。

另外，读者可能会想到 BDS 可以做这个检验吗？例如，都是做 i.i.d.检验，因此，把上面程序中的加元汇率变动率数据套入 BDS 检验，这样的结论可以吗？答案是不行。因为方差比（Variance Ratio）虚无假设的数据生成过程（Data Generating Process）是随机漫步，所以在虚无假设之下，我们可以做出 Martingale Process（随机漫步过程的别名）的结论。

Wald(r, q) 是联合检验，所以只有一个统计量。下面则有三个显著水平的临界值。因此，这三个 holding periods（持有期）的 variance ratio（方差比）是随机漫步的结果，有一点不确定。

```
$Holding.Period
[1]  2  5  10

$Wald.stat
[1] 8.7371

$Critical.Values
10%         5%       1%
[1]  6.2514  7.81474  11.344867
```

小试身手：读者请执行其他行的程序代码，将 Lo-MacKinlay 方差比检验（Variance Ratio Tests）和 Chow-Denning 方差比检验（Variance Ratio Tests）计算出来，并模拟出临界值，再比较结果。

8.4 ARMA（自回归移动平均）过程

8.4.1 一般 ARMA 模式

先定义滞后期运算符 L 如下：

$$L^n Y_t = Y_{t-n}$$

$$(1-L)Y_t = Y_t - Y_{t-1} = \Delta Y_t$$

已知 $y_t = \bar{y} + u_t$，AR(p) 和 MA(q)的结构如下：

$$\text{AR}(p)\quad \begin{aligned} & u_t = \rho_1 u_{t-1} + \rho_2 u_{t-2} + \ldots + \rho_p u_{t-p} + \varepsilon_t \\ & \Leftrightarrow (1-\rho_1 L - \rho_2 L^2 - \cdots - \rho_p L^p) u_t = \varepsilon_t \end{aligned}$$

$$\text{MA}(q)\quad \begin{aligned} & u_t = \varepsilon_t + \theta_1 \varepsilon_{t-1} + \theta_2 \varepsilon_{t-2} + \ldots + \theta_q \varepsilon_{t-q} \\ & \Leftrightarrow u_t = (1-\theta_1 L - \theta_2 L^2 - \cdots - \theta_q L^q) \varepsilon_t \end{aligned}$$

合并的 ARMA(p, q) 如下：

$$y_t = \bar{y} + u_t$$
$$\rho(L)u_t = \theta(L)\varepsilon_t$$
$$\Leftrightarrow (1-\rho_1 L - \rho_2 L^2 - ... - \rho_p L^p)u_t = (1+\theta_1 L + \theta_2 L^2 + \cdots + \theta_q L^q)\varepsilon_t$$
$$\Leftrightarrow (1-\rho_1 L - \rho_2 L^2 - ... - \rho_p L^p)(y_t - \bar{y}) = (1+\theta_1 L + \theta_2 L^2 + \cdots + \theta_q L^q)\varepsilon_t$$

$$y_t = c + \rho_1 y_{t-1} + \rho_2 y_{t-2} + ... + \rho_p y_{t-p} + \varepsilon_t + \theta_1 \varepsilon_{t-1} + \theta_2 \varepsilon_{t-2} + ... + \theta_q \varepsilon_{t-q}$$

8.4.2 季节 ARMA

已知一个时间序列数据：

$$y_t = \bar{y} + u_t$$

（1）季节 AR（季节自回归）

假设一个 AR(2)，如下：

$$u_t = \rho_1 u_{t-1} + \rho_2 u_{t-2} + \varepsilon_t$$
$$\Rightarrow (1-\rho_1 L - \rho_2 L^2)u_t = \varepsilon_t$$

增加季节 AR，也就是 SAR(4)：

$$(1-\rho_1 L - \rho_2 L^2)(1-\lambda L^4)u_t = \varepsilon_t$$
$$\Rightarrow u_t = \rho_1 u_{t-1} + \rho_2 u_{t-2} + \lambda u_{t-4} - \lambda\rho_1 u_{t-5} - \lambda\rho_2 u_{t-6} + \varepsilon_t$$

（2）季节 MA（季节移动平均）

假设一个 MA(2)，如下：

$$u_t = \varepsilon_t + \theta_1 \varepsilon_{t-1} + \theta_2 \varepsilon_{t-2}$$
$$\Leftrightarrow u_t = (1-\theta_1 L - \theta_2 L^2)\varepsilon_t$$

增加季节 MA，也就是 SMA(4)：

$$u_t = (1+\theta_1 L + \theta_2 L^2)(1+\delta L^4)\varepsilon_t$$
$$\Rightarrow u_t = \varepsilon_t + \theta_1 \varepsilon_{t-1} + \theta_2 \varepsilon_{t-2} + \delta\varepsilon_{t-4} + \delta\theta_1 \varepsilon_{t-5} + \delta\theta_2 \varepsilon_{t-6}$$

假设一个 ARMA(2, 2) ： $u_t = \rho_1 u_{t-1} + \rho_2 u_{t-2} + \theta_1 \varepsilon_{t-1} + \theta_2 \varepsilon_{t-2} + \varepsilon_t$

$$AR(2): u_t = \rho_1 u_{t-1} + \rho_2 u_{t-2} + \varepsilon_t \qquad MA(2): u_t = \varepsilon_t + \theta_1 \varepsilon_{t-1} + \theta_2 \varepsilon_{t-2}$$
$$\Rightarrow (1-\rho_1 L - \rho_2 L^2)u_t = \varepsilon_t \qquad \Leftrightarrow u_t = (1-\theta_1 L - \theta_2 L^2)\varepsilon_t$$

读者可以自行练习季节 ARMA（季节自回归移动平均）的展开，一个常规化的模型称为 ARIMA(p,d,q)，d 是指差分次数。如果数据有非定态性质，要拟合一个最佳时间序列模型时，往往需要差分以求定态，再拟合 ARMA 结构。有关这个问题，我们在最后一节详述。

范例程序

```
y.arima= arima(y, order = c(1,0,1))
summary(y.arima)
```

```
3. tsdiag(y.arima)
4. print(Box.test(y.arima$residuals, lag=12, type="Ljung-Box"))
5. print(Box.test(y.arima$residuals^2, lag=12, type="Ljung-Box"))
```

说明

1. 将数据 y 拟合 ARIMA(1,0,1)。
2. 上述模型的估计结果。
3. 对前述模型的估计后诊断图，如图 8-4-1。
4. 残差的 Box-Ljung 检验。
5. 残差平方的 Box-Ljung 检验，可检验残差是否有 ARCH。

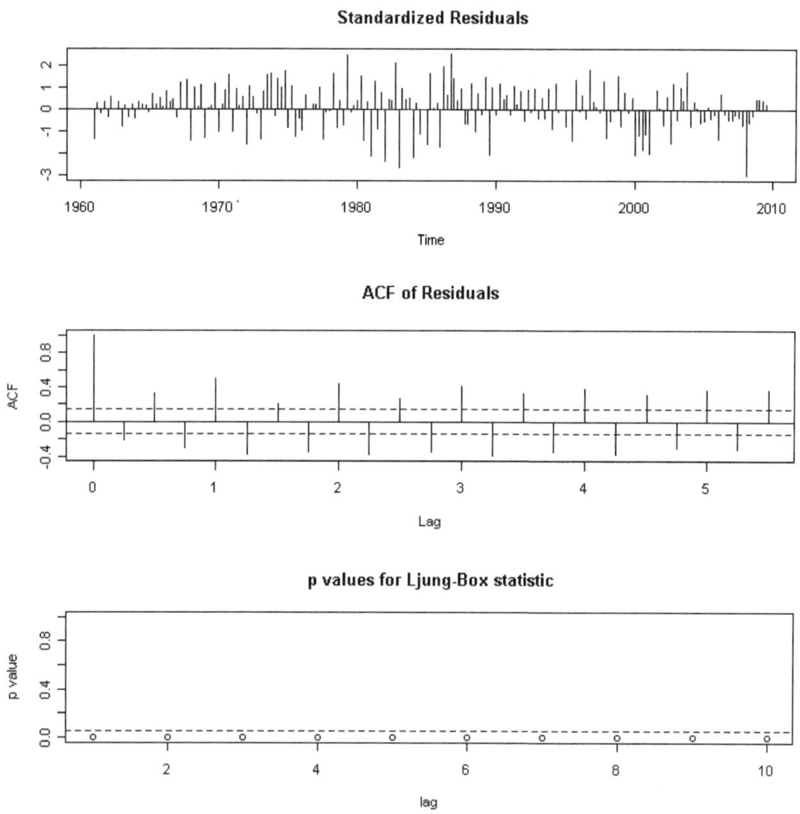

图 8-4-1 残差诊断图

R 内建的 **arima()**功能强大。

```
arima(y, xreg = NULL, include.mean = TRUE, order = c(p, d, q), seasonal = list(order = c(P,
D, Q), period = NA), method = c("CSS-ML", "ML", "CSS"))
```

- *xreg*=: 外生变量或解释变量。NULL 为无任何外生变量（也称为输入变量）。
- *include.mean* =: 为 TRUE 则表示有截距；为 FALSE 则表示无截距。
- *order*=: 一般 ARIMA 阶次。
- *seasonal*=: 季节 ARIMA 阶次。

- *method*=：模型估计方法。R 提供了三种方法：CSS-ML，ML 和 CSS（cumulative sum of squares，累加平方和）。若不特别指定，默认为 CSS-ML。
- *include.mean* =：为 TRUE 时表示有截距；为 FALSE 时表示无截距。

> **小试身手：**试对上述回归拟合季节 arma(1,1)修正，并比较结果。

> **小试身手：**试对上述回归以其他方法估计，并比较结果。

第 3 步的残差诊断图请参考图 8-4-1。

Box.test()函数的内容如下，所使用的检验统计量有两类：Box-Pierce 和 Ljung-Box。

```
Box.test(x, lag = 1, type = c("Box-Pierce", "Ljung-Box"), fitdf = 0)
```

8.5 序列相关与检验

8.5.1 原理

已知时间序列回归：

$$y_t = x_t'\beta + u_t$$

若残差 u_t 具有如下一阶自相关，也就是残差是 AR(1)：

$$u_t = \rho u_{t-1} + \varepsilon_t$$

若 u_t 具有如下 p 阶自相关，也就是残差是 AR(p)：

$$u_t = \rho_1 u_{t-1} + \rho_2 u_{t-2} + \ldots + \rho_p u_{t-p} + \varepsilon_t$$

当残差与序列相关，或称为 AR 结构时，原估计的结果无论是系数或协方差矩阵都不再是最好的。因此，必须要修正。

先拟合一个线性回归（或任何时间序列回归都可以）：$y=a+bX$；估计完后，残差序列相关检验有三个方法。

（1）方法一：**Durbin Watson**（德宾-沃森）

$$y_t = a + \sum_{k=1}^{n} b_k x_k + u_t$$

$$u_t = \rho u_{t-1} + \varepsilon_t$$

$$\mathbf{H_0} : \rho = 0$$

H_0: 残差无一阶序列相关。

DW ＝2，接受虚无假设。

2<DW<4，残差有负序列相关。

DW<2，残差有正序列相关。

（2）方法二：**Breusch - Godfrey LM test**（**Breusch - Godfrey** 拉格朗日乘数检验）

$$y_t = a + \sum_{j=1}^{n} b_j x_j + u_t$$

$$u_t = \rho_1 u_{t-1} + \rho_2 u_{t-2} + \cdots + \rho_k u_{t-k} + \varepsilon_t$$

$$\mathbf{H_0}: \rho_1 = \rho_2 = \cdots = \rho_k = 0$$

H_0: 残差无 k 阶序列相关（There is no serial correlation *up to k order*）。

（3）方法三：Q test（Q 检验）

$$ACF(\tau_k):$$

$$u_t = a + \tau_k u_{t-k} + e_t$$

$$\tau_k = (u'_{t-k} u_{t-k})^{-1} u'_{t-k} u_t$$

$$Q_{\mathrm{LB}} = T(T+2)\sum_{j=1}^{k} \frac{\tau_j^2}{T-j}$$

H_0: 残差无 k 阶序列相关（There is no serial correlation *up to k order*）。

这个检验也就是著名的 Ljung-Box 检验，所以在 Q 下标 LB。

范例程序

```
1. library(lmtest)
2. x=data[,2]
3. reg1=lm(y~x)
4. dwtest(reg1)
5. bgtest(reg1,order=4)
6. Box.test(reg1$residuals, lag=4,type="Ljung-Box")
```

说明

1. 载入程序包 lmtest。此程序包具有多种检验统计量。
2. 定义自变量 x，data[,3]为数据中的储蓄率。Durbin-Watson 和 Breusch - Godfrey 检验必须要有回归式或回归对象。
3. 执行线性回归 y=a+bx，并将回归结果存于列表 reg1 中。
4. 对回归残差执行 Durbin-Watson 1 阶序列相关检验。
5. 对回归残差执行 Breusch - Godfrey 4 阶序列相关检验。
6. 对回归残差执行 Ljung-Box 4 阶序列相关检验。Box.test()这个 R 内建的检验函数，只要直接将残差输入，而不是对象 reg1。

小试身手：试对上述 bgtest()执行一个 loop，让序列相关的阶次为 1:6。

小试身手：试对上述 Box.test()以其他检验类型检验 type= "Box-Pierce"，并比较结果。

8.5.2 回归修正：对原回归残差做二阶序列相关修正

当我们知道原模型是有序列相关，假设是二阶，修正的做法即回到原回归，增加拟合 ARMA(2,0)。再由 Ljung-Box 可知一阶序列相关已经修正，读者可以自行检验，看看这样之后，高阶序列相关是否消失。

范例程序

```
1. reg2=arima(y, xreg=x, include.mean = TRUE, order=c(2,0,0))
2. print(reg2)
3. Box.test(residuals(reg2), lag=1,type="Ljung-Box")
```

说明

1. 执行 y=a+bx 回归，并对残差进行二阶序列相关修正。
2. 显示出回归结果。
3. 对上述回归的残差执行序列相关检验。

arima()可以对回归残差做非常广泛的序列相关修正，下面我们列出常用的设定。

```
arima(y, xreg = x, include.mean = TRUE, order = c(p, 0, q), seasonal = list(order = c(s, 0, t), period = NA), method = c("CSS-ML", "ML", "CSS"))
```

- *xreg*=: 外生变量（输入变量）或解释变量。
- *include.mean* = ：为 TRUE 表示有截距，为 FALSE 表示无截距。
- *order*= ：一般 ARIMA 阶次，因为只对残差做 ARMA，所以中间数字保持为 0。
- *seasonal*= ：对残差做季节 ARMA 修正的阶次，同上，中间数字保持为 0。
- *method*= ：模型估计方法。R 提供了三种方法：CSS-ML，ML 和 CSS（cumulative sum of squares，累加平方和）。若不特别指定，默认为 CSS-ML。

小试身手：试对上述回归 arma(1,1)修正，并比较结果。

8.6 时间序列预测

8.6.1 基本概念

时间序列有两种基本的预测方法：

- 动态预测（Dynamic method）：拟合一个动态回归式就可以执行动态预测。例如，AR 模型即是。动态预测是使用被解释预测值的滞后期，从预测样本的第一期来计算多步预测（multi-step forecasts）。
- 静态预测（Static method）：拟合一个静态回归式只可以执行静态预测。静态预测使用被解释变量真实值的滞后期，从预测样本第一期来计算领先一步预测（one-step ahead forecasts）。

两种估计的做法：样本内预测（in-sample forecasting）和样本外预测（out-of-sample forecasting）。顾名思义，样本内预测是计算样本期望值；样本外预测则以一段现有样本为估计期，估计期以外为样本外预测。

8.6.2 预测表现评估

一个好的预测，当然是预测误差越小越好，所以四个预测表现评估方法都是建立误差的形式，除了方法 4 的 Theil 不等系数（Theil inequality coefficient）。分别介绍如下：

❖ 方法 1　RMSE（Root mean square error，均方根误差）

$$\sqrt{\sum_{t=T+1}^{T+h}\frac{(\hat{y}_t-y_t)^2}{h+1}}$$

RMSE 可以分解成以下三部分：

$$\sum\frac{(\hat{y}_t-y_t)^2}{h}=(\frac{\sum\hat{y}_t}{h}-\bar{y})^2+(s_{\hat{y}}-s_y)^2+2(1-r)s_{\hat{y}}s_y$$

$$1=\frac{(\frac{\sum\hat{y}_t}{h}-\bar{y})^2}{\sum\frac{(\hat{y}_t-y_t)^2}{h}}+\frac{(s_{\hat{y}}-s_y)^2}{\sum\frac{(\hat{y}_t-y_t)^2}{h}}+\frac{2(1-r)s_{\hat{y}}s_y}{\sum\frac{(\hat{y}_t-y_t)^2}{h}}$$

$$\frac{(\frac{\sum\hat{y}_t}{h}-\bar{y})^2}{\sum\frac{(\hat{y}_t-y_t)^2}{h}}:\textbf{Bias Proportion}$$

$$\frac{(s_{\hat{y}}-s_y)^2}{\sum\frac{(\hat{y}_t-y_t)^2}{h}}:\textbf{Variance Proportion}$$

$$\frac{2(1-r)s_{\hat{y}}s_y}{\sum\frac{(\hat{y}_t-y_t)^2}{h}}:\text{Covariance Proportion}$$

RMSE 三个成分相加是 1，解读如下：

- Bias Proportion（偏差率）告诉我们，预测值和真实值的差距有多远。
- Variance Proportion（方差比例）告诉我们，预测的方差（variation）有多少是来自真正数据的方差。
- Covariance Proportion（协方差比例）则衡量了剩余的非系统性预测误差。

以 RMSE 来判断一个好的预测，前两项必须很小，使得大多数的预测误差均集中于第三项协方差比例（Covariance Proportion）。

❖ 方法 2　MAE（Mean Absolute Error，平均绝对误差）

$$\sum_{t=T+1}^{T+h}\frac{|\hat{y}_t-y_t|}{h+1}$$

❖ 方法 3　MAPE（Mean Absolute Percentage Error，平均绝对百分误差）

$$\sum_{t=T+1}^{T+h} \frac{\left|\dfrac{\hat{y}_t - y_t}{y_t}\right|}{h+1}$$

❖ 方法 4　TIC（Theil Inequality Coefficient，Theil 不等系数）

$$\frac{\sqrt{\sum_{t=T+1}^{T+h} \dfrac{(\hat{y}_t - y_t)^2}{h+1}}}{\sqrt{\sum_{t=T+1}^{T+h} \dfrac{\hat{y}_t^{\ 2}}{h+1}} + \sqrt{\sum_{t=T+1}^{T+h} \dfrac{y_t^{\ 2}}{h+1}}}$$

TIC 介于 0 和 1 之间，0 代表完美预测。

❖ **预测分析需注意的事项**

- 误差来自两方面：系数不确定和残差不确定。模型的预测误差包含以上两个。
- 非线性模型和 PDL 模型，忽略了系数不确定的来源，而只处理了残差不确定。

范例程序： arima()和样本外预测 forecast()

```
1. yhat= arima(y, include.mean = TRUE, order=c(2,0,1))
2. summary(yhat)
3. plot(forecast(yhat,h=20))
```

说明

1. 拟合 ARMA(2,1)，将此结果存成列表 yhat。除了“aic”尚可使用“bic”。
2. 摘录前述的拟合模型信息。
3. 预测 20 期并绘图，结果如图 8-6-1 所示。

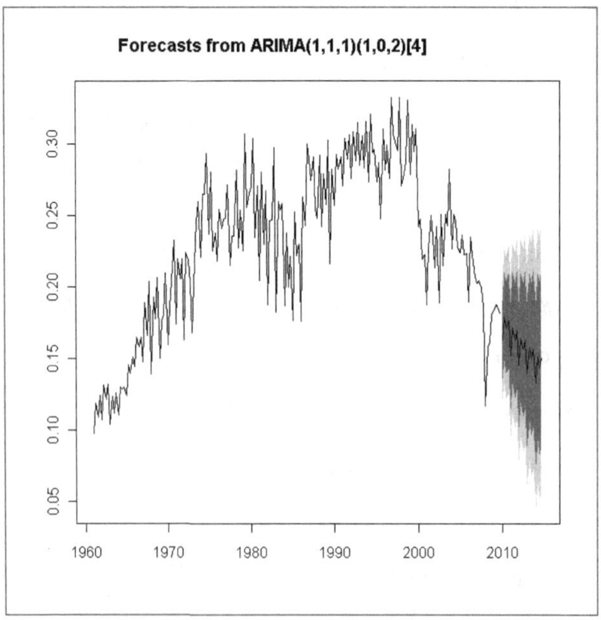

图 8-6-1　预测 20 期并绘图

8.7 ARIMA 和 Seasonal ARIMA 的自动配置

非定态时间序列除了单位根检验之外，ARIMA 中间的 I=integrated，就是处理非定态时间序列，基本上这是差分之意。如果要拟合的数据有单位根，我们就可以声明 ARIMA(p, d, q)内的 d=1。ARIMA 的结构如下：

$$\rho(L)(1-L)^d u_t = \theta(L)\varepsilon_t$$

最简单确定 ARIMA(p, d, q)各阶次的方法就是使用 R 内的一个自动拟合函数 **auto.arima**()。接下来介绍如何使用 **auto.arima**()函数来自动选择最适合的 ARIMA 阶次。

范例程序：auto.arima()

```
1. library(forecast)
2. yhat=auto.arima(y, ic="aic")
3. summary(yhat)
```

说明

1. 载入程序包 **forecast**。这个程序包有一个自动拟合 ARIMA 阶次的算法 **auto.arima**()，这个算法所尝试的模型设定包括具有季节结构的 ARIMA。
2. 自动拟合 ARIMA(p,d,q)，且以 AIC 方法选择最佳结果，将此结果存成列表 yhat。除了“aic”尚可使用“bic”。
3. 摘录前述的拟合模型信息。

auto.arima()自动拟合的结果如下：

```
Series: y
ARIMA(1,1,1)(1,0,2)[4]

Coefficients:
         ar1      ma1    sar1     sma1     sma2
      0.3714  -0.8316  0.9808  -0.6760  -0.1351
s.e.   0.1407   0.0990  0.0173   0.0918   0.0748

sigma^2 estimated as 0.0004472:  log likelihood = 477.2-98
AIC = -933.96   AICc = -933.52   BIC = -914.33

In-sample error measures:
ME          RMSE      MAE     MPE        MAPE      MASE
-0.000858   0.02109   0.016   -0.87588   7.25721   0.5445
```

由上可知，**auto.arima**()的功能很强大，最适模型 ARIMA(1,1,1)(1,0,2)[4] 中，第一个括号是标准 ARIMA 阶次，后面则是季节 ARIMA()结构，依此，这个算法建议最佳模型 ARMA(1,1,1)结合季节结构 SARMA(1,0,2)。最后的数字[4]代表季节频率。

auto.arima()的内建常用设置参数如下：

```
auto.arima(y, xreg=NULL, d = NA, D = NA, max.p = 5, max.q = 5,
```

```
        max.P = 2, max.Q = 2, max.order = 5,
        start.p=2, start.q=2, start.P=1, start.Q=1,
        stationary = FALSE, ic = c("aic"),
        stepwise=TRUE, trace=FALSE,
        test=c("adf"), allowdrift=TRUE)
```

- y：被拟合的时间序列。
- xreg：其他外生变量或解释变量；NULL 为无此变量。
- d：差分阶次。
- D：季节差分阶次。
- max.p：最高 AR 阶次。
- max.q：最高 MA 阶次。
- max.P：最高 SAR 阶次（季节）。
- max.Q：最高 SMA 阶次（季节）。
- ic：内有三种模型的信息标准，即"aic" "aicc" "bic"。
- test：内有三种单位根检验，即"kpss" "adf" "pp"。
- allowdrift：为 TRUE，表示有截距；为 FALSE，表示无截距。

8.8 VAR 多变量

8.8.1 原理

VAR 全名是向量自回归模型（Vector Autoregression model，VAR 模型），由总体计量经济学家 Sims 于 1980 年提出。VAR 扩充了前面只能使用一个变量的自回归模型，也就是 AR 模型。VAR 模型容许多个变量并将所有变量都当成内生变量。多变量 VAR 与单变量 AR 模型最大的不同处在于：VAR 考虑了体系内跨变量的动态行为（cross-variable dynamics），因此常用在多变量时间序列模型的分析上。传统的 VAR 模型是针对定态变量（stationary variables）而设计的。缩减式 VAR 模型描述在同一样本期间内的 n 个变量（内生变量）可以作为它们过去值的线性函数。

VAR 模型的背景问题是研究者面临了这样一个问题：研究者要估计方程式 $Y_t=\alpha+\beta X_t+u_t$，但是却面临 $X_t=\alpha+\beta Y_t+u_t$ 的事实。也就是不能确定谁是“解释变量”、谁是“被解释变量”。好比所得与消费的关系，一个简单的基本形式可以写成 VAR(p)，表示 p 阶滞后期。

已知 $Y_t=\alpha+\beta X_t+u_t$，令向量 $Z_t=[X_t,Y_t]$，则 VAR(1) 可表示如下：

$$Z_t=\alpha+\beta Z_{t-1}+u_t$$

VAR(1)展开如下：

$$Y_t=\alpha_1+\beta_{11}Y_{t-1}+\beta_{12}X_{t-1}+u_{1t}$$

$$X_t=\alpha_2+\beta_{21}Y_{t-1}+\beta_{22}X_{t-1}+u_{2t}$$

矩阵式表示如下：

$$\begin{bmatrix} Y_t \\ X_t \end{bmatrix} = \begin{bmatrix} \alpha_1 \\ \alpha_2 \end{bmatrix} + \begin{bmatrix} \beta_{11} & \beta_{12} \\ \beta_{21} & \beta_{22} \end{bmatrix} \begin{bmatrix} Y_{t-1} \\ X_{t-1} \end{bmatrix} + \begin{bmatrix} u_{1t} \\ u_{2t} \end{bmatrix}$$

估计 $Z_t = \beta Z_{t-1} + u_t$ 的参数 β，GLS 和 LS 都一样。所以，在估计策略上，可以用 LS 一条一条分别估计，也可以使用 Kronecker product（克罗内克积）展开后以 LS 一次估计。具体如下：

$$Y = (I_M \otimes X)\hat{\beta} + u$$

$$\hat{\beta} = I_M \otimes (X'X)^{-1} X'Y$$

VAR(p)的理论性质，常见的为 Y_t-α-βX_t 这个线性组合的稳定性：

- 其 VAR 系数矩阵 β 的多项式根（polynomial roots）均大于 1，或其特征值小于 1，为稳定。
- 其 VAR 系数矩阵 β 的多项式根均小于等于 1，或其特征值大于等于 1，则为不稳定。

特征值和多项式根互为倒数，算法如下：

（1）多项式根的算法：令多项式根为 z，解以下多项式

$$\det\left(\begin{bmatrix} 1 & 0 \\ 0 & 1 \end{bmatrix} - \begin{bmatrix} \beta_{11} & \beta_{12} \\ \beta_{21} & \beta_{22} \end{bmatrix} z\right) = 1 - (\beta_{11} + \beta_{22})z + (\beta_{11} \cdot \beta_{22} - \beta_{21} \cdot \beta_{12})z^2 = 0$$

（2）特征值的算法：令特征值为 λ，解以下行列式

$$\det\left(\begin{bmatrix} \beta_{11} & \beta_{12} \\ \beta_{21} & \beta_{22} \end{bmatrix} - \lambda \mathbf{I}\right) = \det\left(\begin{bmatrix} \beta_{11} & \beta_{12} \\ \beta_{21} & \beta_{22} \end{bmatrix} - \lambda \begin{bmatrix} 1 & 0 \\ 0 & 1 \end{bmatrix}\right) = 0$$

$$\Rightarrow \det\left(\begin{bmatrix} \beta_{11} - \lambda & \beta_{12} \\ \beta_{21} & \beta_{22} - \lambda \end{bmatrix}\right) = 0$$

VAR 估计完之后，应用上有 Granger Causality（格兰杰因果检验）、脉冲响应分析（Impulse-response analysis）和方差分解（Variance decomposition）。

8.8.2 R 程序包与程序范例

我们用上市公司股票的价量关系来示范，R 的程序包是 vars。

范例程序：下载价量数据

```
library(quantmod)
IBM.dat = getSymbols("IBM", from="2015-01-01",to="2017-01-18", adjust = T, auto.assign
  = FALSE)
head(IBM.dat)
tail(IBM.dat)
Return = diff(log(IBM.dat[, 4]))*100
volume = log(IBM.dat[, 5])
plot(Return, xlab = "dates", main = "Time series of IBM returns")
plot(volume, xlab = "dates", main = "Time series of IBM volume")
dat0=cbind(Return, volume)
```

```
10.head(dat0)
11.dat=na.omit(dat0)
```

说明

1. 加载程序包 quantmod，以使用函数 getSymbols 从网络上下载 IBM 股票数据。
2. 下载 IBM 股票的“开高低收量”数据，选择从 2015-01-01 到 2017-01-18。可以按照自己的需求修改。只要知道股票代码，就可以用这个函数下载所有的股票数据。
   下载后存成暂存对象 IBM.dat。
3. 查看 IBM.dat 前 6 项数据。
4. 查看 IBM.dat 后 6 项数据。
5. 用对数差分定义回报率 Return。
6. 定义交易量 volume 为对数成交量。
7. 用 Return 数据绘图。
8. 用 volume 数据绘图。
9. 将价量数据合并为数据对象 dat0。
10. 查看 dat0 的前六项，发现有缺值。
11. 删除缺值，创建新数据对象 dat。

上面的范例程序使用程序包 quantmod 内的函数 getSymbols 来下载网络上的上市公司数据。这个函数相当好用，产生的时间序列是 xts 对象。所以，xts 的所有功能都可以使用。例如，如果要取 2016-06-01 到 2016-12-31 的部分数据，以 IBM.dat 为例，用这样的指令即可：

```
IBM.dat["2016-06-01::2016-12-31", ]
```

我们要有查看数据的习惯，最简单的方法是使用 head、tail 和画图。另外，还可以使用 summary 查看数据的内容。画图时，我们会发现时间刻度很难看，如图 8-8-1 所示。要去除这种显示，只要执行下面这行指令即可：

```
Sys.setlocale(category = "LC_ALL", locale = "English_United States.1252")
```

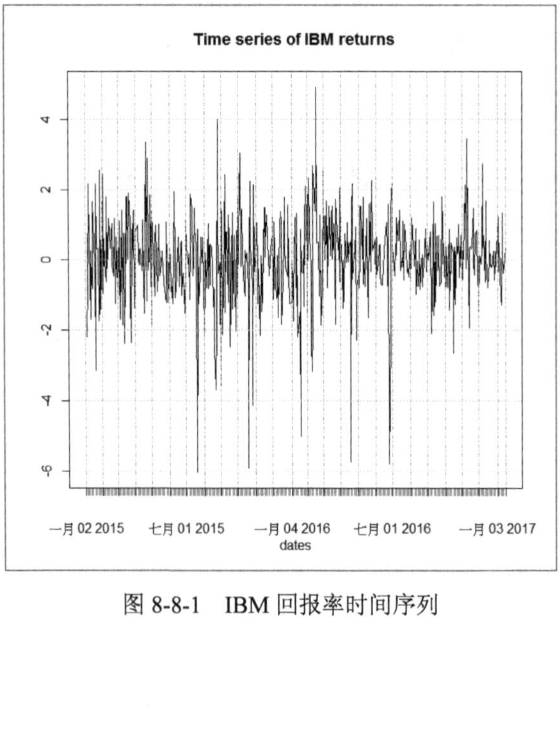

图 8-8-1 IBM 回报率时间序列

这条指令附在程序内。执行一次即可，所以在程序内放在最上面，用#框起来。

执行后，再画一次图，如图 8-8-2 所示，x 轴专业许多。第 10 步是查看合并价量数据，因为计算回报率会少一项数据，所以要先移除缺值，不然后面的估计都会出问题。

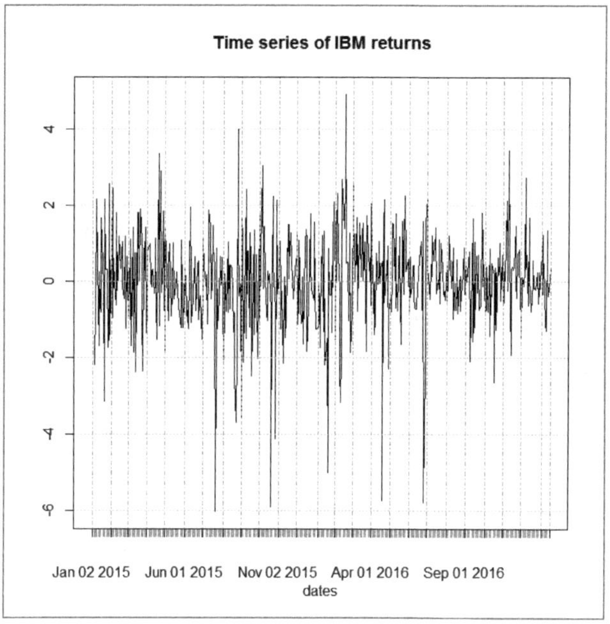

图 8-8-2　时间刻度修正

最后，我们执行 head(dat)来查看数据，可以发现这个数据对象的字段名和原来的都一样。为了便于辨认数据的意义，我们最好置换列名称。

```
            colnames(dat)=c("Ret","Vol")
                Ret          Vol
2015-01-05      -1.5860  15.40
2015-01-06      -2.1802  15.63
2015-01-07      -0.6557  15.36
2015-01-08      2.1502       15.26
2015-01-09      0.4346       15.32
2015-01-12      -1.6923  15.25
```

这组数据就是要用估计 VAR(p)。

范例程序：估计 VAR(p)

```
library(vars)
out.var=VAR(dat, p=1, type="const", season=NULL, exogen=NULL, lag.max=NULL)
options(digits=4)
coef(out.var)
```

说明

1. 载入程序包 vars。
2. 估计 VAR(1)。

3. 设置数字显示有意义的小数位数（注：这个函数和四舍五入不同）。
4. 显示估计系数。

coef(out.var)显示的系数有两个方程式，如下：

```
$Ret
        Estimate    Std. Error  t value    Pr(>|t|)
Ret.l1   -0.007797   0.04471    -0.1744     0.8616
Vol.l1   -0.231507   0.14842    -1.5598     0.1194
const    3.534524    2.25164     1.5698     0.1171

$Vol
        Estimate    Std. Error  t value    Pr(>|t|)
Ret.l1  -0.008611    0.01148    -0.7501     4.535e-01
Vol.l1   0.522840    0.03810    13.7211     1.109e-36
const    7.235513    0.57808    12.5165     1.590e-31
```

初步估计结果如图 8-8-2 所示，其中默认的滞后期是 1。根据系数的结果，写成方程式如下：

$$R_t = 3.57 - 0.007R_{t-1} - 0.23V_{t-1}$$

$$V_t = 7.23 - 0.008R_{t-1} + 0.52V_{t-1}$$

矩阵形式如下：

$$\begin{bmatrix} R_t \\ V_t \end{bmatrix} = \begin{bmatrix} 3.57 \\ 7.23 \end{bmatrix} + \begin{bmatrix} -0.007 & -0.23 \\ -0.008 & 0.52 \end{bmatrix} \begin{bmatrix} R_{t-1} \\ V_{t-1} \end{bmatrix}$$

格兰杰因果检验（Granger Causality）的基本原理，可以这样表示，令一个 VAR(2)的系统如下：

$$Y_t = \alpha_1 + \beta_{11}Y_{t-1} + \beta_{12}X_{t-1} + \beta_{13}Y_{t-2} + \beta_{14}X_{t-2} + u_{1t}$$

$$X_t = \alpha_2 + \beta_{21}Y_{t-1} + \beta_{22}X_{t-1} + \beta_{23}Y_{t-2} + \beta_{24}X_{t-2} + u_{2t}$$

H_O: $\beta_{12} = \beta_{14} = 0$ (X 不 Granger Causes Y)

H_O: $\beta_{21} = \beta_{23} = 0$ (Y 不 Granger Causes X)

检验统计量是 *Wald*-statistic $\sim \chi^2(2)$

承上面的结果，将估计结果对象 out.var 放在检验函数 causality()中。

范例程序：格兰杰因果检验（Granger Causality Test）

```
1. causality(out.var, cause="Ret", boot=TRUE, boot.runs=5000)
2. causality(out.var, cause="Vol", boot=TRUE, boot.runs=5000)
```

说明

1. 执行虚无假设为“回报率没有格兰杰因果交易量”的检验。
2. 执行虚无假设为“交易量没有格兰杰因果回报率”的检验。

上述语句在估计时执行了 5000 次的拔靴法（bootstrapping）来计算标准偏差。结果如下：

```
$Granger
```

```
Granger causality H0: Ret do not Granger-cause Vol

   data:  VAR object out.var
   F-Test = 0.56, boot.runs = 5000, p-value = 0.4
```

根据 p-value=0.4，虚无假设 H_0 是可以被接受的，也就是回报率没有格兰杰因果交易量。读者可以执行另一组检验的结果，再解读结果。

小试身手：把拔靴法声明设为 boot=FALSE，比较一下结果。

脉冲响应分析是看收敛的情况，函数是 irf()。

范例程序：脉冲响应（Impulse-responses）函数 irf()

```
1. output.irf=irf(out.var, impulse = "Vol", response = c("Ret", "Vol"),boot=TRUE,
   boot.runs=1000)
2. output.irf
3. plot(output.irf)
```

说明

1. 执行来自 Vol(量)的脉冲，回报率和量的响应，把结果存成对象 output.irf。
2. 把 output.irf 显示在屏幕。
3. 画出图形。

output.irf 在屏幕上的显示结果有如下两部分。

（1）第一部分是响应系数，默认输出 10 期：

```
Impulse response coefficients
$Vol
         Ret              Vol
 [1,] 0.0000000        0.3273141
 [2,] -0.0757754       0.1711330
 [3,] -0.0390276       0.0901277
 [4,] -0.0205609       0.0474585
```

（2）第二部分是响应系数的信任区间，有两个：第一个是上界，第二个是下界。

上界：

```
Lower Band, CI= 0.95
$Vol
         Ret              Vol
 [1,] 0.0000000        0.2985516
 [2,] -0.1788088       0.1358013
 [3,] -0.0871891       0.0571034
 [4,] -0.0484038       0.0240104
```

下界：

```
Upper Band, CI= 0.95
$Vol
        Ret           Vol
 [1,] 0.000e+00     0.346660
 [2,] 2.642e-04     0.188748
 [3,] 1.156e-03     0.109146
 [4,] 7.796e-04     0.063003
```

要比较统计诊断，还是需要用可视化的方法，脉冲响应关系可以画成图 8-8-3。

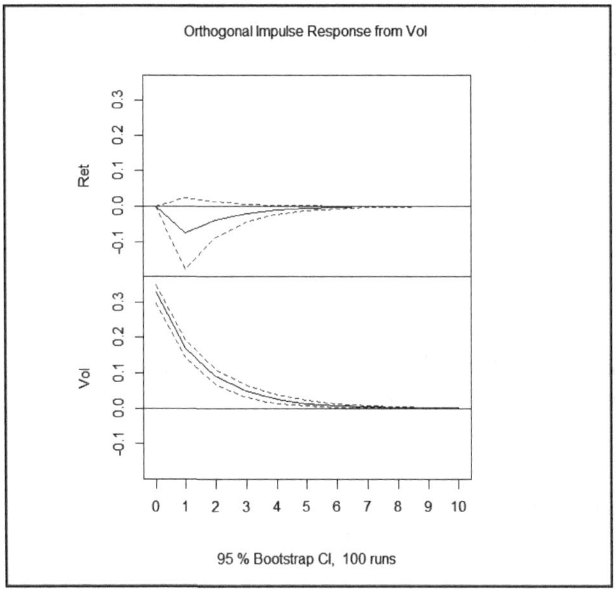

图 8-8-3 脉冲响应图

此外，vars 可以执行三个检验：

（1）残差自相关检验：serial.test(out.var, lags.pt = 16, type = "PT.adjusted")。

（2）稳定性检验：stability(out.var, type = "OLS-CUSUM")。

（3）正态分布检验：normality.test(out.var)。

这些检验都很有用，因为当完成模型的估计后，为了查看估计的缩减式 VAR(p)能充分代表变量的数据产生过程，通常会进行模型诊断检验。最基本的是查看 VAR 模型的估计残差是否存在自相关。查看 VAR 模型的残差自相关，Portmanteau 与 Breusch-Godfrey 的 LM 检验是标准工具，两者检验的虚无假设都为估计残差无自相关。Portmanteau 检验的虚无假设 H_0：所有残差的协方差为 0，适用于高阶次的残差自相关检验。Breusch-Godfrey-LM 检验的虚无假设 H_0：残差矩阵各阶自相关系数矩阵都为 0，适用于低阶次残差自相关检验。

正态检验的重要性在于：考虑一个缩减式 VAR(p)的模型，OLS 能有效地进行估计，所得的估计量与广义最小二乘法估计量（the generalized least squares estimator，GLS estimator）相同。在数据为正态分布之下，最小二乘法估计量与最大似然估计量相同。因此最小二乘法估计量为渐进正态分布，该估计量具有最小渐进协方差矩阵。在大样本下，各个系数可进行 t 检验，系数联合检验可使用 F 检验。

稳定性检验则是检验数据是否有结构变动。若读者有兴趣了解函数内所有的选项声明，可以参考程序包附带的 PDF 文件，或者在 R 内执行 help，例如：

?stability 或 help(stability)

就可以把函数内的选项声明完整列出来。

最后是在 VAR 的估计方法中，滞后期如何能够按照准则选出来？之前的估计都是人工设置 p 等于 1 或 2，VAR 模型的最适滞后期数 p 的确定一般常用 Akaike 信息量准则（Akaike Information Criterion，AIC）、Hannan-Quinn 准则（HQ），Quin 与 Schwarz 准则（SC）。但是，人工一期一期地试，效率非常低，能否像之前自动选择 ARIMA 的做法呢？

这些问题很简单，在第一个范例程序中，VAR()估计时，是给定最大滞后期数 lag.max 和准则 ic，就可以进行前述准则的计算，得出最适滞后期数 p。介绍的三种准则中，AIC 建议的 p 通常最大，SC 建议的 p 最小，HQ 建议的 p 则介于两者之间。例如：

```
VAR(dat, p=1, type="const", exogen=NULL, lag.max=20, ic="AIC")
```

只要 lag.max 有数字，前面的 p=1 就无用，后面的准则 ic 默认是 AIC，择一即可。

```
ic = c("AIC", "HQ", "SC", "FPE")
```

最后，type 有 4 种设置，即 type = c("const", "trend", "both", "none")，按序为“只有截距，只有趋势，截距趋势都有，截距趋势都没有”。

灵活使用这些设置，可以解决绝大多数问题。vars 这个程序包，可以执行结构 VAR（Structural VAR），其包含的功能不少。

第 9 章　波动分析

9.1　单变量 GARCH 原理

广义自回归条件异方差（Generalized AutoRegressive Conditional Heteroscedasticity，GARCH）：财金时间数列的波动，因时时受到不同程度外在冲击（shock）的影响，如产业、政策等，数据的方差会呈现随时间而变动（time-varying）的现象。在对数据的观察中，我们也发现回归残差的平方有聚类（clustering）的现象，残差的平方隐含序列相关。模型概念则是 Engle 在 1982 年提出以方差的条件异质性为基础，建立模型。图 9-1-1 是通过仿真数据绘制出来的，上半部分的图是由标准正态分布抽样所建立的数据，下半部分的图是由正态 GARCH 所建立的数据。GARCH 波动图呈现一个特征，就是特别高或低的波动发生时会产生集中现象。

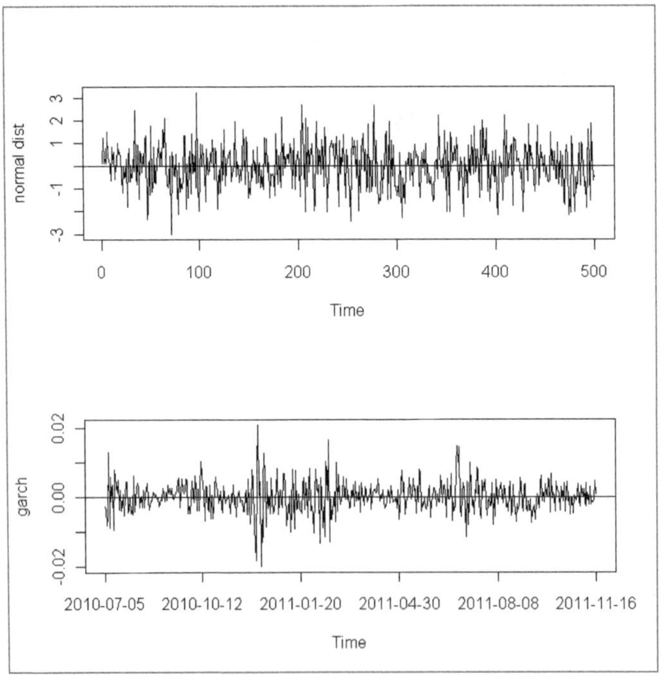

图 9-1-1　通过仿真数据绘制图

一些实证研究也发现：影响股价报酬方差的冲击（shocks），会影响市场风险溢价（risk premium）。债券（bond）超额溢价的方差增加时，市场风险溢价也随之增加。证券市场价格波动程度驱动各个资产价格的波动程度，可预测市场波动影响各个资产的溢价。美国股市的波动影响英国和日本股市的波动。某些资产价格的一阶差分虽具有安定性（stationary，定态），但波动度有聚类（clustering）的现象。时间数列波动的衡量，一般是用标准偏差σ。但是，时间数列的波动出现如下特征：异质波动、尖峰（Lepto-Kurtosis）、肥尾（Fat tail）。

绝大多数资产价格的分布具有相当实质的尖峰性质，而且这种尖峰性质即使利用了 E-GARCH 依然丝毫未损。因而，假设残差为正态分布的 GARCH 系列无法掌握数据的这种性质。克服的做法为改变残差分布的常态假设。例如，Hsieh 在 1989 年和 Nelson 在 1991 年使用了广义误差分布（Generalized Error Distribution，GED）。肥尾的性质隐含二阶方差的收敛性质。高频时间数列数据呈现肥尾性质，对于分析低频时间加总数据概率分布的稳定性和数据频率的选择有统计意义。肥尾的性质对于极值分布（extreme distribution）和风险评估有统计意义。

9.1.1 标准 GARCH

传统形式的方差为：$\varepsilon_t \sim N(\mu,\sigma^2)$。

条件异质方差则是随时间变动的方差：$\varepsilon_t \sim N(\mu,\sigma_t^2)$（ARCH 形式）。

其综合起来解释，已知一组回报率的时间序列 y_t，它的 GARCH 过程有两个方程式：

- 均值方程式（mean equation）：$y_t = \alpha + \varepsilon_t$
- 方差方程式（variance equation）：$\sigma_t^2 = \omega + \sum_{j=1}^{p} \alpha_i \varepsilon_{t-j}^2 + \sum_{j=1}^{q} \beta_j \sigma_{t-j}^2 + \xi_t$

上式一般被简标为 GARCH(p, q)。

重点有二：

- 第一个均值方程式，就是简单的回归，目的在于产生预测误差 ε。也就是说，均值方程式可以为各种时间序列回归，例如，ARIMA 或 ARFIMA 等。R 对此处理相当完备。
- 第二条方差方程式，不是回归式。因为没有被解释变量，也就说，σ_t 不是数据，它必须“被产生”，方差方程式就是一条产生方差的方程式。

所以，GARCH 模式是一个“无中生有”的设计，正因为如此，传统的 LS 都没有办法。所以，估计的时候，必须使用最大似然法（MLE）将之一点一点地推算出来。

广义的 GARCH(p, q)，可以在方差方程式外加其他外生变量（或称为输入变量），例如，汇率变动。

$$\sigma_t^2 = \omega + \sum_{j=1}^{p} \alpha_i \varepsilon_{t-j}^2 + \sum_{j=1}^{q} \beta_j \sigma_{t-j}^2 + \sum_{j=1}^{m} \phi_j z_j$$

z_j 为其他外生变量的汇率变动。

它被称为对称 GARCH，或是标准 GARCH。无论形式为何，GARCH 系列命名都是按照方差方程式。如果由均值方程式形态所命名，则只有一个 GARCH-in-Mean。

$$y_t = \alpha + \delta\sigma_t^2 + \varepsilon_t$$

也就是说，从方差方程式产生的方差，回到均值方程式。系数 δ 的正负显著性，就是一个有名的议题“非对称波动”（Asymmetric Volatility）和“风险与收益权衡”（Risk-Return Trade-Off）。

另外，在金融市场中，好消息(εt>0)、坏消息(εt <0)对条件方差有不同影响。接下来我们介绍非对称 GARCH。

9.1.2 非对称 GARCH

最基本的两个允许对波动非对称冲击的模型是 TGARCH（Threshold GARCH, GJR）和 EGARCH（Exponential GARCH）。此外，还有 Power GARCH 和 Asymmetric Component GARCH 两种。逐次介绍如下：

❖ TGARCH

设定如下：

$$\sigma_t^2 = \varpi + \alpha\varepsilon_{t-1}^2 + \gamma\left(\varepsilon_{t-1}^2 \cdot \mathrm{I}_{t-1}\right) + \beta\sigma_{t-1}^2$$
$$\text{where } \mathrm{I}_t = 1 \text{ if } \varepsilon_t < 0, \text{ and } 0 \text{ otherwise.}$$

（1）如果 $\gamma \neq 0$，则消息面影响为非对称。

（2）如果 $\gamma=0$，则变成一般的 GARCH。

（3）如果 $\gamma>0$，则此非对称杠杆效果存在。

一般形式的一阶阈值 TGARCH(p, q)如下：

$$\sigma_t^2 = \varpi + \sum_{i=1}^{p}\alpha_i\varepsilon_{t-i}^2 + \gamma\left(\varepsilon_{t-1}^2 \cdot \mathrm{I}_{t-1}\right) + \sum_{j=1}^{q}\beta_j\sigma_{t-j}^2$$

非对称性表现在 $\gamma>0$：当ε<0 时，$\left(\varepsilon_{t-1}^2 \cdot \mathrm{I}_{t-1}\right)$这一项就被保留，波动加大 $\alpha_1+\gamma$。

❖ EGARCH

设定如下：

$$\log\sigma_t^2 = \varpi + \alpha\left|\frac{\varepsilon_{t-1}}{\sigma_{t-1}}\right| + \gamma\left(\frac{\varepsilon_{t-1}}{\sigma_{t-1}}\right) + \beta\log\sigma_{t-1}^2$$

（1）条件方差取对数，隐含杠杆效果是指数型（exponential），而不是二次方程式（quadratic）。

（2）同前，如果 $\gamma<0$，则此非对称杠杆效果存在。

（3）如果 $\gamma \neq 0$，则消息面影响为非对称。

非对称性表现在 $\gamma<0$：当ε<0 时，$\dfrac{\varepsilon_{t-1}}{\sigma_{t-1}}$这一项为负，负负得正，所以波动加大$\alpha+\gamma$。

❖ Power GARCH

$$\sigma_t^\delta = \varpi + \sum_{i=1}^{p}\alpha_i(|\varepsilon_{t-i}| - \gamma_i\varepsilon_{t-i})^\delta + \sum_{j=1}^{q}\beta_j\sigma_{t-j}^\delta$$

（1）此模型拟合的波动是标准偏差的幂次方（power）。

（2）$\delta>0$。

（3）$r \leqslant p$。

（4）$|\gamma_i| \leqslant 1$ for $i=1,\ldots r$; $\gamma_i=0$ for $i>r$。

此模型的非对称性表现在 $\gamma \neq 0$，简化起见，令 $\delta=2$：当 $\varepsilon<0$、$\gamma<0$ 时，负负得正，波动加大 $(\alpha+|\gamma|)^2$。

❖ Asymmetric Component GARCH

将 Component 模型加上 TGARCH 的非对称性部分，如下：

$$q_t = w + \rho(q_{t-1} - w) + \phi(\varepsilon_{t-1}^2 - \sigma_{t-1}^2)$$

$$\sigma_t^2 = q_t + \alpha(\varepsilon_{t-1}^2 - q_{t-1}) + \gamma(\varepsilon_{t-1}^2 - q_{t-1})\mathrm{I}_{t-1} + \beta(\sigma_{t-1}^2 - q_{t-1})$$

$\gamma>0$，则隐含条件方差方程式中有暂时性的杠杆效果。

后面使用程序包 rugarch 时的范例程序会解说如何设定这些多样的条件。

9.2 简单单变量 GARCH 程序包 tseries

9.2.1 数据的 ARCH 效果检验

我们以一组数据为例，先拟合 A 股指数回报率的回归，再对回归残差执行 ARCH 效果检验。

范例程序：ARCH 效果检验

```
1. load("index_stock.RData")
2. y=index_stock[,6]
3. fit.ar1 = arima(y, order = c(1,0,0))
4. library(FinTS)
5. ArchTest(fit.ar1$resid)
```

说明

1. 加载数据。
2. 定义第 6 列数据（中国 A 股指数回报率）为 y。
3. 以 ar(1)拟合 y，并将拟合结果存成 fit.ar1。
4. 载入程序包 FinTS。此程序包内有 ARCH 效果检验的函数。如果要移除程序包以释放内存，可用 detach("package:FinTS")指令，请注意 ：前后不可以有空格。
5. 对拟合结果的残差项 fit.ar1**$resid** 执行 Arch 检验。

ArchTest()的函数如下：

```
ArchTest (x, lags=12, demean = FALSE)
```

没有特别指定时，滞后期默认为 12 期。

在第 3 步，我们不一定拟合何种模型，可能只有截距，或有外生解释变量的回归。最重要的是将回归对象存起来，再使用列表语句调用残差，例如，fit.ar1**$resid**。最后就是用 **ArchTest()**检验一组数据是否有 Arch 效果，检验结果如下。根据所提取的 p-value，可以知道“无 ARCH 效果”的虚无假设被显著地拒绝了。

```
ARCH LM-test; Null hypothesis: no ARCH effects
data:  fit.ar1$resid
Chi-squared = 278.2-3413, df = 12, p-value < 8.2-2e-16
```

其实，执行 ARCH 效果检验时，均值方程不必要拟合什么模型，好比本文拟合了 AR(1)，因为 ARCH 效果不会因为线性的拟合而消失。请读者自行将 **ArchTest()**应用于原始数据，并比较检验结果。

> **小试身手：**请将 **ArchTest()**应用于原始数据，并比较拟合模型残差的检验结果差异是否大。

> **小试身手：**请用第 7 章介绍的 ARIMA 自动拟合法，然后检验残差是否具有 ARCH 效果。

9.2.2 标准 GARCH 估计

所谓的标准 GARCH 就是方差方程式的参数是对称的。

范例程序：标准 GARCH(2, 1)

```
1. library(tseries)
2. out=garch(y, order = c(2, 1))
3. summary(out)
4. names(out)
5. tail(out$fitted,10)
6. plot(out)
```

说明

1. 载入程序包 tseries。如需移除以释放内存，可使用指令 detach("package:tseries")。
2. 估计并将估计结果存入对象 out。order=c(q, p), p=ARCH order, q=GARCH order。
3. 将前面估计的结果显示出来。
4. 查一查 out 内有哪些内容。
5. 看一看拟合出的条件标准偏差的后 10 项。
6. 对前面模型拟合估计的结果进行绘图分析，如图 9-2-1 所示。

summary()的结果如下：

```
Model:  GARCH(2,1)
Residuals:
    Min        1Q        Median      3Q        Max
 -3.41764    -0.51956    0.02855    0.63875    3.86647
Coefficient(s):
     Estimate      Std. Error     t value    Pr(>|t|)
a0   1.271e-02     5.281e-03      8.2-407    0.016100 *
a1   1.149e-01     3.293e-02      3.490      0.000484 ***
b1   8.761e-01     8.2-891e-01    3.031      0.002441 **
b2   1.487e-13     8.2-579e-01    0.000      1.000000
```

a0：方差方程式的截距项。

a1：方差方程式的 ARCH 项。

b1、b2：方差方程式的 GARCH 项。

```
Diagnostic Tests:
      Jarque Bera Test
data:  Residuals
X-squared = 39.9308, df = 2, p-value = 8.2-134e-09
```

这个检验是对回归残差进行正态检验。虚无假设是正态。

```
      Box-Ljung test
data:  Squared.Residuals
X-squared = 0.7982, df = 1, p-value = 0.3716
```

这个检验是对回归残差的平方进行序列相关检验，这个检验的结果可以确认数据是否还有 ARCH 效果。虚无假设是无序列相关。

names(out) 可以查看 **garch**()估计完之后生成了哪些内容。根据下面的显示，有 10 个对象。

```
[1] "order" "coef"    "n.likeli" "n.used" "residuals" "fitted.values"
[7] "series" "frequency" "call"  "vcov"
```

其中比较重要的是 fitted.values，这个是计算出来的条件标准偏差σ_t。要查看数据，则必须使用 **out$**fitted 取出来，我们用 **tail**(out$fitted, 10)取出后 10 项看一看：

```
          sigt        -sigt
[1008,]  0.5870628   -0.5870628
[1009,]  0.5763043   -0.5763043
[1010,]  0.5605981   -0.5605981
[1011,]  0.5369335   -0.5369335
[1012,]  0.5150979   -0.5150979
[1013,]  0.5575046   -0.5575046
[1014,]  0.6455730   -0.6455730
[1015,]  0.6524008   -0.6524008
[1016,]  0.6224509   -0.6224509
[1017,]  0.5957518   -0.5957518
```

我们要看的是第 1 列[1] σ_t。

plot(out) 会画出许多图，如图 9-2-1 所示。

小试身手：请将 σ_t 绘出时间序列图。使用第 3 章的检验函数，执行残差项的正态检验。

[1] 第 2 列取了负号，推测是开根号使然。另外，**predict**(out)也有同样的功能。

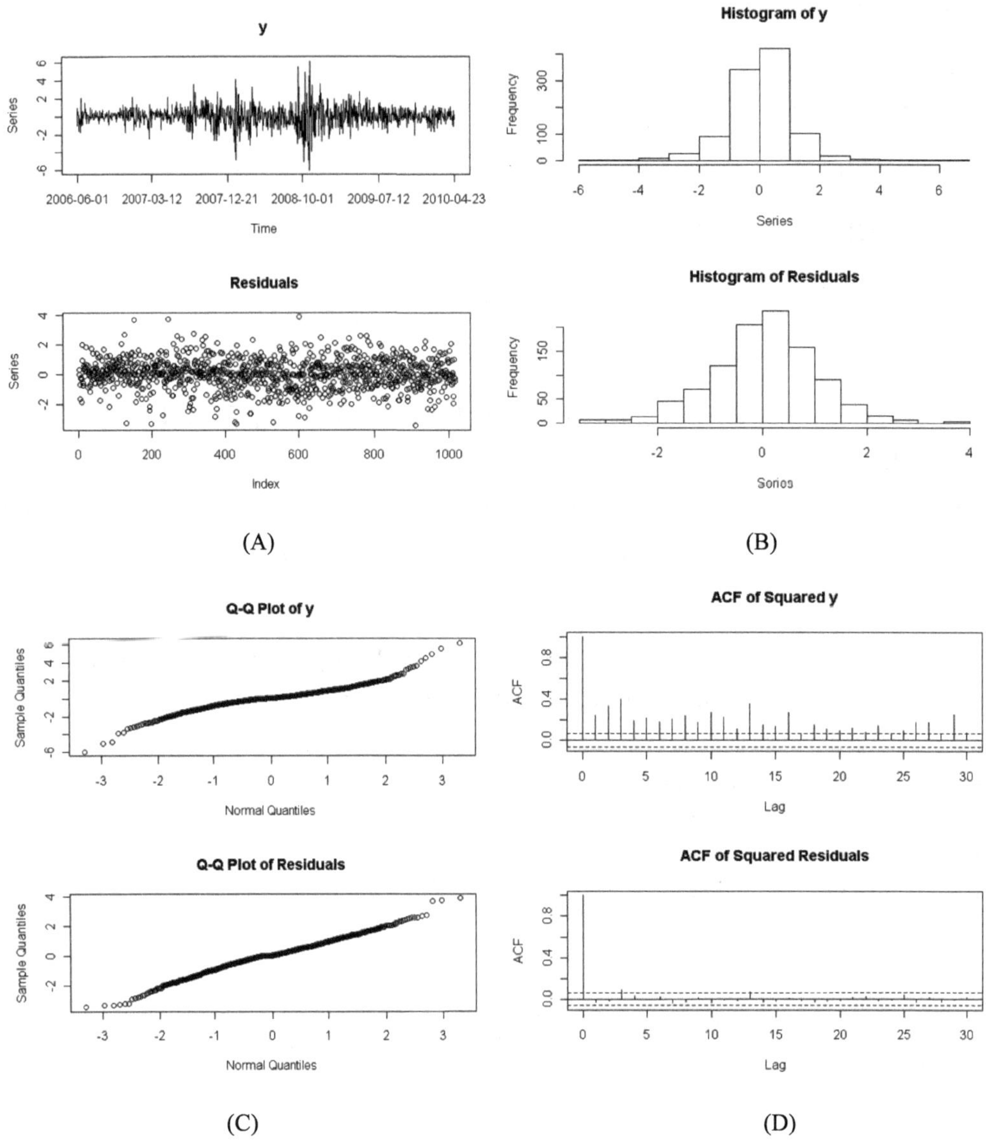

图 9-2-1　程序包 tseries 的 GARCH 诊断图

9.2.3　标准 GARCH 估计程序包 fGarch

范例程序：标准 GARCH(2, 1)

```
library(fGarch)
distribution=c("std")
fit=garchFit(~ garch(2,1), data=y, cond.dist= distribution)
summary(fit)
plot(fit)
volatility(fit)
residuals(fit, standardize = FALSE))
```

说明

1. 载入程序包 fGarch。如需移除以释放内存，可以使用指令 **detach**("package:fGarch")。
2. 选择残差的概率分布，此处 std 为 *student T* 分布。
3. 估计。将结果存入对象 fit。garch(p, q), p=ARCH order, q=GARCH order。
4. 将前面估计的结果显示出来。
5. 对前面的模型拟合估计的结果，进行绘图分析，如图 9-2-2 所示。
6. 提取条件标准偏差 σ_t。
7. 提取残差。

第 2 步的分布除了正态分布之外，总共有= c("norm", "snorm", "ged", "sged", "std", "sstd", "nig", "QMLE") 8 种：

- "norm"：Normal Distribution（正态分布）。
- "snorm"：Skewed Normal Distribution（偏态分布）。
- "ged"：Generalized Error Distribution（广义误差分布）。
- "sged"：Skewed Generalized Error Distribution（偏态广义误差分布）。
- "std"：Student Distribution（T 分布）。
- "sstd"：Skewed Student Distribution（偏 T 分布）
- "nig"：Normal inverse Gaussian Distribution（正态逆高斯分布）。
- "QMLE"：Quasi-Maximum Likelihood Estimation（拟极大似然估计），这个选项假设了正态分布，但是使用鲁棒标准误差（robust standard errors）进行检验。Bollerslev 和 Wooldridge 在 1992[2] 年证明如果均值方程式和方差方程式是正确的设定，则 QMLE 估计值是一致（consistent）的且渐进正态的（asymptotically normal）。

summary(fit) 所显示的结果如下：

```
Error Analysis:   此为方差方程式的估计系数
         Estimate   Std. Error   t value   Pr(>|t|)
mu        0.076071   0.021676     3.510     0.000449 ***
omega     0.008948   0.005933     1.508     0.131470
alpha1    0.060532   0.038035     1.591     0.111499
alpha2    0.058582   0.047850     1.224     0.220846
beta1     0.879780   0.029877     29.447    < 2e-16 ***
shape     6.940654   1.603497     4.328     1.5e-05 ***

Log Likelihood:
 -1298.244    normalized:  -1.276543

Standardised Residuals Tests:   标准化残差的检验
                               Statistic     p-Value
 Jarque-Bera Test    R    Chi^2    45.61893    1.241582e-10  (正态)
 Shapiro-Wilk Test   R    W        0.9889911   6.490034e-07  (正态)
```

[2] Bollerslev T., Wooldridge J.M. (1992); Quasi-Maximum Likelihood Estimation and Inference in Dynamic Models with Time-Varying Covariance. *Econometric Reviews* 11, 143–178.2-

```
Ljung-Box Test      R    Q(10)    11.24491    0.3387582 (序列相关)
Ljung-Box Test      R    Q(15)    29.43389    0.01413475 (序列相关)
Ljung-Box Test      R    Q(20)    35.99697    0.01539371 (序列相关)
Ljung-Box Test      R^2  Q(10)    13.81002    0.1818347 (序列相关)
Ljung-Box Test      R^2  Q(15)    19.83773    0.1782461 (序列相关)
Ljung-Box Test      R^2  Q(20)    24.33897    0.2278986 (序列相关)
LM Arch Test        R    TR^2    13.49608    0.3340367 (ARCH)
```

标准化残差检验的第 2 列：R 是残差，R^2 是残差平方。第 1 列的检验项对应的中文含义标在列尾括号中。

```
Information Criterion Statistics: 4 个拟合程度值
AIC          BIC          SIC          HQIC
8.2-564885   8.2-593939   8.2-564816   8.2-575919
```

plot(fit) 这条指令声明后，R 控制台会出现交互式绘图框及 13 个选项，具体如下：

```
                    Make a plot selection (or 0 to exit):
1:  Time Series                              2:  Conditional SD
3:  Series with 2 Conditional SD Superimposed  4:  ACF of Observations
5:  ACF of Squared Observations                6:  Cross Correlation
7:  Residuals                                8:  Conditional SDs
9:  Standardized Residuals         10:  ACF of Standardized Residuals
11: ACF of Squared Standardized Residuals
12:  Cross Correlation between r^2 and r
13: QQ-Plot of Standardized Residuals
```

控制台下面可以输入对应的数字，可以显示要绘制的图形。简单的做法就是知道这 13 个选项后，用 plot(fit, which=10)来单选。

如果要一次画出 13 个图形，可以使用下面的指令：

```
par(mfrow=c(4, 4))       将图框分割成 4x4=16 格
plot(fit, which="all")   绘制所有的图
par(mfrow=c(1, 1))       将图框恢复成 1x1
```

结果如图 9-2-2 所示。

其实，我们往往不需要这么多，假如我们需要前 4 个，则使用如下语句：

```
par(mfrow=c(2,2))
plot(fit, which=1:4)
par(mfrow=c(1,1))
```

结果如图 9-2-3 所示。

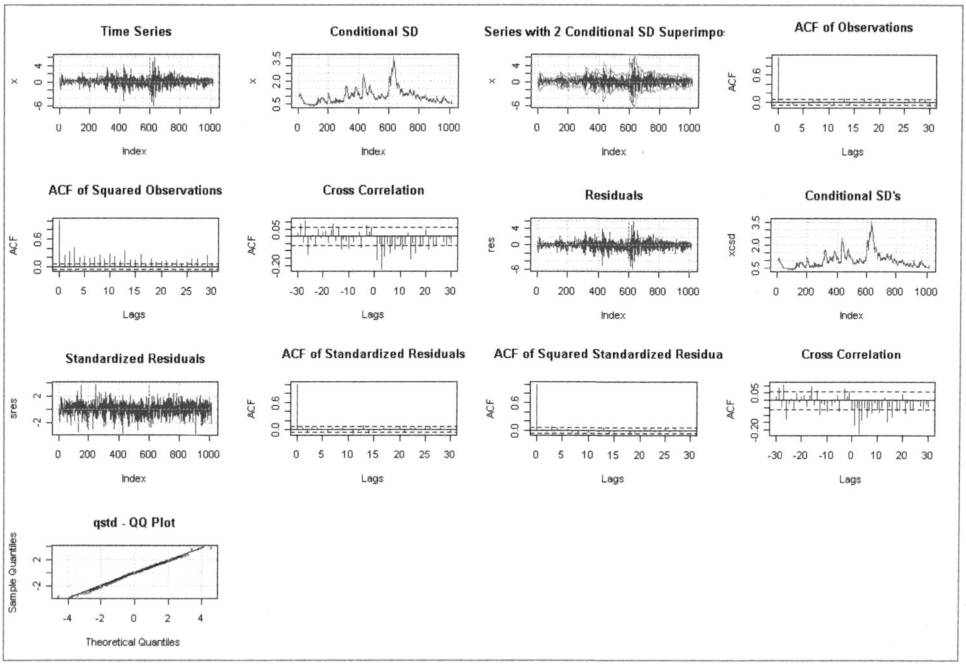

图 9-2-2　一次画出 13 个图形

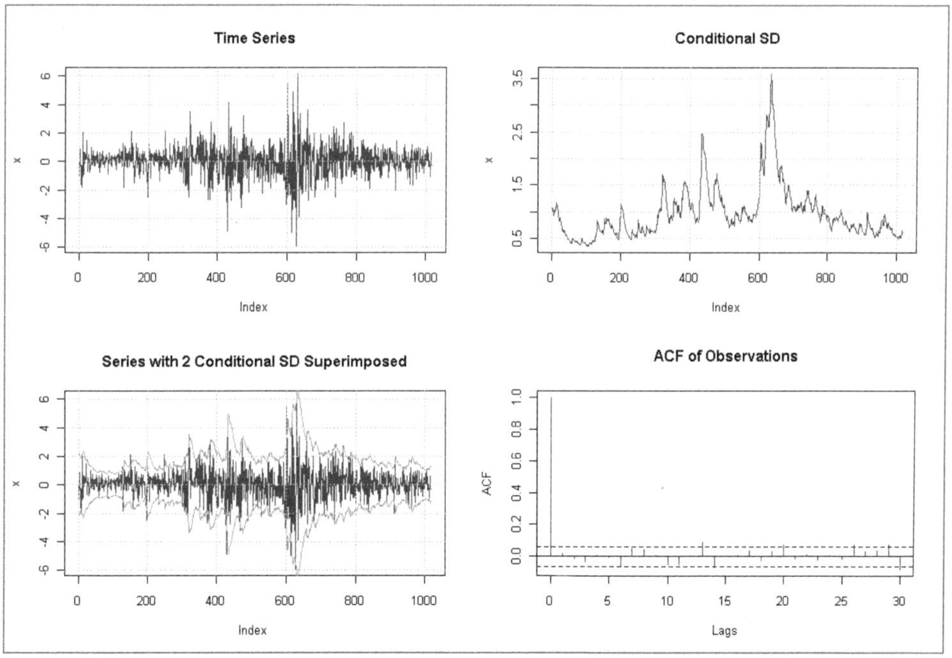

图 9-2-3　程序包 fGarch 的绘图

假如我们需要第 1、2、5、6 这 4 个图形，可使用如下语句：

```
par(mfrow=c(2,2))
plot(fit, which=c(1, 2, 5, 6))
par(mfrow=c(1,1))
```

结果如图 9-2-4 所示。

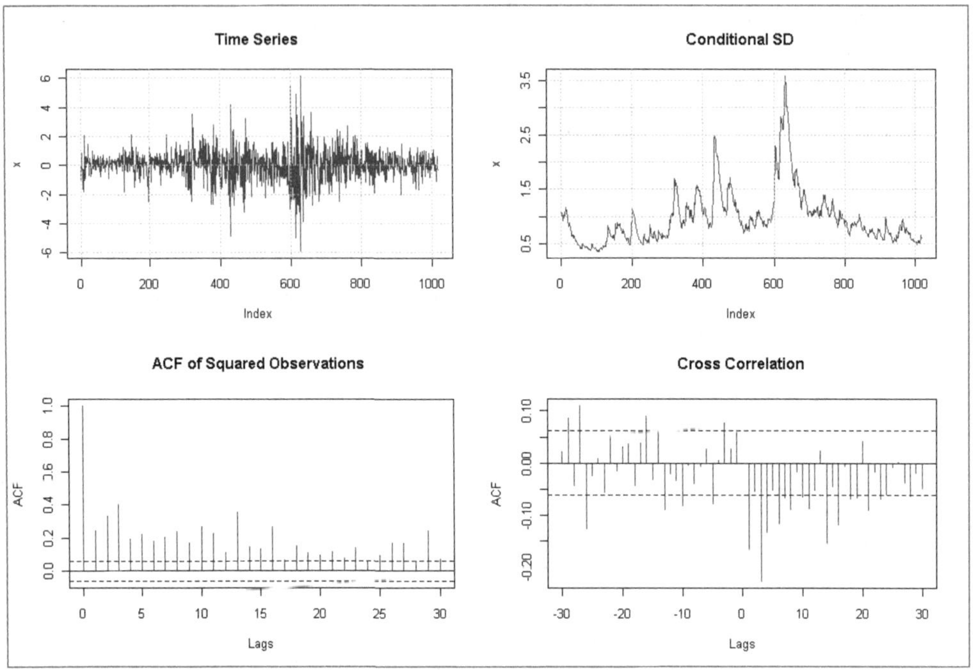

图 9-2-4　程序包 fGarch 的绘图

我们发现在上面两种画法中，R 图框显示时相当慢，这是由 fGarch 内置的绘图处理过程使然。如果要快，一个一个绘制最快：

```
par(mfrow=c(2,2))
plot(fit, which=1)
plot(fit, which=2)
plot(fit, which=5)
plot(fit, which=6)
par(mfrow=c(1,1))
```

最后，我们介绍如何运行时间序列的预测，本例是回报率。

范例程序：预测时间序列

```
predict(fit, n.ahead = 50, mse="cond",  plot=TRUE, crit_val=2)
```

说明

生成预测值，如图 9-2-5 所示。

- n.head=50：样本外预测 50 期。
- mse = "cond"：mean error= $\sqrt{E_t[x_{t+h}-E_t x_{t+h}]^2}$ ，若 = "uncond" ，则 mean error = $\sqrt{E[x_{t+h}-E_t x_{t+h}]^2}$ 。
- crit_val=2：预测值以±2 作为信任区间。

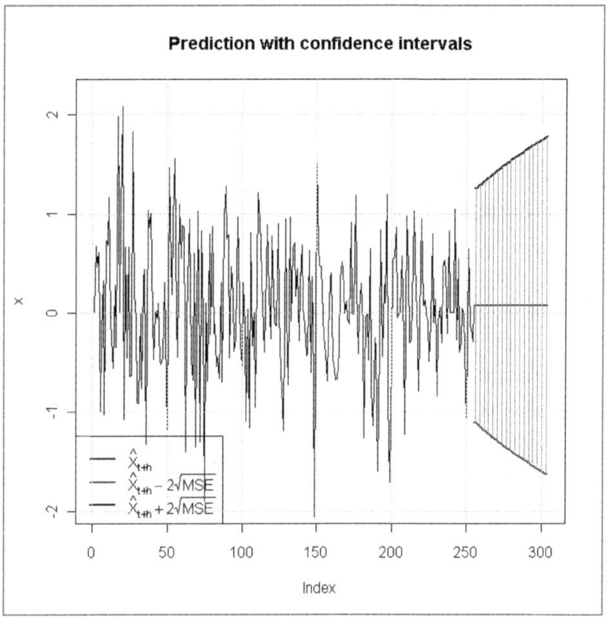

图 9-2-5 程序包 fGarch 的预测图

上面这个预测图中的红线是预测值、绿线是信任区间，由此可见这个样本外预测的表现不好。

小试身手：取出 Mexico 股市和债市指数回报率的两组数据，拟合完 GARCH(2,1)后，将两组数据的 cross-correlation（互相关）图放置在一起，比较并解释差异。

小试身手：承上题，用 volatility()取出两组数据的条件标准偏差，绘图比较。

9.3 专业 GARCH 程序包 rugarch

9.3.1 rugarch 的基本结构

程序包 tseries 对于 GARCH 模式的处理相当简单，例如，除了内建正态分布，没有其他分布可以选；只有单组数据，没有均值方程式（mean equation）的设置；方差方程式也不允许加入其他外生变量（或输入变量）。另外，GARCH 系列有许多变种模型，tseries 也不能处理。fGarch 虽然好多了，但是对于均值方程式的回归形式拟合（如 ARMA）或方差方程式的非对称形式（如 e-GARCH）也不行[3]。

2011 年在 R 的 CRAN 网页公布了一个新程序包 rugarch，这个程序包虽然是适用于单变量 GARCH 的方差方程式，但是已经具有极强的内容，而且对于应用于风险价值（value-at-risk）的图形，也一并导出。在财务经济分析上，十分便利。这一节我们对此做简单的介绍。

如果均值方程式（mean equation）是 ARMA(1,1)而方差方程式是 GARCH(2 ,1)，要如何做呢？rugarch 只要声明三种对象的形式即可：

[3] **fGarch** 可以让均值方程式拟合某种结构，如 ARMA，但是其声明太过烦琐。

```
mean.spec: mean equation form
var.spec: variance equation form
dist.spec: distribution model
```

参考如下程序。

范例程序：ARMA(1,1)-GARCH(2, 1)

```
1. library(rugarch)
2. mean.spec=list(armaOrder=c(1,1), include.mean=T, archm=F, archpow=1, arfima=F,
   external.regressors = NULL)
3. var.spec=list(model="sGARCH", garchOrder = c(2,1), submodel = NULL, external.regressors
   = NULL, variance.targeting = F)
4. dist.spec=c("norm")
5. myspec=ugarchspec(mean.model=mean.spec, variance.model=var.spec,
   distribution.model=dist.spec)
6. out=ugarchfit(spec=myspec, data =y, solver.control = list(trace = 0))
7. show(out)
8. plot(out)
```

说明

1. 载入程序包 rugarch。
2. 模型条件声明 1：声明均值方程式模型的设置，此处，我们拟合 ARMA(1,1)。
3. 模型条件声明 2：声明方差方程式的结构。此处，我们估计标准 GARCH(2,1)。
4. 模型条件声明 3：声明分布。此处，选择正态分布。
5. 将前述三个宏条件整合。
6. 估计。将结果存入对象 out。
7. 将前面估计的结果显示出来。
8. 对前面的模型拟合估计的结果进行绘图分析，如图 9-3-1 所示。

上述程序估计的结果如下：

```
Conditional Variance Dynamics
-----------------------------------
GARCH Model    : sGARCH(2,1)
Mean Model     : ARFIMA(1,0,1)   mean eq.可设置的模型不止 ARMA
Distribution   : norm
Optimal Parameters
------------------------------------
         Estimate    Std. Error    t value    Pr(>|t|)
mu        0.067804    0.023713     8.2-8594   0.004244
ar1      -0.829068    0.122628    -6.7608     0.000000
ma1       0.879431    0.105140     8.3644     0.000000
omega     0.019126    0.008401     8.2-2765   0.022817
alpha1    0.078329    0.035111     8.2-2309   0.025687
alpha2    0.069880    0.044670     1.5644     0.117732
beta1     0.837540    0.033572    24.9475     0.000000

Robust Standard Errors:   考虑残差异质性之修正后标准偏差
```

```
        Estimate     Std. Error    t value    Pr(>|t|)
mu       0.067804     0.023363     8.2-9022   0.003706
ar1     -0.829068     0.208294    -3.9803     0.000069
ma1      0.879431     0.177011     4.9682     0.000001
omega    0.019126     0.012773     1.4974     0.134301
alpha1   0.078329     0.052729     1.4855     0.137410
alpha2   0.069880     0.057196     1.2218     0.221794
beta1    0.837540     0.048282    17.3470     0.000000
```

以上是两组估计参数，用方程式可写成如下形式：

$$y_t = 0.0678 - 0.829 y_{t-1} + 0.879 \varepsilon_{t-1} + \varepsilon_t$$
$$\sigma_t^2 = 0.019 + 0.078 \varepsilon_{t-1}^2 + 0.0699 \varepsilon_{t-2}^2 + 0.838 \sigma_{t-1}^2$$

第 1 组是优化参数（Optimal Parameters），第 2 组是鲁棒误差（Robust Errors）。两组的系数不会有差异，差异在于修正后的标准偏差。一般我们都会选用鲁棒误差（Robust Errors）这一组来讨论。

接下来的是诊断，我们就不赘述了，但是请读者仔细看一看，rugarch 提供的估计后诊断是相当完备的。

```
LogLikelihood : -1307.384
Information Criteria  整体拟合度
Akaike        8.2-5848
Bayes         8.2-6187
Shibata       8.2-5847
Hannan-Quinn    8.2-5977

Q-Statistics on Standardized Residuals  标准化残差的序列相关检验
        statistic   p-value
Lag10     6.118      0.63402
Lag15    23.962      0.03148
Lag20    30.310      0.03454
H0 : No serial correlation

Q-Statistics on Standardized Squared Residuals  标准化残差平方的序列相关检验
        statistic   p-value
Lag10     18.2-30    0.1385
Lag15     18.00      0.1575
Lag20     21.24      0.2675

ARCH LM Tests  残差的 ARCH 效果检验
             Statistic  DoF   P-Value
ARCH Lag[2]     0.9059    2    0.6357
ARCH Lag[5]     6.3194    5    0.2764
ARCH Lag[10]   11.7394   10    0.3029

Nyblom stability test  模型参数稳定性检验
Joint Statistic:  1.0197
```

```
Individual Statistics:
mu       0.28363
ar1      0.11259
ma1      0.07881
omega    0.31831
alpha1   0.19695
alpha2   0.22022
beta1    0.21505
Asymptotic Critical Values (10% 5% 1%)
Joint Statistic:    1.69  1.9  8.2-35
Individual Statistic: 0.35  0.47  0.75
```

Nyblom stability test 的虚无假设的参数是稳定的。根据下面 5%显著程度的临界值，无论是联合检验（1.9）还是各个检验（0.47），都接受参数是稳定的虚无假设。

```
Sign Bias Test                    Engle and Ng(1993)之 sign test
                      t-value      prob        sig
Sign Bias              8.2-0810    3.769e-02   **
Negative Sign Bias     0.4537      6.502e-01
Positive Sign Bias     1.7591      7.886e-02   *
Joint Effect          21.9592      6.652e-05   ***
```

这个统计量检验了标准化残差的平方的常数对于 shocks 是否有正负残差的差异。下面的检验结果可知正负的溢价对 shocks 有不同的反应。也就是建议使用 Asymmetric 形式的模型。

```
Adjusted Pearson Goodness-of-Fit Test:    Adj. Person 拟合度检验
      group      statistic   p-value(g-1)
1      20         51.14      8.885e-05
2      30         56.19      1.797e-03
3      40         71.02      1.299e-03
4      50         79.21      4.041e-03
```

Adj. Person 拟合度检验的基础是：比较标准化残差的数据所呈现的分布和理论分布的差异。此处是正态分布。这个检验是按照 Palm 和 Vlaar 在 1997 年提出的分组方法来计算的，根据结果的 P-value 均显著地拒绝了虚无假设，也就是这个模型拟合正态分布不是很好，应该选择其他分布。

plot(out) 这条指令声明后，R 的控制台会出现 12 个选项，具体如下：

```
Make a plot selection (or 0 to exit):
 1:   Series with 2 Conditional SD Superimposed
 2:   Series with 8.2-5% VaR Limits (with unconditional mean)
 3:   Conditional SD
 4:   ACF of Observations
 5:   ACF of Squared Observations
 6:   ACF of Absolute Observations
 7:   Cross Correlation
 8:   Empirical Density of Standardized Residuals
 9:   QQ-Plot of Standardized Residuals
10:   ACF of Standardized Residuals
```

```
11:   ACF of Squared Standardized Residuals
12:   News-Impact Curve
```

plot(out, which="all") 绘制所有的图，如图 9-3-1 所示。

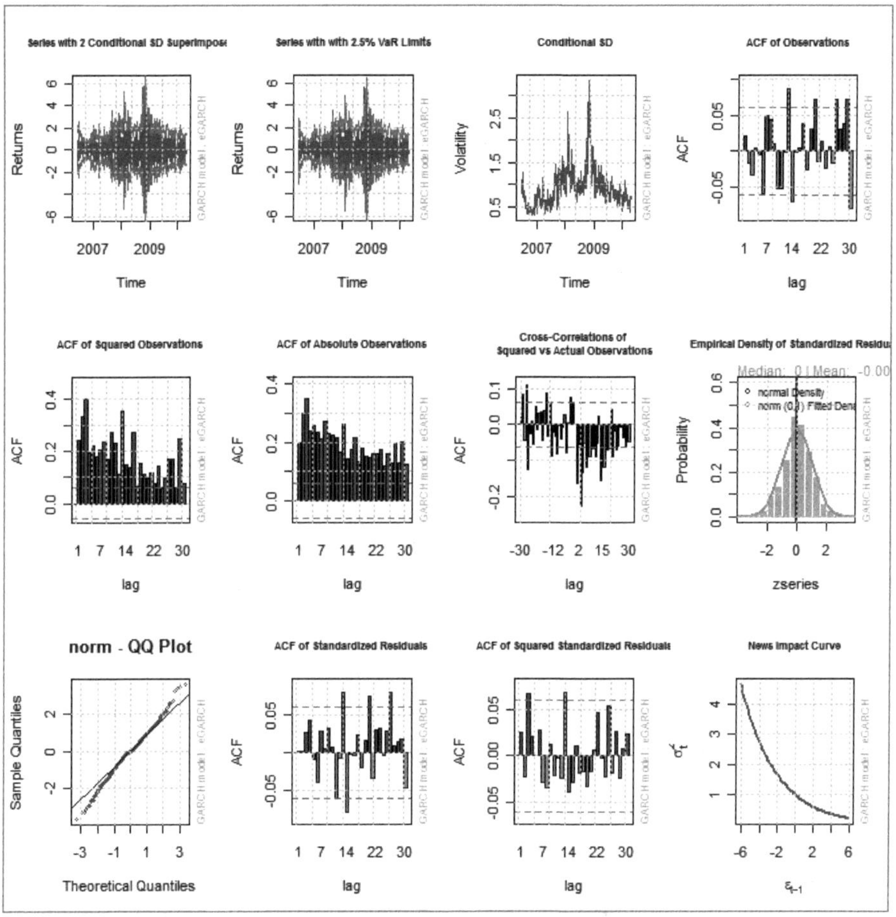

图 9-3-1　程序包 rugarch 所有可绘的图

我们只要选择要绘图的类型即可。例如，选 1 会出现图 9-3-2。中间是原始数据，上下标 2 个单位条件标准偏差。

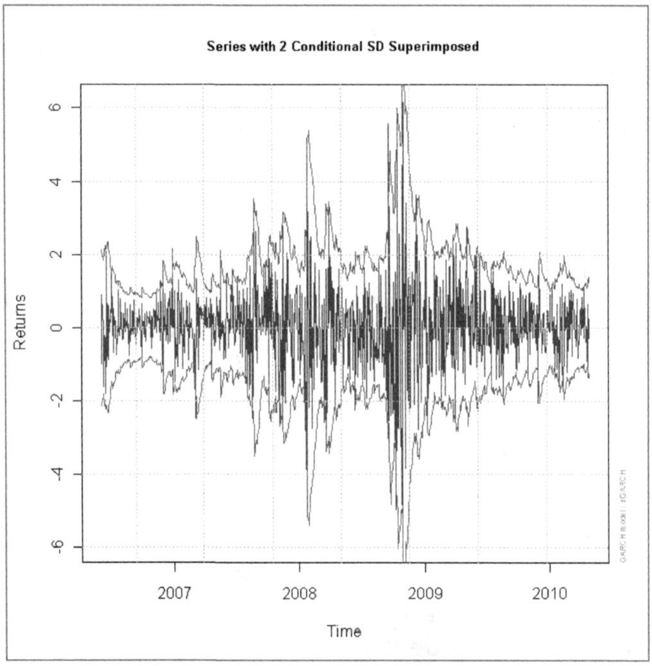

图 9-3-2　程序包 rugarch 的选项 1 对应的图

选 2 会出现估算的α=8.2-5% VaR limits 的风险价值，如图 9-3-3 所示。

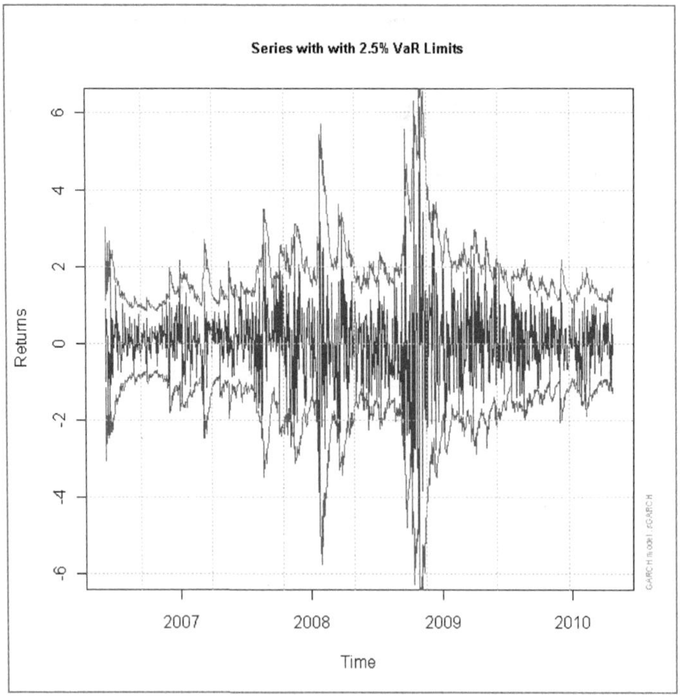

图 9-3-3　程序包 rugarch 的选项 2 对应的图

选 9 会出现标准化残差的 QQ 图，如图 9-3-4 所示。

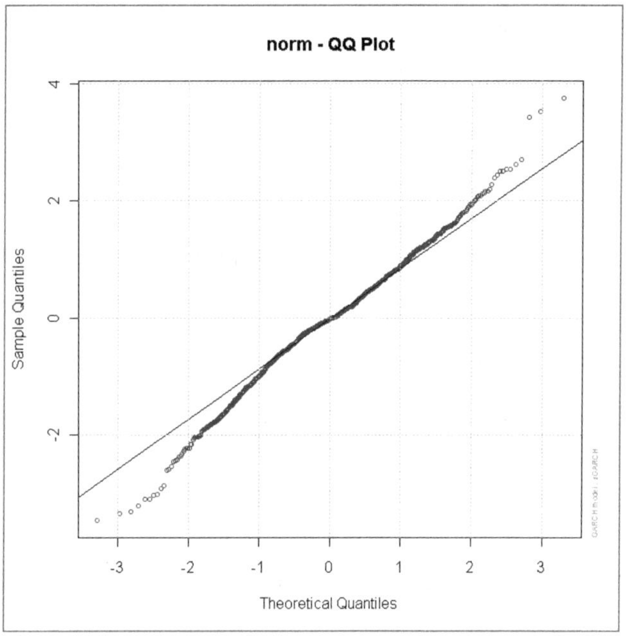

图 9-3-4　程序包 rugarch 的选项 9 对应的图

选 12 会出现 News Impact（新闻冲击）曲线，仿真信息的效果，如图 9-3-5 所示。

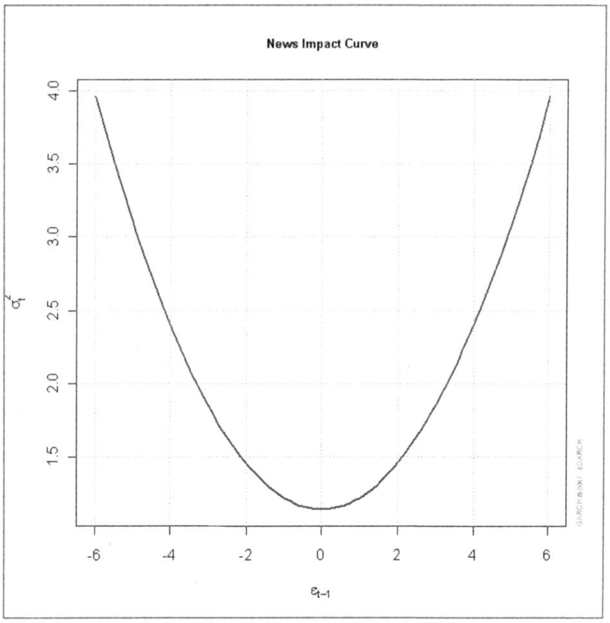

图 9-3-5 程序包 rugarch 的选项 12 对应的图

要退出，选择 0 即可。由上可知，rugarch 程序包的功能十分强大。

小试身手：以 ARMA(0,2)拟合均值方程式，以 GARCH(3,2)拟合方差方程式。比较条件分布（Student-t）和 GED 的估计结果。

小试身手：sigma() 和 **residuals()**分别是两个函数，可以用来从对象中取出条件标准偏差σ_t和残差项，请对 Russia 股市和债市指数回报率，以 std 分布估计 GARCH(2,1)模型，取出σ_t，将两个市场的σ_t绘于同一个图框中再进行比较。

9.3.2 rugarch 的高级设置

各种各样的 GARCH 模型，只需要修改前面范例程序的 ABC 三个条件内的参数即可。我们详细解说三个条件的设置，只要了解了这三个设置之后，使用 GARCH 的模式，就能得心应手。

（1）Mean equation specification（均值方程式的规范）

```
mean.spec=list(armaOrder=c(1,1), include.mean=T, archm=F, archpow=1, arfima=F,
external.regressors = NULL)
```

- armaOrder= c(1,1)：均值方程式拟合 ARMA(1,1)。
- include.mean=T：均值方程式拟合的模型需要截距项。如果不需要，则改为 F。
- archm=F：是否要拟合 GARCH-in-mean，如果要，就改成 T；选 T 时就必须声明下面的参数 archpow=。
- archpow=1：这是 GARCH-M 选项，写 1 代表标准偏差。archm=F 时，这个参数没有作用。细节在 GARCH-M 模型处解说。
- arfima=F：均值方程式是否拟合 ARFIMA 结构的分数差分（fractional difference）。如果要，改成 T。
- external.regressors = NULL：均值方程式有无其他外生变量。如果有，则输入和 y 一样长度的数据变量名称（可以用矩阵形式）。

（2）Variance equation specification（方差方程式规范）

```
var.spec=list(model="sGARCH", garchOrder = c(1,1), submodel = NULL, external.regressors =
NULL, variance.targeting = F)
```

- model="sGARCH"：内建标准 GARCH。其余标准尚有 5 种，即"iGARCH" "gjrGARCH" "eGARCH" "apGARCH"和"fGARCH"。熟悉 GARCH 模型的人对前置字母应该相当熟悉。
- garchOrder = c(2,1)：声明 2 阶 ARCH 和 1 阶 GARCH。此处和 tseries 相反。
- submodel = NULL：是否要包含 submodel。
- external.regressors = NULL：方差方程式有无其他外生变量。如果有，则输入和 y 一样长度的数据变量名称（可以用矩阵形式）。如果有，就称为 GARCH-in-CV。
- variance.targeting = F：是否要包含方差选定（variance targeting）。

（3）Conditional distribution specification（条件分布规范）

```
dist.spec=c("norm")
```

除了正态分布之外，全部可用的分布如下：

- "norm"：Normal Distribution（正态分布）。
- "snorm"：Skewed Normal Distribution（偏态分布）。

- "ged": Generalized Error Distribution（广义误差分布）。
- "sged": Skewed Generalized Error Distribution（偏广义误差分布）。
- "std": Student Distribution（T 分布）。
- "sstd": Skewed Student Distribution（偏 T 分布）。
- "nig": Normal inverse Gaussian Distribution（正态逆高斯分布）。
- "jsu": Johnson's reparameterized SU Distribution（约翰逊的重新参数化 SU 分布）。

rugarch 程序包的条件分布相当多，也可以对分布做进一步的参数设置。更高级的模型，还包括使用日内数据 Hansen 的 realized GARCH 模型等。因为较为高级，本章就不介绍了。

9.3.3 iClick 程序包的统一处理

本书作者开发了一个程序包 iClick，内有 iClick.GARCH 的功能，可以将 8 种概率分布的组合按照均值方程式和方差方程式一次呈现，相当便于比较。

范例程序

```
1. dat0=read.csv("wti.csv")
2. head(dat0)
3. dat1=timeSeries::as.timeSeries(dat0[,"Settle"],as.Date(dat0[,"Dates"]))
4. y=timeSeries::returns(dat1)*100
5. names(y)="y"
6. head(y)
7. library(iClick)
8. meanEQ=list(AR=1,MA=0, Exo=NULL, autoFitArma=FALSE, arfimaDiff=FALSE, archM=FALSE)
9. garchEQ=list(Type="sGARCH", P=1, Q=1, exo=NULL)
10.iClick.GARCH(y,meanEQ, garchEQ,  n.ahead=10)
```

说明

1. 前 6 行是构建数据，此处不赘述。
2. 载入程序包 iClick。
3. 声明均值方程式的条件。
4. 声明方差方程式的条件。
5. 估计。

```
meanEQ=list(AR=1,MA=0, Exo=NULL, autoFitArma=FALSE, arfimaDiff=FALSE, archM=FALSE)
```

这是第 8 行的均值方程式，内容声明说明如下：

- 如果有其他外生解释变量 X，则这样声明：Exo=X。
- 如果 autoFitArma=TRUE，则 ARMA 自动拟合最佳阶次。
- 如果 arfimaDiff=TRUE，则采用 ARFIMA 差分。
- 如果 archM=TRUE，则估计 GARCH-in-mean。

```
garchEQ=list(Type="sGARCH", P=1, Q=1, exo=NULL)
```

这是第 9 行的方差方程式，内容声明说明如下：

- Type 是 GARCH 模式选项，可以有 5 种选择："sGARCH" "eGARCH" "gjrGARCH" "iGARCH"和"apGARCH"。
- P 是 ARCH 阶次。
- Q 是 GARCH 阶次。

估计后的结果会出现一个按钮面板，如图 9-3-6 所示。每一个分布显示 6 格，最后 6 格是综合比较，单击每一个按钮后，都会将估计结果整理并显示出来，同时在工作目录存储成一个 .csv 的表格文件。例如，Table of Coefficients 就把 8 个概率分布整理成表格。其余皆同。

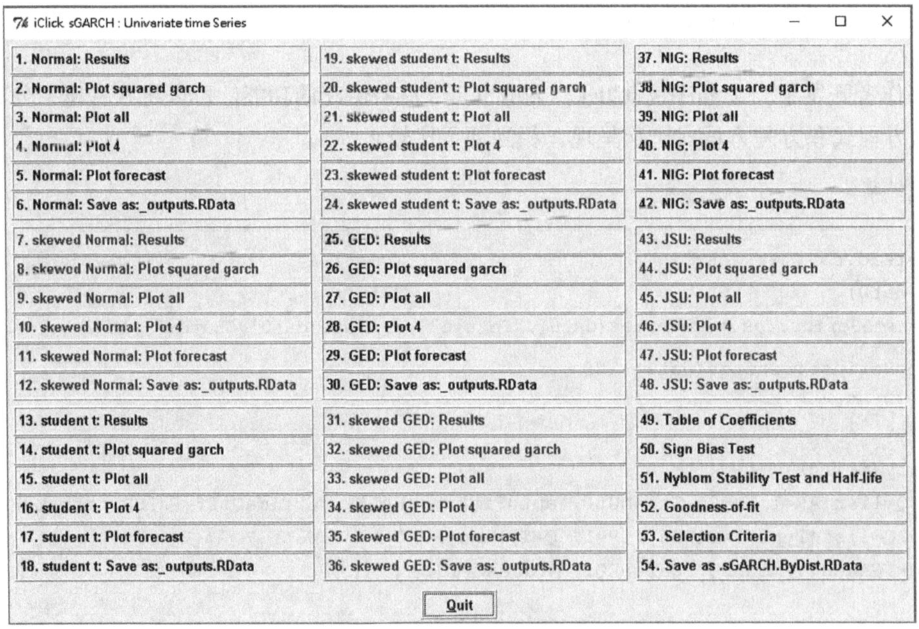

图 9-3-6 iClick.GARCH 的结果

9.4 多变量 GARCH 程序包 rmgarch

9.4.1 多变量 GARCH 原理

假设我们有两组资产回报率 R_{1t} 和 R_{2t}。它的分布结构可以简单表示为一个样本期望值和误差，具体如下：

$R_{1t}=\alpha_1+\varepsilon_{1t}$

$R_{2t}=\alpha_2+\varepsilon_{2t}$

在两个单变量 GARCH 过程中，ε_{1t} 产生 σ_{1t}，ε_{2t} 产生 σ_{2t}。

在单变量的结构中，自身方差 σ_{11t} 和 σ_{22t} 两者彼此独立，也就是说交叉的协方差为 0：$\sigma_{12t}=\sigma_{21t}=0$，或 $COV(R_{1t}, R_{2t})=0$。

在多变量（此例为双变量 bi-variate）结构中，两者协方差就不是 0。也就是说，方差矩阵是

$\Sigma_t=\begin{bmatrix}\sigma_{11,t} & \sigma_{12,t}\\ \sigma_{21,t} & \sigma_{22,t}\end{bmatrix}$，不是$\Sigma_t=\begin{bmatrix}\sigma_{11,t} & 0\\ 0 & \sigma_{22,t}\end{bmatrix}$。

在多变量 GARCH 结构中，估计方差方程式的问题在于：如何估计协方差（Covariance）。方法有多种，技术很简单。

❖ **第一个是对角向量化方法（Diagonal VECtorization method，DVEC）**

这个方法把自身方差方程式写成对角（Diagonal）向量：

$\Sigma_t^{ii}=\Omega_i+A_1^i\varepsilon_{i,t-1}^2+\cdots\cdots+A_1^q\varepsilon_{i,t-q}^2+B_1^i\Sigma_{t-1}^i+\cdots\cdots+B_p^i\Sigma_{t-p}^i$

非对角线元素（Off-diagonal elements）的写成是：

$\Sigma_t^{ij}=\Omega_{ij}+A_1^{ij}\varepsilon_{t-1}^i\varepsilon_{t-1}^j+\cdots\cdots+A_q^{ij}\varepsilon_{t-q}^i\varepsilon_{t-q}^j+B_1^{ij}\Sigma_{t-1}^{ij}+\cdots\cdots+B_p^{ij}\Sigma_{t-p}^{ij}$

先不讲细节，从一个基本的双变量均值方程式结构来看，例如：

$\varepsilon_{1,\mathrm{t}}=R_{1t}-a_1$

$\varepsilon_{2,\mathrm{t}}=R_{2t}-a_2$

其 DVEC 方差方程式如下：

$$\Sigma_t=\begin{bmatrix}\sigma_{11,t}\\ \sigma_{12,t}\\ \sigma_{22,t}\end{bmatrix}=\begin{bmatrix}c_1\\ c_2\\ c_3\end{bmatrix}+\begin{bmatrix}a_{11} & 0 & 0\\ 0 & a_{22} & 0\\ 0 & 0 & a_{33}\end{bmatrix}\begin{bmatrix}\varepsilon_{11,t-1}\\ \varepsilon_{1,t-1}\varepsilon_{2,t-1}\\ \varepsilon_{22,t-1}\end{bmatrix}+\begin{bmatrix}g_{11} & 0 & 0\\ 0 & g_{22} & 0\\ 0 & 0 & g_{33}\end{bmatrix}\begin{bmatrix}\sigma_{11,t-1}\\ \sigma_{12,t-1}\\ \sigma_{22,t-1}\end{bmatrix}$$

展开如下：

$\sigma_{11,t}=c_1+a_{11}\varepsilon_{11,t-1}+g_{11}\sigma_{11,t-1}$

$\sigma_{12,t}=c_2+a_{22}\varepsilon_{1,t-1}\varepsilon_{2,t-1}+g_{22}\sigma_{12,t-1}$

$\sigma_{22,t}=c_3+a_{33}\varepsilon_{22,t-1}+g_{33}\sigma_{22,t-1}$

❖ **第二个是固定相关系数法（Constant correlation method）**

这个方法使用了相关系数定义中有协方差的成分，按照相关系数定义：

$$\rho=\frac{\mathrm{cov}(R_1,R_2)}{\sqrt{\sigma_{11}\cdot\sigma_{22}}}=\frac{\sigma_{12}}{\sqrt{\sigma_{11}\cdot\sigma_{22}}}$$

因为即使在多变量中估计自身方差不是太困难，所以假设相关系数ρ为固定，分母也估得出来，那么随时间变动的协方差用公式计算就可以了，具体如下：

$$\rho=\frac{\sigma_{12,t}}{\sqrt{\sigma_{11,t}\cdot\sigma_{22,t}}}$$

$$\Rightarrow\sigma_{12,t}=\rho\sqrt{\sigma_{11,t}\cdot\sigma_{22,t}}$$

这个方法也称静态相关系数法，因为相关系数没有变化。当然，在学术竞赛中，动态条件相关系数法（Dynamic Conditional Correlation，DCC）也不会缺席，但是，方法依然是简单的：假设一个ρ_t的 AR 过程，然后产生ρ_t，再带入公式：

$$\rho_t = \frac{\sigma_{12,t}}{\sqrt{\sigma_{11,t} \cdot \sigma_{22,t}}}$$
$$\Rightarrow \sigma_{12,t} = \rho_t \sqrt{\sigma_{11,t} \cdot \sigma_{22,t}}$$

另外，还有 Engle 和 Kroner 在 1995 年提出，后由四人完成的被称为 BEKK 的方法，其优点为可以有效缩减参数个数，并且使条件方差矩阵 Ω_t 符合正定矩阵的要求。

$$\Sigma_t = \Omega + A_1\varepsilon'_{t-1}\varepsilon_{t-1}A'_1 + \cdots\cdots + A_q\varepsilon'_{t-q}\varepsilon_{t-q}A'_q + B_1\Sigma_{t-1}B'_1 + \cdots\cdots + B_p\Sigma_{t-1}B'_p$$

一个双变量的 BEKK 条件方差矩阵如下：

$$VECH(H_t) = \begin{bmatrix} \sigma_{11,t} \\ \sigma_{12,t} \\ \sigma_{22,t} \end{bmatrix} = \begin{bmatrix} c_{11} & c_{12} \\ 0 & c_{22} \end{bmatrix}' \begin{bmatrix} c_{11} & c_{12} \\ 0 & c_{22} \end{bmatrix}$$
$$+ \begin{bmatrix} a_{11} & a_{12} \\ a_{21} & a_{22} \end{bmatrix}' \begin{bmatrix} \varepsilon_{11,t-1} & \varepsilon_{1,t-1}\varepsilon_{2,t-1} \\ \varepsilon_{2,t-1}\varepsilon_{2,t-1} & \varepsilon_{22,t-1} \end{bmatrix} \begin{bmatrix} a_{11} & a_{12} \\ a_{21} & a_{22} \end{bmatrix} + \begin{bmatrix} g_{11} & g_{12} \\ g_{21} & g_{22} \end{bmatrix}' H_{t-1} \begin{bmatrix} g_{11} & g_{12} \\ g_{21} & g_{22} \end{bmatrix}$$

因为 BEKK 的模型有一项 $\varepsilon_{1,t-1}\varepsilon_{2,t-1}$，不少研究用这项的系数来研究波动溢出（volatility spillover）。

再进一步，有 GOGARCH，以主成分分析的原理，以广义正交法（Generalized Orthogonal）的技术，让估计更简易。本节就不详细说明了。

9.4.2 R 程序包 rmgarch

除了我们要展示的 DCC，rmgarch 还有两个处理多变量 GARCH 的函数：Copula-GARCH 和 GO-GARCH。rmgarch 这个程序包的功能可谓十分强大。

范例程序：数据准备

```
1. dat1.tmp <- read.csv("brent.csv")
2. head(dat1.tmp)
3. dat2.tmp <- read.csv("wti.csv")
4. head(dat2.tmp)
5. dat1=xts::as.xts(dat1.tmp[,5], as.Date(dat1.tmp[,1]))
6. dat2=xts::as.xts(dat2.tmp[,7], as.Date(dat2.tmp[,1]))
7. head(dat1)
8. head(dat2)
9. Y1x=diff(log(dat1))*100
10.Y2x=diff(log(dat2))*100
11.Data=na.omit(merge(Y1x,Y2x))
12.colnames(Data)=c("Brent","Wti")
13.head(Data)
```

说明

1. 读取 Brent 原油数据。

2. 查看前 6 项数据。
3. 读取 WTO 原油数据。
4. 查看前 6 项数据。
5. 取出 Brent 原油数据中的第 5 列 Settle（成交价），和第 1 列的时间栏合并，转成 xts 时间序列对象 dat1。
6. 取出 WTI 原油数据中的第 7 列的 Settle（成交价），和第 1 列的时间栏合并，转成 xts 时间序列对象 dat2。
7. 查看数据。
8. 查看数据。
9. 计算回报率。
10. 计算回报率。
11. 合并回报率数据，并删除缺值。
12. 置换字段名。
13. 查看数据。

图 9-4-1 将两组时间序列放在一起。

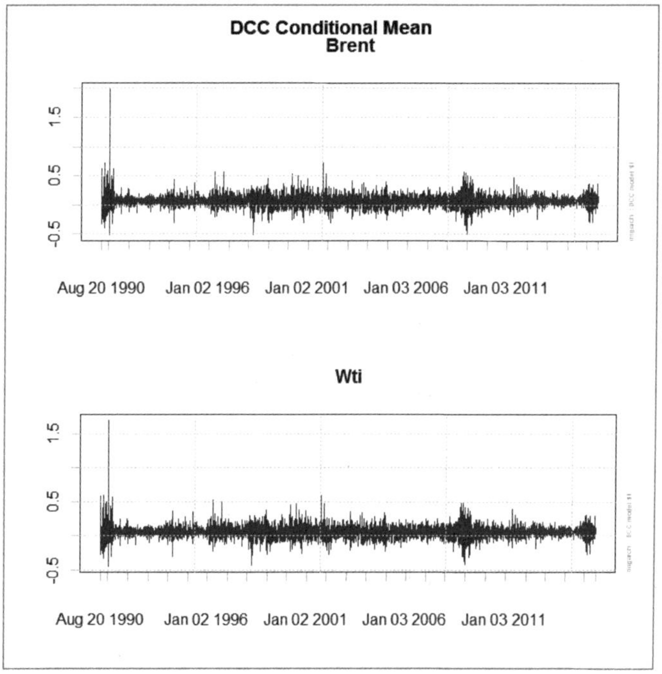

图 9-4-1 Brent 和 WTI 原油期货回报率的时间序列

多变量 GARCH 估计的设定结构，其实是由单变量 GARCH 继承而来。所以，使用的方法和设置条件都几乎一样。我们先看一个 DCC 基准模型的估计。

范例程序：估计基准 DCC 模型

```
library(rmgarch)
meanSpec=list(armaOrder=c(1,0), include.mean=TRUE, archpow=2)
varSpec=list(model="eGARCH", garchOrder = c(2,1))
distSpec = c("mvt")
spec = ugarchspec(mean.model=meanSpec, variance.model=varSpec)
mySpec0=multispec(list(spec, spec))
```

```
7. mySpec = dccspec(mySpec0, VAR = TRUE, robust = TRUE, lag.max =20, lag.criterion = "AIC",
   model="aDCC", distribution=distSpec)
8. fitDcc=dccfit(data=Data, mySpec, solver="solnp")
9. show(fitDcc)
```

说明

1. 启动多变量 GARCH 程序包 rmgarch。
2. 设置均值方程式（Mean Equation）。此处设置为 AR(1)结构。
3. 设置方差方程式（Variance Equation）。我们选定 EGARCH(2,1)，如前，有 5 个模式："sGARCH" "eGARCH" "iGARCH" "gjrGARCH"和"apARCH"。
4. 选择概率分布函数。此处选择多变量的 T 分布。
5. 把均值方程式和方差方程式用设置函数 ugarchspec()括起来成为一个变量的条件。
6. 同样的条件，展开两次（因为有两个变量）。如果有 3 个变量，则使用 multispec(list(spec, spec, spec))括起来。
7. 把 5~6 两个步骤的条件加入 DCC 的设置函数 dccspec()内，产生一个条件组合。
8. 估计。
9. 显示结果。

有几点可以补充：

（1）概率分布有 3 个：

- mvnorm: normal（正态分布）。
- mvt: student t（T 分布）。
- mvlaplace: Laplace（拉普拉斯分布）。

（2）多变量 GARCH 的结构中，共同的是概率分布 ，所以第 4 步的概率分布设置在第 7 步才用得上。

（3）第 7 步的 dccspec()条件设置组合内，如果需要先执行 VAR 来去除噪声，就设置为 TRUE，后面的 3 个条件都是当 VAR=TRUE 时才会有用。

- lag.criterion 筛选最佳滞后期的准则，和 VAR 那一章一样，R 内有 4 个准则，即"AIC" "HQ" "SC"和"FPE"。
- model 有 3 个："DCC"，"aDCC"(asymmetric DCC)和"FDCC" (flexible DCC)。

第 8 行是估计，也就是要解出函数的参数。求解多变量，solver 有 4 个选择，即"nlminb" "solnp" "gosolnp"和"lbfgs"。

估计结果如下：

```
> show(fitDcc)

Distribution          :  mvt
Model                 :  aDCC(1,1)
No. Parameters        :  23
[VAR GARCH DCC UncQ] :  [6+12+4+1]
No. Series            :  2
No. Obs.              :  6176
```

```
Log-Likelihood       :  -22162.53
Av.Log-Likelihood    :  -3.59

Optimal Parameters
-----------------------------------
                Estimate  Std. Error    t value Pr(>|t|)
[Brent].omega   1.561406    0.307452     5.07853 0.000000
[Brent].alpha1  0.010049    0.059330     0.16937 0.865503
[Brent].alpha2 -0.069383    0.050432    -1.37578 0.168889
[Brent].beta1  -0.002103    0.211091    -0.00996 0.992053
[Brent].gamma1  0.455000    0.099079     4.59229 0.000004
[Brent].gamma2  0.150744    0.083594     1.80327 0.071345
[Wti].omega     0.013227    0.002119     6.24192 0.000000
[Wti].alpha1   -0.054828    0.034206    -1.60290 0.108956
[Wti].alpha2    0.037729    0.038540     0.97896 0.327599
[Wti].beta1     0.994765    0.000062 16086.58374 0.000000
[Wti].gamma1    0.304847    0.043487     7.01013 0.000000
[Wti].gamma2   -0.190070    0.041791    -4.54810 0.000005
[Joint]dcca1    0.180376    0.025551     7.05944 0.000000
[Joint]dccb1    0.388449    0.070387     5.51874 0.000000
[Joint]dccg1    0.300484    0.059558     5.04523 0.000000
[Joint]mshape   4.000000    0.132044    30.29304 0.000000

Information Criteria
---------------------


Akaike       7.1844
Bayes        7.2095
Shibata      7.1844
Hannan-Quinn 7.1931
```

在上面的估计结果系数表中，属于 Brent 的会加框。alpha1 和 alpha2 是 ARCH 项，beta1 是 GARCH 项。gamma1、gamma2 是 E-GARCH 项和两个 ARCH 项结合的非对称参数。最下面 4 个就是关于共同概率分布的参数。

指令 slot(fitDcc,"mfit")$matcoef 可以只调用系数对象，便于存成外部数据。

像我们估计一个这样的条件，作者的 PC[4]需要大约 17 秒，每次需要时重新估计一次也挺费事的。因此，我们可以把对象 fitDCC 存成 eGarch.RData，日后取出再用就简便得多。

```
save(fitDcc, file="eGarch.RData")
```

日后取出，可以用以下指令：

```
load("eGarch.RData")
slot(fitDcc,"mfit")$matcoef
show(fitDcc)
```

[4] PC 规格：Intel i7-4770 CPU; 3.4GHz; x64; 32GB RAM; 4/8, Cores/Threads.

eGarch.RData 只是一个便利程序包的名称，里面的对象名称和当时估计所使用的名称完全一样。

范例程序： 取出对象和绘图

```
1. GARCH=sigma(fitDcc)
2. head(GARCH)
3. dev.new(); plot(fitDcc,which=5)
4. dev.new(); nisurface(fitDcc)
5. COV=rcov(fitDcc)
6. COV
7. Rho=rcor(fitDcc)
8. Rho
```

说明

1. 取出各个条件方差（conditional variance）。
2. 查看数据。
3. 绘图。plot(fitDcc)一共绘制了 6 个图，下面详细解释。
4. 绘制新闻冲击曲线（News Impact Curve）。
5. 取出条件协方差（conditional covariance）。
6. 查看数据。
7. 取出条件相关系数，参考图 9-4-2。
8. 查看数据。

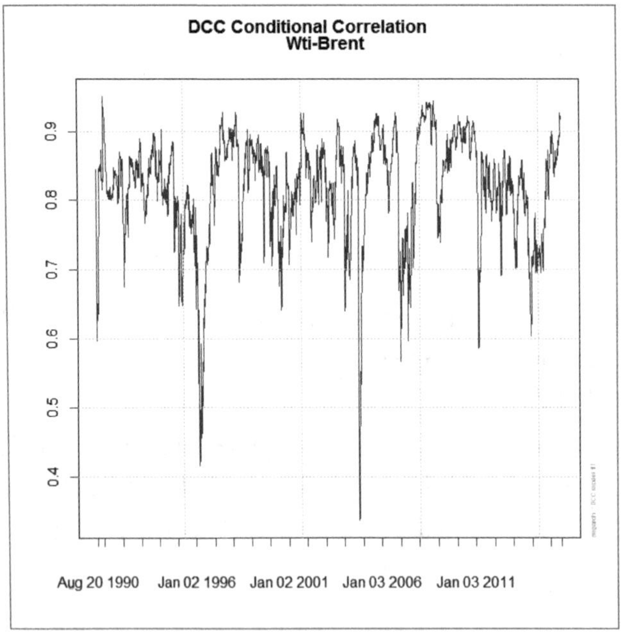

图 9-4-2　条件相关系数

模型内随时间改变的条件方差，前 6 项如下：

```
> head(GARCH)
              Brent      Wti
1990-08-20 2.226917 2.479804
```

```
1990-08-21 2.226917 2.479804
1990-08-22 2.170511 1.939577
1990-08-23 2.508255 6.020729
1990-08-24 2.647747 3.037791
1990-08-28 2.790449 2.469767
```

第 2 行绘图，我们使用了：

```
dev.new();plot(fitDcc,which=5)
```

这是把两个分开的指令并成一行的方法？因为程序包需要画的图超过了 RStudio 的内定绘图边界，所以我们不直接用 plot(fitDcc)，而是先声明 dev.new()启动一个新的图框，再把后面要画的图置入。不指定图次，直接用 plot(fitDcc)，则会出现如下选项，提供了 5 个图的选择。

```
Make a plot selection (or 0 to exit):

1:   Conditional Mean (vs Realized Returns)
2:   Conditional Sigma (vs Realized Absolute Returns)
3:   Conditional Covariance
4:   Conditional Correlation
5:   EW Portfolio Plot with conditional density VaR limits

Selection:
```

多变量 GARCH 可以捕捉受到彼此 shocks 后，两者共变异的反应，一般称为新闻冲击（News Impacts）的共变异反应（协方差响应），其实就是消息面的影响，如图 9-4-3 所示。

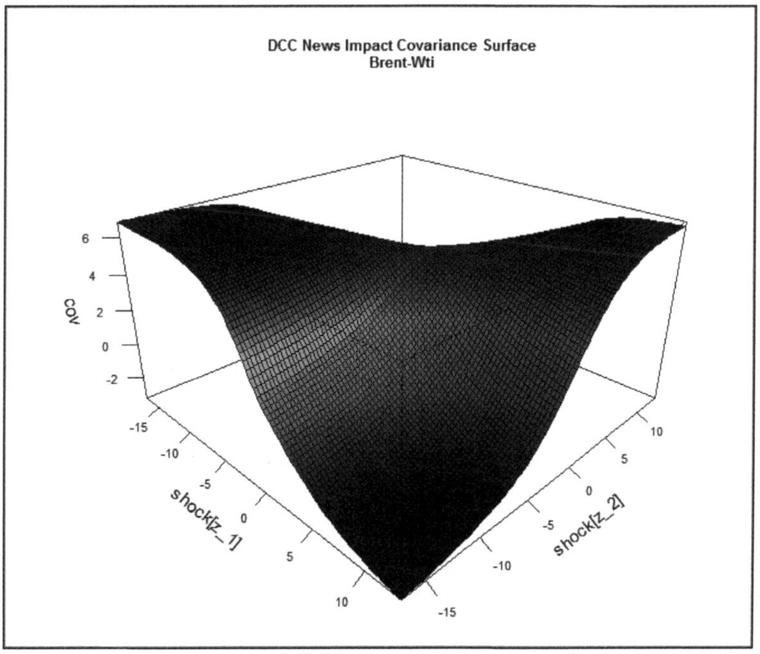

图 9-4-3 新闻冲击图 nisurface(fitDcc)

最后就是条件协方差（也称为条件共变异），它是一个数组（Array）：一天一个矩阵，第 3 维就是时间。如下 Cov：

```
> Cov

      , , 1990-12-19
             Brent     Wti
      Brent 20.919399 9.554399
      Wti    9.554399 6.368686

      , , 1990-12-20
             Brent     Wti
      Brent 19.531355 9.855503
      Wti    9.855503 7.486485

      , , 1990-12-21
             Brent     Wti
      Brent 19.026275 9.129066
      Wti    9.129066 6.585843
```

简单地说，这个数组每天的主对角线就是第 1 行，非对角线才是协方差。要再进一步分析，单独取出来才好用。用什么方法取出时间序列呢？方法如下：

```
COV12=as.data.frame(Cov[1,2,])
```

第 3 维留空就是全要。因为是对称的，Cov[2, 1,]=Cov[1, 2,]。

```
> head(COV12)
           Cov[1, 2, ]
1990-08-20    4.367398
1990-08-21    4.357193
1990-08-22    3.308914
1990-08-23   12.705528
1990-08-24    6.756908
1990-08-28    5.818174
```

读者可以练习用 colnames() 把字段名置换掉。

Rho 也是一样，因为主对角线一定是 1，所以我们用同样的方法取出相关系数。

```
       >Rho
      , , 1991-08-16

             Brent     Wti
      Brent 1.000000 0.829829
      Wti   0.829829 1.000000

      , , 1991-08-19
```

```
           Brent       Wti
     Brent 1.0000000 0.8156916
     Wti   0.8156916 1.0000000

     , , 1991-08-20

           Brent       Wti
     Brent 1.0000000 0.8476623
     Wti   0.8476623 1.0000000

Rho12=as.data.frame(Rho[1,2,])
     > head(Rho12)
              Rho[1, 2, ]
     1990-08-20   0.7908630
     1990-08-21   0.7890151
     1990-08-22   0.7859891
     1990-08-23   0.8413407
     1990-08-24   0.8400662
     1990-08-28   0.8442219
```

上面两行取数组的方法都用了 as.data.frame()这个函数，只是要把数据从 c()的形态转一下以便好排结构而已。读者可以试一试不用这个函数的结果是怎样的。

DCC 是动态条件相关系数，可以用 Engle 和 Sheppard 在 2001 年提出的方法来检验[5]它，程序包中有函数 DCCtest()。

```
DCCtest(Data, garchOrder = c(1,1), n.lags = 1, solver = "solnp", solver.control = list(), cluster = NULL, Z = NULL)
```

结果如下：

```
$H0
[1] "Constant Probability" （虚无假设：固定系数）
$p.value              （检验统计量的 P 值）
[1] 0
$statistic            （检验统计量）
[1] 207.5381
```

根据检验统计量的 P 值，很显著地拒绝了固定相关系数的虚无假设。在 rmgarch 内，如果要估计固定条件相关系数（Constant Conditional Correlation，CCC），使用正态分布的 Copula-GARCH：

```
cgarchfit(data, spec, spd.control = list(lower = 0.1, upper = 0.9, type = "pwm",kernel = "epanech"), fit.control = list(eval.se = TRUE, stationarity = TRUE, scale = FALSE), solver = "solnp", solver.control = list(), out.sample = 0, cluster = NULL, fit = NULL, VAR.fit = NULL, realizedVol = NULL)
```

声明的参数和之前 DCC 结果大多一样，只是概率分布只有 mvnorm 和 mvt 两类。

---

[5] Engle, R.F. and Sheppard, K. 2001, Theoretical and empirical properties of dynamic conditional correlation multivariate GARCH, NBER Working Paper.

最后，前面“估计基准 DCC 模型”的程序范例，是两组数据的设置条件都一样。事实上，除了概率分布必须一样之外，均值方程式和方差方程式的形态可以有自己的。下面的程序范例就来解说如何处理这个问题。

范例程序：每个变量有不同的设置

```
1. library(rmgarch)
2. meanSpec1<-list(armaOrder=c(1,0), include.mean=TRUE, archpow=2)
3. varSpec1<-list(model="eGARCH", garchOrder = c(2,1))
4. meanSpec2<-list(armaOrder=c(1,1), include.mean=TRUE, archpow=2)
5. varSpec2<-list(model="sGARCH", garchOrder = c(1,2))
6. distSpec<-c("mvt")
7. spec1<-ugarchspec(mean.model=meanSpec1, variance.model=varSpec1)
8. spec2<-ugarchspec(mean.model=meanSpec2, variance.model=varSpec2)
9. mySpec2<-multispec(list(spec1,spec2))
10.mySpecX<-dccspec(mySpec2, VAR = TRUE, robust = TRUE, lag.max =20 ,lag.criterion = "AIC",
   model="aDCC", distribution=distSpec)
11.fitDcc2<-dccfit(data=Data, mySpecX, solver="solnp")
12.show(fitDcc2)
13.slot(fitDcc2,"mfit")$matcoef
```

说明

1. 载入程序包 rmgarch。
2. 设置第 1 个变量的均值方程式（Mean Equation）。此处设置为 ARMA(1,0)结构。
3. 设置第 1 个变量的方差方程式（Variance Equation）。我们选定非对称的指数 GARCH，eGARCH(2,1)。
4. 设置第 2 个变量的均值方程式（Mean Equation）。此处设置为 ARMA(1,1)结构。
5. 设置第 2 个变量的方差方程式（Variance Equation）。我们选定标准 sGARCH(1,2)。
6. 选择概率分布函数。此处选择多变量的 T 分布。
7. 把第一个变量的均值方程式和方差方程式用设置函数 ugarchspec() 组合起来成为一个变量的条件。
8. 同上，处理第二个变量。
9. 把前述的两个条件组合起来。
10. 把第 9 步加入 DCC 的设置函数 dccspec()内，连同概率分布函数产生一个条件组合。
11. 估计。
12. 显示结果。
13. 显示系数矩阵。

第 10 章　非定态时间序列

一个具有随机趋势（stochastic trend）的时间数列，我们称之为“非定态时间序列”（non-stationary），或此时间序列具有随机趋势。统计上使用检验时间数列的单位根（unit root）来推论数据是否具有非定态性质。具有单位根的数据，在一阶差分后成为定态，则以 I(1)表示，意指：*integrated of order* 1（1 阶单整）。具有单位根的数据，外在冲击对其具有“恒久性”影响，故会将此冲击累积起来。

图 10-1 为模拟的随机趋势（stochastic trend），也就是一般所称的非定态时间序列（non-stationarity）或称 I(1)，我们发现非定态的性质在于有趋势，但是不是一致单调往上或向下，而是有随机变换的性质。

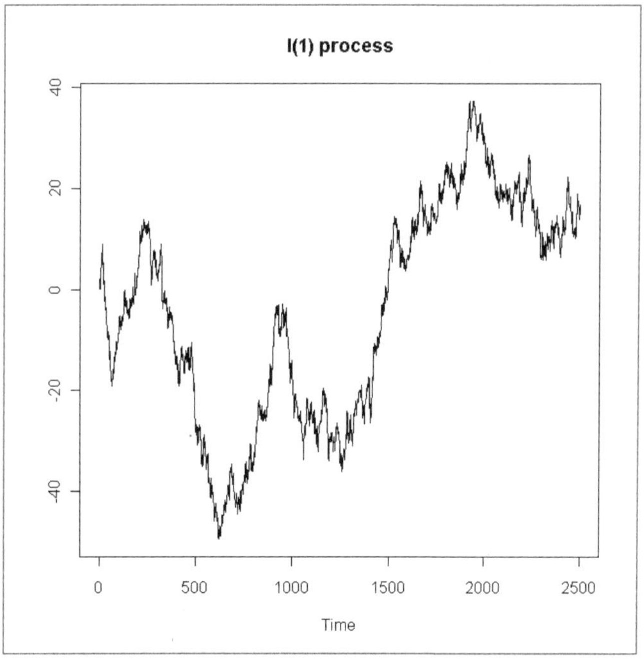

图 10-1　模拟的随机趋势

10.1　单位根检验

令 t=1, 2, 3 .....T，三个基本单位根过程如下：

- 模型 1　无截距、无确定趋势：$Y_t = \beta_1 Y_{t-1} + \varepsilon_t$。

- 模型 2　有截距、无确定趋势：$Y_t = \alpha_0 + \beta_1 Y_{t-1} + \varepsilon_t$。
- 模型 3　有截距、有确定趋势：$Y_t = \alpha_0 + \beta_{0t} + \beta_1 Y_{t-1} + \varepsilon_t$。

H_0: $\beta_1=1$　　$Y_t \sim I(1)$，或是有单位根的。

因为非定态数据的方差是随着 T 发散的，所以 AR(1)系数估计的渐进分布就不存在。因此，单变量单位根检验的基本形式就是对此进行差分处理。

（1）Dickey-Fuller test（迪基-福勒检验）

- H_o：序列有单位根（difference stationary，差分稳定）。
- H_a：序列没有单位根。

ADF 回归式的三个模型：

$$\Delta Y_t = \beta_1 Y_{t-1} + \sum_{k=1}^{p} \delta_k \Delta Y_{t-k} + \xi_t$$

$$\Delta Y_t = \alpha_0 + \beta_1 Y_{t-1} + \sum_{k=1}^{p} \delta_k \Delta Y_{t-k} + \xi_t$$

$$\Delta Y_t = \alpha_0 + \beta_0 t + \beta_1 Y_{t-1} + \sum_{k=1}^{p} \delta_k \Delta Y_{t-k} + \xi_t$$

$$H_0 : \beta_1 = 0$$

接下来，我们使用程序包 urca 内的单位根检验函数，来检验某地区的投资率是否非定态。

范例程序： ADF 单位根检验

```
1. library(urca)
2. load("region3v.RData")
3. attach(region3v)
4. names(region3v)
5. data=ts(region3v, start=c(1961,1),freq=4)
6. y=data[,3]
7. y.df=ur.df(y, type=c("trend"), selectlags = "AIC")
8. summary(y.df)
9. plot(y.df)
```

说明

1. 载入程序包 urca。
2. 读取该地区的总体经济数据。
3. 将数据正式读入 R。
4. 查看数据变量名称。
5. 建立时间框架。
6. 定义投资率为 y。
7. ADF 检验 y 是否为非定态。
8. ADF 检验结果摘录。
9. 绘图诊断残差，如图 10-1-1 所示。

第 8 行 ADF 检验结果的下半部分摘录如下：

```
Value of test-statistic is: -2.1908   2.2376   3.2981
Critical values for test statistics:
      1pct    5pct   10pct
tau3  -3.99   -3.43   -3.13
phi2   6.22    4.75    4.07
phi3   8.43    6.49    5.47
```

Value of test-statistic（检验统计量的值）所记录的三个检验统计量，按序为 tau3、phi2 与 phi3。

- tau3 检验：$\beta_1=0$
- phi2 检验：$\alpha_0=0$，$\beta_0=0$，$\beta_1=0$
- phi3 检验：$\beta_0=0$，$\beta_1=0$

tau3 是典型的 t-检验；phi2 和 phi3 则是 F 检验。其对应临界值则在下半部分，按照 5%的临界值。

第 9 行对回归结果的残差诊断图如图 10-1-1 所示。

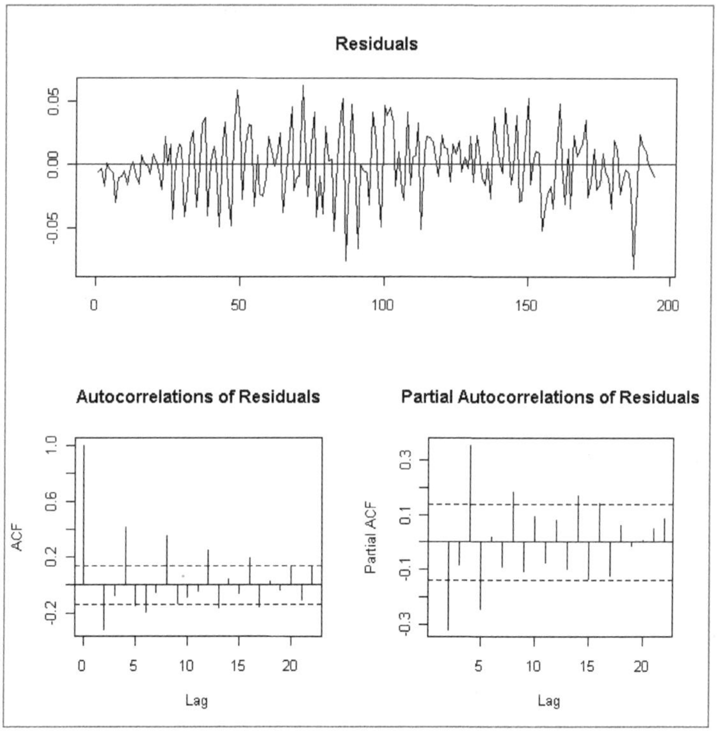

图 10-1-1　残差诊断图

由残差的 ACF 和 PACF 可以知道残差依然有显著的序列相关，其中之一的问题是滞后期的拟合还不完整，可以继续拟合滞后期。

在 urca 程序包内，对这个检验的内容如下：

```
ur.df(y, type = c("none", "drift", "trend"), lags = 1, selectlags = c("Fixed", "AIC", "BIC"))
```

（2）Phillips-Perron 检验

Phillips 和 Perron 在 1988 年提出的单位根检验简称 PP 检验。这个检验统计量是使用无母数方法构建检验统计量，且允许了残差有序列依赖和异方差性。PP 考虑了两个回归的检验：

❖ 回归一：$y_t = \mu + \alpha y_{t-1} + \varepsilon_t$

检验的关键统计量是：$Z(\tau_{\hat{\alpha}}) = \dfrac{\hat{s}}{\hat{\sigma}_{Tl}} t_{\hat{\alpha}} - \dfrac{\hat{\lambda}'\hat{\sigma}_{Tl}}{\sqrt{\overline{m}_{yy}}}$ 和 $Z(\hat{\alpha}) = T(\hat{\alpha}-1) - \dfrac{\hat{\lambda}}{\overline{m}_{yy}}$

另有一个辅助回归统计量：$Z(\tau_{\hat{\mu}}) = \dfrac{\hat{s}}{\hat{\sigma}_{Tl}} t_{\hat{\mu}} - \dfrac{\hat{\lambda}'\hat{\sigma}_{Tl} m_y}{\sqrt{\overline{m}_{yy}}\sqrt{m_{yy}}}$

❖ 回归二：$y_t = \mu + \beta(t - \frac{1}{2}T) + \alpha y_{t-1} + \varepsilon_t$

检验的关键统计量是：$Z(\tau_{\tilde{\alpha}}) = \dfrac{\tilde{s}}{\tilde{\sigma}_{Tl}} t_{\tilde{\alpha}} - \dfrac{\tilde{\lambda}'\tilde{\sigma}_{Tl}}{\sqrt{M}}$ 和 $Z(\tilde{\alpha}) = T(\tilde{\alpha}-1) - \dfrac{\tilde{\lambda}}{M}$

另有两个辅助回归统计量：

$Z(\tau_{\tilde{\mu}}) = \dfrac{\tilde{s}}{\tilde{\sigma}_{Tl}} t_{\tilde{\mu}} - \dfrac{\tilde{\lambda}'\tilde{\sigma}_{Tl} m_y}{\sqrt{M}\sqrt{M + m_y^2}}$ 和 $Z(\tau_{\tilde{\beta}}) = \dfrac{\tilde{s}}{\tilde{\sigma}_{Tl}} t_{\tilde{\beta}} - \dfrac{\tilde{\lambda}'\tilde{\sigma}_{Tl}\left(0.5 m_y - m_{ty}\right)\sqrt{12}}{\sqrt{M\overline{m}_{yy}}}$

上面两个回归的检验统计量有过多需要定义的参数，因不是本书的重点故而不详述，有需要的读者请参考 Phillips 和 Perron 在 1988 年一文的说明。

范例程序： PP 单位根检验

```
y.pp=ur.pp(y, type="Z-tau", model="trend", lags="long")
summary(y.pp)
plot(y.pp)
```

说明

1. PP 检验 y 是否为非定态。
2. PP 检验结果的摘录。
3. 绘图诊断残差，如图 10-1-2 所示。

```
ur.pp(x, type = c("Z-tau","Z-alpha"), model = c("constant", "trend"), lags = c("short", "long"), use.lag = NULL)
```

- type: "Z-tau" 是关键统计量的第 1 个，"Z-alpha"是第 2 个。一般我们都使用 Z-tau。
- model: 为"constant" 时，就是回归一；为"trend" 时，就是回归二。
- lags: 用来计算长期方差的滞后期数。选 short 则是 $4(\frac{T}{100})^{0.25}$；long 则是 $12(\frac{T}{100})^{0.25}$。一般都选 "long"。

R 的估计结果如下：

```
Value of test-statistic, type: Z-tau  is: -6.7113
```

```
      aux. Z statistics
Z-tau-mu              1.7304
Z-tau-beta            2.8934
Critical values for Z statistics:
             1pct        5pct        10pct
critical values   -4.007883   -3.433782   -3.140499
```

中间的 aux. Z statistics 其实就是检验截距和确定趋势是否为 0，临界值需查表。

第 3 行是回归结果的残差诊断图，如图 10-1-2 所示。

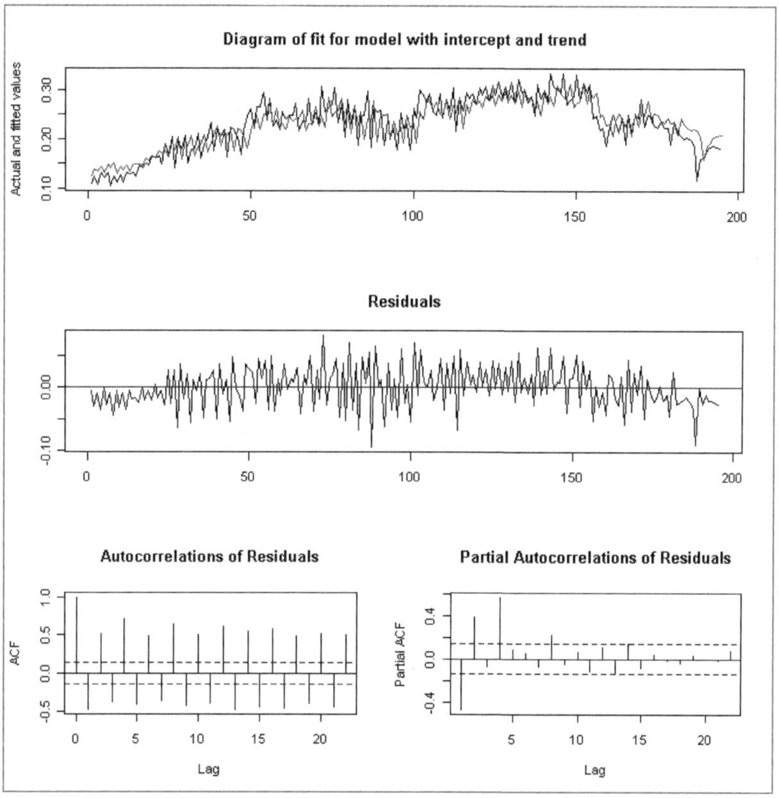

图 10-1-2 回归结果的残差诊断图

这个诊断图和 ADF 的不同之处在于：它多了一个最上方的拟合图。

（3）Elliott-Rothenberg-Stock 检验[1]

ADF 和 PP 的缺点在于：如果某定态时间序列，真正的 DGP 是 AR(1)且系数接近 1，在这种情况下，ADF 和 PP 都无法区分很容易就接受 I(1)的虚无假设，检验力弱的情况表露无遗。ERS（Rothenberg and Stock，Elliott）在 1996 年提出的检验就是为了改进这一缺点。ERS 的特点是 local-to-unit detrending（local-to-unit 去趋势）的数据处理方式，有两个检验统计量：DF-GLS 和 Point-optimal。DF-GLS 是修正的 ADF，Point-optimal（PT）考虑了序列相关。ERS 将时间序列表示如下：

[1] Elliott, G., Rothenberg, T.J., Stock, J.H. (1996) Efficient tests for an autoregressive unit root. *Econometrica* 64 (4), 813-836.

$$y_t = d_t + u_t$$
$$u_t = \alpha u_{t-1} + \upsilon_t$$

$d_t=\beta' z_t$ 代表了确定成分的线性组合，例如截距和确定趋势。υ_t 为均值为 0 的定态时间序列。

$$P_T = \frac{SSR(a=\bar{a}) - \bar{a}SSR(a=1)}{\hat{\omega}^2}$$

SSR 是 y_a 对 Z_a 以 OLS 回归的残差平方和（Sum of Squared Residuals）。

$$y_a = (y_1, y_2 - ay_1, y_3 - ay_2, \cdots, y_T - ay_{T-1})$$
$$Z_a = (Z_1, Z_2 - aZ_1, Z_3 - aZ_2, \cdots, Z_T - aZ_{T-1})$$

$\bar{a} = 1 + \frac{\bar{c}}{T}$，其中若是只有截距模型，$\bar{c} = -7$；若是“截距加确定趋势”，则 $\bar{c} = -13.5$。这两个值是由检验函数的渐进性质得出。

最后，$\hat{\omega} = \frac{\hat{\sigma}_V}{\left(1 - \sum_{i=1}^{p} \hat{\alpha}_i\right)^2}$

$\hat{\sigma}_V$ 和 $\hat{\alpha}_i$ 来自以下方程式的 OLS 回归：

$$\Delta y_t = \alpha_0 + \alpha_1 \Delta y_{t-1} + \cdots + \alpha_p \Delta y_{t-p} + v_t$$

DF-GLS 则是以下回归 α=0 的 t 统计量。

$$\Delta y_t^d = \alpha y_{t-1}^d + \sum_{k=1}^{p} \delta_k \Delta y_{t-k}^d + \xi_t$$

上式：$y_t^d = y_t - \hat{\beta} Z_t$

范例程序：ERS 单位根检验

```
1. y.ers= ur.ers(y, type="DF-GLS", model="const", lag.max=4)
2. summary(y.ers)
```

说明

1. ERS 检验 y 是否为非定态。
2. ERS 检验结果的摘录。

```
ur.ers(y, type = c("DF-GLS", "P-test"), model = c("constant", "trend"), lag.max = 4)
```

（4）Kwiatkowski，Phillips，Schmidt and Shin[2] 检验

Kwiatkowski，Phillips，Schmidt and Shin（1992 年提出）简称 KPSS 检验：

$$y_t = r_t + \beta_t + \varepsilon_t$$
$$r_t = r_{t-1} + u_t$$

[2] Kwiatkowski, D., Phillips, P.C.B., Schmidt, P., Shin, Y. (1992) Testing the null hypothesis of stationary against the alternative of a unit root. *Journal of Econometrics* 54 (1-3), 159-178.

H_o：数列没有单位根（趋势平稳）

H_a：数列有单位根（差分稳定）

实际做法是将要检验的时间序列拟合“截距”或“截距加趋势”模型，然后做 OLS 回归，得到残差项 ε_t。

$$S_t = \sum_{i=1}^{t} \hat{\varepsilon}_i, t = 1,2 \cdots T$$

然后这个检验统计量是：

$$LM = \frac{\sum_{t=1}^{T} S_t^2}{\hat{\sigma}_\varepsilon^2}$$

LM 的分母是从回归残差计算的方差，KPSS 建议用 Bartlett kernel $w(s,l)=1-s/(l+1)$ 推算分母的长期方差。技术细节不详述，我们看 R 的做法。

范例程序：KPSS 单位根检验

```
1. y.kpss = ur.kpss(y, type="mu", lags="short")
2. summary(y.kpss)
```

说明

1. KPSS 检验 y 是否为定态。
2. KPSS 检验结果的摘录。

```
ur.kpss(y, type = c("mu", "tau"), lags = c("short", "long", "nil"), use.lag = NULL)
```

- type: ="mu" 代表 level-stationary; ="tau" 代表 trend-stationary。
- lags: = short/long 代表 Bartlett kernel 用来计算滞后期数 l; =nil 则无。
- use.lag: 如果不用上述 lags 的选项，可以用这个指定 Bartlett kernel 的 lag 期数。

（5）Zivot 和 Andrews 在 1992 年[3]提出具有结构变动点的单位根检验

Perron 在 1989 年首先指出未考虑结构变动，单位根检验会出现问题。Perron 的回归模型有以下三个，分别以下标字母 A、B、C 区分：

$$\Delta Y_t = \mu_A + \theta_A DU_t + \alpha_A t + d_A D(T_\tau)_t + \beta_A Y_{t-1} + \sum_{i=1}^{p} \delta_{A,i} \Delta Y_{t-i} + \xi_t$$

$$\Delta Y_t = \mu_B + \gamma_B DT_t^* + \alpha_B t + d_B D(T_\tau)_t + \beta_B Y_{t-1} + \sum_{i=1}^{p} \delta_{B,i} \Delta Y_{t-i} + \xi_t$$

$$\Delta Y_t = \mu_C + \theta_C DU_t + \alpha_C t + \gamma_C DT_t^* + \beta_C Y_{t-1} + d_C D(T_\tau)_t + \sum_{i=1}^{p} \delta_{C,i} \Delta Y_{t-i} + \xi_t$$

检验 $\beta_k = 0$，k=A, B, C 的检验统计量是 Student t 检验 $t_\beta(\lambda) = 0$，且这个检验统计量依赖于已

[3] Zivot, E. and Andrews, Donald W.K. (1992), Further Evidence on the Great Crash, the Oil-Price Shock, and the Unit-Root Hypothesis, *Journal of Business & Economic Statistics*, 10(3), 251–270.

知结构点区分的子样本占全样本的比例 $\lambda = \frac{T_\tau}{T}$。

但是，Zivot 和 Andrews 在 1992 年指出 Perron 在 1989 年将结构变动时间视为已知，其实会有数据挖掘的乖离率问题，最好的方法是将结构变动点视为未知，将检验和时间点估计一气呵成。Zivot 和 Andrews 在 1992 年将 DU 和 DT 视为 λ 的函数，且需要内生估计。如下：

$$\Delta Y_t = \mu_A + \theta_A DU_t(\lambda) + \alpha_A t + \beta_A Y_{t-1} + \sum_{i=1}^{p} \delta_{A,i} \Delta Y_{t-i} + \xi_t$$

$$\Delta Y_t = \mu_B + \gamma_B DT_t^*(\lambda) + \alpha_B t + \beta_B Y_{t-1} + \sum_{i=1}^{p} \delta_{B,i} \Delta Y_{t-i} + \xi_t$$

$$\Delta Y_t = \mu_C + \theta_C DU_t(\lambda) + \gamma_C DT_t^*(\lambda) + \alpha_C t + \beta_C Y_{t-1} + \sum_{i=1}^{p} \delta_{C,i} \Delta Y_{t-i} + \xi_t$$

范例程序：Zivot and Andrews 单位根检验

```
1. y.za = ur.za(y, type="mu", lags="short")
2. summary(y.za)
3. plot(y.za)
```

说明

1. Zivot and Andrews 检验 y 是否为定态。
2. Zivot and Andrews 检验结果的摘录。
3. 绘图诊断结构点，如图 10-1-3 所示。

```
ur.za(y, model = c("intercept", "trend", "both"), lag=NULL)
```

- model：设置结构变迁出现的变量。可选截距 intercept 或确定趋势 trend，两个都有。
- lag：ADF 滞后结构的最大期数，这个演算会逐一尝试取出最拟合的滞后期数。

这个检验的结果输出如下：

```
Test statistic: -3.1345
Critical values: 0.01= -5.34  0.05= -4.8  0.1= -4.58
Potential break point at position: 155
```

除了检验统计量和临界值之外，还要注意估计的结构转折点在何处。上例是出现在第 155 个样本。程序第 3 行绘图诊断结构点如图 10-1-3 所示。

从图 10-1-3 可知，155 样本处是反弹点。

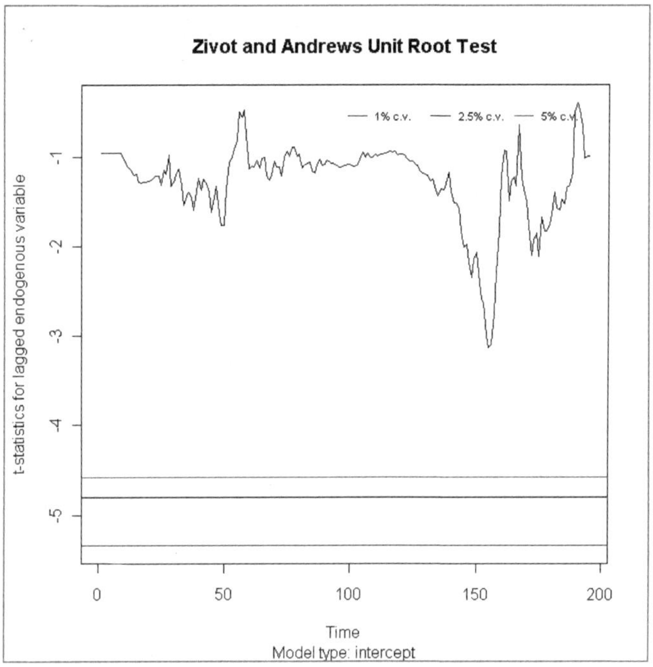

图 10-1-3 绘图诊断结构点

10.2 协整分析

接续前文，当回归的被解释变量 Y 是非定态、解释变量 X 也是非定态时，就会产生假性回归的问题。简单地说，假性回归就是指：两个或两个以上的 I(1)变量之间的回归关系，因传统估计量（例如，LS、MLE 等）和检验统计量（如 t、F、Wald 等）无法修正数据的非定态性质，故方差无法得到渐进性（asymptotic）的收敛。因而产生虚假回归（spurious regression，或称为伪回归）的问题。

一个非定态的时间序列也称为具有随机趋势（Stochastic trend），两个非定态数据的回归关系就隐含了判别两个随机趋势是否有共同的趋势，称为协整（Co-integration）。协整可以正式定义如下：

若两个或两个以上的 I(1)变量之间的线性组合为 I(0)，则定义此变量间有协整（Co-integration）。此线性组合则称为协整向量（Cointegrating Vector）：

$$Y_t = \alpha + \beta X_t + e_t \rightarrow Y_t - \alpha - \beta X_t = e_t \approx I(0)$$

因此，协整向量就是回归参数（regression parameter）：[α, β]。找出此协整向量必须使用一个估计量（estimator）来估计参数，因为估计量必须具备处理随机趋势造成的虚假相关（或称为伪相关），所以最常用的方法就是误差修正模型（Error Correction Model）。因为协整的经济意义是长期均衡，所以也有一些计量学者将 ECM 称为均衡修正机制（Equilibrium Correction Mechanism）。

10.2.1 ECM 的基本形态（Engle 和 Granger 在 1987 年提出）

传统 $Y_t = \alpha + \beta X_t$ 回归隐含了 X 是 Y 的条件期望值，也就是说，从数据生成过程（Data Generating Process，DGP）的角度，Y 是 X 产生的。但是，在非定态时间序列，因为两者都是由彼此独立的随机趋势所驱动，所以就无法说谁被谁产生。这就是前面说的虚假相关。简单地说，$X_t=\alpha+\beta Y_t$ 的方向未尝不可。这问题也被称为内生性：鸡生蛋，还是蛋生鸡。

ECM 试图去解决这个问题：第一，令 $Z_t=[Y_t,X_t]$；第二，用类似 ADF 方法，展开向量 Z_t。

$$\Delta\mathbf{Z_t}=\mathbf{A}+\Phi\mathbf{Z_{t-1}}+\sum_{i=1}^{p}\Omega_i\Delta\mathbf{Z_{t-i}}$$

以上例，VECM(2)展开如下：

$$\Delta Y_\mathbf{t}=a_1+\phi_1(Y_{t-1}-\beta X_{t-1})+\delta_{11}\Delta Y_\mathbf{t-1}+\delta_{12}\Delta Y_\mathbf{t-2}+\theta_{11}\Delta X_\mathbf{t-1}+\delta_{12}\theta X_\mathbf{t-2}$$
$$\Delta X_\mathbf{t}=a_2+\phi_2(Y_{t-1}-\beta X_{t-1})+\delta_{21}\Delta Y_{t-1}+\delta_{22}\Delta Y_{t-2}+\theta_{21}\Delta X_\mathbf{t-1}+\delta_{22}\theta X_\mathbf{t-2}$$

上式其实是一个 VAR 结构，增加了一个外生变项，故也称为 VAR-ECM，简称 VECM（Vector ECM）。因为 $e_{t-1}=Y_{t-1}-\beta X_{t-1}$，所以误差修正项就是 $\phi_1(Y_{t-1}-\beta X_{t-1})$，也称为动态调节，如果 X 和 Y 之间有长期均衡或协整，则$\phi_1(\phi_2)$显著为负(正)；且显著的水平是 ADF 的±临界值，不是正态分布的±1.92。解释如下：

- 方向一：若 ϕ_1 显著为负，则意味着若前一期的 Y_{t-1} 大于它的期望值 βX_{t-1}，也就是 $Y_{t-1}>\beta X_{t-1}$，那么，下一期的 Y 就会减少，也就是$\Delta Y_t<0$：$\phi_1(Y_{t-1}-\beta X_{t-1})$ 的乘积为一个负 ϕ_1，乘上一个正的 $Y_{t-1}>\beta X_{t-1}$。
- 方向二：若 ϕ_2 显著为正，则意味若前一期的 Y_{t-1} 大于它的期望值 βX_{t-1}，也就是 $Y_{t-1}>\beta X_{t-1}$，那么，下一期的 X 就会减少，也就是$\Delta X_t>0$：$\phi_2(Y_{t-1}-\beta X_{t-1})$ 的乘积为一个正ϕ_2，乘上一个正的 $Y_{t-1}>\beta X_{t-1}$。

在一个协整体系内，由误差衡量的短期失衡$(Y_{t-1}-\beta X_{t-1})$，长期均衡调节的方向不一定是两个，有时候是只在 Y 的方向调节，有时候只在 X 方向调节。双向调节就很稀少了。

R 用于协整检验的程序包有多个，例如，urca 和 tsDyn，它们是专门处理线性时间序列阈值（threshold）的程序包。我们先介绍 tsDyn。

范例程序：数据准备

```
1. ID=c("GDX","GLD")
2. library(quantmod)
3. getSymbols(ID, from="2004-11-18", to=Sys.time(), adjust = T, auto.assign = TRUE)
4. GDX0=read.csv("GDX.csv")
5. GLD0=read.csv("GLD.csv")
6. GDX=xts::as.xts(GDX0[,-1],as.Date(GDX0[,1]))
7. GLD=xts::as.xts(GLD0[,-1],as.Date(GLD0[,1]))
8. head(GDX);head(GLD)
9. dat0=merge(Cl(GDX),Cl(GLD))
10.head(dat0)
11.dat=na.omit(dat0)
12.colnames(dat)=ID
```

说明

1. 定义从网络下载的股票代码。

2. 载入程序包 quantmod。
3. 下载数据，如果下载成功，请忽略 4~7 这四个步骤。如果 Yahoo 在维护网站而导致连接失败，就可以加载我们事先准备好的数据。这次加载，设置下载到系统时间 Sys.time()。
4. 读取数据。
5. 同上。
6. 转换数据为时间序列。
7. 同上。
8. 查看加载数据的前 6 项。
9. 合并两组数据的收盘价。Cl()是程序包 xts 内建的函数，可以直接取出收盘价。
10. 查看合并数据的前六项，我们发现 GDX 有很多缺值，因为两个投资标的上市的时间不同。
11. 删除缺值，产生新的数据对象 dat。
12. 置换数据对象的字段名，原名称太长，我们就用第 1 列的 ID 来置换。

第 10 行 head(dat0)显示的合并数据，出现很多了缺值。

```
           GDX.Close  GLD.Close
2004-11-18        NA      44.38
2004-11-19        NA      44.78
2004-11-22        NA      44.95
2004-11-23        NA      44.75
2004-11-24        NA      45.05
2004-11-26        NA      45.29
```

因此我们删除了缺值，产生了新的数据对象。

```
head(dat)
             GDX    GLD
2006-05-22  37.23  65.30
2006-05-23  37.96  66.38
2006-05-24  36.52  64.06
2006-05-25  38.32  64.70
2006-05-26  38.55  65.10
2006-05-30  38.17  65.11
```

dat 就是我们要执行检验的数据。前 6 行是 Engle-Granger VECM，后半部分则是 Johansen 协整检验。

范例程序：tsDyn 程序包的协整检验函数

```
1. library(tsDyn)
2. lags <- vars::VARselect(dat, lag.max=25)$selection
3. vecm.eg<-VECM(dat, lag=lags[3],include ="const", estim = "2OLS")
4. summary(vecm.eg)
5. summary(vecm.eg)$coefMat
6. vecm.eg$model.specific$beta
7. vecm.jo<-VECM(dat, lag=lags[3], include ="const", estim = "ML")
8. summary(vecm.jo)
9. summary(vecm.jo)$coefMat
```

```
10.vecm.jo$model.specific$beta
```

说明

1. 载入程序包 tsDyn。
2. 使用程序包 vars 内的函数 VARselect，计算最佳的滞后期。
3. 估计和检验 Engle-Granger 的 VECM，VECM 内声明 estim = "2OLS" 就代表了 2-stage OLS，也就是 Engle-Granger 方法。
4. 摘要估计结果。
5. 查看估计系数表。
6. 查看协整向量。
7. 同 3，内声明 estim = "ML" 就代表了 Johansen MLE 估计与检验。
8. 估计结果摘要。
9. 所有估计系数。
10. 协整向量。

上面这个程序有几个地方要进一步说明。

第一：第 2 行 lags <- vars::VARselect(dat, lag.max=25)$selection

vars::VARselect 表示我们只需要程序包 vars 内的一个函数，而不使用 library(vars) 加载整个程序包。这样可以避免加载过多的程序包，使用上也不会混淆。

VARselect(dat, lag.max=25) 是估计 VAR 滞后阶次从 1 到 25，按照四个准则选出最佳滞后阶次。

```
> vars::VARselect(dat, lag.max=25)
  $selection
  AIC(n)  HQ(n)  SC(n)  FPE(n)
     16      2      2     16

  $criteria
               1       2       3       4       5       6
  AIC(n) -0.1849 -0.1959 -0.1964 -0.1974 -0.1954 -0.2004
  HQ(n)  -0.1801 -0.1878 -0.1851 -0.1829 -0.1777 -0.1794
  SC(n)  -0.1715 -0.1737 -0.1653 -0.1573 -0.1465 -0.1425
  FPE(n)  0.8312  0.8221  0.8217  0.8209  0.8225  0.8184
  ......
  ......
```

这个函数产生两个对象：**$selection** 和**$criteria**。**$selection** 是四个准则选出的最佳滞后阶次的向量。另一个则是所有准则估计滞后 1~25 期的值。我们可以只把$selection 取出来：VARselect(dat, lag.max=25)$selection。然后定义为对象 lags，lags[1]就是 AIC(n)=16, lags[3]就是 SC(n)=2。第 3 行语句承接了这个条件。

第二：函数 VECM()的完整结构如下：

```
VECM(data, lag, r = 1, include = c("const", "trend", "none", "both"), beta = NULL, estim = c("2OLS", "ML"), LRinclude = c("none", "const", "trend", "both"), exogen = NULL)
```

要说明的有两项：

（1）include= c("const", "trend", "none", "both")：是整体 VAR 模型的形式，内建是第一个 "const"

（具有截距项）。

（2）LRinclude= c("none", "const", "trend", "both")：是协整向量模型的形式，内建是"none"，也就是$Y_{t-1}-\beta X_{t-1}$（没有截距，也没有时间趋势）。

VECM 的函数虽然提供了两种估计方法，但是协整检验却只有 Engle-Granger 的系数检验，也就是从系数矩阵来判断，如第 5 行的输出：

```
summary(vecm.eg)$coefMat
              Estimate Std. Error  t value  Pr(>|t|)
 GDX:ECT         0.000      0.001  -0.155    0.877
 GDX:Intercept  -0.007      0.019  -0.381    0.703
 GDX:GDX-1       0.004      0.029   0.143    0.886
 GDX:GLD-1      -0.008      0.020  -0.402    0.687
 GDX:GDX-2      -0.073      0.029  -2.511    0.012
 GDX:GLD-2       0.045      0.020   2.254    0.024
 GLD:ECT         0.003      0.002   1.647    0.100
 GLD:Intercept   0.013      0.027   0.482    0.630
 GLD:GDX-1       0.175      0.042   4.150    0.000
 GLD:GLD-1      -0.099      0.029  -3.435    0.001
 GLD:GDX-2      -0.075      0.042  -1.776    0.076
 GLD:GLD-2       0.029      0.029   0.997    0.319
```

ECT 的 Estimate 字段就是我们前面介绍的系数ϕ，从 t value 判断显著与否。很明显，两个方向都没有显著的协整关系。

如果我们想要知道 Johansen 的检验，就需要用程序包 urca。先解释 Johansen 的两个检验：

$$\Delta Z_t=\Pi Z_{t-1}+\sum_{i=1}^{k-1}\Gamma_i\Delta Z_{t-i}+\Phi D_t+\mu+e_t$$

$$\Delta Y_t=\phi_{11}Y_{t-1}+\phi_{12}X_{t-1}+\sum_{i=1}^{p-1}A_i\Delta Y_{t-i}+\sum_{i=1}^{p-1}B_i\Delta X_{t-i}+\Phi_1 D_t+\mu_1+e_{1t}$$

$$\Delta X_t=\phi_{21}Y_{t-1}+\phi_{22}X_{t-1}+\sum_{i=1}^{p-1}C_i\Delta Y_{t-i}+\sum_{i=1}^{p-1}D_i\Delta X_{t-i}+\Phi_2 D_t+\mu_2+e_{2t}$$

令 $\Pi=\begin{bmatrix}\phi_{11} & \phi_{12}\\ \phi_{21} & \phi_{22}\end{bmatrix}$，及 $\Gamma_i=\begin{bmatrix}A_i & B_i\\ C_i & D_i\end{bmatrix}$

如同ADF检验，VECM的协整检验在检验Π的秩（rank）是不是零，或奇异矩阵（singular matrix）。令其秩为 r，则按序检验虚无假设 r=0,1,2。这种检验方法称为序贯检验（sequential test）。令λ为矩阵Π的特整值（eigenvalues），Johansen 提出两个检验统计量。

（1）迹检验（Trace Test）检验统计量：$LR_{tr}(r\mid p)=-T\sum_{i=r+1}^{k}\ln(1-\lambda_i)$

（2）最大特征值（Maximum Eigenvalue）检验统计量：

$$\begin{aligned}LR_{\max}(r\mid r+1)&=-T\sum_{i=r+1}^{k}\ln(1-\lambda_{r+1})\\&=LR_{\max}(r\mid k)-LR_{\max}(r+1\mid k)\end{aligned}$$

范例程序： urca 程序包的协整检验函数

```
1. library(urca)
2. cointest_eigen <- ca.jo(dat, K=lags[3], type="eigen", ecdet="const",spec="transitory")
3. summary(cointest_eigen)
4. cointest_trace <- ca.jo(dat, K=lags[3], type="trace", ecdet="const",spec="transitory")
5. summary(cointest_trace)
```

说明

1. 载入程序包 urca。
2. 估计与执行最大特征值（maximum eigenvalue）检验。
3. 查看最大特征值（maximum eigenvalue）检验结果。
4. 估计与执行 Trace 检验。
5. 查看迹（Trace）检验结果。

程序包 urca 中的函数 ca.jo()就可以检验 Johansen 两个著名的检验统计量。同时会输出临界值，这让检验统计量的判读极为简易。读者可以执行看看第 3 与 5 行语句。

另外，两个函数说明如下：

（1）plot(cointest_eigen)可以绘制多个图形，包括协整时间序列和原始数据。

（2）cajorls(cointest_eigen)输出一些数值，有助于计算一些数据，它输出两个对象：**$rlm** 和 **$beta**。解说如下：

```
$rlm
Coefficients:
          GDX.d      GLD.d
ect1     -0.001900  0.001544
GDX.dl1   0.009245  0.180864
GLD.dl1  -0.012690 -0.105047

$beta
                ect1
GDX.l1     1.00000000
GLD.l1    -0.01360121
constant -29.38956646
```

$beta 是协整方程式系数，线性组合如下：

$$ect1_{t-1}= GDX_{t-1}-GLD_{t-1}-29.39$$

在 R 中，可以这样计算协整方程式 EC：

```
BETA=cajorls(cointest_eigen)$beta
EC0=dat%*%BETA[1:2]+BETA[3]  #计算数据
EC=as.xts(EC0,index(dat))    #转成时间序列
plot(EC,main="Cointegrating relation") #画图
```

最后绘制的图，如图 10-2-1 所示。

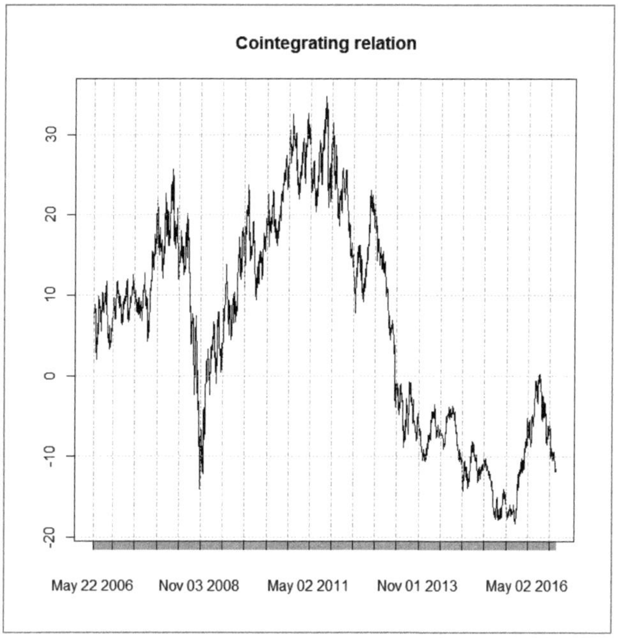

图 10-2-1　EC 协整序列

从图 10-2-1 可以看出，它和图 10-1-1 极为类似，都是非定态的形状，也就是线性组合的随机趋势依然明显。相当一致，我们上面的协整检验也都没有通过。

小试身手：请读者将原始数据 dat 取对数后，i.e., log(dat)，执行协整估计和检验，再比较之。

10.2.2　Threshold VECM（阈值 VECM）

Threshold VECM 将协整关系转化为与协整关系大小有关，接续前文，EC 序列有两个阈值（threshold values），区分出三个区间（regimes）。令阈值从小到大为 γ_1, γ_2。

❖ 区间一：$EC_{t-1} \leqslant \gamma_1$

$$\Delta Y_{\mathbf{t}} = a_{11} + \phi_{11}(Y_{t-1} - \beta X_{t-1}) + \delta_{1,11}\Delta Y_{\mathbf{t}-1} + \theta_{1,11}\Delta X_{\mathbf{t}-1}$$
$$\Delta X_{\mathbf{t}} = a_{12} + \phi_{12}(Y_{t-1} - \beta X_{t-1}) + \delta_{1,21}\Delta Y_{\mathbf{t}-1} + \theta_{1,21}\Delta X_{\mathbf{t}-1}$$

❖ 区间二：$\gamma_1 < EC_{t-1} < \gamma_2$

$$\Delta Y_{\mathbf{t}} = a_{21} + \phi_{21}(Y_{t-1} - \beta X_{t-1}) + \delta_{2,11}\Delta Y_{\mathbf{t}-1} + \theta_{2,12}\Delta X_{\mathbf{t}-1}$$
$$\Delta X_{\mathbf{t}} = a_{22} + \phi_{22}(Y_{t-1} - \beta X_{t-1}) + \delta_{2,21}\Delta Y_{\mathbf{t}-1} + \theta_{2,22}\Delta X_{\mathbf{t}-1}$$

❖ 区间三：$\gamma_2 \leqslant EC_{t-1}$

$$\Delta Y_{\mathbf{t}} = a_{31} + \phi_{31}(Y_{t-1} - \beta X_{t-1}) + \delta_{3,11}\Delta Y_{t-1} + \theta_{3,12}\Delta X_{\mathbf{t}-1}$$
$$\Delta X_{\mathbf{t}} = a_{32} + \phi_{32}(Y_{t-1} - \beta X_{t-1}) + \delta_{3,21}\Delta Y_{\mathbf{t}-1} + \theta_{3,22}\Delta X_{\mathbf{t}-1}$$

这样的模式，对于单一协整关系，做出了区间分类。判断各个区间的协整，和 Engle-Granger 完全一样。

范例程序：tsDyn 的阈值协整（threshold cointegration）

```
1. library(tsDyn)
2. out1.tvecm=TVECM(dat, lag=lags[3], nthresh=2, trim=0.05, plot=TRUE)
3. summary(out1.tvecm)
4. summary(out1.tvecm)$coefficients
5. summary(out1.tvecm)$StDev
6. summary(out1.tvecm)$Pvalues
7. summary(out1.tvecm)$coefficients$Bmiddle
8. summary(out1.tvecm)$StDev$Bmiddle
9. summary(out1.tvecm)$Pvalues$Bmiddle
10.beta_tvecm=out1.tvecm$model.specific$coint
11.threshold=out1.tvecm$model.specific$Thresh
```

说明

1. 载入程序包 tsDyn。
2. 承上 VECM 参数的设置，执行 TVECM()估计。nthresh =2 是声明阈值个数为 2；Plot=TRUE 则会产生图 10-2-2。
3. 查看估计结果。
4. 查看各区间系数。
5. 查看各区间标准偏差。
6. 查看各区间 P-values。
7. 查看中间区间的系数。
8. 查看中间区间的标准偏差。
9. 查看中间区间的 p-values。
10. 取出协整向量对象，命名为 beta_tvecm。
11. 取出阈值对象，命名为 threshold。

值得一提的是，summary(out1.tvecm) 会发现中间区间出现极为显著的协整，但是只在 GDX 这个方向，另一个方向虽然显著，但是符号不对，所以整体上的调节处于“均衡 vs. 失衡”的拉锯状态。

到这里，读者对 R 的语句应该更加熟悉了。这个程序包的估计比较复杂，对象很多，如同在线性模型中所提到的，用 names(summary(out1.tvecm)) 查一查就可以知道如何去调用估计后的内容。

另外，阈值协整还有一些协整关系的检验，属于较为高级的问题，程序包内都有函数，碍于此书的定位，一些涉及高级计量理论的议题就不详说了。两个检验的虚无假设 H_0 和对立假设 H_a 不同，参考语句如下：

```
    H0: Linear cointegration
    Ha: Threshold cointegration
test1=TVECM.HStest(dat, lag=lags[3], intercept=TRUE, nboot=10)
summary(test1)
```

```
    H0: No cointegration
    Ha: Threshold cointegration
test2=TVECM.SeoTest(dat,lag=lags[3], beta=1, trim=0.05, nboot=2, plot=TRUE,check=FALSE)
summary(test2)
```

使用这个检验时要小心，尤其是第二个 Seo 检验，因为进行模拟非常耗时，所以不要轻易尝试。

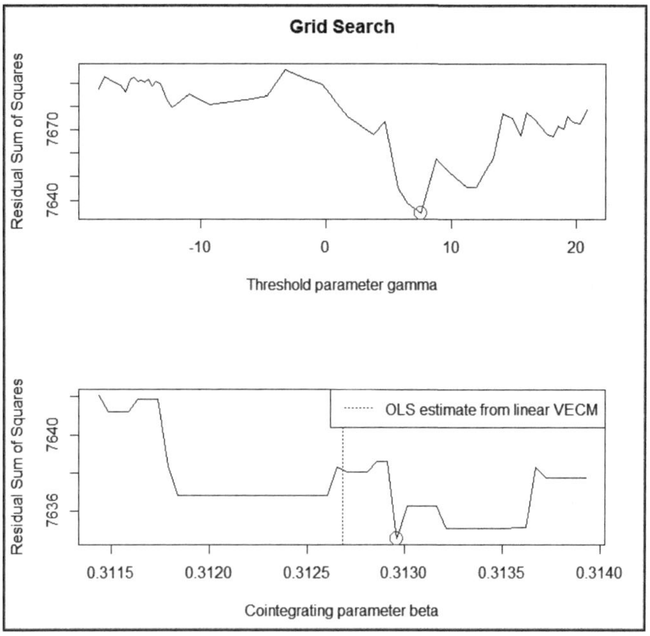

图 10-2-2 TVECM 估计的关键信息：协整系数和阈值

10.3 具有阈值的单位根过程

接续 10.1 节 ADF 回归式的模型：

$$\Delta Y_t = \alpha_0 + \beta_1 Y_{t-1} + \sum_{k=1}^{p} \delta_k \Delta Y_{t-k} + \xi_t$$

有单位根的虚无假设是：

$$H_0 : \beta_1 = 0$$

针对单位根检验，类似 TVECM，具有阈值效果的回归称为自激励阈值自回归（Self-Exciting Threshold AutoRegression，SETAR），它将单位根关系转化为一个按数据的大小而有所不同的关系。接续前文，令序列有两个阈值（threshold values），区分出三个区间（regimes）。令阈值从小到大为 γ_1, γ_2。

❖ 区间一：$Y_{t-1} \leq \gamma_1$

$$\Delta Y_t = \alpha_{01} + \beta_1 Y_{t-1} + \sum_{k=1}^{p} \delta_{1,k} \Delta Y_{t-k} + \xi_{1t}$$

❖ 区间二：$\gamma_1 < Y_{t-1} < \gamma_2$

$$\Delta Y_t = \alpha_{02} + \beta_2 Y_{t-1} + \sum_{k=1}^{p} \delta_{2,k} \Delta Y_{t-k} + \xi_{2t}$$

❖ 区间三：$\gamma_2 \leqslant Y_{t-1}$

$$\Delta Y_t = \alpha_{03} + \beta_3 Y_{t-1} + \sum_{k=1}^{p} \delta_{3,k} \Delta Y_{t-k} + \xi_{3t}$$

演算的过程算是轻松简单，我们来看看范例程序。先准备数据，用的是 10.1 节的某地区经济增长率。

范例程序：数据准备

```
1. library(tsDyn)
2. load("region3v.RData")
3. dat0=ts(region3v, start=c(1961,1),freq=4)
4. show(dat0)
5. dat1=timeSeries::as.timeSeries(dat0)
6. plot(dat1,main="")
7. y=dat1[,3]
```

说明

1. 载入程序包。
2. 载入数据集。
3. 将数据集转换为时间序列。
4. 查看数据。
5. 把上述数据转换成时间序列。
6. 绘图，如图 10-3-1 所示。
7. 取出经济增长率，定义为 y。

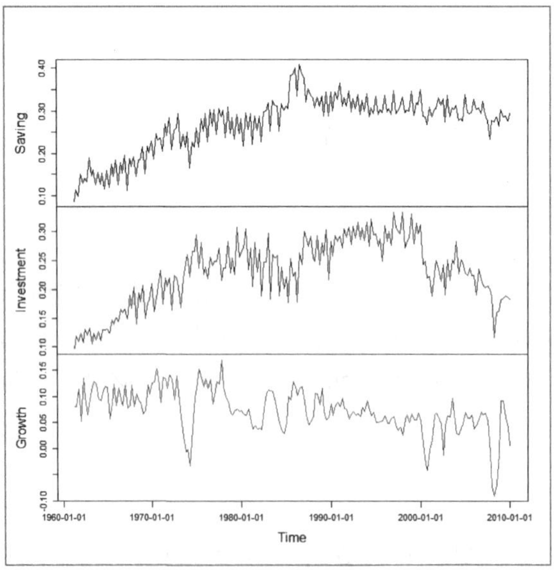

图 10-3-1　绘图

范例程序：估计 SETAR

```
1. P.lags=5  # AR lags
2. out1.tar=setar(y, m=P.lags, d=1,nthresh=2, trace=T, type="ADF")
3. summary(out1.tar)
4. summary(out1.tar)$coef
5. th=summary(out1.tar)$thCoef
6. plot(y)
7. abline(h=th[1])
8. abline(h=th[2])
```

说明

1. 设置最大滞后期数。
2. 估计 setar，设置回归为 ADF 形式。
3. 估计结果的摘要。
4. 估计结果的系数表。
5. 取出两个阈值。
6. 绘图。
7. 以第 1 个阈值画辅助线。
8. 以第 2 个阈值画辅助线。

我们由估计结果系数判断不同区间的单位根问题。在下面的结果中，估计参数标注的 .L，.M 和 .H 分别是低、中、高三个区间的估计结果。按照 ADF 回归的临界值，低、高区间的检验参数为：

$$\beta_1 = -0.624\ (t = -3.5)$$
$$\beta_3 = -0.48\ (t = -3.5)$$

按照 5% 的显著水平，可以拒绝非定态的虚无假设。

```
Coefficient(s):
          Estimate    Std. Error   t value  Pr(>|t|)
const.L  0.0392618   0.0093902   4.1811 4.577e-05 ***
phiL.1  -0.6137052   0.1753775  -3.4993 0.0005916 ***
DphiL.1  0.6640983   0.1797504   3.6946 0.0002943 ***
DphiL.2  0.7370141   0.2401970   3.0684 0.0024949 **
DphiL.3  0.1709418   0.2356153   0.7255 0.4691070
DphiL.4  0.0524839   0.1817462   0.2888 0.7730947
DphiL.5  0.0749527   0.1673809   0.4478 0.6548535

const.M  0.0087864   0.0183545   0.4787 0.6327461
phiM.1  -0.1584422   0.2917365  -0.5431 0.5877517
DphiM.1  0.1223505   0.1361227   0.8988 0.3699807
DphiM.2 -0.0507159   0.1327432  -0.3821 0.7028800
DphiM.3 -0.0138110   0.1061343  -0.1301 0.8966151
DphiM.4 -0.3848205   0.1176600  -3.2706 0.0012925 **
DphiM.5 -0.1975865   0.1270936  -1.5547 0.1218354
```

```
const.H  0.0484828   0.0147738   3.2817 0.0012457 **
phiH.1  -0.4821496   0.1372785  -3.5122 0.0005655 ***
DphiH.1 -0.0317064   0.1049063  -0.3022 0.7628319
DphiH.2 -0.0761097   0.0801396  -0.9497 0.3435671
DphiH.3  0.1880985   0.0875460   2.1486 0.0330433 *
DphiH.4 -0.1606905   0.0916659  -1.7530 0.0813528 .
DphiH.5  0.0812053   0.0959525   0.8463 0.3985372
```

再参照两个阈值 0.0435 和 0.079 可知，当前一季的经济增长率低于 4.35%或高于 7.9% 时，经济增长会出现均衡收敛状态，不会突破阈值区间内的高点或低点。处于(4.35%,7.9%)中间则是随机漫步趋势。

我们画出原图形，用辅助线标示出阈值就更清楚了，可参看图 10-3-2。

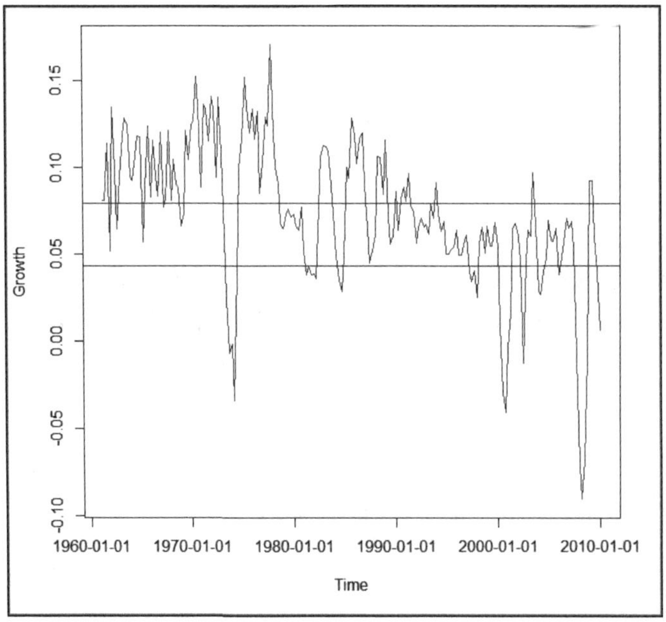

图 10-3-2　经济增长率在 SETAR 的时间序列图

最后，我们来诊断。

范例程序

```
1. plot(out1.tar)
2. acf(na.omit(summary(out1.tar)$residuals))
3. MAPE(out1.tar)
4. mse(out1.tar)
```

说明

1. 绘出 5 个诊断图，如果用 RStudio，因为图框超过边界，建议使用 dev.new();plot(out1.tar)。
2. 模型残差 ACF。
3. 模型的均值绝对百分误差（Mean Absolute Percent Error）。
4. 模型的均方误差（Mean Square Errors）。

5 个诊断图如图 10-3-3 至图 10-3-7 所示。

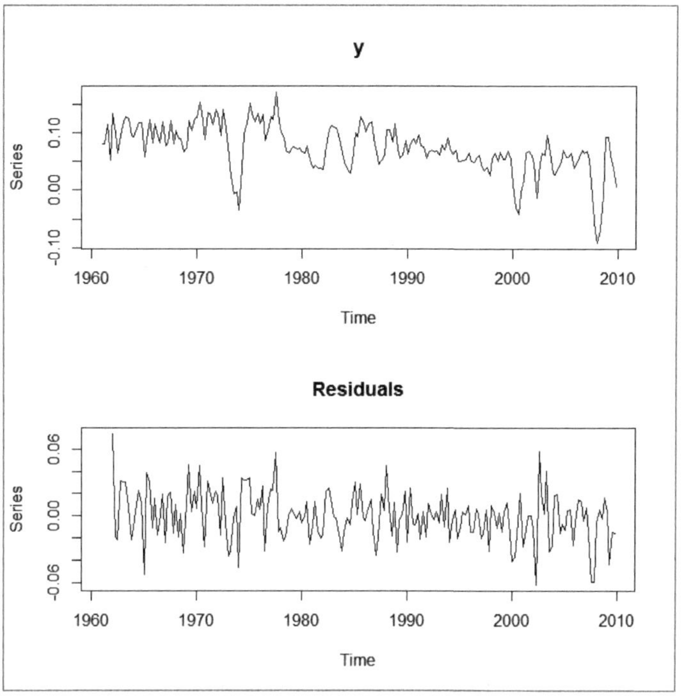

图 10-3-3　原始数据和残差

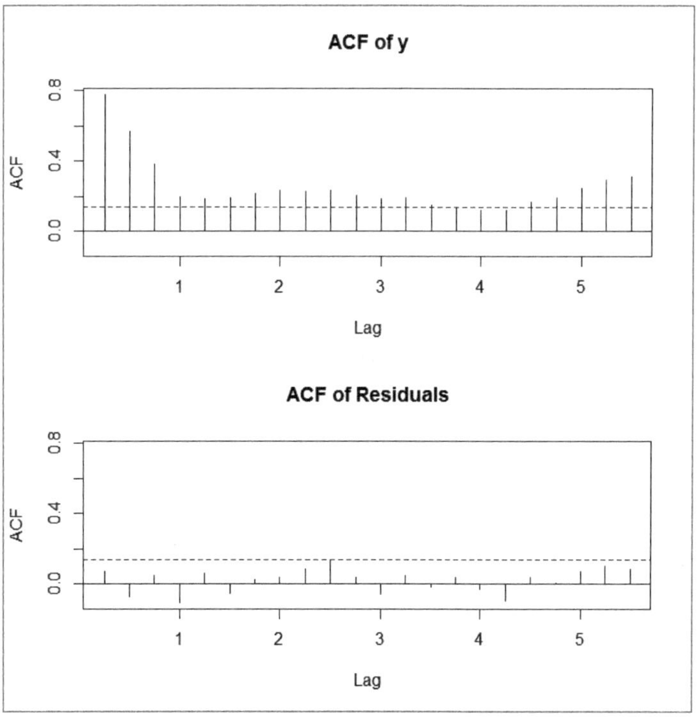

图 10-3-4　原始数据和残差的 ACF

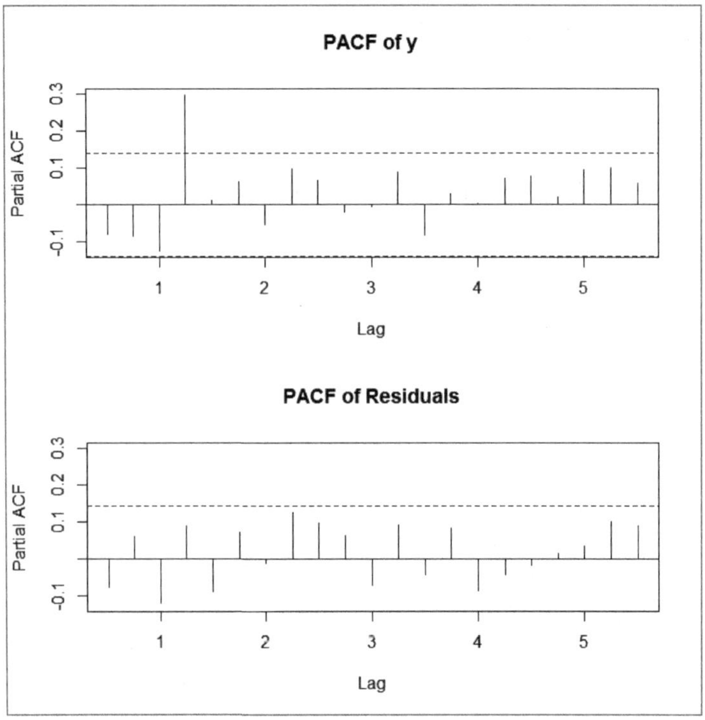

图 10-3-5　原始数据和残差的 PACF

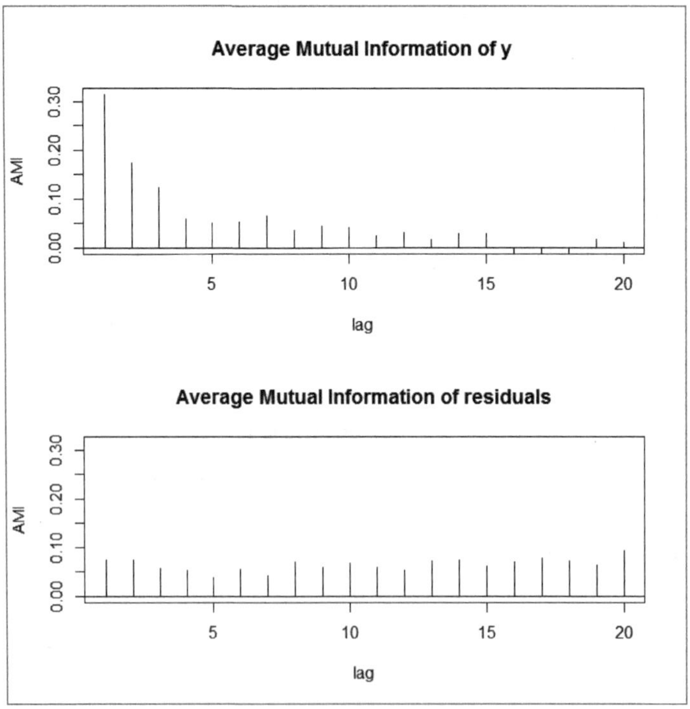

图 10-3-6　原始数据和残差的 AMI

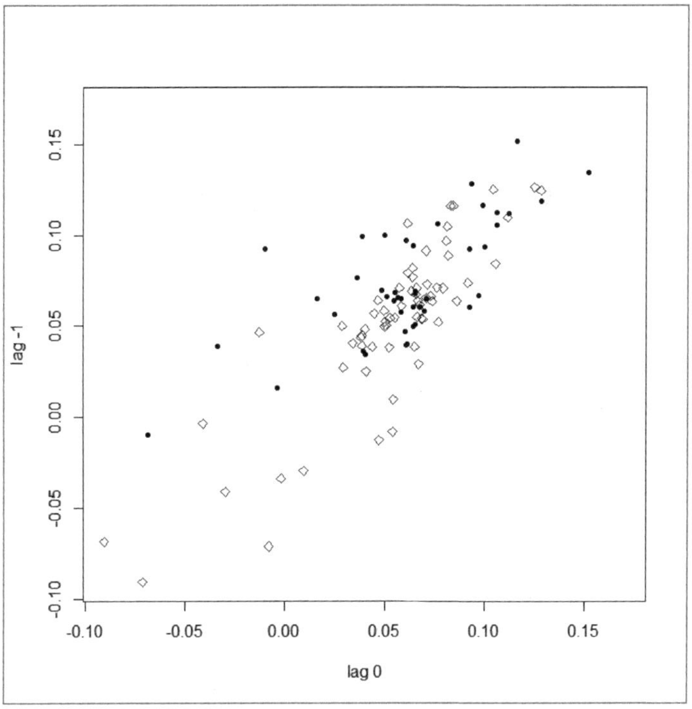

图 10-3-7 y_t和 y_{t-1}的 AR(1)散布关系

一般还有 3 个检验，按照虚无假设和对立假设简单说明如下。

（1）setarTest():

```
Ho: Linear unit root
Ha: threshold unit root (Hansen (1999), with bootstrap distribution)
setarTest(y, m=2, thDelay=0:1, nboot=5,trim=0.1, test="1vs")
```

（2）BBCTest():

```
Ho: unit root
Ha: stationary three regime SETAR alternative
BBCTest(y, m=3, test="Wald", grid="minPerc")
```

这个检验的所有声明如下：

```
BBCTest(data, m, series, testStat=c("LR", "Wald", "LM"),
     trim=0.1, grid=c("minPerc", "minObs"))
```

（3）KapShinTest():

```
Ho: unit root
Ha: stationary 3-regime SETAR with random walk in the inner regime
KapShinTest(y, m=1, trace=FALSE, include="none", points=10)
```

第 11 章　时间序列的结构变动

11.1　基本原理的认识

当我们执行一个回归之后，往往关心数据拟合出的期望值或条件期望值是否稳定。条件期望值不稳定，有许多原因，诸如模型设置不当、忽略非线性以及离群值作怪等。如果这种不稳定有按时间前后分期的群聚现象，我们就按照时间将之分离，也称为结构变动（structural changes）。但是，结构变动不只是一个统计上对残差的检验，需要有经济发展的描述，这样经济计量方法才不会脱离市场发展的实际应用。这一点在使用计量模型时，务必十分小心。本章 R 的实践应用的重点在第 2 节 Bai and Perron 系列研究对未知结构变动点的估计方法，第 1 节解说文献上结构变动的概念，以图辅佐，不附范例程序。

假设我们执行一个时间序列回归 $y_t = \alpha + \beta X_t + e_t$，结构变动检测的判断多半基于比较此回归的残差性质，所以我们称之为“基于残差的 SSR 诊断”（Residuals-based SSR），概念如下：

$$\{y_t\}_{t=1,2,\cdots,T}$$

$$t \leqslant day1 \qquad y_t = \bar{\mu}_1 + e_{1t} \qquad SSR = \sum e_{1t}^2$$

$$day1 < t \qquad y_t = \bar{\mu}_1 + e_{2t} \qquad SSR = \sum e_{2t}^2$$

绝大多数的结构变动分析，在于两个步骤：

步骤01 计算残差：OLS，Recursive（递归）。

步骤02 处理按残差计算的 SSR：绘图或检验。

这些检验可以分成两种形式：efp（Empirical Fluctuation Process，实证波动过程）和 F 检验统计量。

11.1.1　efp 方法

efp 方法以残差为基础构建检验统计量，残差有两类：

（1）OLS 残差（OLS Residuals）

$$y_t = X_t\beta + e_t, \qquad t = 1,2,\cdots,T$$

OLS 残差定义为：$\hat{e}_t = y_t - X_t\hat{\beta}$

$$\hat{\sigma}^2 = \frac{1}{T-k}\sum_{i=1}^{T}\hat{e}_i^2$$

（2）递归残差（Recursive Residuals）

递归残差是以逐次增加样本并移动样本窗口的估计量所得的残差，方程式如下：

$$y_t = X_t\beta_t + e_t, \qquad t = 1,2,\cdots,T$$

这个估计直到使用到最后一个样本才停止，令 b_r 为使用最后一次所估计的 LS 参数。

$$\hat{b}_r = (X_r' X_r)^{-1} X_r' y_r \qquad r = k+1,\cdots,T$$

经由第 r-1 期的 b，预测第 r 期 y 的残差值，其预测方差为：

$$VAR(b_r) = \sigma^2(1 + x_r(X_{r-1}' X_{r-1})^{-1} x_r) \qquad r = k+1,\cdots,T$$

使用预测所计算的递归残差（Recursive residuals），定义如下：

$$\hat{w}_r = \frac{y_r - x_r\hat{b}_{r-1}}{(1 + x_r(X_{r-1}' X_{r-1})^{-1} x_r)} \qquad r = k+1,\cdots,T$$

不管是哪一种残差，只要算好，就可以进行残差稳定性质的分析。接下来借助数据的操作来进行解释。这个文件含有来自 K. French 网站五个产业指数回报率的数据[1]，读者可自行下载，变量简单叙述如下：

- cnsmr=消费品产业；
- hitec=高科技产业；
- hlth=健康产业；
- manuf=制造业；
- other=其他产业；
- mkt=市场指数回报率；
- hml=high-minus-low 风险因子；
- smb=small-minus-big 风险因子；
- rf=risk-free rate 无风险率。

估计后的稳定诊断有多种方法，按序介绍如下：

（1）Recursive Residuals（递归残差）

递归残差只限 OLS 估计后的分析。递归残差的判断如图 11-1-1 所示，以上下两条红色虚线为区界，样本不在区界内，其观察值就是不稳定的来源。图 11-1-1 也没有时间区间的分割，所以模型不稳定，没有结构变动的意义。

[1] http://mba.tuck.dartmouth.edu/pages/faculty/ken.french/

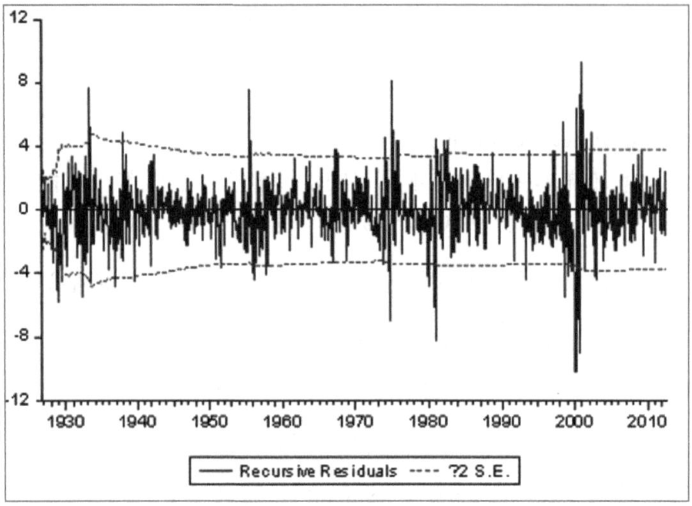

图 11-1-1　递归残差

（2）递归系数（Recursive Coefficients，见图 11-1-2 和图 11-1-3）

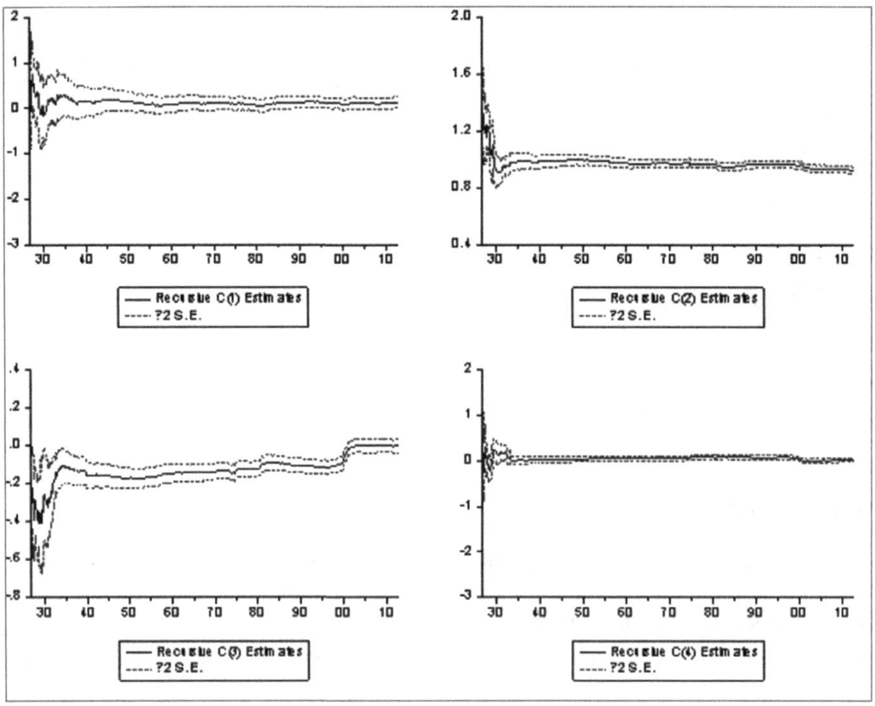

图 11-1-2　递归系数 1

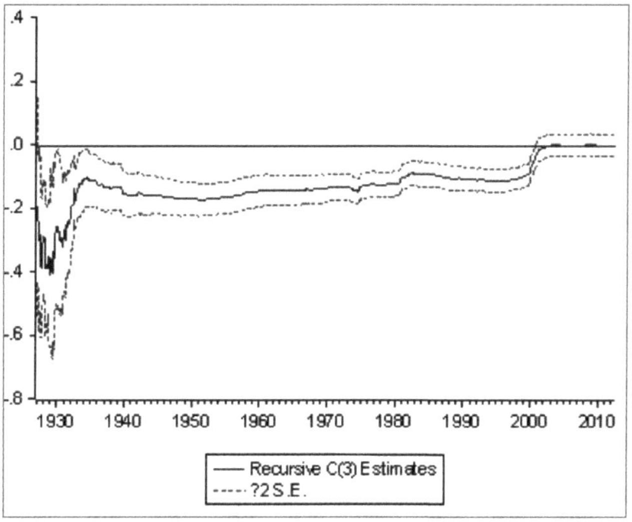

图 11-1-3　递归系数 2

（3）CUSUM 和 CUSUMq

CUSUM=累加和（cumulative sum），定义如下：

$$W_r(t)=\frac{1}{s}\sum_{j=k+1}^{r}\hat{w}_j$$

在稳定的虚无假设之下，W 用于实证波动过程的极限过程（the limiting process for the empirical fluctuation process）Wr(t)是标准布朗运动（Standard Brownian Motion），或也称为维纳过程（Wiener Process，W(t)）。

CUSUMq=累加均方（cumulative sum of squares），定义如下：

$$s_r=\frac{\sum_{j=k+1}^{r}\hat{w}_j^2}{\sum_{j=k+1}^{T}\hat{w}_j^2}$$

图 11-1-4CUSUM 画出的区间，只要在区间内，数据就是稳定的。

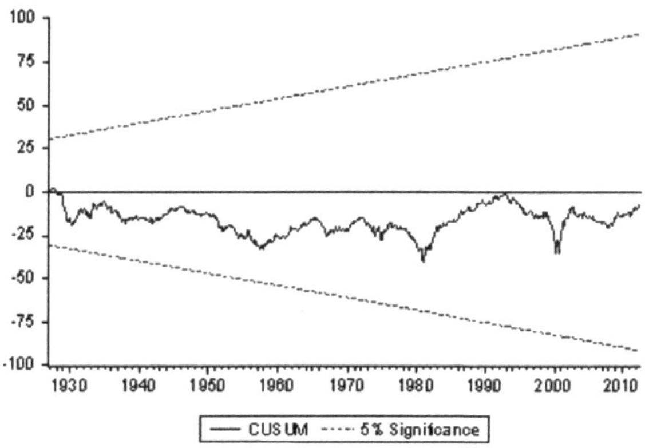

图 11-1-4　CUSUM 区间

假设删除第 i-th 个观察值后，$b(i)$ 代表所估计的参数，$s^2(i)$ 为模型方差，$X(i)$为解释变量的数据矩阵，然后，$y(i)$为被解释变量。令 h_i b 代表此回归的正交投影的预测空间（predictor space）矩阵的第 i-th 个主对角线元素，此矩阵也称为 the *h-hat* 矩阵。定义如下：

$$h_i = x_i(X'X)^{-1}x_i$$

Belsley、Kuh 和 Welsch 在 1980 年提出了一个连界值：$2k/T$，k 代表估计参数个数，T 为观察值个数。每一个观察值的 h_i 如果大于临界值 $2k/T$，就必须进一步地研究检查。

①studentized residuals（学生化残差）

$$RSTUDENT = \frac{resid_i}{s_i\sqrt{1-h_i}}$$

RSTUDENT 通过删除第 i 个观察值所计算的值，若绝对值大于 2，则这个样本需要特别注意。

②Covariance ratio（协方差比）

$$COVRATIO = \frac{\det(s_i^2(X_i'X_i)^{-1})}{\det(s^2(X'X)^{-1})}$$

通过删除第 i 个观察值所计算的值，如果 $|COVRATIO-1| \geqslant \frac{3k}{T}$，那么这个样本就需要特别注意。

③DFFITS

$$DFFITS = \frac{\hat{y}_i - \hat{y}_{(i)}}{s_i\sqrt{1-h_i}}$$

DFFITS 通过删除第 j 个观察值，测量两个拟合值的差距，关键数据是 $2\sqrt{\frac{k}{T}}$。

④$DFBETAS_j$

$$DFBETAS_j = \frac{b_j - b_{(i)j}}{s_{(i)}\sqrt{(X'X)_{jj}}}$$

$DFBETAS_j$ 通过删除第 j 个观察值，测量两个系数的差距，关键数据是 $\frac{2}{\sqrt{T}}$。

图 11-1-8 画出了上限信任界（confidence bands），超出界外，就是需要特别关照的样本。

图 11-1-9 中没有画出上限信任界（confidence bands），但是用可视化可以知道需要特别关照的样本对哪一个系数影响较大。看起来，特定观察值对于截距、HML、SMB 的影响较大，对于 MKT 的系数则还算是平稳。

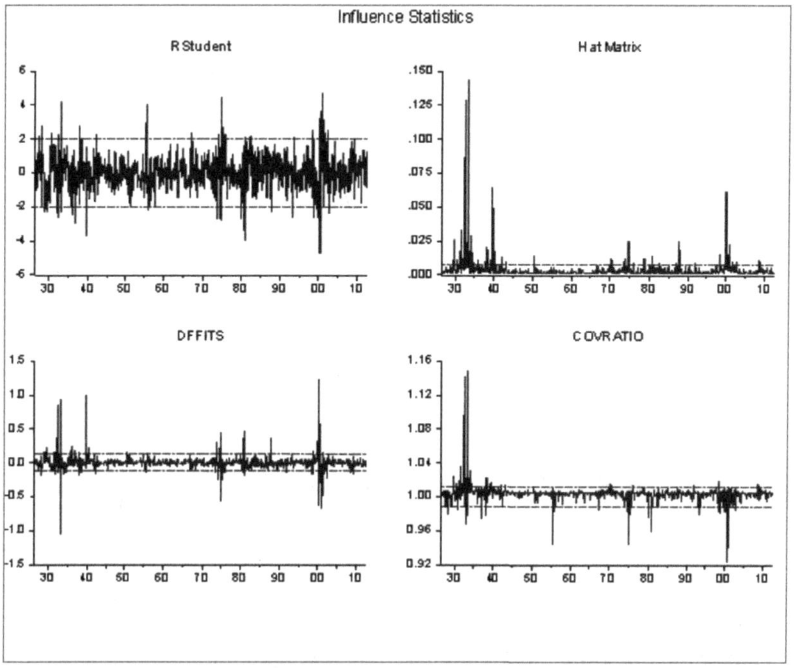

图 11-1-8　影响统计量

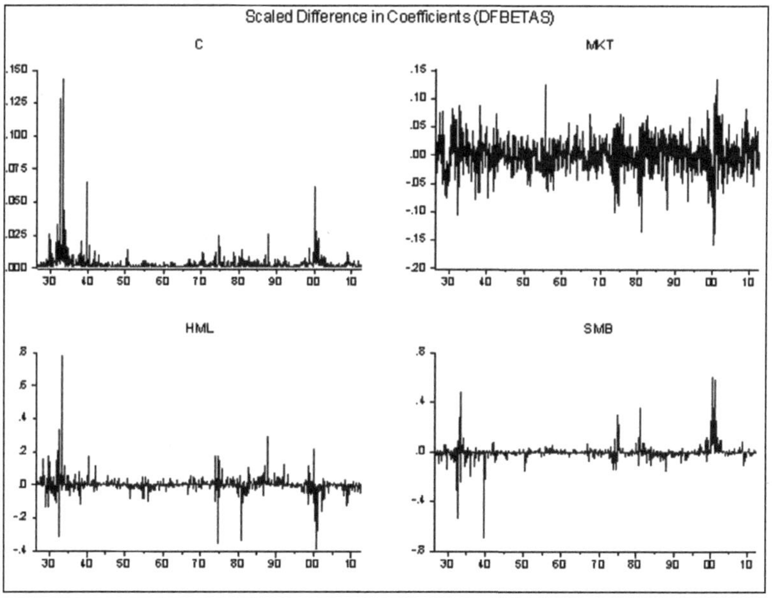

图 11-1-9　估计系数的 Scaled Difference

11.1.2　F 检验法

（1）Chow Breakpoint Test（邹断点检验，见图 11-1-10）

虚无假设：点 i_0 没有发生结构变动。

$$y_t = a + bX_t + e_t$$

$$y_{1t} = a_1 + b_1 X_{1t} + e_{1t} \qquad 1 \leqslant t \leqslant i_0$$
$$y_{2t} = a_2 + b_2 X_{2t} + e_{1t} \qquad i_0 \leqslant t \leqslant T$$

$$F_{i0} = \frac{SSR - (SSR_1 + SSR_2)}{\dfrac{SSR_1 + SSR_2}{T - 2k}}$$

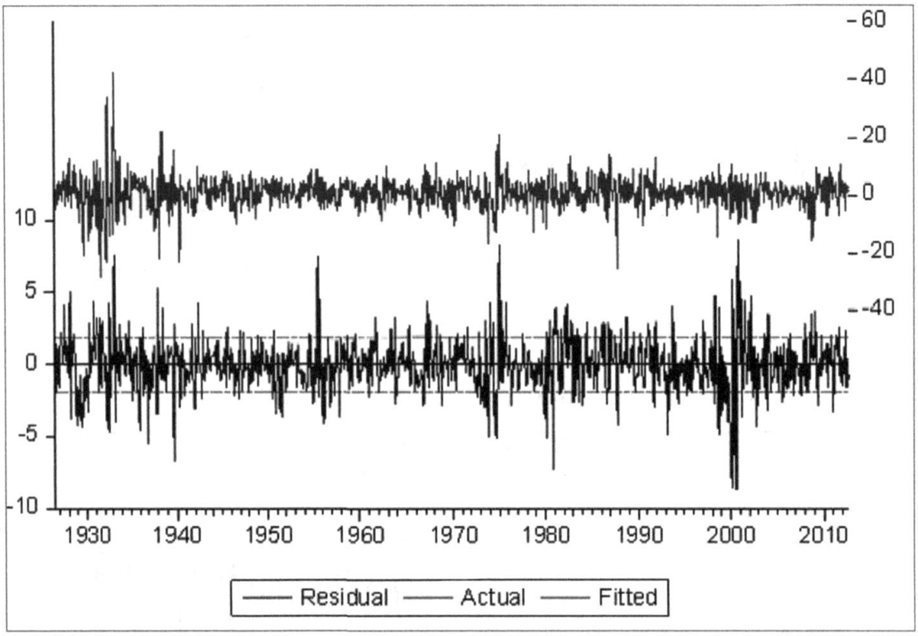

图 11-1-10 数据

（2）Quandt-Andrews 未知结构点检验（unknown breakpoint test）

虚无假设：在头尾 q% 内的样本，没有结构变动点。

$$y_t = a + bX_t + e_t$$

截去头尾 q% 的样本为搜索区域，在此样本区域内搜索，构建统计量（见图 11-1-11）。

$$\max F\ (or \sup F) = \sup_{\underline{i} \leqslant i \leqslant \bar{i}} F_i$$

$$avgF = \frac{1}{\underline{i} - \bar{i} + 1} \sum_{i=\underline{i}}^{\bar{i}} F_i$$

$$\exp F = \log\left(\frac{1}{\underline{i} - \bar{i} + 1} \sum_{i=\underline{i}}^{\bar{i}} \exp(0.5 F_i)\right)$$

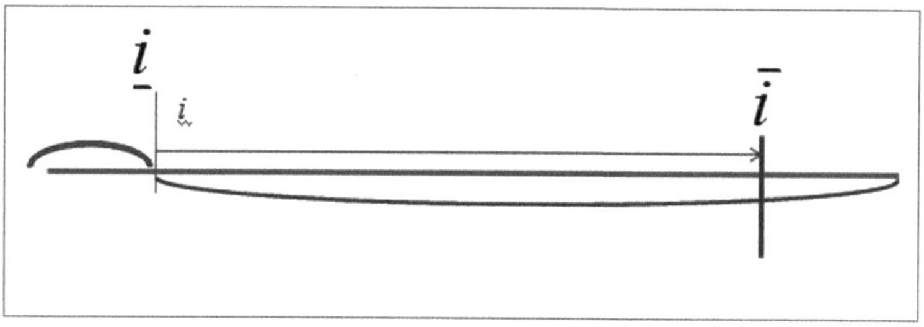

图 11-1-11 移动演算的结构

以头尾 15%的样本为 fixed periods（固定周期），在此样本内逐月搜索，此例有 724 个月。

（3）Chow Forecast Test（邹预测检验，见图 11-1-12）

$$y_t = a + bX_t + e_t$$

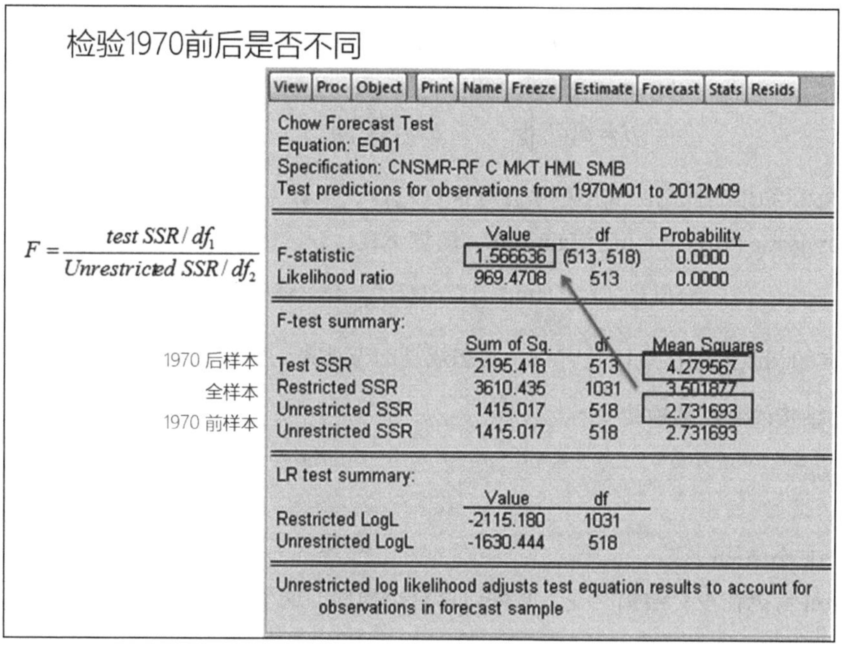

图 11-1-12 定点判断

Quandt-Andrews 未知结构点检验，下一节的范例程序会提供相关语句。

以 F 检验为基础的方法，后来进化成对时间点进行检验的著名 Bai-Perron 模型，11.2 节我们将简单解释，然后辅以 R 程序。

11.2 Bai-Perron 和 Zeileis *et al.*的方法

11.2.1 原理

新一代的结构变动，以 Bai &Perron 在 1998 年和 2003 年提出的方法为代表，假设变量 y 的期望值或条件期望值在一个复回归模型中有 m 次结构改变点(m+1)区间。

$$y_t = x_t\beta + z_t\delta_j + u_t \qquad t = 1, \cdots\cdots T_1$$
$$y_t = x_t\beta + z_t\delta_j + u_t \qquad t = T_1 + 1, \cdots\cdots T_2$$
$$\vdots$$
$$y_t = x_t\beta + z_t\delta_j + u_t \qquad t = T_m + 1, \cdots\cdots T$$

$$y_t = x_t\beta + z_t\delta_j + u_t$$
$$t = T_{j-1} + 1, \cdots\cdots T_j$$
$$j = 1, \cdots\cdots m + 1$$

估计变动时间点就是求下数学公式的优化解。

$$\sum_{i=1}^{m+1} \sum_{t=T_{j-1}+1}^{T_j} [y_t - x_t\beta - z_t\delta_j]^2$$

$$(\hat{T}_1, \cdots, \hat{T}_m) = \arg\min_{T_1, \cdots T_m} S_T(T_1, \cdots, T_m)$$

$$\hat{\beta} = \hat{\beta}(\{\hat{T}_j\}), \qquad \hat{\delta} = \hat{\delta}(\{\hat{T}_j\})$$

此式以 SSR 初步估计出时间序列所发生的结构点。计算完 m 个结构点后，Bai-Perron 以动态规划算法（Dynamic Programming Algorithm）演算下式：

$$SSR(T_{m,T}) = \min_{m_h < j \leqslant T-h} [SSR(\{T_{m-1,j}\}) + SSR(\{j+1, T\})]$$

找出最适结构改变的次数以及时点。动态规划的方法为一个连续搜索和检验的过程。

❖ 多元结构改变点的检验

（1）*supF*

H_0: m=0

H_a: m=k (k 个结构改变)

Bai-Perron 考虑在没有结构改变点时先运用这个检验。这个检验的特征是，必须事先给定一个 k。

（2）*Dmax (double maximum，双最值)*

H_0: m=0 (没有结构改变)

H_a: m≤M (M 个结构改变以内)

$$UD\max F_T(M, q) = \max_{1 \leq m \leq M} F_T(\hat{\lambda}_1, \hat{\lambda}_2, \cdots \hat{\lambda}_m; q)$$

Bai-Perron 考虑在没有结构改变点时，先运用这个检验。这个检验的特征是，必须事先给定一个上限 M，然后构建检验统计量。

（3）*WDmax (weighted Dmax，加权 Dmax)*

H_0: m=0 (没有结构改变)

H_a: m≤M (M 个结构改变以内)

$$WD\max F_T(M,q)=\max_{1\leqslant m\leqslant M}\frac{c(q,\alpha,1)}{c(q,\alpha,m)}F_T(\hat{\lambda}_1,\hat{\lambda}_2,\cdots\hat{\lambda}_m;q)$$

Bai-Perron 考虑在没有结构改变点时先运用这个检验。这个检验的特征是，必须事先给定一个上限 M，然后构建检验统计量。

（4）$SupF_T(L+1|L)$

H_0: m=L (L 个结构改变)

H_a: m=L+1 (L+1 个结构改变)

$$F_T(L+1\,|\,L)=\frac{1}{\hat{\sigma}^2}\left\{S_T\left(\hat{T}_1,\cdots\hat{T}_L\right)-\min_{1\leqslant i\leqslant L+1}\inf_{\tau\in\Lambda}S_T\left(\hat{T}_1,\cdots\hat{T}_{i-1},\tau,\hat{T}_1,\cdots\hat{T}_L\right)\right\}$$

Bai-Perron 考虑以 Dmax 和 UDmax 确定了有结构改变点后，再运用这个检验精确地判断结构改变次数。

11.2.2 R 范例程序解说

❖ 时间序列回归稳定性诊断

接下来我们介绍时间序列回归后的分析。对于进一步的序列相关议题，我们在下一章进行介绍和说明。在本节我们只对模型稳定性或结构变动进行介绍。对于结构变动，我们使用程序包 strucchange，这个程序包在加载 AER 时会一起载入。如果要另外进行检验，可以独立加载。strucchange 内的检验函数是 **efp()**[2]，使用方法如下。

范例程序：CUSUM Test for Structural changes（用于结构变化的 CUSUM 检验）

```
1. load("region3v.RData")
2. dataz=as.data.frame(region3v)
3. attach(dataz)
4. names(dataz)
5. dd=ts(Growth, start=c(1962,1), freq=4)
6. dd_dat = ts.intersect(dd, dd1 = lag(dd, k = -1),dd4 = lag(dd, k = -4))
7. dd_ocus = efp(dd ~ dd1 + dd4, data = dd_dat, type = "OLS-CUSUM", dynamic=F)
8. sctest(dd_ocus)
9. plot(dd_ocus)
```

说明

1. 读取某地区的总体经济数据。
2. 将数据声明为数据框。
3. 加载数据。
4. 变量名称：储蓄率、投资率和经济增长率。
5. 定义经济增长率 Growth 为 dd，并给予时间框架。
6. 用时间序列交集函数 **ts.intersect()**，把储蓄率、滞后 1 期和滞后 4 期的数据取交集。这样就不会有缺值。
7. 执行 **efp()**函数。
8. 计算结构变动的检验统计量。
9. 绘图，结果如图 11-2-1 所示。

[2] 字母的意思为 Empirical Fluctuation Processes。

最重要的是 **type=** 这个声明，有以下 3 类选项。

- 第 1 类 4 种: "Rec-CUSUM"，"OLS-CUSUM"，"Rec-MOSUM" 和 "OLS-MOSUM"。如果不选，默认是 Rec-CUSUM。Rec 是 Recursive（递归）的缩写，MO=Moving（移动），CU=Cumulative（累加）。这类检验使用一维的残差和（one-dimensional empirical process of sums of residuals）。
- 第 2 类 2 种: "RE"或 "ME"。这类检验使用 *k* 维的残差和（*k*-dimensional empirical process of sums of residuals）。*k* 代表了回归解释变量的数量，本例 *k*=2。
- 第 3 类 2 种: "Score-CUSUM" 或 "Score-MOSUM"。使用了更高维的处理方法，此处不细说。

dynamic= 的声明为 T（真）或 F（假）。选 T，则在回归式后面增加解释变量的滞后期。

CUSUM 的检验原理是这样：如果数据中有 1 个结构变动点发生在时间 s，则 CUSUM 的路径会开始在时间 s 偏离均值 0。检验结果和绘图（图 11-2-1）如下：

```
OLS-based CUSUM test
data:  dd_ocus
S0 = 1.7986, p-value = 0.003098
```

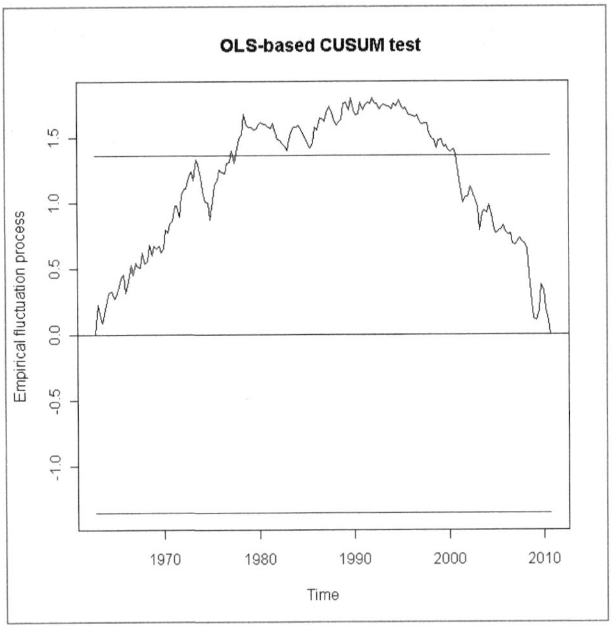

图 11-2-1　OLS-based CUSUM 检验图

接下来我们看 F 检验的使用。F 检验结构变动是一个传统上也称为 Chow test 的检验。

范例程序： F Test for Structural changes（用于结构变化的 F 检验）

```
dd_fs = Fstats(dd ~ dd1 + dd4, data = dd_dat, from = 0.1, to=NULL)
sctest(dd_fs, type="supF")
plot(dd_fs)
```

说明

1. **Fstats()**函数计算 F 统计量的时间序列。
2. 计算 F 检验值。
3. 用 F 检验值时间序列绘图，结果如图 11-2-2 所示。

Fstats()内的自变量除了回归公式之外，要注意的就是 **from=**这个数字，本例取 0.1 是指在样本 10%前后，计算一个 Chow test 的 F 统计量。**to=** 若为 NULL，则计算 10%~90%(=1-10%)的样本。

sctest()内的 type 用于计算结构变动的检验统计量。type 有 3 个选项："supF"，"aveF"和 "expF"。详细内容请参考 Hansen 在 1992 年和 1997 年[3]的文献。

```
supF test
data:  dd_fs
sup.F = 34.2514, p-value = 6.995e-06
```

supF 从 Fstats 内挑出最大值 34.2514，并 report 其 p-value。对象 dd_fs 内有许多子对象，使用 dd_fs**$Fstats** 可以调出 Fstats 的数值，据此可以看出 34.2514 发生在 1973 年第 4 季，然后 1975 年第 1 季是最小值 6.111。

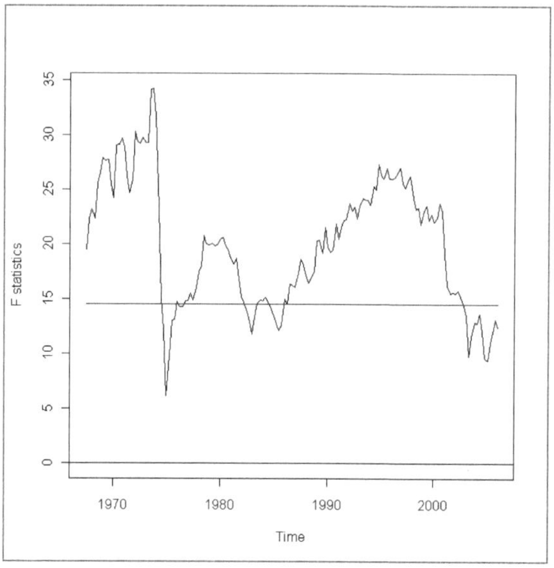

图 11-2-2　用 F 检验值时间序列绘图

接下来，我们用 3 个案例程序来介绍程序包 strucchange，这 3 个案例的范例程序，读者可以直接套用自己的数据来使用。案例 1 是某地区每月车祸的死亡人数，看看是否有结构变化，当然最重要的是：是否这个结构变动和特定的政策有关。程序包 strucchange 内的主要函数有两个：efp() 和 Fstats()。efp()和 gefp()都是一个类型，只是 gefp()把一些性质一般化，除了有更多的检验，也支持间断选择变量的 glm 模式。Fstats()用于计算正式检验统计量。两类函数都要配合绘图来呈现可视化结构变动。不同的函数，计算不同的信息，画的图也各不相同。

[3] Hansen B. (1992) Tests for parameter instability in regressions with I(1) processes. *Journal of Business & Economic Statistics*. 10, 321-335. Hansen B. (1997), Approximate asymptotic *p* values for structural-change tests. *Journal of Business & Economic Statistics*. 15, 60-67.

范例程序：案例 1 某地区每月车祸的死亡人数

```
1. library(strucchange)
2. dat=read.csv("trafficAccidents.csv",header=T)
3. y=ts(dat[,2],start=c(2000,1), freq=12)
4. plot(y, main="每月车祸的死亡人数", ylab="", xlab="Month")
###--- efp type visualization and test
5. efp.y=efp(y ~ 1,dynamic = T)
6. plot(efp.y, alpha = 0.05)
7. sctest(efp.y)    # Quandt-Andrews 未知结构点检验 type="aveF","supF", "expF"
###--- gefp type visualization and test
8. gefp.y=gefp(y ~ 1)
9. plot(gefp.y, functional=maxBB, alpha = 0.05, main="double Max test")
10.plot(gefp.y, functional=rangeBB, alpha = 0.05, main="range test")
11.plot(gefp.y, functional=meanL2BB, alpha = 0.05, main="Cramer-von Mises(Nyblom-Hansen
   test)")
12.plot(gefp.y, functional=supLM(0.15), alpha = 0.05, main="supLM test")
13.sctest(gefp.y, functional = "max")   ## ("max", "range", "maxL2", "meanL2")
###--- F tests visualization and test
14.fs.y=Fstats(y~1)
15.plot(fs.y, pval = FALSE, asymptotic = F, alpha = 0.05,aveF = F)
16.sctest(fs.y, type="supF")
```

说明

1. 载入程序包 strucchange。
2. 读取数据。
3. 将之转换成时间序列，定义为 y。
4. 用 y 绘图，结果如图 11-2-3 所示。
5. 计算 efp。
6. 绘图，如图 11-2-4 所示。
7. sctest()检验统计量。
8. 执行 gftp 计算。
9. 绘图，结果如图 11-2-5 所示。
10. 绘图，结果如图 11-2-5 所示。
11. 绘图，结果如图 11-2-5 所示。
12. 绘图，结果如图 11-2-5 所示。
13. sctest()检验统计量。
14.执行 gftp 计算。
15. 绘图，如图 11-2-6 所示。
16. sctest()检验统计量。

第 7 行 sctest(efp.y) 其实就是 Quandt-Andrews 未知结构点检验，有 3 个选项："aveF" "supF" "expF"。具体如下：

```
> sctest(efp.y)
 Recursive CUSUM test

data:  efp.y
S = 1.5684, p-value = 0.0001029
```

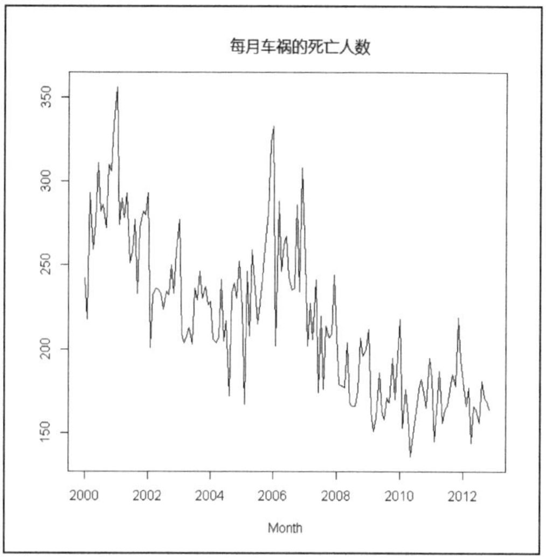

图 11-2-3　每月车祸的死亡人数

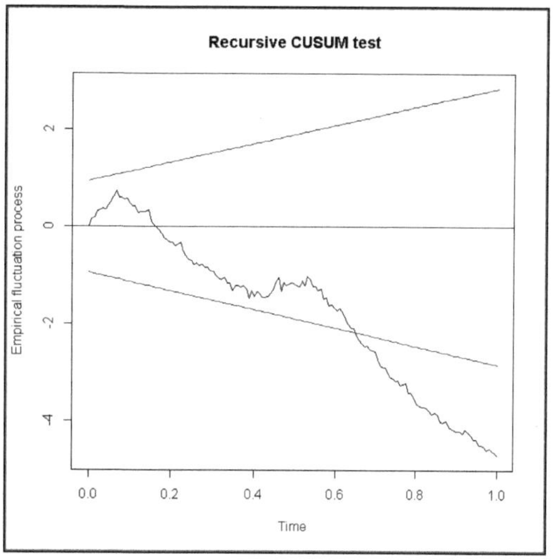

图 11-2-4　Recursive CUSUM 检验图

由 P 值可以判断图 11-2-5 的结构变动是显著的。

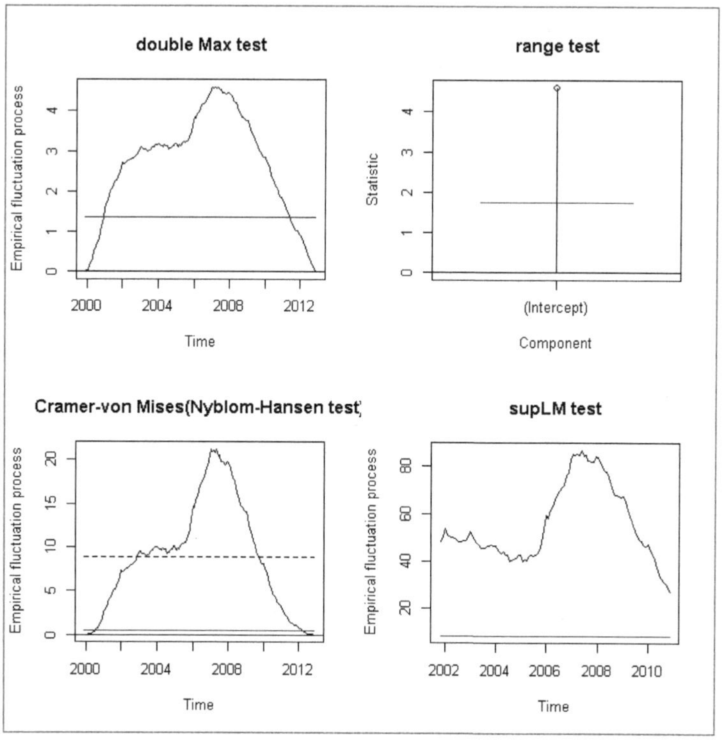

图 11-2-5　绘制 4 种检验图

第 13 行 sctest(gefp.y, functional = "max") 如下：

```
> sctest(gefp.y, functional = "max")
  M-fluctuation test
data:  gefp.y
```

```
f(efp) = 4.6043, p-value < 2.2e-16
```

由 P 值可以判断图 11-2-5 的结构变动是显著的。sctest 函数内的 functional = 有 4 种选项("max" "range" "maxL2"和"meanL2")，有兴趣的读者可以逐一试试。

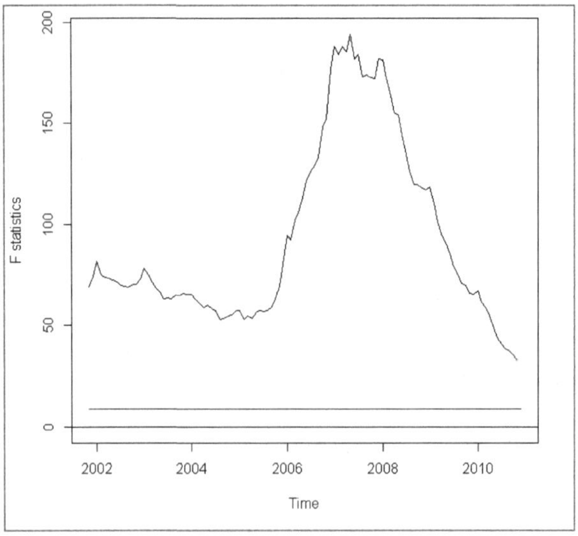

图 11-2-6　绘制 F 检验图

第 16 行 sctest(fs.y, type="supF")，就是 Quandt-Andrews 未知结构点检验，有 3 个选项："aveF" "supF"和"expF"。具体如下：

```
> sctest(fs.y,type="supF")
  supF test
data:  fs.y
sup.F = 194.26, p-value < 2.2e-16
```

以下两个程序范例用了些微程序技巧处理数据，为了节省篇幅，读者可以自行执行，通过结果来认识程序。

范例程序：案例 2

```
library(strucchange)
dat=ts(read.csv("death_car.csv",header=T),start=c(1969,1),freq=12)
seatbelt = log10(dat)
seatbelt = cbind(seatbelt, lag(seatbelt, k = -1), lag(seatbelt, k = -12))
colnames(seatbelt) = c("y", "ylag1", "ylag12")
seatbelt = window(seatbelt, start = c(1970, 1), end = c(1984,12))
plot(seatbelt[,"y"], ylab = expression(log[10](casualties)))
## Testing
re.seat = efp(y ~ ylag1 + ylag12, data = seatbelt, type = "RE")
plot(re.seat)
sctest(re.seat)
F.seat = Fstats(y ~ ylag1 + ylag12, data = seatbelt)
```

```
plot(F.seat, alpha=0.01)
## Dating
bp.seat = breakpoints(y ~ ylag1 + ylag12, data = seatbelt, h = 0.1)
summary(bp.seat)
breakdates(bp.seat)
## minimum BIC partition
plot(bp.seat)
## BIC would choose 0 breakpoints although the RE and supF test
## clearly reject the hypothesis of structural stability. Bai &
## Perron (2003) report that the BIC has problems in dynamic regressions.
## Due to the shape of the RE process of the F statistics choose 2
## breakpoints and fit corresponding models
bp.seat2 = breakpoints(bp.seat, breaks = 2)
breakdates(bp.seat2)
fm0 = lm(y ~ ylag1 + ylag12, data = seatbelt)
fm1 = lm(y ~ breakfactor(bp.seat2)/(ylag1 + ylag12)-1, data = seatbelt) ## omitting
  intercept
summary(fm1)
## Plot
plot(seatbelt[,"y"], ylab = expression(log[10](casualties)))
time.seat = as.vector(time(seatbelt))
lines(time.seat, fitted(fm0), col = 3)
lines(time.seat, fitted(fm1), col = 4)
lines(bp.seat2)
## confidence intervals
ci.seat2 = confint(bp.seat, breaks = 2)
ci.seat2
lines(ci.seat2)
```

说明

略

范例程序：案例 3

```
library(strucchange)
dat=ts(read.csv("BH.csv", header=T), start=c(1992,1), freq=12)
y=dat[,1]
plot(y, main="Boston Homocides, persons", ylab="")
out <- gefp(y ~ 1, fit=glm, family = poisson)
plot(out, aggregate = F)
print(out)
sctest(out)
```

说明

略

第 12 章　价差与计量套利

12.1　价差原理

对两个具有特定相关形态（均衡）的商品，若其价格相关出现短暂背离均衡时，因预期会回归正常均衡关系，因此可以对两个商品根据其调节方向设计交易策略，一个做多（Long），一个做空（Short）。谈到这里，回忆一下这样的调节关系，就是第 9 章提及的协整（Co-integration）和误差修正模型（ECM）。这就是价差的统计套利（Statistical Arbitrage）原理，一般我们也称为计量交易（*Econometric Trading*）。

价差定义如下：两档期货或期货与现货之间的价格差异。也就是说，价差＝期货价格－现货价格。买进价差就等同：买期货（long）、卖现货（short）。

下面介绍 4 种价差类型。

12.1.1　典型价差交易：期货 vs. 现货

Spread＝期货价格－现货价格

（1）期货和目标现货之间的价格具有很高的相关性。

（2）在到期之前，Spread 应为正，也就是期货>现货价格。

（3）因为期货合理价格=现货×(1+利率)。

套利：现货>期货 (负价差)，且幅度扩大时，就可以买进期货、卖出现货，等着结算日获利。

12.1.2　时间价差（Calendar/Terms spread）：远月 vs. 近月

正常的均衡是正价差：(远月期货－现货) > (近月期货－现货)

也就是说，远月的价格小于近月的价格。

远月期货价格 < 近月的价格

套利机会是负价差出现：(远月期货－现货) < (近月期货－现货)

或远月的价格大于近月的价格，且幅度扩大时，就可以买进期货、卖出现货。结算日获利。

远月期货价格 > 近月的价格

时间价差最多的就是商品，例如：

原油：Crude Oil Calendar Spreads（原油日历价差）

热原油：Heating Oil Calendar Spreads（热原油日历价差）

汽油：Gasoline Calendar Spreads（汽油日历价差）

天然气：Natural Gas Calendar Spreads（天然气日历价差）

黄豆：Soybean Calendar Spreads（黄豆日历价差）

分析的方法需要全球总体需求和进出口状况。深入研究少数商品，是可以成为交易专家的。

12.1.3 规律的价格差距

各产业内不同个股，股价时常会一起涨或一起跌，且保持一定的价格差距（Price Gap）。当2只股票之间的价差扩大缩小时，就可以进行价差交易。例如，股票A高出股票B大概12元上下。参考技术、筹码情况之后，如果价差缩小到12元以内，可买进股票A，卖出股票B。反之，价差超过12元可买进股票B，卖出股票A，参考图12-1-1。

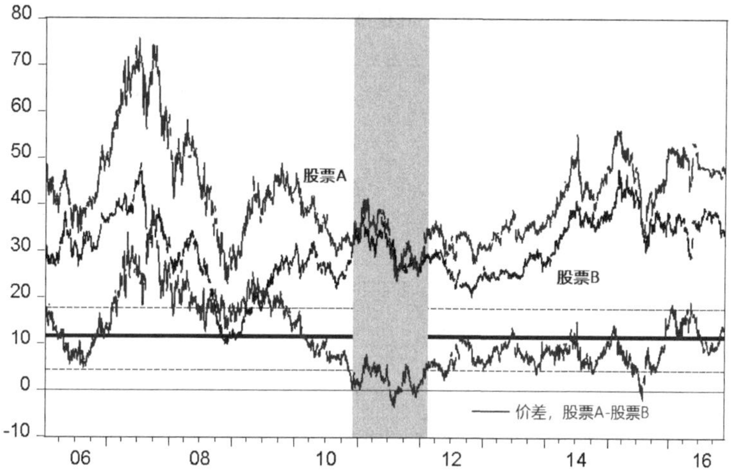

图12-1-1 股票A vs 股票B的价差套利

12.1.4 商品间的趋势价差

寻找走势相近的两档权重股，一买一卖进行价差个股期权的交易。可分为买进价差、卖出价差。若价差=股票C – 股票D，买进价差的意思是："做多（long）股票C"和"做空（short）股票D"。两只股票的统计相关，出现正负交替时，就是套利机会出现的时候。表12-1-1计算了2013年股票C减股票D的价差表。

表12-1-1 股票C – 股票D得到的价差

时间	价差
6/25/2013	-0.5
6/26/2013	12
6/27/2013	5
6/28/2013	22
7/01/2013	4.5
7/02/2013	9
7/03/2013	5
7/04/2013	1
7/05/2013	13.5
7/08/2013	17.5

（续表）

时间	价差
7/09/2013	5
7/10/2013	-4.5
7/11/2013	-4
7/12/2013	12
7/15/2013	-2.5
7/16/2013	-9
7/17/2013	-10.5

6/25-7/17 三周内，一股的未计算手续费的利润为 75.5 元，以一张期权 1000 股计算，此 1:1 的价差部分，一套价差获利 75500 元。如果配合套期保值比率（hedge ratio），获利可能更惊人。不过这个套利，从图 12-1-2 来看，不是避险，而是股票 D 开始走空头，获利实在不是来自收敛。

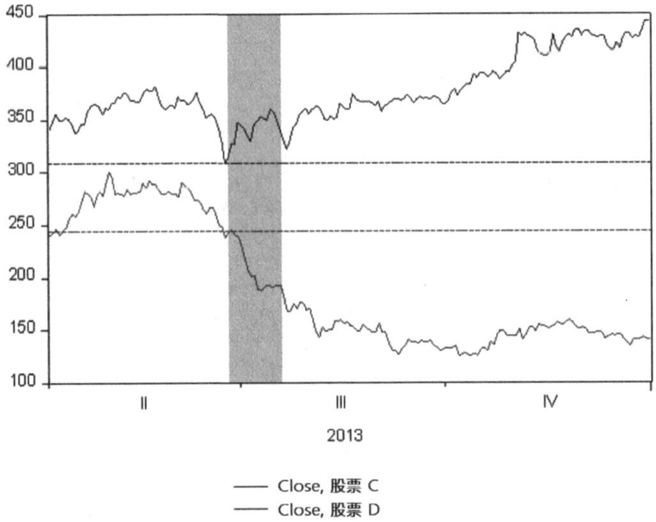

图 12-1-2　股票 C vs. 股票 D 的价格走势图

商品间的价差套利，期货市场有很多例子，如下：

```
Heating Oil vs. Crude Oil                 Gasoline vs. Heating Oil
Gasoline vs. Crude Oil                    Platinum vs. Gold
Platinum vs. Silver                       Index Spreads
Stock Index vs. Single Stock Futures          Currency Spreads
Bond vs. Eurodollars (Opposite direction)     Wheat vs. Soybeans
```

要找到好的买卖点，对于时间序列的技术掌握，不可不熟练。

12.2　风险溢价的高级应用

12.2.1　风险溢价的进一步认识

令两组资产价格的线性回归如下：

$$P_A = a + bP_B + e$$

简化问题，我们令截距 a=0，故 $P_A = bP_B + e$。

故在 $e = P_A - bP_B$ 也就是指出所谓的套期保值比率部分（b=hedge ratio）的价差，其含义是，如果持有 A 有价证券 1000 个单位，则持有 B 有价证券 1000/*b* 达成价差中立（neutral）的情况时，也就是不赚不赔。套利机会就是真实市场波动导致离开价差中立的差距。若 *b*=1，$e = P_A - P_B$，也就是指持有 1:1 单位价差（unit spread）。

如前面所强调过的，标准统计关系中，*b·PB* 就是条件期望值，*e* 为预测误差（prediction errors）或残差；但是，在金融资产配对关联分析时，*e* 就称为价差。在一个高效的市场，*e* 几乎就是毫无套利机会的纯 *i.i.d.*随机序列。因此，*e* 的非 0 成分（non-zero component）就是所谓的风险溢价（Risk premium）。*e* 的简单平均值必是 0，所以用其方法判断出条件是风险溢价就是一件重要的事。在 GARCH 那一章，我们介绍过 GARCH-in-Mean 这个方法，事实上，就是计算风险溢价的一个方法。对 e 序列拟合 ARMA(1,1)，从估计系数显著性判断非 0 成分是否存在也是一种方法；此法在早些年广为财金学者用于计算风险。

由此可知，为什么资产定价理论很重要，因为在资产定价的各种学说中，协助我们在理论上确定条件期望值成分（回归的 X），从而产生预测误差。用统计模型对价格的预测误差序列推估出风险溢价，再设计交易策略进行套利，这就是所谓的统计套利（Statistical Arbitrage）。

12.2.2 价差与套利的计量经济学

步骤01 决定数据样本外的估计期和样本外预测期。

步骤02 由差分数据估计回归ΔY= *b*ΔX，获得系数 *b* 为套期保值比率。

步骤03 计算价差：Spread=Y – *b*X。

步骤04 样本外回测。

在接下来的范例程序中，我们提供了 5 组数据：

- AAPL 是苹果公司。
- QQQ 是 NASDAQ 100 Index Tracking Stock（纳斯达克 100 指数追踪股票）。
- SPY 是 SPDR S&P 500 ETF trust（标准普尔 500 指数 ETF 信托）。
- GDX 是黄金矿商。
- GLD 是黄金 ETF。

我们的范例以最后两组黄金资产的收盘价来示范，因为这两组的相关性够高，所以也会产生不少套利机会。

范例程序：准备数据

```
##=== Step 1: Import data
ID=c("AAPL", "SPY","QQQ","GDX","GLD")
k=4
j=5
filename1=paste(ID[k],".csv",sep="")
filename2=paste(ID[j],".csv",sep="")
X0=read.csv(filename1)
```

```
7. Y0=read.csv(filename2)
8. Y1=xts::as.xts(X0[,-1] , as.Date(X0[,1]))
9. Y2=xts::as.xts(Y0[,-1], as.Date(Y0[,1]))
10.range(index(Y1))
11.range(index(Y2))
12.colnames(Y1)
13.colnames(Y2)
##=== Step 2: Define time ranges and extract prices
# Define an in-sample time range
14.startT  = "2014-01-01"
15.endT    = "2016-01-31"
16.rangeT  = paste(startT, "::", endT, sep ="")
17.tY1    = Y1[,4][rangeT]
18.tY2    = Y2[,4][rangeT]
# Define an out-of-sample time range
19.startO  = "2016-02-01"
20.endO    = "2016-12-16"
21.rangeO  = paste(startO,"::",endO,sep ="")
22.oY1    = Y1[,4][rangeO]
23.oY2    = Y2[,4][rangeO]
```

说明

1. 定义资产名称对象 ID。
2. 决定资产 1 的 ID 排序 k。
3. 决定资产 2 的 ID 排序 j。
4. 产生资产 1 的 .csv 文件名。
5. 产生资产 2 的 .csv 文件名。
6. 读取资产 1 的数据。
7. 读取资产 2 的数据。
8. 将资产 1 转为 xts 时间序列。
9. 将资产 2 转为 xts 时间序列。
10. 查看资产 1 的时间区间。
11. 查看资产 2 的时间区间。
12. 查看资产 1 的字段名。
13. 查看资产 2 的字段名。

14~18. 定义了样本内的两组资产。

19~23. 定义了样本外的两组资产。

上面程序中最后 4 行很重要。第 10~11 行确认两组资产的时间头尾是否不同，第 12~13 行查看两组资产数据的字段，以便我们取出正确的字段。

范例程序

```
##=== Step 3: 计算套期保值比率和价差值
# 计算样本内的价格差异
1. pdtY1 = diff(tY1)[-1]
2. pdtY2 = diff(tY2)[-1]
# 构建价差的回归模型
```

```
3. model = lm(pdtY1 ~ pdtY2 - 1)
4. summary(model)$coef
5. summary(model)$r.squared
6. hr = as.numeric(model$coefficients[1]);hr   #取出套期保值比率，约 0.6
##=== Step 4: 计算价差值
7. spreadT = tY1 - hr * tY2   #计算按照套期保值比率的价差（等于从第 3 行取 model$residuals)
# 计算价差的一些统计量
8. meanT  = as.numeric(mean(spreadT, na.rm=TRUE)) #计算价差的均值
9. sdT    = as.numeric(sd(spreadT, na.rm=TRUE)) #计算价差的标准偏差
10.upperThr = meanT + 1 * sdT      #计算价差信赖区间的上界
11.lowerThr = meanT - 1 * sdT       #计算价差信赖区间的下界
# 可视化样本内价差和一些统计量
12.TEXT=paste(ID[k], " vs. ", ID[j]," spread (in-sample period)", sep="")
13.plot(spreadT, main = TEXT)     #图 12-2-1
14.abline(h = meanT, col = "red", lwd =2)
15.abline(h = meanT + 1 * sdT, col = "blue", lwd=2)
16.abline(h = meanT - 1 * sdT, col = "blue", lwd=2)
# 可视化价差分布
17.TEXT=paste(ID[i], " vs. ", ID[j]," spread (in-sample period)", sep="")
18.hist(spreadT, col = "blue", breaks = 100, main = TEXT)     #图 12-2-2
19.abline(v = meanT, col = "red", lwd = 2)
```

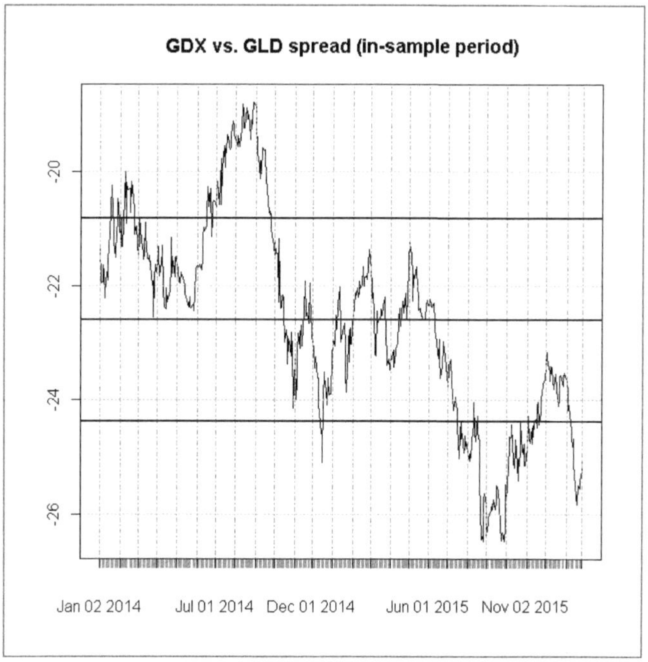

图 12-2-1 价差时间序列以及一个单位标准偏差上下信赖区间

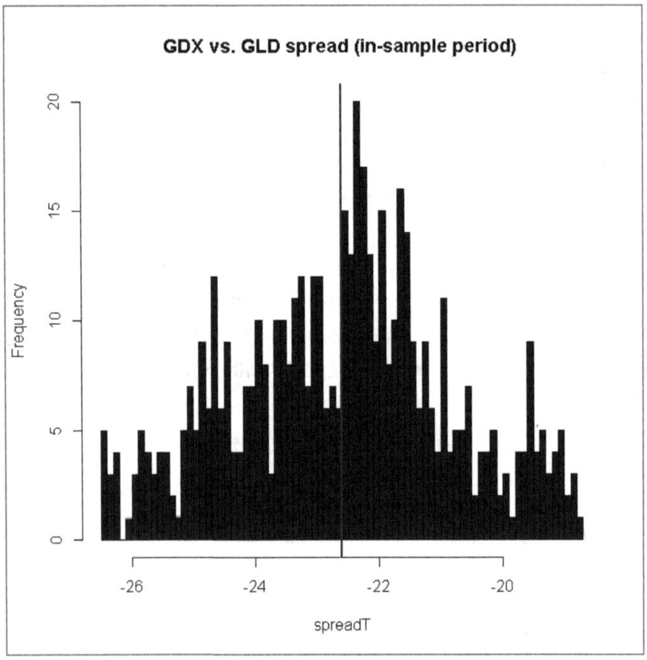

图 12-2-2　价差概率分布

范例程序

```
##=== Step 5: 交易策略——价差大于上界，我们做空价差，反之做多
indSell = which(spreadT >= meanT + sdT)
indBuy = which(spreadT <= meanT - sdT)
##=== Step 6: 交易价差
spreadL  = length(spreadT)
pricesB  = c(rep(NA,spreadL))
pricesS  = c(rep(NA,spreadL))
sp = as.numeric(spreadT)
tradeQty = 100
totalP   = 0

for(i in 1:spreadL) {
  spTemp = sp[i]
  if(spTemp < lowerThr) {
    if(totalP <= 0){
      totalP   = totalP + tradeQty
      pricesB[i] = spTemp
    }
  } else if(spTemp > upperThr) {
    if(totalP >= 0){
      totalP = totalP - tradeQty
      pricesS[i] = spTemp
    }
  }
```

```
}
##=== Step 7: 可视化交易策略，图 12-2-3
TEXT=paste(ID[k], " vs. ", ID[j]," spread (in-sample period)", sep="")
dev.new();plot(spreadT, main = TEXT)
abline(h = meanT, col = "red", lwd =2)
abline(h = meanT + 1 * sdT, col = "blue", lwd = 2)
abline(h = meanT - 1 * sdT, col = "blue", lwd = 2)
points(xts(pricesB,index(spreadT)), col="green", cex=1.9, pch=19)
points(xts(pricesS,index(spreadT)), col="red", cex=1.9, pch=19)
```

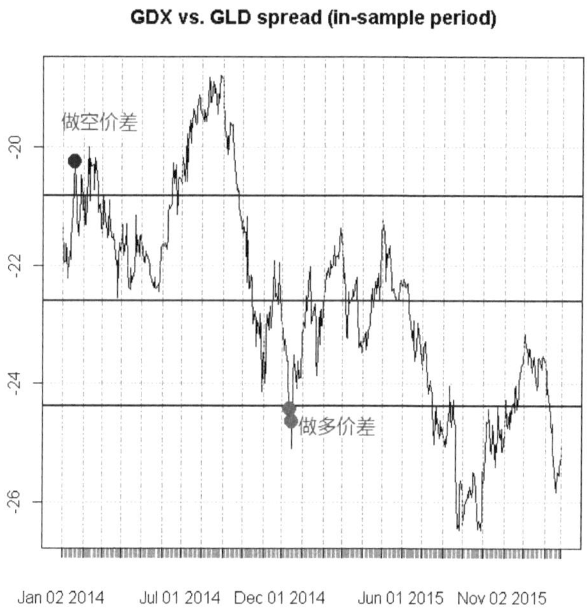

图 12-2-3　可视化交易策略

图 12-2-3 显示的是一个样本内的结果，我们面临的问题在于：明天的情况，可以照样画出信赖区间吗？如果两个时点差距甚大，那就不妙了。有兴趣的读者，可以自行练习拓展到样本外的情况。接下来，我们讨论几个问题。

❖ **问题 1：计算套期保值比率时，可以用原始价格数据吗？**

市场价格绝大多数都呈现非定态时间序列，因此无法正确估计出回归系数及产生价差的数据。如图 12-2-4 所示就是用原始价格数据绘制出的价差走势图，我们会发现完全没有交易点，数据呈现相当的随机趋势，而不是均值回归（或称为均值回复）。

❖ **问题 2：考虑协整和结构变动时要如何做？**

一个简单的做法就是用前一章介绍的阈值 VECM，然后把阈值变量 thVar 改成时间指标对象。从图 12-2-5 画出的这个结果，我们发现考虑 VECM 协整结构的估计，套期保值比率是 0.32，然后出现两个时间断点。也可以很清楚地看出 2011/4/27 之前具有均值回归性质，之后则呈现非定态，就是业界俗称“跑掉了”。

图 12-2-4　用原始价格数据绘制的价差走势图

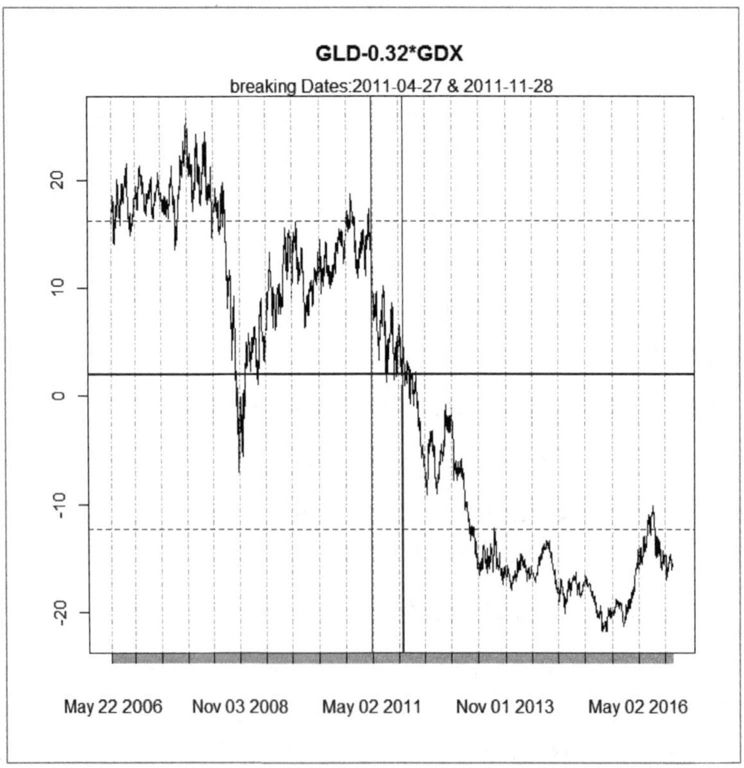

图 12-2-5　考虑结构变动的协整分析

从图 12-2-5 的信任区间可以知道，用全样本画出的信赖区间对交易的建议基本没有用处。在图 12-2-6~图 12-2-8 分两段看就明白了。

图 12-2-6　协整区间的信赖区间

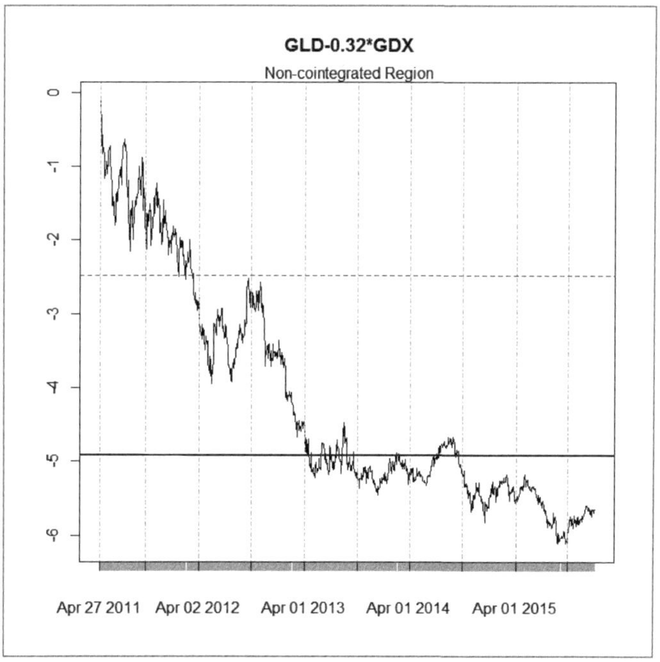

图 12-2-7　协整信赖区间延长到非协整区间

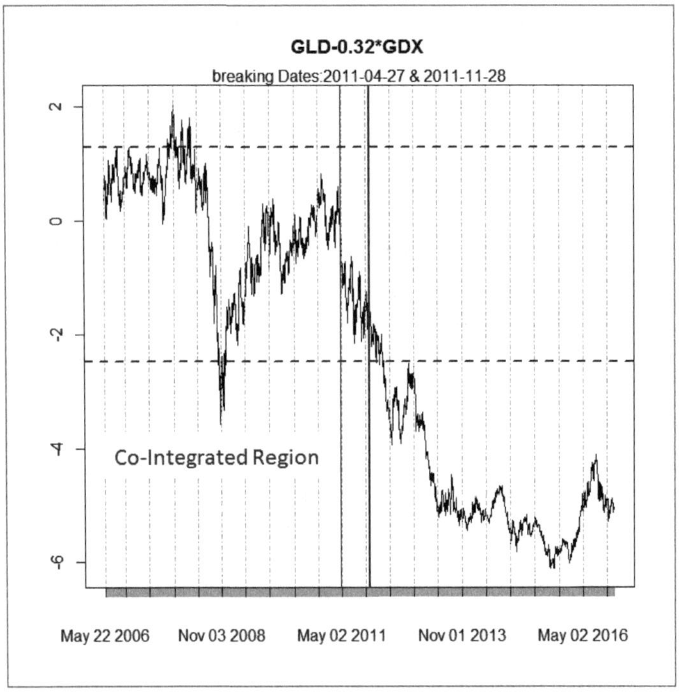

图 12-2-8　合并显示

因此，价差套利要进入程序化交易还需要更多精准的数据分析。因为市场的随机特性往往一瞬间形态就转变了，也让我们不能轻易普遍化历史经验。有兴趣的读者，可以试试如何利用阈值协整来判断上下界以及这个上下界在样本外是否有用。

第 13 章 R 的金融工具箱

本章为了节省篇幅，将利用分类小节来说明程序。在需要加注的程序代码添加了简要说明。读者最重要的是去实际执行一下，就能认识每条指令的功能。

13.1 时间序列对象的三大程序包

13.1.1 基本数据处理

范例程序：读入外部数据

```
temp_csv=read.csv("TWII.csv")
head(temp_csv)
temp_xlsx=openxlsx::read.xlsx("TWII.xlsx", detectDates = TRUE)
head(temp_xlsx)
x=temp_cvs[,2]
par(mfrow=c(2,1))
plot(x)
plot.ts(x)
par(mfrow=c(1,1))
```

在 R 里面，虽然有三个时间序列对象的程序包，而且每个开发团队都有一套自己的财务分析工具程序包，但是它们彼此可以互相转换。如下面的范例程序，dat1、dat2 和 dat3 虽然是由不同的程序包所创建的，但是可以通过 as.PKG 互相转换。

范例程序：创建时间序列对象的三大程序包

```
temp=temp_csv
#==Method 1.使用 timeSeries
library(timeSeries)
dat1=as.timeSeries(temp)
head(dat1,3); tail(dat1,3)
plot(dat1[,"Close"])
#==Method 2. 使用 xts
library(xts)
dat2=as.xts(temp[,-1], as.Date(temp[,1]))
head(dat2,3); tail(dat2,3)
plot(dat2[,"Close"])
```

```
#==Method 3. 使用 zoo
library(zoo)
dat3=as.zoo(temp[,-1], as.Date(temp[,1]))
head(dat3,3); tail(dat3,3)
plot(dat3[,"Close"])
```

13.1.2 程序包 timeSeries 的财务函数

范例程序

```
#####=== 子样本
subdata=window(dat1,"2015-01-01","2016-07-15")
head(subdata)
tail(subdata)
#####=== 计算回报率和绘图
y=returns(dat1[,"Close"])
plot(y)
hist(y)
plot(density(y))
```

范例程序：Drawdowns

```
## Plot Drawdowns
dd 1= drawdowns(y, main = "Drawdowns")
plot(dd1)
dd2 = drawdowns(returns(dat1[,c(1,4)]), main = "Drawdowns")
plot(dd2)
## Compute Drawdowns Statistics -
ddStats = drawdownsStats(y)
ddStats
## Calculate Duration
head(durations(dat1, units = "days"))
head(durations(dat1, trim = TRUE, units = "days"))
```

范例程序：三种平滑方法（Smooth）

```
TWII.CLOSE = dat1[, "Close"]
head(TWII.CLOSE)
## Plot Original and Smoothed Series by Lowess
TWII.LOWESS = smoothLowess(TWII.CLOSE, f = 0.1)
head(TWII.LOWESS)
plot(TWII.LOWESS, main="")
title(main = "Close - Lowess Smoothed")
## Plot Original and Smoothed Series by Splines
TWII.SPLINE = smoothSpline(TWII.CLOSE, spar = 0.4)
head(TWII.SPLINE)
plot(TWII.SPLINE, main="")
```

```
title(main = "Close - Spline Smoothed")
## Plot Original and Smoothed Series by Supsmu
TWII.SUPSMU = smoothSupsmu(TWII.CLOSE)
head(TWII.SUPSMU)
plot(TWII.SUPSMU, main="")
title(main = "Close - Supsmu Smoothed")
```

范例程序：其他统计量

```
#####===滚动统计量 Rolling statistics
x=rollStats(TWII.CLOSE, k=4, FUN=mean, na.pad=FALSE, align=c("center")) # align 有三种
  =c("center", "left", "right")
tail(x)
tail(TWII.CLOSE)
#####=== 计算 Open/Close 的中间报价 Midquotes
IBM=as.timeSeries(read.csv("IBM.csv"))
head(IBM)
X.MID = midquotes(IBM, which = c("IBM.CLOSE", "IBM.OPEN"))
colnames(X.MID) = "X.MID"
X.MID
#####=== 计算 Open/Close 价差 spreads
X.SPREAD = spreads(IBM, which = c("IBM.CLOSE", "IBM.OPEN"))
colnames(X.SPREAD) = "X.SPREAD"
X.SPREAD
```

13.2 fBasics 程序包的财务时间序列性质摘要

fBasics 这个程序包有不少财务时间序列的功能，以及经过修饰的时间序列图。读者可以执行看看，再比较它们的差异。

范例程序

```
temp=read.csv("TWII.csv")
dat= timeSeries ::as.timeSeries(temp)
P=dat[,"Close"] #取出收盘价
y=returns(P)    #计算回报率
##### 时间序列绘图 Time Series Plots
library(fBasics)
returnPlot(P)  # 此函数会计算回报率，故输入限用价格数据 P
seriesPlot(y)
cumulatedPlot(y)
drawdownPlot(y)
##### 时间序列依赖结构绘图 Dependency
acfPlot(y, labels = TRUE)      # ACF plot
pacfPlot(y, labels = TRUE)      # PACF plot
lacfPlot(y, type = c("returns"))   # lagged ACF plot
```

```
13.lacfPlot(P, type = c("values"))  # lagged PACF plot
14.teffectPlot(y, deltas = seq(from = 0.2, to = 3, by = 0.2), lag.max = 10)  #缓长记忆的
   Taylor effect
##### 时间序列分布绘图 Distribution
15.boxPlot(y)
16.boxPercentilePlot(y)
17.histPlot(y)
18.densityPlot(y)
19.logDensityPlot(y)
##### 时间序列分布的分量图 Q-Q
20.qqnormPlot(y)  #正态
21.qqnigPlot(y)   # NIG negative inverse Gaussian 分布
22.qqghtPlot(y)   # GHT generalized hyperbolic Student-t 分布
23.qqgldPlot(y)   # GLD generalized lambda distribution 分布
```

13.3 fAssets 程序包的风险与报酬

范例程序

```
1. dat=read.csv("dailyReturns20.csv") # 载入 20 个国家或地区的日收盘价
2. assetReturns=as.timeSeries(dat)
3. ID=sample(colnames(assetReturns),6) # 随机取 6 个字段的国家或地区名称，数字可自定义
4. dataz=assetReturns[,ID]          # 取出字段国家或地区的收盘价
#####===== Risk-Returns plot
5. library(fAssets)
6. assetsRiskReturnPlot(dataz)
7. assetsNIGFitPlot(dataz,  title = "", description = "")
8. assetsNIGShapeTrianglePlot(dataz)
#####===== Assets Pairs Plot
9. assetsPairsPlot(dataz)
10.assetsCorgramPlot(dataz,method = c("pie"))
11.assetsCorgramPlot(dataz,method = c("shade"))
12.assetsCorTestPlot(dataz)
13.assetsCorImagePlot(dataz, abbreviate = 5, use = c("pearson"))
14.assetsCorImagePlot(dataz, abbreviate = 5,use = c("kendall"))
15.assetsCorImagePlot(dataz, abbreviate = 5, use = c("spearman"))
```

13.4 PerformanceAnalytics 程序包的绩效指标

程序包 PerformanceAnalytics 有许多比较投资绩效的指标，例如夏普值和调整峰态偏态后的夏普值。PerformanceAnalytics 的时间序列对象是 xts 格式，所以使用时要转换。

范例程序：数据的创建与 xts 转换

```
dat0=read.csv("dailyPrice20.csv")  # 载入 20 个国家或地区的日收盘价
dat=xts::as.xts(dat0[,-1], as.Date(dat0[,1]))
head(dat)
ID=sample(colnames(dat),1);ID  # 随机取一个字段的国家或地区名称
y0=dat[,ID]                    # 取出字段国家或地区的收盘价
y1=xts::as.xts(diff(log(y0)))  # 以对数差分法计算回报率
y=na.omit(y1)                  # 删除缺值
head(y)
```

范例程序：绩效函数

```
library(PerformanceAnalytics)
table.AnnualizedReturns(y) # 年化回报率制表
SharpeRatio(y,Rf=0)        # 夏普值
sr1=SharpeRatio(y,Rf=0, FUN="StdDev") #以标准偏差作为风险
sr2=SharpeRatio(y,Rf=0, FUN="VaR")    #以风险价值 VaR 作为风险
sr3=SharpeRatio(y,Rf=0, FUN="ES")  #以风险价值 CVaR(Expected Shortfall)
                                    作为风险
AdjustedSharpeRatio(y, Rf=0)  #调整夏普值 Adjusted Sharpe Ratio by skewness and kuotosis
##以下为更多指标
BurkeRatio(y, Rf=0)
OmegaSharpeRatio(y, Rf=0)
CalmarRatio(y)
SterlingRatio(y)
SkewnessKurtosisRatio(y, Rf=0)
BernardoLedoitRatio(y, Rf=0)
KellyRatio(y, Rf=0)
PainRatio(y, Rf=0)
ProspectRatio(y, MAR=quantile(y,0.75)) #MAR=Minimum acceptance returns
```

13.5 quantmod 程序包的技术分析

程序包 quantmod 可以下载网络财金数据。

范例程序：quantmod 下载网络财金数据

```
getSymbols("IBM")  # 取得 10 年股价
head(IBM)
getSymbols("IBM", from="1990-01-01")  # 取得股价自 1990/1/1 迄今的股价
head(IBM)
getQuote("MSFT")      # 取得实时股票报价，滞后 15 分钟
getDividends("MSFT") # 取得股利
#####====== 取得金属商品数据
getMetals(c("gold", "silver", "palladium",  "platinum"))
getMetals("plat", from="2015-01-01")
#####====== 取得上市公司财报
```

```
getFin("AAPL") # returns AAPL.f to "env"
viewFin(AAPL.f, "BS", "Q")   # 季报：Balance Sheet
viewFin(AAPL.f, "IS", "Q")   # 季报：Income Statement
viewFin(AAPL.f, "CF", "Q")   # 季报：Cash Flow Statement
viewFin(AAPL.f, "BS", "A")   # 年报：Balance Sheet
viewFin(AAPL.f, "IS", "A")   # 年报：Income Statement
viewFin(AAPL.f, "CF", "A")   # 年报：Cash Flow Statement
#####=====取得汇率
getFX("USD/JPY")
getFX("EUR/USD", from="2015-01-01")
```

范例程序：quantmod 财金数据的技术分析

```
getSymbols("MSFT",from="2012-01-01") # 下载或加载数据
barChart(MSFT)  # 绘制 barChart
candleChart(MSFT, multi.col=TRUE, theme="white") #绘制 candleChart
chartSeries(MSFT, TA=NULL ) # 绘制 MSFT 的基本技术分析图，下半部分不含交易量
chartSeries(MSFT, up.col="white", dn.col="blue") # 绘制 MSFT 的基本技术分析图
chartSeries(MSFT, theme="white"); addMACD()   # 承上，绘制添加 MACD 线
chartSeries(MSFT, theme="white"); addBBands() # 承上，绘制添加布林通道 BBands
```

这些图形需要比较多的颜色显示，请读者自行绘制。

如果需要换时间周期再画，可以用 to.weekly(MSFT) 或 to.monthly(MSFT)，例如：

```
MSFT.week=to.weekly(MSFT)
chartSeries(MSFT.week, up.col="white", dn.col="blue")
```

价量上下对称是基本图，要添加技术指标，在函数内使用 addBBands()来完成，程序包 quantmod 内所有的技术分析图几乎已经涵盖了所有的指标，有如下 18 种：

```
chartSeries(MSFT, TA=NULL);            #" 1 Chart Series without volume"
chartSeries(MSFT, TA=NULL); addVo() #" 2 Chart Series with volume "
chartSeries(MSFT)                      #同上
chartSeries(MSFT); addADX()          #" 3 添加 Directional Movement Index 到前图"
chartSeries(MSFT); addBBands()         #" 4 添加 Bollinger Bands "
chartSeries(MSFT); addCCI()            #" 5 添加 Commodity Channel Index"
chartSeries(MSFT); addExpiry()         #" 6 添加 Contract Expiration Bars "
chartSeries(MSFT); addROC()            #" 7 添加 Rate Of Change"
chartSeries(MSFT); addRSI()            #" 8 添加 Relative Strength Index "
chartSeries(MSFT); addSAR()            #" 9 添加 Parabolic Stop and Reversal "
chartSeries(MSFT); addSMI()            #"10 添加 Stochastic Momentum Indicator "
chartSeries(MSFT); addWPR()            #"11 添加 William's Percent Rate "
chartSeries(MSFT); addSMA()            #"12 添加 SMA Moving Average "
chartSeries(MSFT); addEMA()            #"13 添加 EMA Moving Average "
chartSeries(MSFT); addWMA()            #"14 添加 WMA Moving Average "
chartSeries(MSFT); addDEMA()           #"15 添加 DEMA Moving Average "
chartSeries(MSFT); addEVWMA()          #"16 添加 EVWMA Moving Average "
chartSeries(MSFT); addZLEMA()          #"17 添加 ZLEMA Moving Average "
```

```
chartSeries(MSFT); addMACD()          #"18 添加 Moving Average Convergence
                                       Divergence"
```

另外还有一个方法，在函数内的 TA="addVo();addSMA()"声明。例如：

```
chartSeries(y, TA="addVo();addSMA()", name=label)
```

本章所介绍的各种方法，详细执行后就会一清二楚，为避免占据过多篇幅，本章就不把所有图都列出来了。

13.6 程序编写的简单技巧

程序编写时，除了要会写公式之外，有 3 个技巧会时常用到：循环（loop）、条件控制（if-else）和定义函数。复杂的程序其实就是这三种结构的组合，要能编写程序，必须收集高手写的程序，且长期观摩和模仿。以下各个小节列出简单的程序写法，以便读者参考。

13.6.1 循环

如果我们只需要做一次运算，那么统计就简单了。但是，如果我们有很多回归要做，且必须将每次回归后的特定参数或信息取出时，就必须使用程序设计语言中循环的技巧。下面就介绍程序设计语言的这个特点。数据 capm.RData 内有 10 个字段：

- month=月份
- ret1,ret2,ret3,ret4=四家上市公司的回报率
- rm=大盘回报率
- hml=市场杠杆风险因子
- smb=市场规模风险因子
- tr_risk=市场周转率风险因子
- mom=市场动能

假设我们要取出四家上市公司单个因子 CAPM 回归的残差，可以使用 loop 循环功能。

范例程序：循环——收集多家上市公司 CAPM 回归的残差

```
library(dynlm)
load("capm.RData")
ret=capm[,2:5]
rm=capm[,6]
y = ts(ret, freq=12, start=c(2001,1))
rsd=matrix(0,nrow(y),ncol(y))
for(j in 1:ncol(y))
  {
     ts_lm=dynlm(y[, j]~rm)
     rsd[,j]=ts_lm$residuals
```

```
11.    }
12.rsd
```

说明

1. 载入程序包 dynlm。
2. 加载数据 capm.Rdata，此文件有 10 列数据（10 个字段）：
   month, ret1, ret2, ret3, ret4, rm, hml, smb, tr_risk, mom
3. 将第 2～5 列的回报率定义为数据矩阵 ret。
4. 将第 5 列市场回报率定义为 rm。
5. 给回报率矩阵赋予时间框架，并将之重新定义为 y。
6. 定义一个 y*y 的矩阵 rsd，且矩阵内的数字都为 0，先填入 0 以便之后覆写。
7. 循环条件：因为 ncol(y)=4，所以设置为从 j=1 循环到 j= ncol(y)，也就是到第 4 列停止。
8. 循环起始的大括号。
9. 运行时间序列回归：y 内第 j 个上市公司回报率对市场回报率回归，并将回归结果存成对象 ts_lm。
10. 将 ts_lm 的残差取出，并覆写 rsd 矩阵的第 j 列。
11. 循环结束的大括号。
    第 9~10 行算是循环体的语句，根据第 7 行循环语句的条件，循环体会执行到第 ncol(y)=4 列停止。
12. 看一看 rsd 所收集的 capm 回归残差。

这个例子只循环 4 轮，如果我们的数据是 500 家上市公司的回报率，那么循环的优势就展示得更加充分了。除了这个例子，在 MCMC 模拟演算时，循环的功能更显重要。请试试看，能否将程序改一改。

13.6.2 条件控制语句

在程序编写中会遇到的问题还有条件控制语句，R 的语法如下：

if (条件) 条件满足时的处理方式

范例程序：条件控制句

```
z=matrix(0, nrow(rsd), ncol(rsd))
for (i in 1:nrow(rsd))
{
if (rsd[i,1]<0 & rsd[i,2]<0 & rsd[i,3]<0 & rsd[i,4]<0)  z[i,]=rsd[i,]
}
z
x = c(1.8, 3.14, 4, 88.169, 13)
if (rnorm(1) > 0) sum(x) else mean(x)
ifelse(x > 4, sqrt(x), x^2)
```

说明

1. 定义一个 rsd*rsd 的矩阵 z，且矩阵内的数字都为 0，先填入 0 以便之后覆写。
2. 循环条件：因为 nrow(rsd)=113，所以设置为从 i=1 循环到 i= nrow(rsd)直到 113 行停止。
3. 循环起始的大括号。

4. 条件声明：如果括号内的 4 个条件满足（此列 4 个残差都小于 0），则将列残差覆写矩阵 z 的这一列。如果不满足，则保持原来 z 中的数字，也就是 0。
5. 循环结束的大括号。
第 4 行循环体内的语句，根据第 2 行循环语句的条件，会执行到第 nrow(rsd)=113 行停止。
6. 看一看 z 所搜集的为负值的残差。
7. 另一个例子：定义 x 为 5 个数字的向量。
8. 随机由正态分布抽取 1 个数字 rnorm(1)，如果这个数字大于 0，则将第 7 行的 x 数字加总 sum(x)；若不是，则将之取平均值 mean(x)。
9. ifelse 将之合并。如果第 7 行 x 内的数字大于 4，则开根号；若不是，则取平方。

小试身手： 试试看，有没有办法把 z 的 0 去掉，只剩下负值数据？

小试身手： 试试判断下面的程序在做什么。

```
x = c(1.5, 3.41, 5.5, 8.9, 11.3, 14.7)
for(i in 2:6)
   {
      x[i] = x[i] - x[i-1]
   }
x[-1]
```

13.6.3 定义函数

R 语言不只是面向对象的程序设计（Object-oriented Programming）语言，最重要的在于它的特征是函数式程序设计（Functional Programming，FP）。FP 就是将一些烦琐的运算写成 Inputs 参数，然后简化为一个 Inputs-Output 的函数关系。简单地说，编写函数就是自行定义函数，R 的函数声明方式为：

```
function(x) {
 运算
   }
```

接下来看看下面的程序代码。

范例程序： 编写函数

```
F1 = function(x) {
    y=(1-x)/(1+x)
    return(y)
}
"The F1(27) is "; F1(27)
cat("F1(27) is ", F1(27), "\n")

F2 = function(x=1) {
```

```
8.     y=pi^x
9.     return(y)
10.}
11.cat("Calling F2 with 2 : ", F2(2), "\n")    # will give pi^2
12.cat("Calling F2       : ", F2(), "\n")     # will default to 3.14159.

13.G=function(a, b, c) {
14.    y=a/(1+exp(-b*c))
15.    return(y)
16.}
17. G(100,0.25,1:50)
```

说明

1. 定义函数 F1。
2. 定义 F1(x)内的运算 $y=\dfrac{1-x}{1+x}$。
3. 输出结果 y 使得 y=F1(x)。
4. 运算结束大括号。
5. 看一看 F1(27)的值。
6. 同上，但用了不同的屏幕显示方法 cat()。cat()的显示格式较为精美。
7. 定义函数 F2。此处我们用了 function(x=1)而不是 function(x)，这样的话，如果调用 F2()，也就是括号内留空，则默认为 1。
8. 定义运算 $y=\pi^x$。
9. 输出结果 y 使得 y=F2(x)。
10. 运算结束大括号。
11. 查看 F2(2)的值。
12. 查看 F2()的值，其实就是 F2(1)。
13. 定义 logistic 函数 G。此函数内含 3 个参数 a,b,c。
14. 定义运算 $y=\dfrac{a}{1+e^{-bc}}$。
15. 输出结果 y 使得 y=G(a,b,c)。
16. 运算结束大括号。
17. 查看 G(100,0.25,1:50) 的值。这种输入法是固定 a, b，然后配上 50 个 c，所以出来的数值有 50 个。

R 的专家给学习者的建议是多看 R 内建函数的写法，例如，在命令行输入 lm，就会显示 R 的线性模型是如何写的。下面给出 lm 的例子：

```
lm <- function (formula, data, subset, weights, na.action, method = "qr",
    model = TRUE, x = FALSE, y = FALSE, qr = TRUE, singular.ok = TRUE,
    contrasts = NULL, offset, ...)
{
    ret.x <- x
    ret.y <- y
    cl <- match.call()
    mf <- match.call(expand.dots = FALSE)
    m <- match(c("formula", "data", "subset", "weights", "na.action",
        "offset"), names(mf), 0L)
    mf <- mf[c(1L, m)]
```

```
mf$drop.unused.levels <- TRUE
mf[[1L]] <- quote(stats::model.frame)
mf <- eval(mf, parent.frame())
if (method == "model.frame")
   return(mf)
else if (method != "qr")
   warning(gettextf("method = '%s' is not supported. Using 'qr'",
      method), domain = NA)
mt <- attr(mf, "terms")
y <- model.response(mf, "numeric")
w <- as.vector(model.weights(mf))
if (!is.null(w) && !is.numeric(w))
   stop("'weights' must be a numeric vector")
offset <- as.vector(model.offset(mf))
if (!is.null(offset)) {
   if (length(offset) != NROW(y))
      stop(gettextf("number of offsets is %d, should equal %d (number of observations)",
         length(offset), NROW(y)), domain = NA)
}
if (is.empty.model(mt)) {
   x <- NULL
   z <- list(coefficients = if (is.matrix(y)) matrix(, 0,
      3) else numeric(), residuals = y, fitted.values = 0 *
      y, weights = w, rank = 0L, df.residual = if (!is.null(w)) sum(w !=
      0) else if (is.matrix(y)) nrow(y) else length(y))
   if (!is.null(offset)) {
      z$fitted.values <- offset
      z$residuals <- y - offset
   }
}
else {
   x <- model.matrix(mt, mf, contrasts)
   z <- if (is.null(w))
      lm.fit(x, y, offset = offset, singular.ok = singular.ok,
         ...)
   else lm.wfit(x, y, w, offset = offset, singular.ok = singular.ok,
      ...)
}
class(z) <- c(if (is.matrix(y)) "mlm", "lm")
z$na.action <- attr(mf, "na.action")
z$offset <- offset
z$contrasts <- attr(x, "contrasts")
z$xlevels <- .getXlevels(mt, mf)
z$call <- cl
z$terms <- mt
if (model)
   z$model <- mf
if (ret.x)
   z$x <- x
```

```
    if (ret.y)
        z$y <- y
    if (!qr)
        z$qr <- NULL
    z
}
```

第 14 章　风险与投资组合分析

14.1　资产选择初步

14.1.1　夏普不等式原理

一个简单的资产选择原理，就是夏普不等式（Sharpe Inequality），表示如下：

$$\frac{E[r^*]-r_f}{Vol(r^*)}>\rho\frac{E[r^H]-r_f}{Vol(r^H)}$$

$\mathbf{E[r^H]}$：手上资产的预期回报。

$\mathbf{Vol(r^H)}$：手上资产的波动（风险）。

$\mathbf{E[r^*]}$：外部资产的预期回报。

$\mathbf{Vol(r^*)}$：外部资产的波动（风险）。

$\mathbf{r_f}$：本国无风险利率。

$\boldsymbol{\rho}$：$\mathbf{r^H}$ **and** $\mathbf{r^*}$ 的相关系数。

夏普不等式的原理很简单，就是先有一个手上的资产，外部资产若大于按照相关系数调整后的手上资产的夏普值，则选入外部资产形成投资组合会提升整体夏普业绩。简单证明如下：

$$\frac{E[r^*]-r_f}{Vol(r^*)}>\rho\frac{E[r^H]-r_f}{Vol(r^H)}$$

$$SR=\frac{(1-w)E[r^H]+wE[r^*]}{\sqrt{\text{var}(P)}}$$

$$\text{var}(P)=(1-w)^2\text{ var}[r^H]+w^2\text{ var}[r^*]+2w(1-w)\text{cov}[r^H,r^*]$$

$$\Rightarrow\frac{\partial SR}{\partial w}>0$$

14.1.2　R Code

范例程序：数据准备

```
infile=read.csv(".Close.csv")
myData0=xts::as.xts(infile[,-1], as.Date(infile[,1]))
head(myData0)
```

```
myData1=na.omit(myData0)
myData2=na.omit(diff(log(myData1)))*100
head(myData2)
myData=myData2[,-51]
dim(myData)
head(myData)
ID=read.table("file_twii50.csv",sep=",")$V2
colnames(myData)=ID
head(myData)
dim(myData)
```

说明

略

范例程序：夏普不等式的资产选择

```
1. library(PerformanceAnalytics)
2. given=50
3. Hand=myData[,given]
4. head(Hand)
5. assetsPool=myData[,-given]
6. rho=cor(Hand,assetsPool)
7. left=SharpeRatio(assetsPool, Rf=0, FUN="StdDev")
8. sr1=SharpeRatio(Hand, Rf=0, FUN="StdDev")
9. right=rho*sr1[1,1]
10.sharpeIne=left-right
11.id=sharpeIne>0
12.Selected=names(assetsPool)[id]
13.H=names(myData)[given]
14.All=c(Selected, H)
15.datan=myData[,All] #Assets selected by sharp ratio inequality
16.tail(datan)
```

说明

1. 载入程序包。
2. 选定第 50 个资产，此处是有价证券 50。
3. 取出第 50 列有价证券 50 的数据，定义为对象 Hand。
4. 查看 Hand。
5. 取出除了有价证券 50 之外的其他 49 列。
6. 计算有价证券 50 和其他 49 组数据的相关系数。
7. 计算夏普不等式的左式。
8. 计算夏普不等式右边的夏普值。
9. 计算夏普不等式的右式。
10. 左式减右式。
11. 取出左式减右式为正的字段。
12. 取出上一个步骤的字段名。
13. 取出第 50 列的字段名，此处是有价证券 50。
14. 合并选入的公司和有价证券 50。

15. 取出数据。
16. 查看数据。

选出 17 个，加上“有价证券 50”总共 18 个，应该如何配置权重呢？简单的做法就是都给它们相等的权重，也就是 1/18≈5.6%。datan 的等权重表现如何？我们算一下：

```
> ewPort=apply(datan,1,mean)
> mean(ewPort)
[1] 0.04798877
> sd(ewPort)
[1] 1.352514
```

ewPort 就是等权重回报，其时间序列如图 14-1-1 所示。

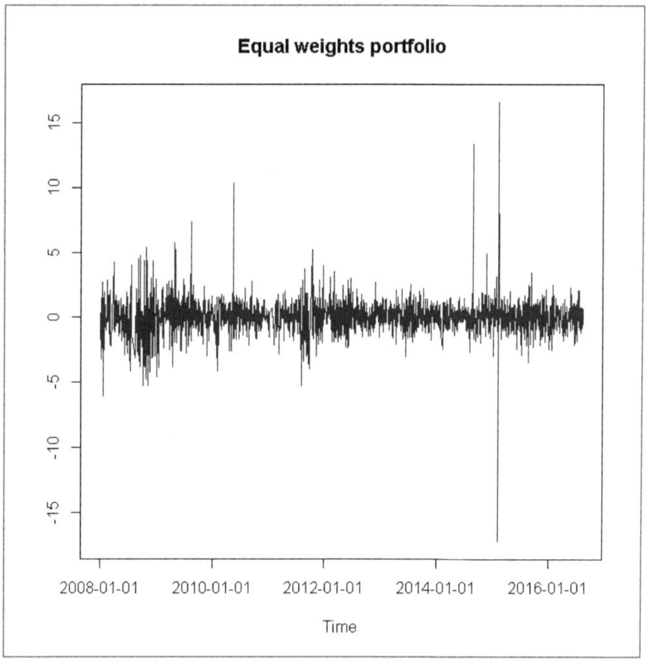

图 14-1-1　等权重回报

除了等权重，还有什么方法可以提升绩效？这就进入了投资组合多元化风险分散的理论与实践。请看下一节。

14.2　多元化投资组合与回测

14.2.1　原理

接续前一节，我们看图 14-2-1，由等权重投资组合开始，传统的策略是 QP1 和 QP2[1]，也就是：

[1] QP=Quadratic Programming，二次规划法

❖ 路径 1：往左走到 QP1，回报固定，风险极小。

QP1. Min. Risk
s.t. Returns

❖ 路径 2：往上走到 QP2，风险固定，回报极大。

QP2. Max. Returns
s.t. Risk

现代投资组合理论，则在另外两个策略求解：

（1）MVP：在 x 轴画垂线和整条效率前缘曲线相切的切点，这一点是整个曲线风险最小的点。

（2）angency：求曲线上夏普值最大的点，一般介于 GMVP 和 QP2 之间。

$$\mathbf{M}ax.\frac{E[R]-r_f}{\sigma}$$

每个策略解都是曲线上的点，就是权重向量的线性组合。这个权重分布是让风险管理更进步的神奇数字，也称为分散风险（Diversification，也称为多元化），也就是常常听到“鸡蛋不要放在一个篮子里”的来源。

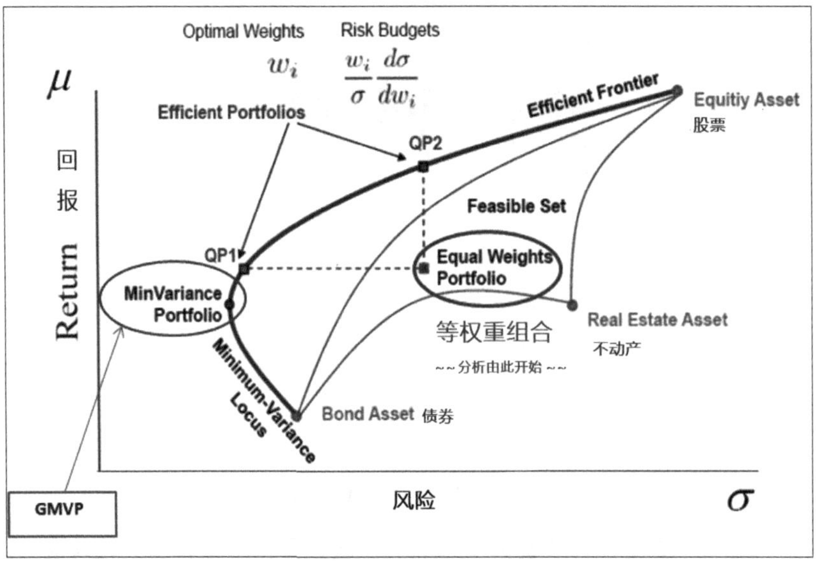

图 14-2-1 现代投资组合图

要在这张图求解，我们需要计算多个参数：

（1）定策略（Strategy）。QP1，QP2，GMVP 还是 Tangency？

（2）定目标投资组合序列的风险类型（Type）。基本有两种：古典 MV 下的标准偏差和条件风险价值（CVaR）。R 还有另外三种，较为高级。

（3）定多个资产回报矩阵的相关系数，也就是指协方差（Covariance）矩阵。资产间两两相关的程度决定了风险分散的可能性，也就是在投资组合的规模：相关性越高，给予权重越低。

（4）定只做多，还是允许做空。

14.2.2 R Code

范例程序：fPortfolio 程序包的基本设置，Ch13.2-1_fPortolioBasic.R

```
#== Step 0 ==# 类似 GARCH，声明 Portfolio Specifications 条件包 portfolioSpec()
mySpec = portfolioSpec()

#== Step 1 == # 选择投资组合序列的风险类型，暂选 1 为 MV
setType(mySpec)=c("MV", "CVaR")[1]
   # "MV"    classic mean-variance (Markowitz) portfolio
   # "CVaR"  mean- conditional VaR portfolio

#== Step 2 == # 选择数值解的函数，按照 Step 1，此处选 1 二项规划法
setSolver(mySpec)= c("solveRquadprog","solveRshortExact","solveRglpk.CVAR")[1]
# "solveRquadprog"      for LongOnly
# "solveRshortExact"  for Short
# "solveRglpk.CVAR"   for CVaR type

#== Step 3 == # 选择多空，暂选 1 只做多
myCon=c("LongOnly", "Short")[1]

#== Step 4 == # 选择目标函数，会按照 Step 7 策略选择自动调整
setOptimize(mySpec)="minRisk"
   # "minRisk"        #default
   # "maxReturn"

#== Step 5 == # 其他选项，可有可无
   ## setTargetRisk(mySpec) =
   ## setTargetReturn(mySpec) =
   ## setRiskFreeRate(mySpec) =
   ## setWeights(mySpec) =
   ## setAlpha(mySpec) =

#== Step 6 == # 选择协方差矩阵估计方法
load("myCOV.RData")
setEstimator(mySpec) = "covEstimator"
  ###=== Covariance Settings ===###
   # "covEstimator"    样本协方差矩阵
   # "covLedoit"       Improved Shrinkage Robust Covariance in JEF(2003)
   # "covStudent"      Covariance based on Student t distribution
   # "ShrinkCC"        Constant correlation Shrinkage
   # "kendallEstimator" Kendall's rank estimator
   # "mcdEstimator"    MCD, minimum covariance determinant estimator
   # "covOGKEstimator"  Orthogonalized Gnanadesikan-Kettenring estimator

#== Step 7 ==#  策略
```

```
tangentPortfolio=tangencyPortfolio(data = datan, spec = mySpec, constraints = myCon)
print(tangentPortfolio)
GMVP=minriskPortfolio(data = datan, spec = mySpec, constraints = myCon)
print(GMVP)
```

除了 tangencyPortfolio()这个最大夏普值和 minriskPortfolio()的 GMVP 两个策略选项，其余的策略选项如下：

```
efficientPortfolio()    QP1:  setTargetReturn(mySpec)=
maxreturnPortfolio()    QP2:  setTargetRisk(mySpec) =
```

QP1 和 QP2 都必须声明相对应的固定参数。

我们先看看两个基准策略的结果。

```
> print(tangentPortfolio)
Portfolio Weights: 权重
  证券 1 证券 2  证券 3  证券 4   证券 5  证券 6  证券 7  证券 8
0.0000 0.3009 0.0864 0.0332 0.0000 0.0000 0.0000 0.0000
  证券 9 证券 10 证券 11 证券 12  证券 13 证券 14 证券 15 证券 16
0.0228 0.0000 0.0923 0.0000 0.0000 0.0855 0.1032 0.2596
  证券 17 证券 50
0.0161 0.0000

Covariance Risk Budgets: 协方差风险预算
  证券 1 证券 2  证券 3  证券 4   证券 5  证券 6  证券 7  证券 8
0.0000 0.5295 0.0679 0.0267 0.0000 0.0000 0.0000 0.0000
  证券 9 证券 10 证券 11 证券 12  证券 13 证券 14 证券 15 证券 16
0.0160 0.0000 0.0340 0.0000 0.0000 0.0527 0.1251 0.1427
  证券 17 证券 50
0.0053 0.0000

Target Returns and Risks: 目标回报率和风险
  mean    Cov   CVaR    VaR
0.0873 1.2324 2.6913 1.9747

> print(GMVP)
Portfolio Weights: 权重
  证券 1 证券 2  证券 3  证券 4   证券 5  证券 6  证券 7  证券 8   证券 9
0.0544 0.0706 0.0260 0.0363 0.0157 0.0406 0.0056 0.0149 0.0062
  证券 10 证券 11 证券 12  证券 13 证券 14 证券 15 证券 16 证券 17 证券 50
0.0000 0.2904 0.0000 0.0000 0.0699 0.0067 0.2071 0.1558 0.0000

Covariance Risk Budgets: 协方差风险预算
  证券 1 证券 2  证券 3  证券 4   证券 5  证券 6  证券 7  证券 8   证券 9
0.0544 0.0706 0.0260 0.0363 0.0157 0.0406 0.0056 0.0149 0.0062
  证券 10 证券 11 证券 12  证券 13 证券 14 证券 15 证券 16 证券 17 证券 50
```

```
0.0000 0.2904 0.0000 0.0000 0.0699 0.0067 0.2071 0.1558 0.0000

Target Returns and Risks: 目标回报率和风险
  mean    Cov   CVaR   VaR
0.0477 0.9350 2.1042 1.3821
```

和 14.1 节的结果相比，两个投资策略都胜出。有两个额外说明：

（1）平均回报来看，GMVP 比 Tangency 低了一半，但是风险较低。

（2）重有很多配置为 0，我们要取出这些不是 0 的要怎么做？如下：

```
id=getWeights(GMVP)!=0
getWeights(GMVP)[id]
```

因为数字总是很挤，以图形的可视化呈现或许好一点，看图 14-2-2。

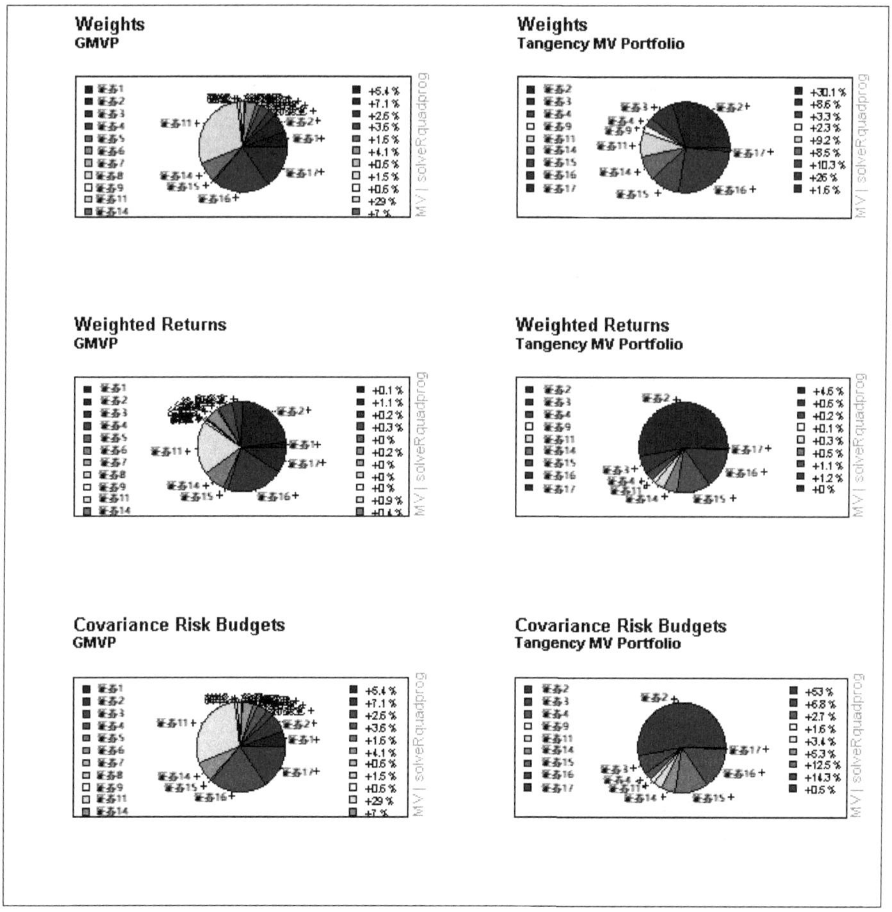

图 14-2-2　两个策略的绩效比较

要计算按照权重配置的投资组合时间序列，需再画图（见图 14-2-3），具体如下：

```
ret_TangencyP=datan %*% as.numeric(getWeights(tangentPortfolio))
rownames(ret_TangencyP)=rownames(datan)
```

```
colnames(ret_TangencyP)="Tangency"
ret_TangencyP=as.timeSeries(ret_TangencyP)

ret_GMVP=datan %*% as.numeric(getWeights(GMVP))
rownames(ret_GMVP)=rownames(ret_GMVP)
colnames(ret_GMVP)="Tangency"
ret_GMVP=as.timeSeries(ret_GMVP)

par(mfrow=c(2,1))
plot(ret_TangencyP,main="Portfolio returns of Tangency Portfolio",ylab="",col="blue")
plot(ret_GMVP,main="Portfolio returns of GMVP Portfolio",ylab="",col="red")
par(mfrow=c(1,1))
```

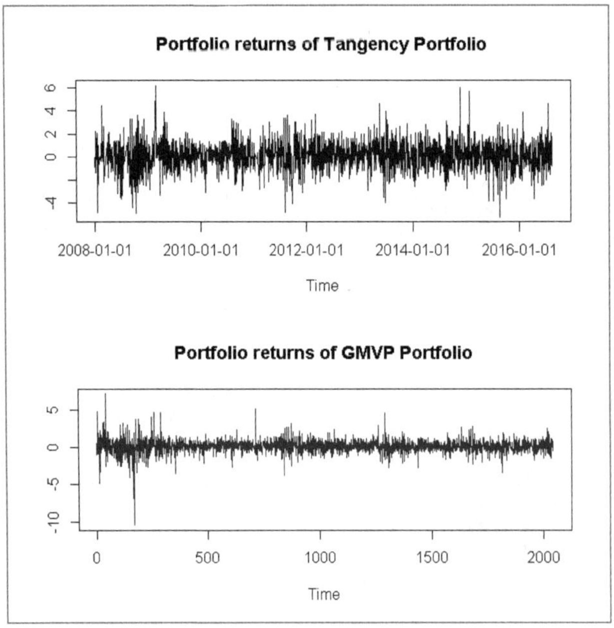

图 14-2-3　两个投资组合策略的回报率比较

范例程序：fPortfolio 绘制边界曲线图 Ch13.2-2_mvFrontier.R

```
1. library(fPortfolio)
2. mySpec1= portfolioSpec()
3. setNFrontierPoints(mySpec1) = 30
4. Frontier1 = portfolioFrontier(datan, mySpec1)
# Weight plots and other plots
5. par(mfrow=c(3,1))
   weightsPlot(Frontier1,mtext = FALSE)
   text = "Mean-Variance Portfolio - Long Only Constraints"
   mtext(text, side = 3, line = 3, font = 2, cex = 0.9)
   weightedReturnsPlot(Frontier1, mtext = F)
   covRiskBudgetsPlot(Frontier1, mtext = F)
6. par(mfrow=c(1,1))
```

```
# Frontier plot
7. tailoredFrontierPlot(object = Frontier1, mText = "MV Portfolio - LongOnlyConstraints",
   risk = "Cov")
8. tailoredFrontierPlot(object = Frontier1, mText = "MV Portfolio - LongOnlyConstraints",
   risk = "CVaR")
```

说明

1. 载入程序包。
2. 定义条件组合对象。
3. 写入前缘绘制点数，越多越细致，画得越慢。
4. 产生坐标点数值，读者可以把对象 Frontier1 输出在屏幕上。
5. 到 6 是一个分割窗口，把三个权重图放进去。
6. 同上，如图 14-2-4 所示。
7. 精修过的图形，以标准偏差为风险，如图 14-2-5 所示。
8. 同上，以 CVaR 为风险，如图 14-2-6。

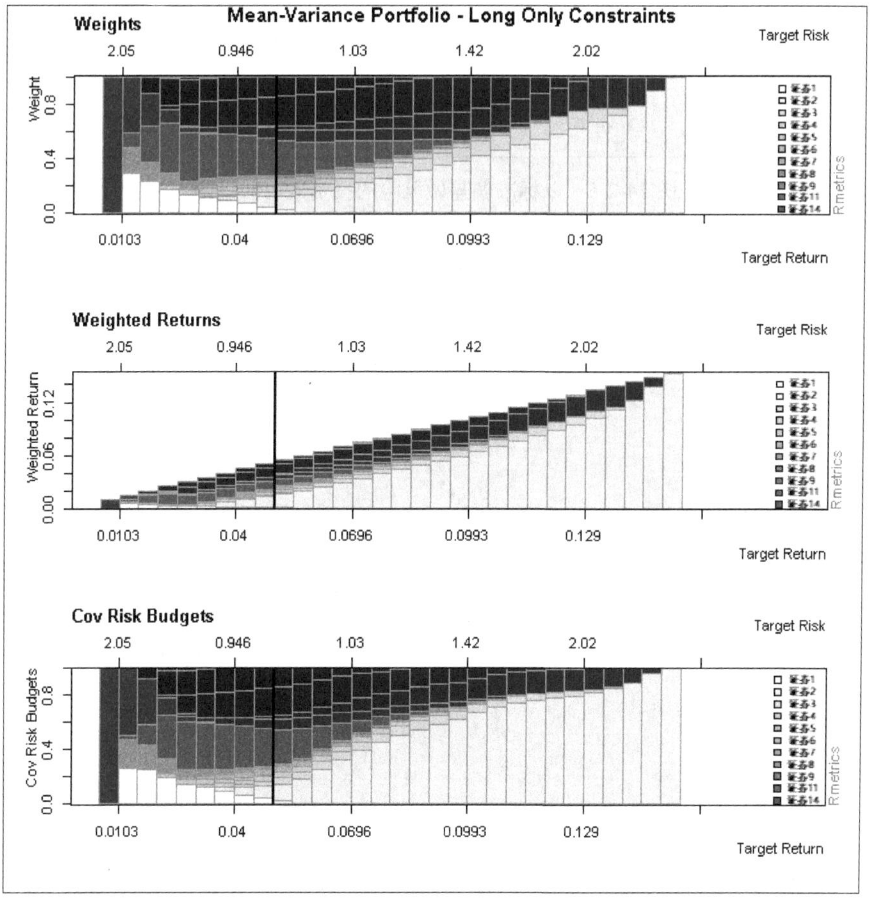

图 14-2-4　权重数值相关图

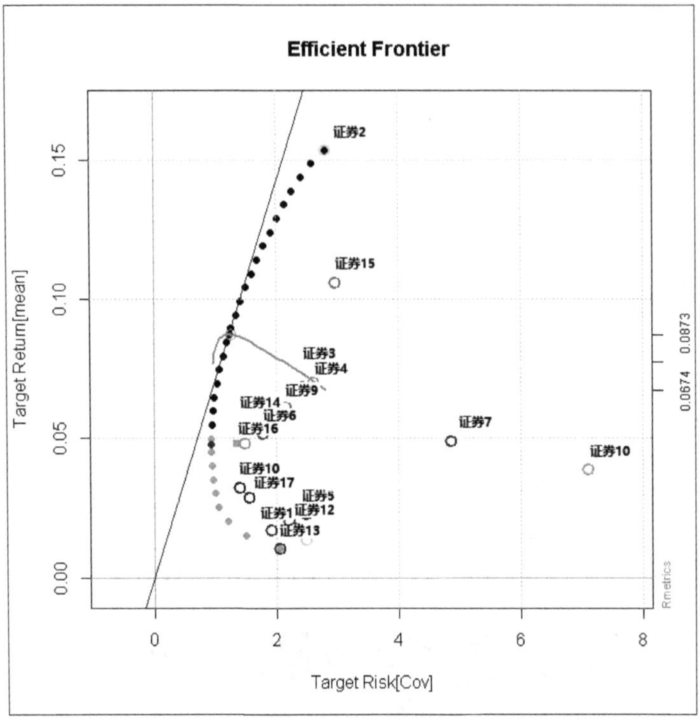

图 14-2-5　以标准偏差做风险的投资效率前缘图

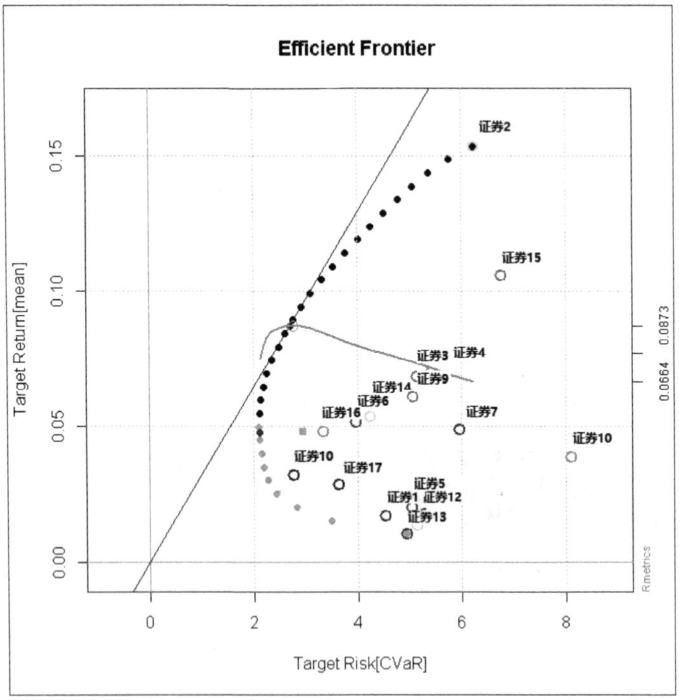

图 14-2-6　以 CVaR 做风险的投资效率前缘图

从图 14-2-5 和图 14-2-6 可以很清楚地见到，不同的风险，效率前缘的形状不同。

最后，我们介绍一下动态回测。回测的原理其实就是移动式窗口，大致是这样的：以一个估计期估计出权重（默认为一年），然后按照此权重持有未来（默认为一个月），计算一个月的回报，再向前一个月一个月地滚动。步骤：

步骤01 估计期一年，估计资产权重。

步骤02 未来持有此权重一个月。

步骤03 向未来移动窗口，重复前两个步骤。

也就是说，投资面对的就是未来，过去的历史数据是否是未来的稳健估计，就要看回测。回测会产生一个权重序列，需要和基准相比，一般都用等权重当作基准。我们看看下面的范例程序。

范例程序： 回测 Ch13.2-3_backTesting.R

```
library(fPortfolio)
###=== Step 1. Prepare the data
      ## 1-1. 承接前面 50 个证券的数据
1. infile=read.csv(".Close.csv")
2. myData0=as.timeSeries(infile)
3. assetReturns=returns(myData0[,-51])*100
4. head(assetReturns)
5. ID=as.character(read.table("file_twii50.csv",sep=",")$V2)
6. colnames(assetReturns)=ID
7. head(assetReturns)
8. dim(assetReturns)
      ## 1-2.定义基准资产，我们用平均计算等权重
9. avg=rowMeans(assetReturns)
10.newData = cbind(avg,assetReturns)
11.colnames(newData)=c("Lhs",colnames(assetReturns))

###=== Step 2. 准备估计期的条件
12.load("myCOV.RData")
13.portSpec = portfolioSpec()
14.myConstraints = "LongOnly"
15.if (myConstraints=="Short"){setSolver(portSpec)= "solveRshortExact"} else
   {setSolver(portSpec)= "solveRquadprog"}

###=== Step 3. 定义公式，Y(Lhs)的位置就是基准资产，X(Rhs)的位置是数据
16.Rhs=paste(names(newData[,-1]), collapse= " + ")
17.Formula = paste("Lhs ~",Rhs, sep="")

###=== Step 4. 定义回测条件和估计
18.backtestSpec = portfolioBacktest()
   # setSmootherLambda(backtestSpec) = "3m"
   # setWindowsHorizon(backtestSpec) = "12m" #估计窗口，默认一年（12 个月）

###=== Step 5. 执行回测
      ## 5-1. 起始估计
19.rawOutput = portfolioBacktesting(formula = as.formula(Formula),data = newData,
```

```
   spec=portSpec,backtest=backtestSpec, constraints = myConstraints, trace = FALSE)
20.Weights = round(100*rawOutput$weights, 2)
      ## 5-2. 平滑系数
21.smoothOutput = portfolioSmoothing(object = rawOutput,trace = FALSE)
22.END=time(tail(smoothOutput$portfolio,2))
23.weightsDecision=smoothOutput$smoothWeights[as.character(END),]
24.round(t(cbind(weightsDecision)),4)
25.smoothWeights = round(100*smoothOutput$smoothWeights,2)
26.advice0=t(tail(smoothWeights,1))
27.rownames(advice0)=ID
28.advice0

###=== Step 6. 绘制回测结果图，图 14-2-7
29.backtestPlot(smoothOutput, which="all",cex = 0.6, font=1, family="mono")
```

说明

略

上面的程序，只要学习 R 语言到了一定程度，应该都可以看得懂。为了避免重复解说类似的指令，我们就不说明细节了。

第 28 行返回的日期是 2016/8/31，我们的数据只到 8/16，所以估计到七月，就是一个建议八月的持有情况：

```
> advice0
        2016-08-31
证券 1        2.97
证券 2        0.28
证券 3        0.88
证券 4        0.89
证券 5       11.66
证券 6        4.97
证券 7        2.96
证券 8        0.01
证券 9       55.61
证券 10       0.19
证券 11       0.02
证券 12       0.93
证券 13       4.30
证券 14       2.84
证券 15       0.17
证券 16       0.21
证券 17       0.00
证券 18      10.99
证券 19       0.11
```

建议持有最高的是证券 9、证券 5 和证券 18。

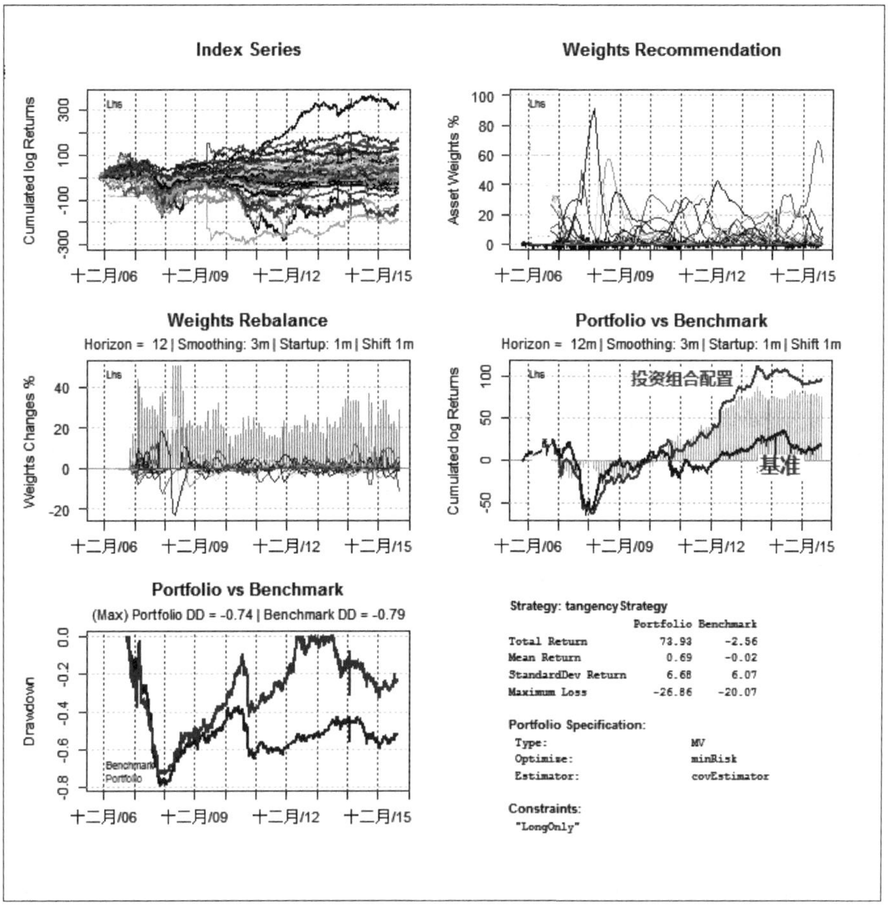

图 14-2-7 回测结果可视化

从图 14-2-7 的回测结果可以看出，其风险分散的组合配置，比前面按夏普不等式资产选择后的等权重配置的基准要好太多了。

```
> smoothOutput$stats
                    Portfolio    Benchmark
Total Return        73.9279919   -2.56144634
Mean Return         0.6909158    -0.02393875
StandardDev Return  6.6759831    6.06987186
Maximum Loss        -26.8556935  -20.07272455
```

按照均值回报（Mean Return），和前面的比起来，大幅攀升接近 15 倍，夏普值则高了 3 倍多。

第 15 章 金融大数据的处理

对于数据过于庞大，R 多半无法高效地处理。因此，我们往往必须借助一些特殊的程序包来管理大数据。例如，300MB 的 .csv 数据，在内存 8GB 或 16GB 的普通 PC 中，数据处理的性能还不错。但是，如果再大一些，而且进行反复演算，模型评估就会出现迟缓甚至整个系统宕机。在大数据的环境中，300MB 算超小的数据了。不过，除非硬件够强大，否则庞大文件造成的问题，就几乎都是一样了。

这一章我们介绍 3 个 R 的大数据管理方法：两个程序包 bigmemory 和 ff，以及处理金融市场 1 分钟交易数据的 data.table。我们这里介绍的大数据，并不是真正的以数据库服务器为基础的大数据，如 Hadoop 或 Spark。基本上可以看成是“穷人的大数据解决方案”：数据量稍微大一些的 R 解决方案，就是几个吉字节的大文件数据。

15.1 bigmemory

bigmemory（大内存）顾名思义是一个内存管理的程序包。bigmemory 将外部数据转成大型数值矩阵来处理，以 as.big.matrix() 转换原始数据，之后，在 bigmemory 环境中，允许了进行数据量大于内存的统计分析。搭配 biganalytic，bigtabulate 可直接进行一般描述统计计算，也可以与其他并行计算的程序包搭配。进行并行处理时，只会用到数据的一份备份。biglm 是 bigmemory 的衍生程序包，处理 p 个变量的线性回归，只使用到 p^2 大小的内存。估计结果可以使用 R 的内建函数 update()来运用新数据更新估计结果。

下面的范例使用 Revo 公司提供的 11 GB 航空公司班机起降数据，这组数据有一亿两千万个记录，29 个变量。估计的计算机内存是 4 GB，完成时间 4 分钟。

```
blm <- biglm.big.matrix(ArrDelay ~ Age + Year, data=x)
summary(blm)
```

biglm(formula = formula, data = data, ...) 就是专门处理大量数据的回归函数，其余如 biganalytics、bigpca 和 bigtabulate 等，都是衍生程序包。图 15-1-1 列出了一些相关的衍生程序包，但是，并不是所有以 big 为前缀单词的程序包都是 bigmemory 的衍生程序包。使用时，请看看内容，确保兼容性。

bigalgebra	BLAS routines for native R matrices and big.matrix objects
biganalytics	Utilities for 'big.matrix' Objects from Package 'bigmemory'
bigdata	Big Data Analytics
BIGDAWG	Case-Control Analysis of Multi-Allelic Loci
bigGP	Distributed Gaussian Process Calculations
biglars	Scalable Least-Angle Regression and Lasso
biglasso	Big Lasso: Extending Lasso Model Fitting to Big Data in R
biglm	bounded memory linear and generalized linear models
bigmemory	Manage Massive Matrices with Shared Memory and Memory-Mapped Files
bigmemory.sri	A shared resource interface for Bigmemory Project packages
bigml	Bindings for the BigML API
bigpca	PCA, Transpose and Multicore Functionality for 'big.matrix' Objects
bigrquery	An Interface to Google's 'BigQuery' 'API'
bigRR	Generalized Ridge Regression (with special advantage for p >> n cases)
bigsplines	Smoothing Splines for Large Samples
bigtabulate	Table, Apply, and Split Functionality for Matrix and 'big.matrix' Objects

图 15-1-1　与 bigmemory 相关的一些衍生程序包

我们以 TEJ 数据库中上市公司的盘后财务信息来示范使用的方法，文件约 422 MB。数据如图 15-1-2 所示，我们列出最后 6 组数据，根据记录列数，这组数据约有 300 万个观察值。

```
        证券代码   年月日  开盘价.元.  最高价.元.  最低价.元..  收盘价.元.
3052739     9958 20150330     10.05      10.15      10.05      10.10
3052740     9958 20150331     10.10      10.20      10.05      10.10
3052741     9958 20150401     10.05      10.05      10.00      10.00
3052742     9958 20150402     10.00      10.05       9.98      10.00
3052743     9958 20150407     10.00      10.05      10.00      10.05
3052744     9958 20150408     10.10      10.10       9.99      10.10
        成交量.千股. 成交金额.千元. 回报率.  周转率.      流通股数.千股.
3052739          264       2670  0.4975  0.1451            181919
3052740           80        809  0.0000  0.0440            181919
3052741           94        946 -0.9901  0.0517            181919
3052742          141       1419  0.0000  0.0775            181919
3052743          168       1693  0.5000  0.0923            181919
3052744           93        937  0.4975  0.0511            181919
         市值.百万元.     最后买价      最后卖价  市盈率.TSE  市盈率.TEJ
3052739         1837        10.10        10.15      28.86      35.01
3052740         1837        10.05        10.15      28.86      35.01
3052741         1819        10.00        10.05      28.57      34.67
3052742         1819         9.98        10.00      28.57      34.67
3052743         1828        10.05        10.10      28.71      34.84
3052744         1837        10.05        10.10      28.86      35.01
           市净率.TSE     市净率.TEJ  现金股息率
3052739         0.83         0.83        7.92
3052740         0.83         0.83        7.92
3052741         0.82         0.83        8.00
3052742         0.82         0.83        8.00
3052743         0.82         0.83        7.96
3052744         0.82         0.83        7.92
```

图 15-1-2　经济数据范例

下面列出范例程序。

范例程序：程序包 bigmemory 范例程序

```
library(bigmemory)
options(bigmemory.allow.dimnames=TRUE)

##Generate big.matrix by package bigmemory
## Case 1: Source data: read.table()
```

```
5. tempRT0 <-read.table("region_listed19.txt")
6. head(tempRT0)
7. tempRT <- as.matrix(tempRT0)
8. myBigData_temp <- as.big.matrix(tempRT))
9. head(myBigData_temp)

10.## Case 2: Source data: read.csv(), with English column names
11.tempE_csv<-read.csv("region_listed19_E.csv")
12.head(tempE_csv)
13.myBigData_temp<-as.big.matrix(as.matrix(tempE_csv[,-1]))
14.head(myBigData_temp)

15.##  Case 3: Source data: read.csv(), with Chinese column names
16.tempC_csv<-read.csv("region_listed19_C.csv")
17.head(tempC_csv)
18.myBigData_temp<-as.big.matrix(as.matrix(tempC_csv))
19.head(myBigData_temp)

20.write.big.matrix(myBigData_temp, "myBigMatrix01E.txt", col.names=TRUE,
   row.names=FALSE)

21.#myBigMatrix01E.txt, from read.table("region_listed19.txt"))
22.#myBigMatrix02E.txt, from read.csv("region_listed19_E.csv"))
23.#myBigMatrix03C.txt, from read.csv("region_listed19_C.csv"))

24.rm(list=ls(all=TRUE))
25.x <- read.big.matrix("myBigMatrix03C.txt", header=TRUE)
26.head(x)
```

说明

1. 载入程序包 bigmemory。
2. 设置环境，允许数据维数有名称。`options(bigmemory.allow.dimnames=TRUE)`
3. ##利用 bigmemory 内的 big.matrix 建立矩阵。
4. **## Case 1:使用 read.table()读取具有中文字段的来源文件 region_listed19.txt**
5. 读取 region_listed19.txt 文件，存成暂存对象 tempRT0。
6. 查看 tempRT0 前一项数据。
7. 将 tempRT0 转成一般矩阵，产生新对象 tempRT。
8. 使用 as.big.matrix()转换成 bigmemory 对象 myBigData_temp。
9. 查看 myBigData_temp 前 6 项数据。
10. **## Case 2: 使用 read.csv()读取英文字段的来源文件 region_listed19_E.csv。**
11. 读取数据。
12. 查看前 6 项数据。
13. 矩阵转换，tempE_csv[,-1]表示第 1 列不要。
14. head(myBigData_temp)。
15. **## Case 3: 使用 read.csv()读取中文字段的来源文件 region_listed19_C.csv。**
16. 读取数据。
17. 查看前 6 项数据。
18. 矩阵转换。

19. 查看前 6 项数据。
20. 用 write.big.matrix()将前面三个方法的其中一个矩阵 myBigData_temp 存成外部文件 myBigMatrix01E.txt。这个文件就可以直接用 bigmemory 加载和分析。
21. #myBigMatrix01E.txt,case 1 产生文件。
22. #myBigMatrix02E.txt,case 2 产生文件。
23. #myBigMatrix03C.txt,case 3 产生文件。

上面 3 行（第 21~23 行）是将三个方法产生的大矩阵存成三个名称，便于比较原始数据的构建。最好的方法还是先置换数据字段的中文，估计完后，再把中文字段粘贴回去。

24. 从内存中删除 R 的对象。
25. 用 read.big.matrix()读取新数据矩阵 myBigMatrix03C.txt。
26. 查看前 6 项数据。

我们在程序中列出了 3 种文件格式。Case 1 是原始数据，Case 2 和 Case 3 的数据则是在 R 内处理过了。其实，根据笔者日常处理 1GB 财经数据库的经验，建议大家由 Case 1 读取后，在 R 内用 write.csv() 转存成 .csv 格式，再读取置换中文字段的名称，最后保存。

15.2 FF

程序包 ff 则是将外部数据存储成 .ff（向量/矩阵）或 .ffdf（数据框）的格式，搭配 ffbase 程序包，可以直接执行大部分的基本统计运算。每次可提取出一部分数据放入内存，此时为 R 的 data.frame 格式。其他运算，也可与并行运算的程序包搭配。

程序包 ff 在数据管理上的格式是产生一个 ffdf 的 data.frame。ffdf 虽然是 data.frame，但并非是内建的格式。要在转换文件后再次使用，就用函数 write.csv.ffdf()进行保存；读取时，则使用 read.csv.ffdf()或 read.delim.ffdf()，这两个读取函数是按照文件格式来读取的。

下面的范例程序示范了转换文件格式，转换文件格式的逻辑和 bigmemory 类似，我们就在程序语句后面进行简单说明，不再做详细说明。

范例程序：ff 转数据

```
library(ff)
library(ffbase)
temp<-read.csv("region_listed19_E.csv")
data_ffdf <- as.ffdf(temp) #将数据转成 ffdf 对象
head(data_ffdf)
write.csv.ffdf(data_ffdf, file="ffdf.csv", append=FALSE) #以 ddff 格式存储到硬盘上
temp1<-read.delim.ffdf(file="ffdf.csv", header=TRUE) #读取 ffdf
head(temp1)
```

图 15-2-1 就是经过 ffdf 转换的数据。下半部分是 ffdf data 部分，是原始数据，上半部分则是有众多 ff 编码的信息。

```
> head(data_ffdf)
ffdf (all open) dim=c(3052744,6), dimorder=c(1,2) row.names=NULL
ffdf virtual mapping
      PhysicalName VirtualVmode PhysicalVmode  AsIs VirtualIsMatrix PhysicalIsMatrix
X                X      integer       integer FALSE           FALSE            FALSE
code          code      integer       integer FALSE           FALSE            FALSE
dates        dates      integer       integer FALSE           FALSE            FALSE
open          open       double        double FALSE           FALSE            FALSE
max            max       double        double FALSE           FALSE            FALSE
min            min       double        double FALSE           FALSE            FALSE
      PhysicalElementNo PhysicalFirstCol PhysicalLastCol PhysicalIsOpen
X                     1                1               1           TRUE
code                  2                1               1           TRUE
dates                 3                1               1           TRUE
open                  4                1               1           TRUE
max                   5                1               1           TRUE
min                   6                1               1           TRUE
ffdf data  原始数据
              X    code      dates   open      max       min
1             1    1101   19950105  13.31    13.82     13.31
2             2    1101   19950106  13.57    13.82     13.19
3             3    1101   19950107  13.44    13.82     13.31
4             4    1101   19950109  13.82    13.82     13.44
5             5    1101   19950110  13.31    13.44     12.94
6             6    1101   19950111  13.06    13.19     12.94
7             7    1101   19950112  13.19    13.19     12.81
8             8    1101   19950113  12.94    13.06     12.81
:             :       :          :      :        :         :
3052737 3052737    9958   20150326   9.98    10.05      9.91
3052738 3052738    9958   20150327  10.00    10.15     10.00
3052739 3052739    9958   20150330  10.05    10.15     10.05
3052740 3052740    9958   20150331  10.10    10.20     10.05
3052741 3052741    9958   20150401  10.05    10.05     10.00
3052742 3052742    9958   20150402  10.00    10.05      9.98
3052743 3052743    9958   20150407  10.00    10.05     10.00
3052744 3052744    9958   20150408  10.10    10.10      9.99
```

图 15-2-1 经 ffdf 转换的数据

我们这组 450MB 的数据，因为格式紊乱，包括了零散的缺值，所以读取时必须使用 read.delim.ffdf()。相比而言，read.csv.ffdf()可以读取格式比较“漂亮”的数据。我们把仿真的数据用于以下范例程序：产生 10^6 个随机数，并指定给对象 sample_data。

范例程序：程序包 ff 转数据

```
n=1e6
sample_data=data.frame(X1=sample(LETTERS,n,replace
  =TRUE),X2=rnorm(n),X3=sample(letters,n,replace =TRUE))
sample.ffdf <- as.ffdf(sample_data)
write.csv.ffdf(sample.ffdf, file="ffdf0.csv", append=FALSE)
temp <- read.csv.ffdf(file="ffdf0.csv", header=TRUE)
```

当从硬盘读取 ffdf 数据后，就可以使用 ff 程序包内的数据分析工具。例如，类似于 apply()系列的 ffapply 函数，以及衍生程序包 ffbase 中的诸多数据分析功能。

如本章开头所述，bigmemory 乃至 ff，都属于大文件的解决方案，基本上还谈不上大数据。大数据分析必须使用类似 Hadoop/Spark 这样的数据库服务器，整个计算机的环境都必须重新安装和设置，以仿真 Linux 的操作系统。目前 R 的大数据系统还是处于 R+Hadoop 这样的大数据概念，目前有的解决方案简述为两方面。

（1）+Hadoop

有程序包 library(RHIPE)和 library(Rhadoop)，另外 library(HadoopStreaming)提供了对分布式文

件系统的 3 个函数 hsTableReader()、hsKeyValReader()和 hsLineReader()。

（2）数据数据库管理

和 MySQL 互动的有 RMySQL；和 MongoDB 互动的有 rmongodb；和 SQLite 互动的有 RSQLite；和 PostgreSQL 互动的有 RPostgreSQL。和 Hadoop 的 HIVE 互动的有 RHive；和 HBase 互动的则是 RHBase。

R 的这些程序包通过程序设计进行调用，进行大数据数据库查询、提取与挖掘，情况还可以，但是性能上还有许多改善的空间。如果要通过 R 进行大数据的数据挖掘和分析，那么不妨直接学习 Spark。Spark 以 Hadoop 为基础，已经内建了许多数据挖掘工具。

15.3 bigmemory 测试范例

本节使用两个 bigmemory 衍生程序包 biganalytics 和 biglm，比较统计分析的性能和差异。biglm 顾名思义是 big lm，当然也有非线性的 big 的 glm 函数，读者可以自行参阅程序包的说明文件。

范例程序

```
1. library(bigmemory)
2. library(biganalytics)
3. library(biglm)
4. Data_csv<-read.csv("region_listed19_E.csv")
5. Data_BM<-read.big.matrix("myBigMatrix01E.txt", header=TRUE)
6. print(object.size(Data_csv), units="Mb")
7. print(object.size(Data_BM), units="Mb")
8. system.time(p1<-colMeans(Data_csv[,4:11]));round(p1,2)
9. system.time(p2<-colmean(Data_BM,4:11));round(p2,2)
10.v1<-tapply(Data_csv[,4],Data_csv[,2],mean))
11.v2<-tapply(Data_BM[,4],Data_BM[,2],mean))
12.print(object.size(v1), units="Mb")
13.print(object.size(v2), units="Mb")
14.lmout<-lm(ret~TO+I(vol/10000),data=Data_csv)
15.summary(lmout)
16.BMout<-biglm.big.matrix(ret~TO+I(vol/10000),data=Data_BM)
17.summary(BMout)
18.print(object.size(lmout), units="Mb")
19.print(object.size(BMout), units="Mb")
20.system.time(morder(Data_BM, 9))
21.system.time(order(Data_csv[,9]))
```

我们测试内存管理的性能，就会知道 bigmemory 的功能好处在哪里。上面程序的前 3 行是加载相关程序包。第 4 行是用标准内建函数 read.csv()载入 300MB 的文件 region_listed19_E.csv，并将之存成对象 Data_csv；第 5 行则是使用 bigmemory 的加载函数 read.big.matrix()读取经过 bigmemory 转换的文件 myBigMatrix01E.txt，并将之存成对象 Data_BM。

第 6 行和第 7 行则是查看两者加载后的内存容量，结果如下：

```
> print(object.size(Data_csv), units="Mb")
307.2 Mb
> print(object.size(Data_BM), units="Mb")
0 Mb
```

这样就很明显了。bigmemory 对于内存管理确有独到之处，这样对于上吉字节的大笔数据是一件好事。

第 8 行和第 9 行则是计算矩阵第 4~11 行的列均值，并用 system.time()计算运行的时间，round(p1, 2)则是将结果四舍五入到小数点后 2 位数。结果如下：

```
> system.time(p1<-colMeans(Data_csv[,4:11])); round(p1,2)
   user  system elapsed
   0.08    0.02    0.09
     open       max       min     close       vol     value
    31.93     32.44     31.39     31.87   3986.08 140661.62
      ret        TO
     0.04      0.83
> system.time(p2<-colmean(Data_BM,4:11));round(p2,2)
   user  system elapsed
   0.11    0.00    0.11
     open       max       min     close       vol     value
    31.93     32.44     31.39     31.87   3986.08 140661.62
      ret        TO
     0.04      0.83
```

就计算时间而言，bigmemory 稍稍慢了 0.02 秒。不过，这些数据都是连续的，没有缺值的情况，如果数据出现缺值，就没有这么好了。我们将要计算的字段扩充到第 18 列，看以下两个范例的结果。

```
> system.time(p1<-colMeans(Data_csv[,4:18]));round(p1,2)
Timing stopped at: 21.18 0.3 21.5
```

内建的方法，因为遇到缺值，无法完成整体的运算，且耗时 21.5 秒。

```
> system.time(p2<-colmean(Data_BM,4:18));round(p2,2)
   user  system elapsed
   0.14    0.00    0.14
     open       max       min     close       vol     value
    31.93     32.44     31.39     31.87   3986.08 140661.62
      ret        TO    shares       mkv  buyPrice sellPrice
     0.04      0.83 688927.65  22919.04        NA        NA
   PE_TSE    PE_TEJ    PN_TSE
       NA        NA        NA
```

bigmemory 耗时 0.14 秒就计算完毕，但是对于有缺值的字段则停止运算了。要将缺值删除，我们在函数内增加 na.rm=TRUE。即使如此，p1 计算依然失败，且耗时 20.72 秒。

```
> system.time(p1<-colMeans(Data_csv[,4:18], na.rm = TRUE))
```

```
Timing stopped at: 20.4 0.28 20.72
> Error in colMeans(Data_csv[, 4:18], na.rm = TRUE) : 'x' must be numeric
```

bigmemory 的 colmean()呢？如下所示，耗时 0.77 秒，且跳过所有的缺值，成功计算出均值。

```
> system.time(p2<-colmean(Data_BM,4:18,na.rm=TRUE));round(p2,2)
   user  system elapsed
   0.76    0.00    0.77
     open       max        min      close        vol      value
    31.93     32.44      31.39      31.87    3986.08  140661.62
      ret        TO     shares        mkv   buyPrice  sellPrice
     0.04      0.83  688927.65   22919.04      32.95      32.91
   PE_TSE    PE_TEJ     PN_TSE
    25.48     42.57       1.65
```

第 10~13 行则是使用了内建的 tapply 处理两种数据。我们发现，函数与数据兼容性相当重要。用内建函数 tapply 处理 bigmemory 矩阵，耗时 3.13 秒。

```
> system.time(v1<-tapply(Data_csv[,4],Data_csv[,2],mean))
   user  system elapsed
   0.14    0.04    0.17
> system.time(v2<-tapply(Data_BM[,4],Data_BM[,2],mean))
   user  system elapsed
   3.09    0.05    3.13
```

我们再来看第 14~17 行的回归，两者的处理时间则不相上下：

```
> system.time(lmout<-lm(ret~TO+I(vol/10000),data=Data_csv))
   user  system elapsed
   2.39    0.24    2.62
> system.time(BMout<-biglm.big.matrix(ret~TO+I(vol/10000),data=Data_BM))
   user  system elapsed
   2.38    0.05    2.43
```

但是，第 18~19 行的估计对象所占据的内存，两者就相差甚远了：

```
> print(object.size(lmout), units="Mb")
722 Mb
> print(object.size(BMout), units="Mb")
0 Mb
```

上面的 I(vol/10000)是将 vol/10000 这个除以 10000 的运算，单独归属于 vol。I 是阻绝（insulate）之意。

内建回归的对象必须存取诸如残差数据，所以内存比原数据多了一倍。bigmemory 的大数据回归结果的摘要和 lm()不同，具体如下：

```
BMout<-biglm.big.matrix(ret~TO+I(vol/10000),data=Data_BM)
> summary(BMout)
Large data regression model: biglm(formula = formula, data = data, ...)
```

```
Sample size =  3052744
              Coef    (95%     CI)      SE       p
(Intercept)  -0.2411 -  0.2446 -0.2376  0.0017  0.0000
TO           0.3129    0.3106  0.3151  0.0011  0.0000
I(vol/10000)  0.0619    0.0588  0.0649  0.0015  0.0000
```

一些检验统计量就没有再列出了，例如 R^2 和 F 等。最后两行，我们来看排序性能。bigmemory 耗时 0.34 秒，比内建排序函数 order() 快了 3 倍。

```
> system.time(order(Data_csv[,9]))
   user  system elapsed
   0.94    0.00    0.94
> system.time(morder(Data_BM, 9))
   user  system elapsed
   0.32    0.03    0.34
```

bigmemory 有许多衍生程序包，专门处理它产生的 big.matrix 数据。程序包 bigalgrbra 的函数 daxpy()可以解联立方程式，程序包 bigtabulate 可以制作交叉表。也可以执行 k-means 集群。想使用的读者，可以参考网站上的最新进展。

然而，这个程序包内存管理虽好，但缺点在于如果你的计算机内存容量不足，就可能不能成功转换文件格式。用笔记本电脑的人，如果内存只有 2GB，最好借用其他计算机转文件，再复制进来使用。

如果加载的数据是十多个吉字节而已，那么用 bigmemory 管理内存，配合并行运算应该就够用了，而不会宕机。bigmemory 不是真正用来处理大数据的程序包，它所处理的大数据是相对于用户的计算机内存限制而言。如果数据大到像传说中的大数据，以 TB（1TB=1042GB）来计算，就必须求助大数据服务器 Hadoop 的数据库服务器来管理数据。R 有许多和 Hadoop 沟通的衔接程序包，有的也提供很多数据挖掘工具，限于本书的篇幅就不在这里介绍了。这方面的内容，读者可以从业界一些书中找到相关内容，例如，应用 R 语言于数据分析的参考书。

15.4 高频率时间序列的时间格式

15.4.1 格式

大数据除了维数特别大之外，一种常见的观察值就是高频率时间序列，例如股票交易的盘内交易数据。这些数据有时也称为 tick 数据：有的有每天开盘收盘的数据，例如一般上市股票；有的则有 24 小时全球交易的数据。图 15-4-1 以日经指数 2013 年 1 分钟的数据为范例，这种数据要做数据挖掘时，往往因为必须要和其他资产按时间进行合并和比较，所以时间的刻度不能忽略，而且这类数据一年约 50MB，6 年就接近 300MB，五个资产就必须处理 1.5GB 的数据。如果是秒，就乘上 4 倍。基本上，这只是普通等级的大文件。本节就介绍如何在 R 内处理这样的时间对象。

	A	B	C	D	E	F	G
1	Date	Time	Open	High	Low	Close	Volume
2	2013/1/2	11:01	10785	10790	10770	10775	92
3	2013/1/2	11:02	10780	10780	10780	10780	1
4	2013/1/2	11:03	10785	10785	10785	10785	65
5	2013/1/2	11:04	10785	10795	10785	10790	9
6	2013/1/2	11:05	10790	10790	10780	10785	34

图 15-4-1　高频数据 NK_1min_2013.csv 的形式

步骤01 先读取数据。

```
CME0 <- read.csv("NK_1min_2013.csv")
```

步骤02 声明时间对象。

从图 15-4-1 可知，前两列是时间字段：A 列是日期，B 列是时分。因此我们把这两列取出，用 paste()函数粘贴成一个对象 ID，sep= " "则是让粘贴之间有空格。

```
ID <- paste(CME0[,1], CME0[,2], sep= " ")
```

步骤03 用函数 as.POSIXct() 把 timeID 定义成时间对象，注意里面的 format 是“年月日和时分”的关系。

```
timeID_CME0 <- as.POSIXct(ID, format = "%Y/%m/%d %H:%M")
```

看一看我们产生的对象。

```
> head(timeID_CME0)
[1] "2013-01-02 11:01:00 CST" "2013-01-02 11:02:00 CST"
[3] "2013-01-02 11:03:00 CST" "2013-01-02 11:04:00 CST"
[5] "2013-01-02 11:05:00 CST" "2013-01-02 11:06:00 CST"
```

步骤04 插入年月日产生"Date"新字段。

```
> CME0[, "Date"] <- as.POSIXct(CME0[,1])
```

这个操作只是范例，如果需要用 lapply 按照日期处理日期的统计性质，这个步骤就很有用；例如，降低时间频率为周。因为步骤 3 产生的是合并对象，有些情况并不适用。对于之后的时间序列对象，我们取出第 1、2 和 6 列作为范例。

```
> CME1 <- CME0[, c(1,2,6)]
> head(CME1)
        Date  Time Close
1 2013-01-02 11:01 10775
2 2013-01-02 11:02 10780
3 2013-01-02 11:03 10785
4 2013-01-02 11:04 10790
5 2013-01-02 11:05 10785
6 2013-01-02 11:06 10785
```

R中处理时间对象的程序包有3个：xts、timeSeries和zoo。接下来就比较这3个程序包对CME1处理的情况。当然，结论是zoo最适合高频率时间序列数据。

先看xts的结果，从下面的结果可知，xts将时间视为字符串，所以所有的数值变量都被 "" 括起来一视同仁成为字符串。

```
CME_xts <- as.xts(CME1, timeID_CME0)
> head(CME_xts)

                    Date         Time   Close
2013-01-02 11:01:00 "2013-01-02" "11:01" "10775"
2013-01-02 11:02:00 "2013-01-02" "11:02" "10780"
2013-01-02 11:03:00 "2013-01-02" "11:03" "10785"
2013-01-02 11:04:00 "2013-01-02" "11:04" "10790"
2013-01-02 11:05:00 "2013-01-02" "11:05" "10785"
2013-01-02 11:06:00 "2013-01-02" "11:06" "10785"
```

再来看财务分析很有名的timeSeries，它对高频数据的处理却显得异常。对照前面的步骤4。我们的数据是2013年1月2日的上午11点1分开始。但是，timeSeries转换后就全变了。第一笔是2013年1月1日上午10点，分钟也不见了。

```
CME_tS <- as.timeSeries(CME1,timeID_CME0,FinCenter="CST")
      >head(CME_tS)
      CST
                        Close Time*
      2013-01-01 10:00:00 10775 11:01
      2013-01-01 10:00:00 10780 11:02
      2013-01-01 10:00:00 10785 11:03
      2013-01-01 10:00:00 10790 11:04
      2013-01-01 10:00:00 10785 11:05
      2013-01-01 10:00:00 10785 11:06
```

最成功的是程序包zoo，转换后的时间框架和数据都很完美。具体如下：

```
CME_zoo<-as.zoo(CME1,timeID_CME0)
> head(CME_zoo)
                        Date       Time  Close
      2013-01-02 11:01:00 2013-01-02 11:01 10775
      2013-01-02 11:02:00 2013-01-02 11:02 10780
      2013-01-02 11:03:00 2013-01-02 11:03 10785
      2013-01-02 11:04:00 2013-01-02 11:04 10790
      2013-01-02 11:05:00 2013-01-02 11:05 10785
      2013-01-02 11:06:00 2013-01-02 11:06 10785
```

只要时间格式正确，内建的时间序列数据管理的程序包，例如，lubridate内的week()，或合并函数cbind()、merge()等，都可以用上。

15.4.2 程序包 data.table

NK是80MB的分钟数据，我们看看程序包data.table读取大规模数据的性能。

```
1. library(data.table)
2. system.time(tempDF0<-read.csv("NK.csv"))
3. system.time(tempDT0<-fread("NK.csv"))
4. head(tempDF0,5);tail(tempDF0)
5. tempDT0
6. dateID=unique(tempDT0$Date)
7. newData0=temp0[Date %in% dateID[1:5]]
8. newData0[,.(Date,Time,Close)]
```

```
> system.time(tempDF0<-read.csv("NK.csv"))
  user  system elapsed
  7.72   0.20   7.93
> system.time(tempDT0<-fread("NK.csv"))
  user  system elapsed
  0.76   0.02   0.78
```

内建的 read.csv()耗时接近 8 秒，data.table 的 fread()函数则用不到 1 秒。read.csv()读进来的数据框格式我们应该都很清楚，我们看看 fread()读进来的格式索引（第 8 行语句）。

```
> newData0[,.(Date,Time,Close)]
           Date  Time Close
   1: 2010-04-12 00:02 11330
   2: 2010-04-12 00:03 11330
   3: 2010-04-12 00:05 11325
   4: 2010-04-12 00:20 11340
   5: 2010-04-12 00:57 11390
  ---
2490: 2010-04-16 20:11 10935
2491: 2010-04-16 20:12 10940
2492: 2010-04-16 20:13 10930
2493: 2010-04-16 20:14 10930
2494: 2010-04-16 20:15 10935
```

data.table 对数据存取的速度如此之快，是因为它有自己的类型系统。data.table 在时间序列上和 xts 是一家，所以读进来后的处理要转成时间序列，都要遵循 xts 的规则。有关细节，请详阅 PDF 手册说明。需要注意的一点是，data.frame 取出部分字段是用 **c("Date","Time","Close")**，例如：

```
> newData0[,.(Date,Time,Close)]
```

其余数据处理可随时和 data.frame 互相转换，灵活运用。有关细节，可参考网站上提供的相关说明文件。

附录A　广义线性模式GLM

计量财务主题中，时间序列最多，使用广义线性模式不多。因此，我们增加一个附录来解说广义线性模型（Generalized Linear Models，GLM）的概念，配合应用于用户图形接口的 R Commander 集成环境。

本章用范例数据文件 vote.csv 来说明 GLM，这是 2000 位美国公民投票行为的数据。数据分析人员，想要知道哪些因素影响了投票行为。这个文件说明如图 A-1-1 所示。

	A	B	C	D	E
1	vote	race	age	educate	income
2	1	white	60	14	3.3458
3	0	white	51	10	1.8561
4	0	white	24	12	0.6304
5	1	white	38	8	3.4183
6	1	white	25	12	2.7852
7	1	white	67	12	2.3866
8	0	white	40	12	4.2857
9	1	white	56	10	9.3205
10	1	white	32	12	3.8797
11	1	white	75	16	2.7031
12	1	white	46	15	11.2307
13	1	white	52	12	8.6696
14	0	white	22	12	1.7443
15	0	white	60	12	0.2253

图 A-1-1　vote.csv 数据格式

- **vote** =1，去投票；=0 没有去投票
- **race** =种族别：white=白人；others=其他
- **age**=年龄
- **educate**=受教育年数
- **income**=年收入（万美元）

上面这组数据的 Y 是{0, 1}，所以一般也称为选择问题。这是研究决策科学常遇到的数据，{0, 1} 分别代表决策者二分的行为。研究人员就会想知道什么因素决定了特定行为的发生。也因为{0, 1}区间的特性，期望值可以解读为概率。

和之前章节的线性模式不同，之前的称为线性模式的被解释变量（或 Y），数据是连续的数据，也就是实数：正、负和小数都可以。而本章要研究的 Y 是 {0, 1}，因此线性模式不适宜拟合这样

的数据，因为线性拟合线是一条直线，直线的延长会超过{0,1}这个界，如图 A-1-2 所示：向右方看，要预测高收入人群的行为概率，就会大于 1；往左方看，低收入人群的概率就会是负的。虽然，线性概率模型预测大体上还可以，但是对于双尾极端情况就会出现预测问题。

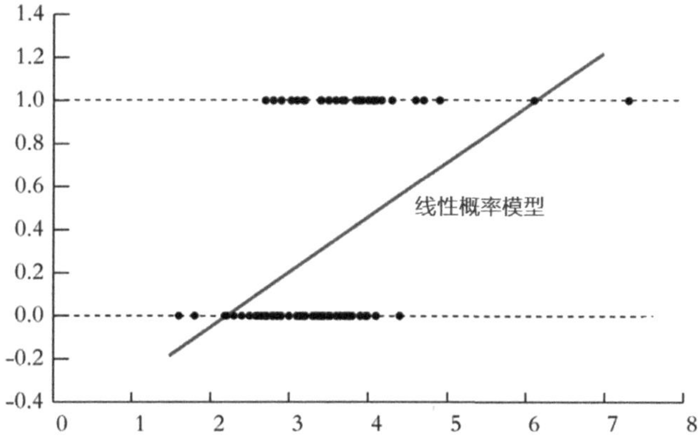

图 A-1-2　线性概率模型

鉴于这种问题，用概率分布的累积概率密度去拟合这样的数据，应该比较好，也就是图 A-1-3。

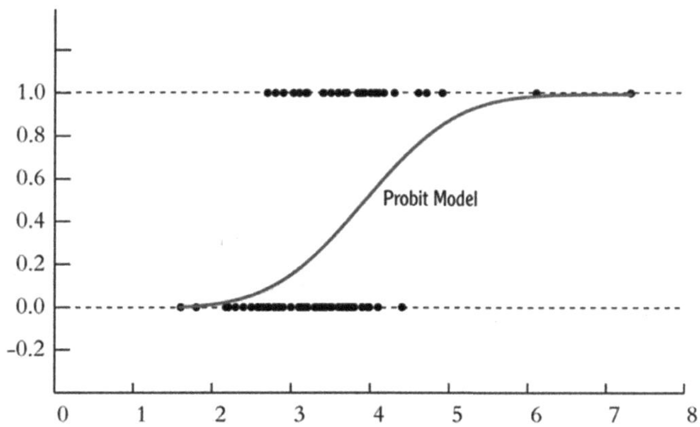

图 A-1-3　概率分布的累积概率密度

Probit 回归使用标准正态分布的累积概率密度函数 $\Phi(z)$，估计 Y=1 这个事件：也就是，$z = \beta_0 + \beta_1 X$。具体如下：

$$\text{Prob}(Y = 1|X) = \Phi(\beta_0 + \beta_1 X)$$

Φ 是正态分布的累积密度函数，$z = \beta_0 + \beta_1 X$ 称为 Probit 模型的 “z-值”或“z-指标”。

范例：假设$\beta_0 = -2, \beta_1 = 3, X = 0.4$，所以

$$\text{Prob}(Y = 1|X{=}0.4) = \Phi(-2 + 3\times0.4) = \Phi(-0.8)$$

$\text{Prob}(Y = 1|X{=}0.4)$ = 标准正态分布图，z = -0.8 左边的面积。如图 A-1-4 所示，查表就可以知道概率是多少。当然计算机会帮我们计算出来。

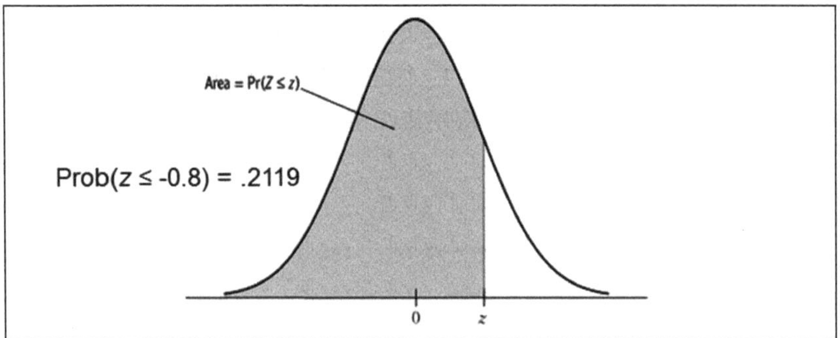

z	Second Decimal Value of z									
	0	1	2	3	4	5	6	7	8	9
−2.9	0.0019	0.0018	0.0018	0.0017	0.0016	0.0016	0.0015	0.0015	0.0014	0.0014
−2.8	0.0026	0.0025	0.0024	0.0023	0.0023	0.0022	0.0021	0.0021	0.0020	0.0019
−0.8	0.2119	0.2090	0.2061	0.2033	0.2005	0.1977	0.1949	0.1922	0.1894	0.1867
−0.7	0.2420	0.2389	0.2358	0.2327	0.2296	0.2266	0.2236	0.2206	0.2177	0.2148
−0.6	0.2743	0.2709	0.2676	0.2643	0.2611	0.2578	0.2546	0.2514	0.2483	0.2451
−0.5	0.3085	0.3050	0.3015	0.2981	0.2946	0.2912	0.2877	0.2843	0.2810	0.2776
−0.4	0.3446	0.3409	0.3372	0.3336	0.3300	0.3264	0.3228	0.3192	0.3156	0.3121

图 A-1-4　标准正态分布概率

对于二元选择的 Y，Probit 还有一个双胞胎 Logit，两者产生的期望概率大体上是一样的。Logit 函数不链接正态分布，定义如下：

$$F(\beta_0+\beta_1 X)=\frac{1}{1+e^{-(\beta_0+\beta_1 X)}}$$

因为 Probit 拟合一个概率密度函数，在以前因为计算速度很慢，所以开发了 logit 函数。在这个计算机时代，计算速度不是问题了。我们其实不必太严格区分这两者。如这里所介绍的，GLM 的估计原理，需要一个链接函数（linking function）来完成，把 z 和概率函数链接。要链接哪一个概率密度函数，就要看 Y 的形态如何。当 Y 是测量程度，例如，{不满意，普通，满意，很满意} 这样的行为时，就不是二元选择（Binary Choice），而是有序选择（Ordered Choice），就要编成{0, 1, 2, 3} ，我们就要用 ordered probit/logit；如果 Y 是“计数”型，好比某时某地的旅游人数，链接函数就是将这种“随机变量的条件期望值”和“概率密度函数”链接的函数，一般“计数”型是泊松函数，所以就是和泊松函数链接。

因为概率函数是非线性，所以这一部分也称为非线性模型。然而，广义线性的线性指的是线性链接函数。综合来说，GLM 有三个重要特征：残差结构、线性关系、链接函数。

首先，残差结构，在线性模式往往用正态去处理。但是，本附录中的数据不是正态的，被解释变量的特征会出现高度的偏态，峰态，上下界被限制在一定的区间，以及期望值不可为负。所以，残差结构往往用随机变量的家族（family）一词来表示。例如，二项式、泊松、GAMMA 等。其次，解释变量和被解释变量之间是一个线性关系。

最后，链接函数就是将线性关系产生 Y 的期望值与真正的 Y 观察值链接起来的函数。基本上，就是一个转换。线性期望值可能是一个负的值，但是，真正的观察值却必须在 0 和 1 之间，因此，就需要再转换一次，让它更接近 Y 所描述的现象。这就是链接函数的功能。

接下来，我们通过 R Commander 来实践 3 种形态的 Y。

A.1　二元变量的 Probit/Logit GLM

本节的范例数据文件用上面的 vote.csv。我们先研究投票与收入和教育水平的关系。也就是说，我们拟合 GLM 于以下三变量的方程式：

$$vote=a+b_1 \cdot Age +b_2 \cdot Income++b_2 \cdot Education$$

我们先绘制投票与否和收入的线性关系。图 A-1-5 显示出很明显的线性问题，而且这组数据的线性拟合还挺符合的。

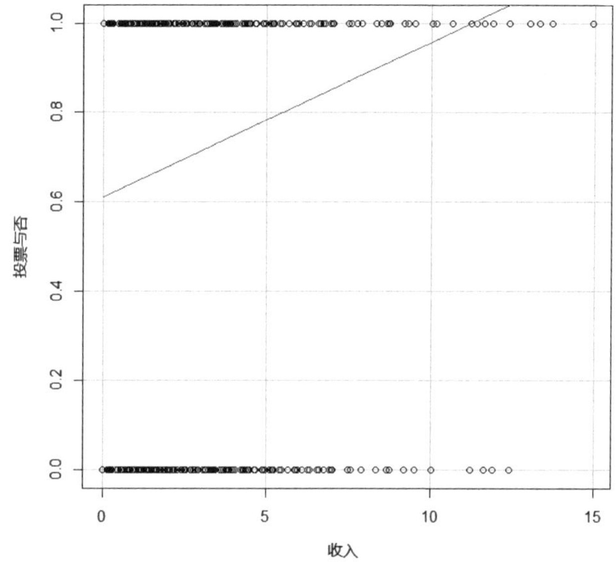

图 A-1-5　投票行为与收入的线性概率模型

A.1.1　估计

我们现在就估计 GLM 的 probit/logit 模型，图 A-1-6 选择 GLM，进入图 A-1-7 的窗口。GLM 窗口和 LM 很像。

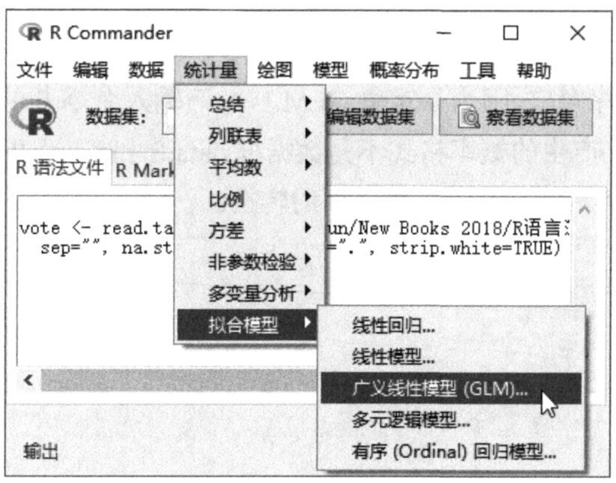

图 A-1-6　选择菜单项

图 A-1-7 菜单下半部分左边的 family 是随机变量 Y 的格式，我们的 Y 数据是二元，所以选 binomial；右边是链接的概率函数，选 probit 即可。下半部分是估计结果，这个结果中的正负符号只能解读为概率增减，不能解释成概率增减幅度。例如，三个参数的 p-value 都很显著，所以，以 Income 为例，我们可以从正相关解释，即收入越高，投票的概率越高；而不能解释成收入增加一个单位，投票概率增加 0.183。

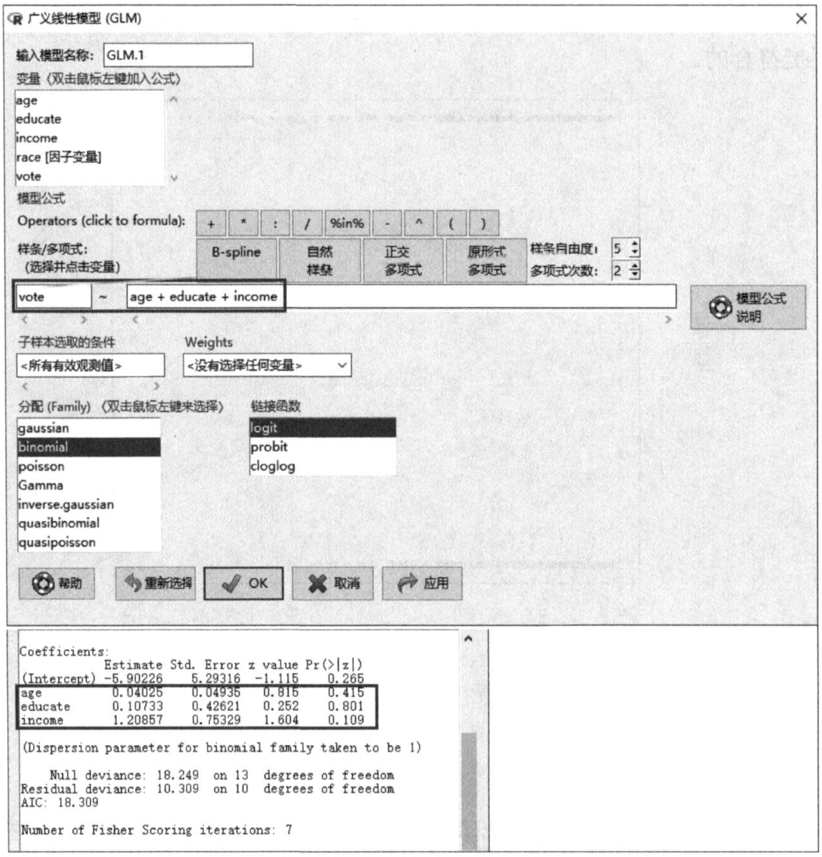

图 A-1-7 GLM 估计结果

接下来，我们必须审视由模型产生的概率期望值。R Commander 没有内建指令，我们在 Commander 上半部分的程序窗口，因为是对象 GLM.1，故而输入命令 fitted(GLM.1)即可，如图 A-1-8 所示。但是，fitted(GLM.1)产生的概率格式不是数据框 data.frame，没办法显示在 vote 的位置。因此，我们使用如图 A-1-9 所示的方法进行数据框的转换。

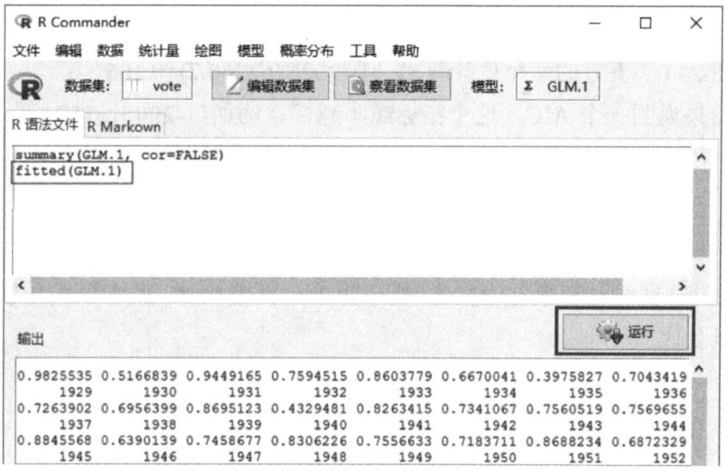

图 A-1-8　fitted(GLM.1) 产生预期概率

图 A-1-9 中使用指令 as.data.frame()，就将图 A-1-8 产生的概率转换成数据框，显示在数据集中。

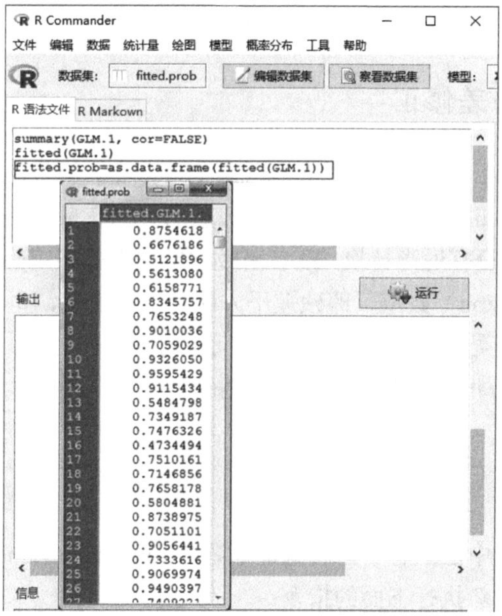

图 A-1-9　将概率转换成数据框

fitted(GLM.1) 的另一个相同指令是 predict(GLM.1, type="response")，两个产生一样的结果。

A.1.2　拟合检验

线性模型的拟合度，有一个 R^2；广义线性模型的拟合度，其中一个则是 McFadden R^2，定义如下：

```
McFadden R² =1-(residual.deviance/null.deviance)
```

在“R 语法文件”窗口中输入以下指令：

1 - (GLM.1$deviance/GLM.1$null.deviance)

或者，根据图 A-1-7 下方的两个值计算出：1-(2026.9/2266.7)=0.106。

另外，估计结果返回一个 AIC，这个指标越小越好。例如，-200 比-150 好。

A.1.3 优势比

在二元模式的概率模型中，每一个期望值都是一个 y=1 时的概率测量，也就是“事件发生”的概率 p。这样的特征，同时也有事件没发生，概率为 1-p，两者相除，就是所谓的优势比（Odds Ratio，也称为比值比或机会比）。

$$\textbf{odds ratio} = \frac{p}{1-p}$$

使用图 A-1-9 计算出的概率期望值就可以计算优势比了。

> **小试身手**：这组数据有一个类型变量 race：白人与非白人。请按照线性模式的做法，增加这个变量，看看种族是否与投票行为有关？

A.1.4 超扩散和参数方差修正

在 GLM 的结构下，理论上残差的最适表现就是卡方分布。但是，实际上会出现较大的残差方差，这就称为超扩散（Over-dispersion）。如果我们模型的解释变量都是正确的，但是出现这种情况时，可能的原因是数值刻度没有适当转换，或者函数的结构形式不正确。处理这种问题的方法就是先计算超扩散（Over-dispersion）数值，即残差平方和除以自由度，也就是模型的方差。再用这个数值去修正原来的估计结果。从图 A-1-7 可知，估计对象名称是 GLM.1，分子是 sum(residuals(GLM.1)^2)，分母自由度是 GLM.1$df.res，故我们定义超扩散（Over-dispersion）参数如下：

```
OD=sum(residuals(GLM.1)^2)/GLM.1$df.res
```

其实这个数字在输出表中已经有了，就是最下方的 residual deviance 2026.9，自由度是 1996。

计算成功之后，我们重新执行下面的指令：

```
summary(GLM.1, dispersion=OD)
```

参考图 A-1-10 的说明。

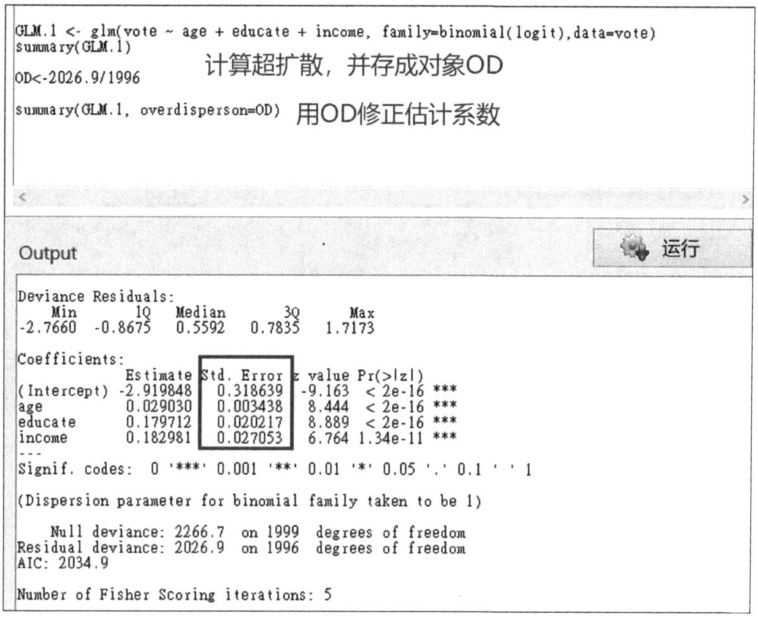

图 A-1-10 基于超扩散（Over-dispersion）的参数修正

比较图 A-1-7 和图 A-1-10，标准偏差变得比较保守。这也就是线性模式中所称的鲁棒协方差（robust covariance）。

A.2 有序选择变量的 Probit/Logit GLM

本节使用范例数据文件为 danger.csv。这组数据的被解释变量 Y 是 Danger，它的测度是 1~5，用于衡量动物的危险程度：1 最不危险，5 最危险。这类的数据格式也常见于满意度的调查数据。这组数据用于表示动物的危险程度和其他三个变量的关系：Body，Brain 和 Sleep。Body 衡量动物的体型，Brain 衡量动物的脑容量，Sleep 则衡量动物的嗜睡程度，见图 A-2-1。

Danger	Body	Brain	Sleep
3	6654	5712	3.3
3	1	6.6	8.3
1	3.385	44.5	12.5
3	0.92	5.7	16.5
4	2547	4603	3.9
4	10.55	179.5	9.8
1	0.023	0.3	19.7
4	160	169	6.2
1	3.3	25.6	14.5
1	52.16	440	9.7
4	0.425	6.4	12.5
5	465	423	3.9
2	0.55	2.4	10.3
5	187.1	419	3.1

图 A-2-1 danger.csv 数据变量

如图 A-2-2 所示，我们发现要单击有序回归时，选项呈现灰白，而不是黑色，这表示这组数据中 Y（或 danger）的格式不符合这个函数的要求。这是因为，在 R 内，danger 的数据必须是因子（factor），虽然 1~5 是数值，但是必须转换成无法加减乘除的因子，才能拟合模型。

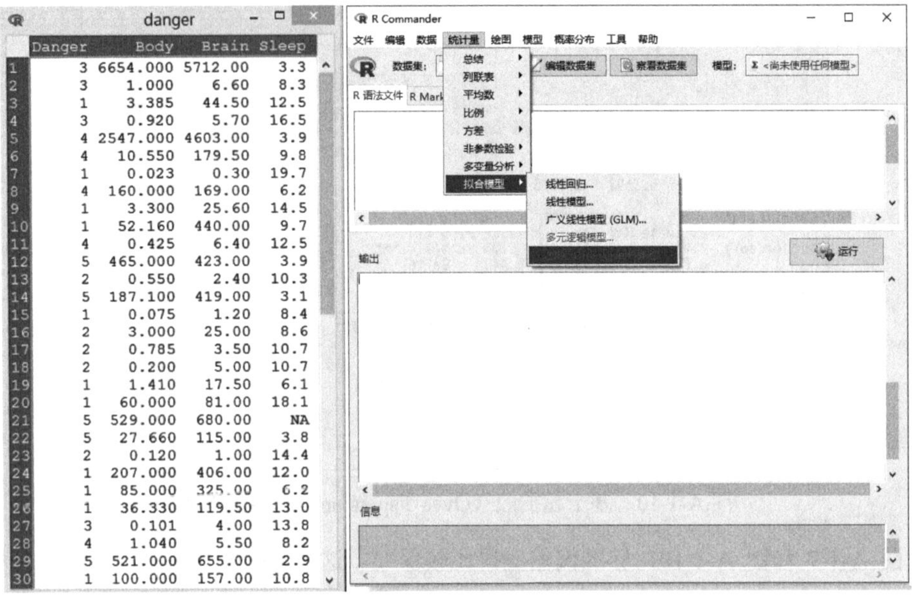

图 A-2-2 数据不符合要求

转换的方法如图 A-2-3 指示，随后即可启动如图 A-2-4 的转换函数。

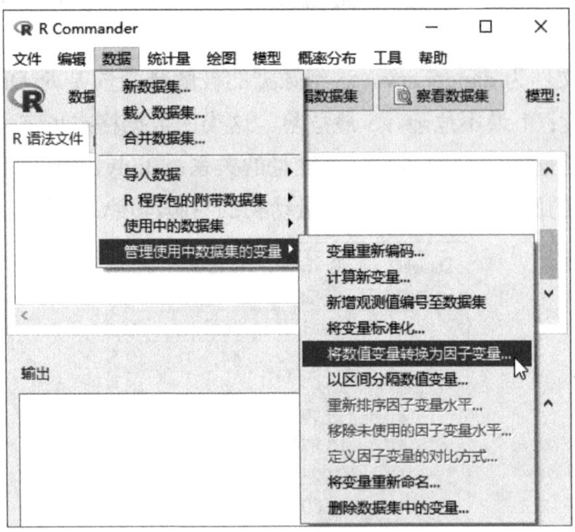

图 A-2-3 转换数据

转换的方法参考图 A-2-4 所示的对话框，左边选择要转换的变量，右边的选项可以采纳提供的建议。如果按照默认的“指定水平名称”，我们就必须输入 5 个数字对应的文字，这其实有一点麻烦。右下方是新变量的名称，读者可以自行命名。

结果会在原数据中的暂存盘写入一组新数据，如图 A-2-5 所示。

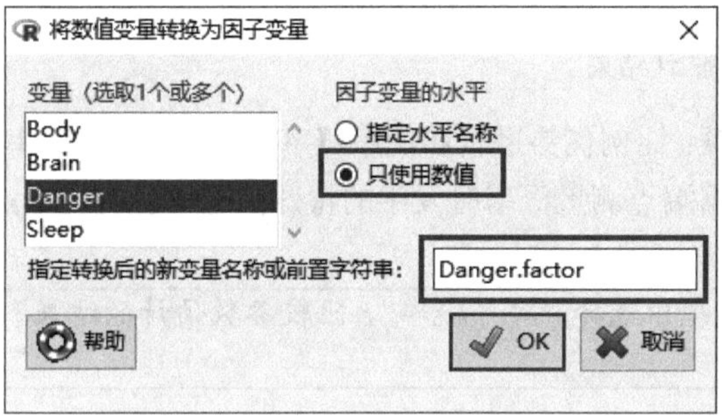

图 A-2-4　转换因子变量的对话框

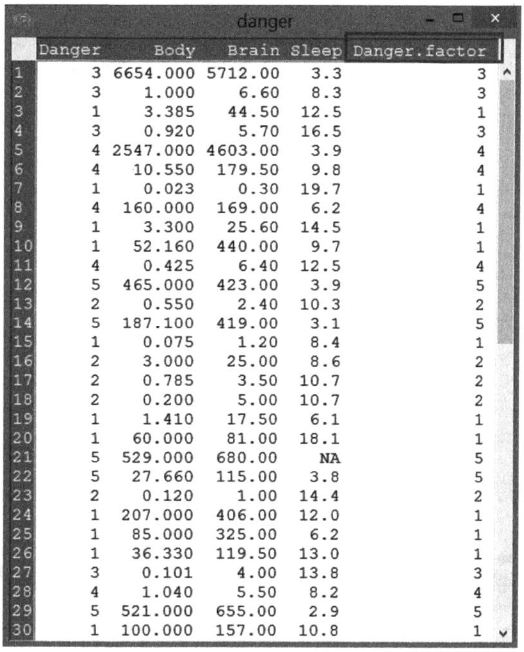

danger

	Danger	Body	Brain	Sleep	Danger.factor
1	3	6654.000	5712.00	3.3	3
2	3	1.000	6.60	8.3	3
3	1	3.385	44.50	12.5	1
4	3	0.920	5.70	16.5	3
5	4	2547.000	4603.00	3.9	4
6	4	10.550	179.50	9.8	4
7	1	0.023	0.30	19.7	1
8	4	160.000	169.00	6.2	4
9	1	3.300	25.60	14.5	1
10	1	52.160	440.00	9.7	1
11	4	0.425	6.40	12.5	4
12	5	465.000	423.00	3.9	5
13	2	0.550	2.40	10.3	2
14	5	187.100	419.00	3.1	5
15	1	0.075	1.20	8.4	1
16	2	3.000	25.00	8.6	2
17	2	0.785	3.50	10.7	2
18	2	0.200	5.00	10.7	2
19	1	1.410	17.50	6.1	1
20	1	60.000	81.00	18.1	1
21	5	529.000	680.00	NA	5
22	5	27.660	115.00	3.8	5
23	2	0.120	1.00	14.4	2
24	1	207.000	406.00	12.0	1
25	1	85.000	325.00	6.2	1
26	1	36.330	119.50	13.0	1
27	3	0.101	4.00	13.8	3
28	4	1.040	5.50	8.2	4
29	5	521.000	655.00	2.9	5
30	1	100.000	157.00	10.8	1

图 A-2-5　创建新变量并写入到原数据的最后一列

接下来，我们就能顺利由“有序回归 er 模型”选项进入回归窗口，如图 A-2-6 所示，这个窗口提供的选项和第 5 章的线性模式以及前一节相同，其中不一样的地方在最下方：只有两个转换概率的计算方法，不像二元变量有一大家族可以选。

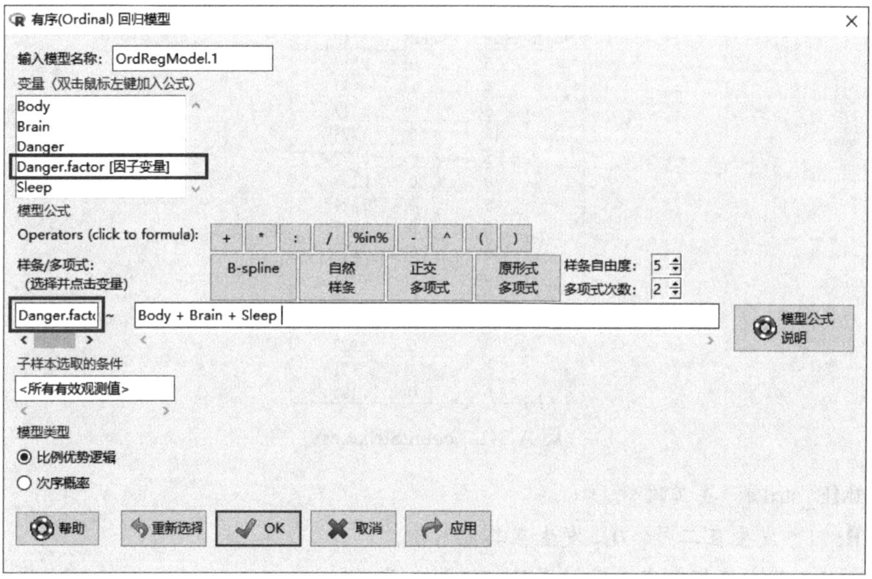

图 A-2-6　有序回归模型的选项

图 A-2-7 的估计结果可以解读如下：

有序概率回归模式估计结果，指出只有 Sleep 的系数是显著的，-0.33 的值指出越嗜睡的动物，危险性越低。脑容量和危险性也是负相关，但是统计上相当不显著。

```
Coefficients:
            Value Std. Error t value
Body   0.0002818   0.001279  0.2203
Brain -0.0005516   0.001179 -0.4680
Sleep -0.3315880   0.075206 -4.4091

Intercepts:
    Value   Std. Error t value
1|2 -4.7296  0.9568    -4.9429
2|3 -3.4524  0.8879    -3.8882
3|4 -2.4561  0.8430    -2.9135
4|5 -1.0664  0.7971    -1.3379

Residual Deviance: 154.8042
AIC: 168.8042
(4 observations deleted due to missingness)
```

图 A-2-7　估计结果

图 A-2-6 最下方的选项有两个概率测量的选项：比例优势逻辑和次序概率。两者是转换概率函数的设计，这些设计都不是多余的，是要处理数据端点测量概率时发生的特殊问题，各有优缺点。

小试身手：在图 A-2-6 最下方的选项中选择“次序概率”，比较参数估计的结果和用 fitted()计算出的概率期望值。

A.3　计数型变量的 Poisson GLM

本节使用的范例数据文件为 countStrike.csv，这组数据要研究罢工次数的影响因素。这组数据变量的说明如图 A-3-1 所示。

NUMB_strike	FEB	IP
5	0	1.517
4	1	0.997
6	0	0.117
16	0	0.473
5	0	1.277
8	0	1.138
8	0	0.424
9	0	-0.687
10	0	-0.023
10	0	0.791
7	0	2.538
1	0	2.939
6	0	3.927
5	1	3.71
6	0	4.186

图 A-3-1　countStrike.csv

- NUMB_strike：罢工次数。
- FEB：1，发生在二月；0，发生在其他月份。
- IP：以工业生产指数变动率计算的经济增长率（%）。

估计这种随机变量，模型是泊松，链接函数有 3 个，如图 A-3-2 所示。3 个链接函数指示转换概率时用的函数，结果会有细微的差异，但是增减方向不变。图 A-3-2 下半部分是估计结果，说明范例如下：

发生罢工次数的时间，二月比其他月份的平均次数要少；经济增长率较高，平均罢工次数也较高。

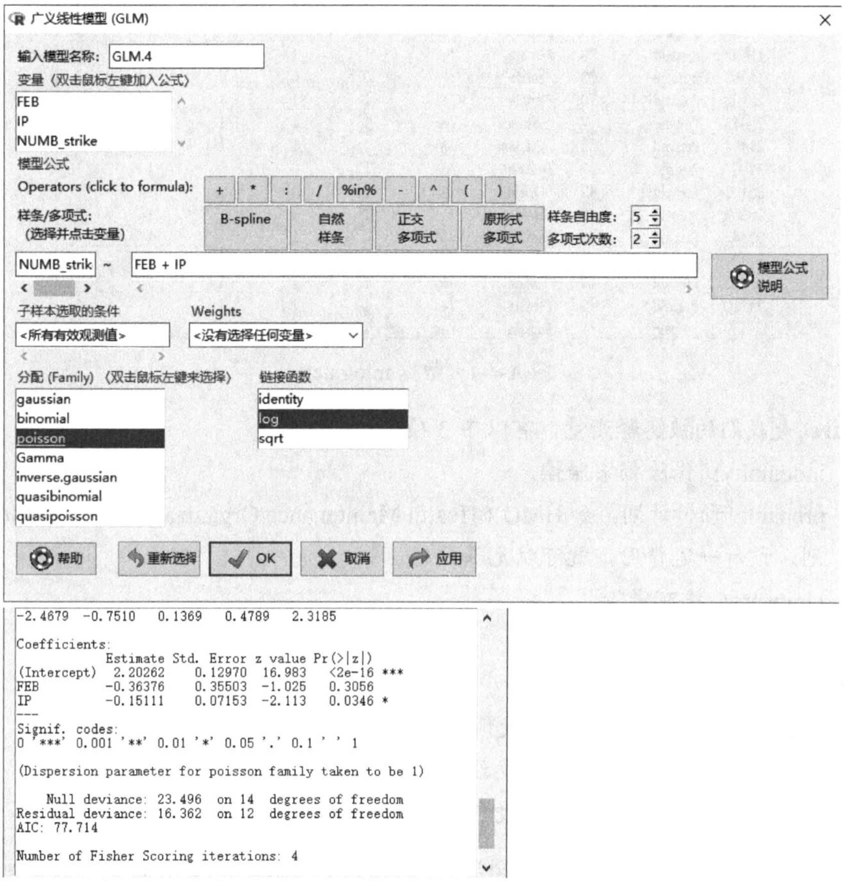

图 A-3-2 利用链接函数预测结果

小试身手：用 fitted()比较 3 个链接函数预测的平均罢工次数，看看差异如何。

小试身手：请计算超扩散（Over-dispersion），并修正原估计的结果。

A.4 多元选择 GLM——Multinomial Probit/Logit

A.1 节的问题是二元选择，行为者的选择是二选一。一个更普遍的情况是行为者从多个选项中选择一个。例如，图 A-4-1 为健康保险数据 mlogit.csv 的字段变量。

patient_ID	insure	age	sex	white	ppd0	ppd1	ppd2	ppd	site
3292	Indemnity	74	Female	Yes	0	0	0	0	2
3685	Prepaid	28	Female	Yes	1	1	1	1	2
5097	Indemnity	38	Female	Yes	0	0	0	0	1
6369	Prepaid	24	Female	No	1	1	1	1	3
9194	Prepaid	30	Female	Yes	1	1	1	1	2
11492	Prepaid	39	Female	Yes	1	1	1	1	2
14636	Uninsure	63	Female	No	0	0	0	0	3
15102	Prepaid	70	Female	Yes	1	1	1	1	1
20043	Prepaid	77	Male	Yes	1	1	1	1	3
24444	Prepaid	38	Male	No	1	1	1	1	3
24907	Prepaid	60	Female	Yes	1	0	0	1	1
25169	Prepaid	42	Male	No	1	1	1	1	3
25969	Prepaid	35	Female	No	1	1	1	1	3
28343	Prepaid	41	Female	No	1	1	1	1	3
32400	Prepaid	39	Female	Yes	1	1	1	1	1
32969	Prepaid	47	Male	No	1	1	1	1	3
34110	Prepaid	49	Female	Yes	1	1	1	1	1
34739	Prepaid	39	Female	Yes	1	1	1	1	3

图 A-4-1　数据 mlogit.csv

- **Insure** 是我们的被解释变量，有以下 3 项：
  - indemnity：保险损害赔偿。
  - prepaid：预付计划，如 HMO（Health Maintenance Organization，健康维护组织）的计划。预付一笔费用，就可以无限使用。
  - Uninsure：没有保险。
- **Sex**：性别。
- **White**：是否为白人。
- **ppd0**：prepaid at baseline（按基数预付）。
- **ppd1**：prepaid at year 1（按 1 年度预付）。
- **ppd2**：prepaid at year 2（按 2 年度预付）。

这组数据用来研究病人对于方案的选择和人口因素的关联。类似数据研究的问题，教育方面有大学生毕业后的选择：硕士、就业、留学。执行 multinomial logit/probit，可以按图 A-4-2 所示的指引进入菜单选项。

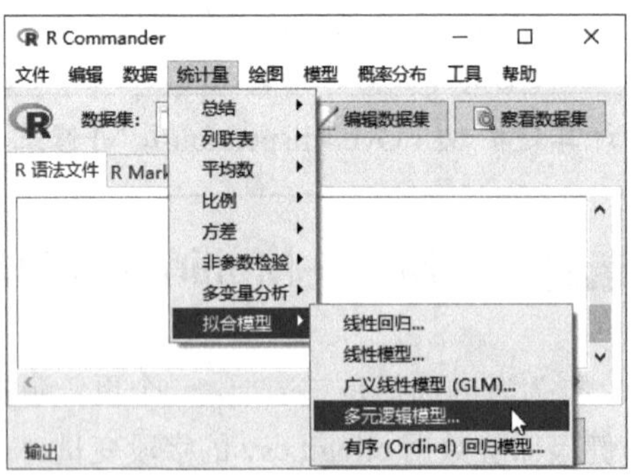

图 A-4-2　选择菜单项

如图 A-4-3 的窗口，我们拟合年龄、性别和种族 3 个变量。这个估计方法会将 3 个被解释变量中的一个视为 base，R 里面是自动取字母排在前面的，就是 indemnity。base 的项目就是和其他两个比较的，所以这个结果的解读必须小心。